Tradução e apresentação
ANA CAROLINA MESQUITA

APRESENTAÇÃO

Em 1940, no início da Segunda Guerra Mundial, Virginia Woolf e seu marido Leonard receberam a notícia de que a casa que era então seu endereço em Londres, em Mecklenburgh Square, fora parcialmente atingida durante um ataque aéreo. Pouco depois, veio a notícia de que a casa onde haviam morado e trabalhado durante quinze anos na Tavistock Square, e que ainda alugavam, fora destruída em outro bombardeio. Na época, o casal estava refugiado em Monk's House, sua casa de campo em Rodmell, no interior da Inglaterra. Os dois decidem ir até Londres para recuperar o que fosse possível nas duas casas. Em 20 de outubro de 1940, Virginia Woolf registra em seu diário a visita feita dois dias antes aos escombros da sua vida londrina. A primeira coisa que faz ao chegar às ruínas é procurar seus diários, que ela, com alguns hiatos, escreveu por 44 anos – desde a adolescência, em 1897, até quatro dias antes de sua morte, em 1941.

Assim ela escreve, ao ver Tavistock destroçada:

> Três casas, calculo, destruídas. O porão em escombros. Únicos remanescentes uma velha cadeira de palha (comprada nos tempos da Fitzroy Square) & o letreiro da Penman [& Co.], "Aluga-se". No mais nada além de tijolos & lascas de madeira. Uma porta de vidro da casa ao lado oscilava pendurada. Só vi um pedaço da parede do meu escritório de pé: fora isso, nada além de entulho onde escrevi tantos livros. Céu aberto no lugar onde tantas noites nos sentamos, demos tantas festas.

E depois, ao chegar em Mecklenburgh Square:

> Livros espalhados pelo chão da sala de jantar. Na saleta do meu quarto vidro cobria inteiramente o armário de Mrs. Hunter – &c. Somente a sala de estar com as janelas quase inteiras. Um vento soprava pela casa. Comecei a caçar diários. O que daria para resgatar naquele carro tão pequeno? Darwin, & o faqueiro de prata, & algumas louças & porcelanas.

Os diários de Charles Darwin – *A viagem do Beagle* –, o faqueiro de prata, louças e porcelanas: essas foram as coisas que Virginia resgatou como prioridade em meio ao entulho, vidro quebrado e poeira, e que levou para a relativa segurança de sua casa em Rodmell. Apenas cinco meses após o bombardeio em Londres, em 28 de março de 1941, encheu os bolsos do casaco com pedras e afogou-se no rio Ouse. Tinha 59 anos; estava em plena Segunda Guerra Mundial; sentia um novo colapso mental se aproximando. Atrás de si, além da obra literária magistral já conhecida pelo público, Woolf deixou outra, de impressionante literariedade: 33 cadernos contendo os diários que escreveu regularmente ao longo de 44 anos – ou seja, quase toda a sua vida adulta. Houvessem sido destruídos, como quase chegou a ser o caso, uma parte monumental de sua obra teria se perdido.

Entre sua despedida no Ouse e os dias de hoje, Virginia Woolf tornou-se uma das autoras mais conhecidas da literatura canônica ocidental, famosa por romances como *Mrs. Dalloway*, *Ao farol* e *As ondas*. Foi admirada pela prosa elegante e sensível; criou uma abordagem particular do fluxo de consciência, em que a ação narrativa oscila não apenas entre o interior e o exterior da personagem, mas entre uma personagem e outra; virou libelo do feminismo, sendo precursora dos estudos de gênero; e foi estudada por pontos de vista tão diversos quanto, por exemplo, estudos do modernismo, psicologia, estudos da diferença e estudos pós-coloniais. Seus romances foram traduzidos entusiasticamente e por nomes de peso como Marguerite Yourcenar e Jorge Luis Borges. Woolf virou tema de peça, filme de Hollywood vencedor do Oscar, estampa de canecas e camisetas, deu origem a inúmeras adaptações.

Entretanto, até o momento da escrita deste texto, do ponto de vista literário, seus diários ainda permaneciam de certa maneira sob o silêncio condescendente que se relega às obras ditas menores de um escritor, esmagados, sobretudo, pelo peso do gênero. Vistos costumeiramente como um registro fiel, exato e verdadeiro da vida e da subjetividade de quem os escreve, os diários encontram-se acorrentados a um regime de suposta sinceridade absoluta. Como diz o romancista argentino Alan Pauls, "para que o diário diga a verdade, é preciso expulsá-lo da literatura". É como se, em troca do propalado privilégio de "dizer a verdade", tivesse de suportar o safanão que o aparta de outras obras, lhe nega dignidade literária e o degrada à categoria de obra subsidiária – útil talvez apenas pelo conteúdo relevante, para iluminar outras.

A primeira publicação dos diários de Virginia ocorreu em 1953, capitaneada por seu marido, Leonard. Com mão editorial pesada para preservar a intimidade das pessoas citadas (boa parte das quais ainda estava viva), Leonard limou tudo o que não se referia à escrita de Virginia, intitulando o volume apropriadamente de *A Writer's Diary* [*Diário de uma escritora*]. A íntegra só seria publicada trinta anos depois, no fim dos anos 1980. Dessa maneira, até pouco tempo atrás, o único registro dos diários de Virginia Woolf disponível para deleite e análise era parcial. Nos dois sentidos: recortado e, como todo recorte, enviesado.

É importante frisar, contudo, que Leonard foi o primeiro leitor das obras de Virginia durante praticamente toda a vida dela, e, portanto, faz sentido que tenha sido ele o primeiro a editar seus diários. Ela mesma menciona em mais de uma passagem o desejo de que ele o fizesse. Em 20 de março de 1926, escreve:

> Mas o que será feito de todos esses diários, perguntei a mim mesma ontem. Se eu morresse, o que Leo faria deles? Dificilmente os queimaria; não conseguiria publicá-los. Bom, devia fazer um livro com eles, eu acho; & depois queimar o corpo. Arrisco dizer que existe um livrinho aí no meio: se os rascunhos & rabiscos forem um pouco organizados. Deus sabe.

Leonard, além disso, era coeditor dos livros de Virginia. Todas as obras dela até o seu falecimento, à exceção de *A viagem* (1915) e *Noite e dia* (1919), vieram a público pela editora dos dois, a Hogarth Press. Isso significa que ela detinha o controle sobre o processo editorial de seus textos – e com mão severa, como demonstram as até oito provas de um mesmo original. Desse modo, foi uma escritora que não sofreu interferências alheias na publicação de seus livros e pôde conservar neles marcas gráficas pouco usuais, como os longos parágrafos característicos do seu estilo. O mesmo não ocorreu com os textos publicados postumamente, em especial os que não foram editados por Leonard.

Mesmo tão recortados, tão logo foram publicados em sua primeira edição, os diários de Virginia Woolf se viram cercados por uma espécie de curiosidade mórbida, comum aos diários de suicidas: encerrariam o segredo do que levou a autora a tirar a própria vida? Foram, igualmente, envolvidos pelo mesmo fascínio despertado por todos os relatos de indivíduos que realizaram coisas extraordinárias, fora do escopo do homem e da mulher comuns: haveria ali as pistas da criação artística, os indícios da genialidade? Os estudiosos, por sua vez, se alvoroçaram na esperança de encontrar sinais que possibilitassem lançar nova luz às obras woolfianas. E o leitor comum, tão celebrado pela autora, esperou encontrar ali não mais a Virginia Woolf enigmática embaçada pela opacidade das suas ficções literárias, e sim a verdadeira Virginia, em toda a sua humanidade.

Quem ler seu diário buscando encontrar uma explicação para o seu gesto final se verá frustrado, porém. Nos períodos que chama de "loucura", ela não faz registros, ou, quando os faz, são, na melhor das hipóteses, lacônicos. O mesmo vale para períodos de intensa dor. Tal maneira enviesada de os narrar, não apenas nos diários, mas em toda a sua literatura, sugere não um descaso com as perdas, e sim que, por vezes, aos grandes momentos só obliquamente conseguimos fazer justiça.

Somente quase trinta anos depois veio a público a versão quase integral do diário adulto de Virginia Woolf. Dividida em cinco volumes publicados entre 1977 e 1984, teve como responsável Anne Olivier Bell (estudiosa de literatura e esposa de Quentin Bell, sobrinho de Virginia, com a ajuda de Andrew McNeillie a partir do terceiro volume). Cobre 26 cadernos manuscritos, muitos dos quais encadernados à mão pela própria Woolf, e engloba os anos de 1915 a 1941. Inicia-se quando a autora tinha 33 anos de idade e estava prestes a lançar seu primeiro romance, *A viagem*, e termina em 24 de março de 1941, quatro dias antes de sua morte e poucos meses depois de ela finalizar seu último livro, *Entre os atos*.

Anne Olivier Bell realizou uma pesquisa hercúlea para iluminar o diário de Virginia Woolf, pois frequentemente só se entende do que ela está falando caso se conheça sua vida e suas obras, ou se conheça o contexto. Seu trabalho primoroso foi a base para a presente edição dos diários de Virginia Woolf em português, que também conservou boa parte das suas notas de rodapé: aquelas que não contêm nenhuma sinalização são todas de Anne Olivier Bell. As ocasionais notas incluídas na edição brasileira foram indicadas como "N. T.", sempre que se julgou pertinente aclarar ou observar algum ponto. No entanto, apesar dos enormes méritos da sua edição cuidadosa, ela suprimiu algumas marcas relevantes de literariedade que estão presentes também em outros textos woolfianos. Por exemplo, foram inseridas quebras de parágrafo em nome da clareza do texto e em detrimento do estilo. Para garantir precisão informativa, dividiram-se as passagens que Woolf escrevia de forma contínua ao longo de vários dias, originando desse modo passagens não existentes nos manuscritos. Virginia com frequência iniciava uma entrada em determinada data, mas só a concluía dias depois, e muitas vezes não existe nenhum indício disso no manuscrito a não ser uma mudança de tinta, um espaço em branco ou, o que é mais raro, alguma espécie de indicação, como marcações entre parênteses ou observações escritas posteriormente nas laterais do texto principal. Para determinar as datas suprimidas, Olivier Bell valeu-se do apoio de documentos – como cartas, o diário de Leonard Woolf, jornais, registros históricos, programas de eventos e exposições, entre outros.

Na presente edição, a primeira integral publicada em português e baseada no cotejo do diário publicado com os manuscritos guardados na Berg Collection, em Nova York, os registros originais de Virginia Woolf foram restaurados e notas de rodapé indicam os pontos onde Olivier Bell quebrou entradas. Isso é um ponto importante porque, de muitas e diferentes maneiras, Virginia escreveu os diários como um texto único e contínuo. Colando uma passagem na outra, anotando à margem as datas (e outras informações) de modo a não influenciar o texto principal, percebe-se como o diário foi fundamental para o seu projeto literário modernista, como era indiferenciado em muitos sentidos da concepção que ela tinha de literatura, alinhando-se com perspectivas que ela expõe, por exemplo, no ensaio "Ficção moderna". Ali ela diz que, em contraste com o modo de representação vitoriano realista (que ela considera falso por privilegiar a ordem e a linearidade, quando a realidade não possui nem uma nem outra), o modo de representação almejado pelos modernos seria mais verdadeiro, pois tenta "registrar os átomos à medida que eles caem na mente". E é exatamente isso o que seus diários fazem. Neles tudo cabe. Às vezes, em um mesmo parágrafo, misturam-se as insignificâncias do cotidiano, como o preço do ovo; reflexões sobre a sociedade, a arte e a literatura; o registro das leituras que ela fazia, de autores tão diversos quanto Shakespeare, Dante, Proust, Byron, Keats, Dostoiévski ou Tolstói; comentários sobre pessoas e acontecimentos, como as duas grandes guerras; inseguranças; e questionamentos sobre a natureza e os caminhos da crítica, do romance e da ficção. Desse modo, vivido como uma escrita sem fim, os diários de Virginia Woolf representam o seu anseio por um sistema capaz de incluir tudo, sem distinções: o rasteiro e o sublime. E Virginia valeu-se deles para construir a si mesma como escritora e mulher. Assim, o que se vê ao longo de suas centenas de páginas não é o retrato consolidado de uma "única" Virginia Woolf, mas o registro de uma constante mudança.

No entanto, tal como com diversos outros assuntos em sua vida, mantinha com os diários uma relação contraditória. Ela alterna momentos em que o considera "sua obra mais importante" ou sua "verdadeira grande obra" com outros em que o considera "superficial", questiona-se sobre a própria razão de escrevê-los e põe em dúvida o valor de diários de modo geral (muito embora fosse uma assídua leitora do gênero). Seja como for, era ali onde ela sentia poder relaxar a pena, ao contrário da sua escrita ficcional e dos ensaios, que a consumiam imensamente.

Os diários também serviram como um campo muito relevante de experimentos, em que Virginia podia fazer reflexões literárias. Entre outras coisas, assemelham-se a um equivalente literário do que se chama *sketchbook*: um caderno em que os artistas fazem croquis e registram esboços de suas ideias e inspirações. A própria Virginia, com o tempo, vai adquirindo ciência desse fato, como revelam as seguintes passagens de 1924:

> Acaba de me ocorrer que neste livro eu *pratico* a escrita; treino minhas escalas; sim, & me dedico a criar certos efeitos. Ouso dizer que aqui pratiquei [O quarto de] Jacob – & Mrs. D[alloway], e aqui devo inventar meu próximo livro, pois cá escrevo meramente em espírito, & nisso também existe grande alegria, & assim também a velha V. de 1940 enxergará algo aqui. Ela será uma mulher capaz de enxergar as coisas, a velha V.: tudo... mais do que posso imaginar. (17 de outubro de 1924; grifos dela.)
>
> Escrever o diário ajudou enormemente o meu estilo, soltou as amarras. (1º de novembro de 1924)

Vemos germes de personagens e cenas inteiras que depois são transpostos para ensaios ou romances e contos – e que curiosamente por vezes reaparecem mais tarde nos diários, revelando uma simbiose muito particular entre eles e o restante de sua obra.

Dessa maneira, os diários podem ser lidos também como uma *forma-cruzamento* entre os diversos textos de Woolf – cuja escrita, repleta de pausas, pontos e vírgulas, de silêncios, de afirmares e desdizeres em seguida, já aponta para uma reconstrução da forma literária masculina inglesa herdada do século XIX e a contestação de uma posição de autoridade narrativa categórica. Algo bastante apropriado, aliás, a uma autora que em seus textos pôs em xeque justamente a noção de identidade narrativa, de solidez do sujeito e os limites da nossa possibilidade de conhecimento da realidade.

Ernst Jünger reescreveu seu diário antes de publicá-lo, assim como Lúcio Cardoso fez com diversas passagens. Katherine Mansfield escreveu distintas versões de uma mesma anotação, às vezes na mesma página. À maneira de um palimpsesto, Woolf ocasionalmente colava passagens completamente reescritas, elaboradas tempos depois, sobre as originais; e, segundo Clive Bell, crítico de arte e marido de Vanessa, irmã de Virginia, Leonard teria dito, acerca de trechos do diário da esposa: "Não há aqui nem um pingo de verdade".

Não é difícil encontrar sinais de elaboração textual com que, em seus diários, os escritores tentam dar uma rasteira no tal "regime da sinceridade" (com todos os valores que vêm a reboque: espontaneidade, transparência, verdade). Talvez os mais interessantes sejam justamente aqueles que se recusam a aceitar o procedimento que vincula o diário à vida e o desvincula da literatura.

Grosso modo, os escritores de diários do século XX podem ser unidos pelo fato de que, em sua experiência, fundem-se catástrofes mundiais (guerra, holocausto, totalitarismos) e pessoais (alcoolismo, depressão, degradação física). Eles travam guerras secretas dentro de si – contra os vícios, a loucura, a autodestruição –, enquanto os conflitos de um mundo em ruínas atravessam e sugam sua subjetividade. Seus diários são terrenos de resistências – falhas e fracassadas, mas quase sempre as únicas possíveis – e, dessa maneira, não podem ser vistos apenas como expressão individual. Por mais íntimo que pareça, seu discurso sempre permite articular as vozes e experiências alheias.

Em Virginia Woolf, essa articulação surge muitas vezes por meio de cenas, que ela, aliás, considera seu "modo natural" de contar. Navega no intersticial; esfumaça fronteiras de gênero; e não consegue narrar nenhum tipo de texto sem se valer de encenações ou personagens. O exemplo mais notório na não ficção é muito possivelmente *A Room of One's Own* (texto que em português foi publicado com diversos títulos, como *Um teto todo seu* e *Um quarto só seu*), o famoso ensaio em que ela lança mão de uma fictícia irmã de Shakespeare para argumentar por que, historicamente subalternas e relegadas ao lar, as mulheres foram impedidas de desenvolver suas vocações.

Defronte às formas híbridas, como é o caso das escritas de si (autobiografia, diários, memórias), automaticamente vem a pergunta: o que é a ficção e o real vivido; o verossímil e o veraz? Então surgem outras, como: em que circunstâncias quem fala importa mais do que o que se fala? Desde o gesto de ruptura duchampiano de exibir, em 1917, num museu, um urinol, não pode haver mais ingenuidade quanto ao fato de que os discursos são tanto um tipo de texto como um modo de leitura e, socialmente, também delimitados pelo seu espaço de circulação. Se a verdade não é única – são muitas a formar um quadro, dependentes do observador –, por outro lado transforma-se em uma quimera longínqua que está quase sempre pressuposta, mas quase nunca é completamente verificável.

No caso do romance, já no fim do século XIX começa a ruir a posição de autoridade do narrador, que não domina mais seu próprio relato e que com isso desestrutura os dogmas absolutos da certeza e da coerência narrativas. E será precisamente o caráter do narrador das escritas de si – com sua cota de dúvidas sobre a realidade e seu discurso sempre no limiar do que ainda é possível narrar – aquilo que pode aproximá-lo da prática ficcional.

Ficção e literatura, entretanto, não são sinônimos. Há que se perguntar, então, de que modo a ficção não se limita à literatura, e como a literatura, por sua vez, não se apoia completamente na ficção – porque o conhecimento objetivo é duvidoso, mas a representação subjetiva pode ser ilusória. É justamente nesse terreno informe de uma busca incessante por definição, sem jamais encontrá-la, que Virginia Woolf parece caminhar. Para ela, a literatura vem da vida (o "halo" de que fala no célebre ensaio "Ficção moderna"), mas ao mesmo tempo não vem da vida ("é preciso sair da vida e ir além", "eu desconfio da realidade", diz ela nos diários). O movimento é, portanto, simultaneamente interno, para dentro da linguagem, e externo, voltado para o fora. "Nada é mais fascinante", escreveu no prefácio para a edição americana de *Mrs. Dalloway*, em 1927, "do que enxergar a verdade que habita atrás dessas imensas fachadas de ficção – se a vida é de fato real, e se a ficção é de fato fictícia. E provavelmente a relação entre ambas é extremamente complicada." Woolf desejava encontrar um "sistema que não excluísse", capaz de incluir tudo, sem distinções: o eu e o outro, a vida e o artifício. Nesse sentido, a ficção aparece em seus diários como um meio de passagem, uma travessia entre a representação e o real: sacolejante às vezes; mas, noutras, sutil como um sopro.

ANA CAROLINA MESQUITA

SOBRE 1919-1923

O segundo volume da compilação dos diários de Virginia Woolf abrange cinco anos, de 1919 a 1923. Trata-se de um período fundamental para sua formação como escritora. Em 1919, ela publica *Noite e dia,* seu segundo romance, e o conto "Kew Gardens", marco em sua produção modernista. Nesse mesmo ano, consolida a escrita de seu diário, e, em uma das passagens mais icônicas, de 20 de abril, estabelece um projeto para ele – projeto esse, aliás, muito parecido com o que seguiria nas suas obras ficcionais a partir de então. "Que espécie de diário desejo que seja o meu? Algo de emendas frouxas, porém não desleixado, tão elástico que possa abarcar qualquer coisa, solene, ínfima ou bela, que me venha à cabeça. Gostaria que se parecesse com uma escrivaninha velha & ampla, ou uma mala espaçosa, em que se atira sem examinar um monte de bugigangas. Gostaria de voltar, depois de um ou dois anos, & descobrir que a coleção se organizou & se refinou sozinha, & que se aglutinou numa forma, como costuma acontecer tão misteriosamente com tais depósitos, transparente o bastante para refletir a luz de nossa vida, mas ao mesmo tempo estável, serenamente composta com a mesma isenção de uma obra de arte."

Se o diário de Virginia até então era marcado por lacunas e em certa medida por oscilações de voz, a partir de 1919 assume uma espécie de forma e funções características, ainda que "elásticas", em suas próprias palavras. Em um mesmo parágrafo vemos saltos entre comentários sobre trivialidades do cotidiano, análises literárias, reflexões de extrema beleza e registros de acontecimentos sociais e políticos – a aridez do dia a dia lado a lado com os questionamentos do espírito, sem hierarquizações. Grande leitora do gênero que é, e agora com um projeto muito claro para seu diário, Virginia o retira do estereótipo de texto confessional. E nesse período, especificamente, tornam-se cada vez mais claro os usos que faz do diário como campo de testes para seus experimentos literários, valendo-se dele para *observar sempre*: o mundo, os outros e, principalmente, a si mesma. Aqui notamos experimentos em que ela se dedica a buscar transcrever conversas palavra por palavra, investindo-as por vezes de certa caracterização teatral; ou a jogar com as marcas gráficas das pontuações em busca de diferentes efeitos; ou a fazer retratos (à maneira dos pintores) de pessoas próximas, exercitando a habilidade de entregar o máximo possível sobre cada uma com pinceladas certeiras de poucas palavras.

Observamos um crescente na produção literária de Virginia. Além das obras mencionadas, é um intervalo em que escreve diversos contos e publica *Segunda ou terça*, em 1921, sua única coletânea de contos publicada em vida. Acompanhamos ainda todo o processo de escrita de *O quarto de Jacob* (1922), com sua cota de dúvidas, hesitações e iluminações. Este romance foi decisivo para ela mergulhar cada vez mais fundo em questões de representação da realidade que a norteariam, e atormentariam, ao longo de toda a vida. Como ela mesma diz nessa época, "Creio que consigo adivinhar na minha relutância em escrever uma frase não apenas a falta de tempo & a cabeça cansada de escrever, mas também um desses ligeiros descontentamentos que sinalizam uma mudança de estilo. Assim deve se sentir um animal quando troca de pelagem com a chegada da primavera. (...) Às vezes imagino que, mesmo que eu chegue ao fim da minha busca incessante do que as pessoas são & sentem, ainda assim nada saberei".

O volume se encerra com Virginia escrevendo *As horas*, título de trabalho do romance *Mrs. Dalloway*, e a primeira série de *O leitor comum* (de início chamado por ela de *Leitura* [*Reading*]), ambos publicados em 1925.

A Hogarth Press, editora que Virginia e Leonard Woolf haviam fundado em 1917, começa a crescer com rapidez e a se tornar uma empreitada séria, e os problemas e deleites advindos desse crescimento tomam parte considerável do diário a partir do ano de 1920. Graças à editora, Virginia adquire a vantagem de poder editar os próprios textos da maneira como quisesse, sem a intervenção de editores externos. Se *Noite e dia* fora publicado pela editora de seu meio-irmão, Gerald Duckworth, *O quarto de Jacob* foi o primeiro romance extenso publicado pela Hogarth Press.

O período também evidencia a produção crescente de ensaios para os mais diversos periódicos e o advento de grande respeitabilidade artística e de compensações financeiras para os Woolf. Do ponto de vista opinativo, as posições de cunho feminista de Virginia se consolidam de forma mais contundente, especialmente a partir de um debate público na *New Statesman* com seu amigo Desmond

McCarthy, o editor do periódico, em relação à capacidade intelectual das mulheres. Os argumentos seriam depois transformados no ensaio "A posição intelectual das mulheres", um dos mais importantes em sua produção feminista – além de um dos germes do longo ensaio que seria publicado quase uma década depois e que se tornou incontornável no interior dessa crítica, *A Room of One's Own* (traduzido com diversos títulos, sendo o mais conhecido *Um teto todo seu*).

O diário desse intervalo exibe um número crescente de pessoas, eventos e relações. Uma das mais marcantes é a amizade com a escritora Katherine Mansfield ("a única [escrita] da qual jamais tive inveja"), marcada por ambiguidades, afeto e conflitos. As duas manteriam relações mais ou menos estáveis até a morte de Katherine em 1923, narrada com grande emoção por Virginia no diário em 16 de janeiro daquele ano: "Quando comecei a escrever, parecia não fazer mais sentido isso, escrever. Katherine não lerá isto. Katherine, já não mais minha rival. Senti, mais generosamente: Mas apesar de eu fazer isso melhor do que ela, onde ela está?, ela que era capaz de fazer o que eu não posso!". Aqui, também, surge pela primeira vez a figura da escritora Vita Sackville-West (que posteriormente se tornaria uma grande amiga e amante) e a obsessão, após uma década morando em Richmond, em voltar a residir em Londres, o que se daria no primeiro semestre de 1924.

Quando se inicia este volume, Virginia e Leonard Woolf estão cuidando dos dois filhos mais velhos de Vanessa Bell, Julian e Quentin, na casa deles em Richmond, uma vez que no dia 25 de dezembro Vanessa acabara de dar à luz Angelica, filha de seu relacionamento com Duncan Grant. Virginia havia interrompido a escrita de seu diário em 17 de dezembro de 1918, e ao retomá-lo, em 1º de janeiro de 1919, ela o faz em um caderno onde escrevia anotações sobre livros – o mesmo onde vinha escrevendo improvisadamente desde o dia 15 de novembro do ano anterior. É nesse caderno improvisado que ela escreve as entradas dos dias 20, 22 e 24 de janeiro. Posteriormente, copiou tais entradas em outro livro, encadernado especificamente para servir como seu diário em 1919, realizando emendas e alterações. Os textos aqui apresentados já são os das versões editadas.

NOTA SOBRE A TRADUÇÃO

Em seu ensaio "Da tradução como criação e como crítica", de 1962, Haroldo de Campos afirma que ao tradutor criativo caberia a criação de um projeto de leitura que apresente uma crítica do texto original ao mesmo tempo em que se insira no tempo, em sua própria época. Em consonância com essa visão, o poeta, tradutor e ensaísta Henri Meschonic afirma que a teoria, a crítica e a prática são na tradução inseparáveis, uma vez que traduzir não é enfrentar uma língua, mas seu acontecimento enquanto discurso, passível da crítica do sujeito que o interpreta e traduz.

Do ponto de vista pessoal, tais questões literalmente tomaram corpo quando me vi diante dos originais de uma obra que conhecia na forma de um texto impresso e impessoal. Ter a oportunidade de estar frente a frente com a escrita de Virginia Woolf em uma obra que, em princípio, tinha cunho íntimo e não fora destinada à publicação, transformou radicalmente o trabalho que eu vinha realizando até então. Diante das pausas, dos borrões (de choro? de tinta?), da fisicalidade dos volumes encadernados à mão, da letra que falha, desaba pela página ou corre livre com capricho e enlevo, o distanciamento já não era mais possível para mim. Entendi, talvez pela primeira vez de modo concreto, a *apropriação literária* de um texto por um tradutor, necessariamente subjetiva. Isso me levou a assumir (e não mais esconder) a posição de uma intérprete do século XXI, de um país à margem e de uma língua não canônica, para um texto do século XX, escrito por uma autora canônica de um país colonizador. Como não poderia deixar de ser, o texto que ora se apresenta aqui é fruto exatamente desse corpo a corpo.

Isso não me levou a abandonar a minha opção (aparentemente contraditória) de manter a maior proximidade que me fosse possível daquele original. Procurei reproduzir a velocidade, o ritmo, a beleza sonora, a estranheza, a dificuldade e o impacto dos diários de Woolf. Escolhi resgatar a sua forma gráfica original, devolvendo a continuidade que Woolf mantinha entre parágrafos e, muitas vezes, entre um dia e outro. Esse seguimento foi quebrado na edição integral dos diários, que insere novas chamadas de entradas e quebra parágrafos. Trata-se de um procedimento válido na edição da maior parte dos diários, sejam eles de escritores ou não, que vêm a ser publicados. O caso de Virginia Woolf, contudo, é singular, uma vez que ela se valia dos diários para realizar experimentos formais de ininterrupção entre ideias e temporalidades – tão característicos do procedimento de fluxo de consciência, ou discurso indireto livre, que ela começaria a desenvolver com mais método justamente a partir de 1919. De modo que evidenciar essa escrita ininterrupta no próprio aspecto formal e gráfico com que os diários de Virginia Woolf são trazidos a público é uma maneira de chamar a atenção para uma certa indissociação entre o modo como ela escrevia diferentes obras e gêneros, e, ao mesmo tempo, enfatizar o estatuto literário desses diários. É, ainda, uma maneira de apontar o entrecruzamento singular entre todas as obras woolfianas.

Cumpre ressaltar que muitos dos procedimentos estilísticos e formais de Woolf talvez só tenham podido vir à tona da maneira como vieram porque ela mesma passou a editar as obras de sua autoria, também a partir de 1919 (de 1917 a 1919, ela só publicara contos isolados pela Hogarth Press). Logicamente não é possível saber com exatidão como ela editaria os próprios diários, caso pudesse tê-lo feito em vida. No entanto, utilizei como norteadores nesta obra os indícios que a própria Virginia Woolf deixou nos processos de edição dos demais textos que escreveu – não o fazendo por preciosismo ou idiossincrasia, mas porque são procedimentos que informam os modos de Woolf pensar o próprio fazer literário e suas ideias sobre escrita e literatura.

Para denotar a rapidez da escrita, mantive o uso de "&" do original, em vez de "e", fazendo assim uma escolha estrangeirizante, posto que no português não faz sentido tal abreviação feita nos textos escritos velozmente na língua inglesa: a grafia de "e" já é pequena o suficiente e não constitui um impedimento para o fluir da caneta. Da mesma maneira, como o texto do diário não foi revisado por Virginia Woolf, e se trata de um texto inacabado, busquei reproduzir no português suas repetições; o uso de numerais grafados como algarismos e não por extenso; o uso ocasional de abreviações ("Ly" em vez de "Lady", "Sqre" em vez de "Square", o uso de iniciais para se referir a pessoas etc., inserindo o termo completo entre colchetes ou notas de rodapé se considerava que isso deixava o texto misterioso demais); a pontuação estranha (com ausência de vírgulas, ou profusão de vírgulas em lugares não convencionais); e os parênteses que por vezes são abertos e esquecidos por fechar.

Gostaria de encerrar com uma breve observação sobre a velocidade com que o diário foi escrito. É assombrosa a quase ausência de rasuras e o acabamento primoroso desse texto, que do meu ponto de vista só se explicam pela história pessoal de Woolf – pelo fato de ela escrever muito, diferentes gêneros, e desde uma tenra idade (no mínimo desde os 8 anos de idade). Mary Hutchinson, amiga da autora, comenta algo que pode iluminar esse aspecto. Ao conhecer Virginia Woolf, em 1918, ela assim escreve para Lytton Strachey: "Para mim, o maior encanto de Virginia é que ela falava frases que em geral só encontramos por escrito. Frases perfeitamente literárias, ditas sem a menor hesitação ou embaralhamento. Sentíamos empolgação em ouvi-la mesmo quando ela só estava pedindo por mais leite. Por mais estranho que pareça, era como estar dentro de um romance".

NOTA SOBRE A TRADUTORA

Ana Carolina Mesquita, tradutora, é doutora em Letras pela Universidade de São Paulo (USP) e autora da tese que envolveu a tradução e análise dos diários de Virginia Woolf. Foi pesquisadora visitante na Columbia University e na Berg Collection, em Nova York, onde estudou modernismo britânico e trabalhou com os manuscritos originais dos diários. É dela também a tradução do ensaio *Um esboço do passado* (2020), bem como de *A morte da mariposa* (2021), *Pensamentos de paz durante um ataque aéreo* (2021) e *Sobre estar doente* (2021, cotradução com Maria Rita Drumond Viana), todos publicados pela Editora Nós.

AGRADECIMENTOS

Este trabalho foi, em sua maior parte, fruto de seis anos de pesquisa acadêmica de doutorado realizada na Faculdade de Letras e Ciências Humanas da Universidade de São Paulo (FFLCH-USP), e não teria vindo à luz sem o apoio fundamental das instituições de pesquisa científica CNPq e Capes. Contou ainda com o suporte decisivo da Universidade de Columbia (Nova York, EUA), onde parte da pesquisa foi realizada sob a supervisão da Prof. Dra. Sarah Cole, e da Berg Collection, localizada na Biblioteca Pública de Nova York, que abriga os originais dos diários de Virginia Woolf. Nossos sinceros agradecimentos a todos os pesquisadores que dele participaram direta e indiretamente, bem como às instituições que valorizam as pesquisas no âmbito da ciência, da arte e da cultura, sem as quais trabalhos como este não seriam possíveis.

1919

**Hogarth House
Paradise Road
Richmond**

1º de janeiro de 1919

Segunda, 20 de janeiro

Pretendo copiar isto assim que puder comprar um novo caderno, de modo que deixarei de lado os típicos floreios do ano novo. Desta vez o que me falta não é o dinheiro, mas as forças, após quinze dias de cama, para ir até a Fleet Street. Até os músculos da minha mão direita estão como eu imagino que uma criada os deva sentir. Estranhamente apresento a mesma rigidez para manipular as frases, embora do ponto de vista mental eu deva estar mais bem preparada agora do que há um mês. As minhas duas semanas de cama foram resultado de ter extraído um dente & me esgotado o bastante para desenvolver uma dor de cabeça – um mal-estar longo e aborrecido que recuava & avançava, muito como uma névoa num dia de janeiro. Uma hora de escrita diária é tudo o que me permitiram nas próximas semanas; &, como economizei a minha cota desta manhã, agora posso gastar parte dela, já que L. saiu & estou bastante atrasada com este mês de janeiro. Observo contudo que escrever este diário não conta como escrever, pois acabo de reler o diário do ano passado & estou impressionadíssima com o galope rápido & fortuito com que ele sacoleja para diante, chegando às vezes a sacudir de maneira quase intolerável pelas pedras do calçamento. Mas, se não fosse escrito muito mais rápido do que a mais rápida das máquinas de escrever, se acaso eu parasse para refletir, ele jamais chegaria a ser escrito, & a vantagem desse método é varrer acidentalmente diversos assuntos ao acaso que eu acabaria excluindo se hesitasse, mas que consistem nos diamantes em meio à poeira. Se ao se sentar para compor suas memórias a partir desses livros a Virginia Woolf de 50 anos for incapaz de formar uma frase como se deve, só poderei me compadecer dela & lembrar-lhe da existência da lareira, onde ela tem minha autorização para queimar essas páginas até que não passem de uma pilha de folhas negras com buracos vermelhos. Mas como a invejo pela tarefa que lhe estou preparando! Nenhuma me agradaria mais. Só de pensar nisso, uma parcela dos terrores do meu 37º aniversário no sábado que vem desaparece. Em parte para benefício dessa senhora de idade (nenhum subterfúgio será possível então: 50 anos é ser de idade, embora eu já antecipe o protesto dela & concorde que não é ser velha), em parte para fornecer a este ano uma base sólida, pretendo passar as noites desta semana de cativeiro fazendo um balanço das minhas amizades & do seu estado atual, além de um balanço do caráter dos meus amigos; acrescentando uma análise da obra deles & uma previsão das suas futuras obras. A senhora de 50 anos dirá quão perto da verdade cheguei; mas já escrevi o bastante por esta noite (apenas 15 minutos, vejo agora).

Resumindo: confesso que não me agrada pensar na tal senhora de 50 anos. Coragem, porém; Roger já passou dessa idade & ainda é capaz de sentir & desfrutar & desempenhar um papel bastante considerável na vida.

Quarta, 22 de janeiro

Hoje é quarta-feira, 22 de janeiro. Passei outros dois dias na cama, & hoje conta como o meu primeiro de completo restabelecimento. Esta manhã tomei, inclusive, uma decisão a respeito de alterações e acréscimos. Tenho um livro de Meredith para resenhar para o *Times*, & fizemos um passeio à tarde, de modo que mais uma vez retorno quase que à minha situação anterior. Como não posso ir a Londres, & só vejo fotinhos emolduradas de Alix [Sargant-Florence] & Fredegond [Shove] sentada aqui à lareira, posso tentar construir a tal base sólida que me parece desejável.

Quantos amigos tenho? Tem o Lytton [Strachey], o Desmond [MacCarthy], o Saxon [Sydney-Turner]; eles pertencem à fase Cambridge da minha vida; muito intelectuais; dissociados de Hyde Park Gate; relacionados a Thoby; porém sou incapaz de organizá-los, uma vez que são muitos. Ka [Cox] & Rupert [Brooke] & Duncan [Grant], por exemplo, chegaram todos bem depois, pertencem aos tempos da Fitzroy [Square]; os Olivier & todo esse bando são demarcados pela época da Brunswick Sqre; Clive [Bell] deixo por enquanto de lado; um pouco mais à frente vêm as cabeças-rapadas,[1] Alix, [Dora] Carrington, Barbara [Bagenal], Nick [Bagenal], Bunny [David Garnett]. Devo acrescentar também o grupo que corre em paralelo mas não se mistura, que se distingue pelo seu caráter social & político, encabeçado talvez por Margaret [Llewelyn Davies], & que inclui gente como Goldie [Dickinson], Mrs. [Molly] Hamilton, & figuras intermitentes, como [Louise E.] Matthaei, [John Atkinson] Hobson, os Webb [Beatrice e Sidney]... não, não posso incluir aí nem os moreninhos nem o Dr. Leys, embora eles pertençam às visitas ocasionais que vêm almoçar & em seguida se retiram ao quarto de L. para uma conversa séria. Não acrescentei nem [Lady] Ottoline nem Roger [Fry], & há ainda Katherine [Mansfield] & [John] Murry & a última de todas, Hope Mirrlees, o que me faz recordar de Pernel [Strachey] & Pippa [Strachey] & figuras remotas como Ray [Rachel Costelloe] & Oliver [Strachey]. [Mark] Gertler é melhor omitir (& também Mary Hutch.[inson]), por motivos que talvez eu revele se meu relato terminar sendo escrito; & [T.S.] Eliot me agradou com o impacto de uma única visita & provavelmente verei mais vezes, graças a seus poemas, que hoje começamos a compor.[2]

Trata-se de um balanço bastante parcial, mas se não começar imediatamente, jamais incluirei nem metade deles com exatidão. Lytton & Desmond & Saxon, portanto. Bem, nutro uma amizade considerável por cada um deles; o pior é a raridade com que nos encontramos. Com Lytton, & Desmond até o mês passado amarrado a uma banqueta no almirantado, meses se passam sem que eu os veja. A época de escrever cartas já passou para todos nós, acredito; ou quem sabe precisemos de correspondentes diferentes. Escrevemos cartas brilhantes uns aos outros, um dia; em parte só para sermos brilhantes, mas também porque naquela época estávamos nos conhecendo, & havia certa empolgação nisso (falo dos meus próprios sentimentos). Mas quando nos encontramos não há do que reclamar. Dizem que Lytton está mais tolerante & menos sagaz; Desmond, segundo dizem, precisa de uma taça de vinho; Saxon tem seu reumatismo & seu caso amoroso sem futuro. Lytton também anda famoso nos últimos seis meses, mas como isso era uma questão de tempo para ele desde os seis meses de idade não há grande surpresa ou mudança aí. Ademais, ouvi dizer que abandonou seus Asquiths, ou que eles receberam algum luminar mais recente. Nada é mais fácil ou mais íntimo que uma conversa com Lytton. Se estiver menos sagaz, estará mais humano. Suponho que, a julgar pelos precedentes & considerando a desmobilização do exército, ele agora esteja se preparando para voar, mas, como não está aliado a mim, a direção em que ele voa faz muito pouca diferença. Gosto de Carrington, porém. Ela o tornou mais bondoso. Ah sim, se ele entrasse aqui neste exato momento, nós conversaríamos sobre livros & sentimentos & a vida & tudo o mais com a maior liberdade, como de costume, &

Sexta,
24 de janeiro

com a sensação, creio que de ambos os lados, de termos reunido para este momento exato uma boa dose da peculiaridade tão apropriada ao outro.

Por mais estranho que pareça, um dia depois de escrever essa frase conversei ao telefone com Lytton, após um intervalo de uns seis meses, & ele virá jantar aqui na sexta. Mas continuando. Três palavras se debatem no meu cérebro ao falar nos Strachey – uma raça prosaica, nada magnânima, destituída de qualquer atmosfera. Como essas palavras me ocorreram espontaneamente & não me deixarão em paz até que eu as anote, arrisco dizer que têm uma certa verdade. Todo o desagrado que desejo inserir no meu retrato de Lytton está nelas, como se em poços profundos. Para o retrato só precisarei de uma gota desse fel, mas imagino que um leve matiz seja perceptível também no próprio Lytton – & muito mais em James, Oliver & Marjorie. Segundo Roger, todos eles, exceto Lady S., carecem de generosidade. Trata-se de um ar, um vapor, um gosto indescritível de poeira na garganta, algo que incomoda & irrita, mas que também dá comichão & estimula. Por outro lado, isso vem combinado a uma grande variedade de qualidades intelectuais & qualidades de caráter – honestidade, lealdade, uma inteligência de ordem espiritual. Quase se poderia atribuir o que me refiro, pelo menos no caso de Lytton, a uma ausência de calor físico, de poder criativo, a uma falta de vitalidade que o adverte a não ser perdulário, mas a poupar seus talentos com parcimônia & assumir tacitamente seu direito a uma cota maior de conforto e opulência. Nas questões sentimentais, isso adquire um ar ligeiramente sovina, & ele tampouco é generoso e magnânimo de modo irrefletido, arriscando-se. No quesito intelectual, logicamente, produz aquele estilo metálico & brilhante ao estilo convencional que, do meu ponto de vista, impede que a sua escrita alcance um nível de primeira. Falta-lhe originalidade & substância; é jornalismo brilhante, espetacularmente brilhante, uma versão espetacularmente habilidosa da velha toada. Assim escritas, essas palavras parecem demasiado empáticas & lineares; é preciso que sejam suavizadas & combinadas com todas as qualidades encantadoras, sutis & brilhantes que formam o ser dele em carne e osso. Porém quando penso num Strachey, penso em alguém infinitamente cauteloso, elusivo & pouco arrojado. Ao nosso grupinho eles acrescentaram frases, bordões & chistes, mas nunca nenhuma vanguarda; nunca uma Omega, um movimento pós-impressionista; nem sequer uma casa no campo, uma Brunswick Square ou uma editora. Nós Stephen, sim, & até Clive, com todos os seus defeitos, teve a iniciativa & a vitalidade de conceber & levar adiante nossos desejos, pois eram intensos demais para que o medo do ridículo nos congelasse ou as dificuldades nos impedissem. Mesmo na questão de alugar Tidmarsh, Lytton precisou de um empurrão, & seu estilo de vida até certo ponto pouco convencional assim o é unicamente por vontade & determinação de Carrington.

Quinta, 30 de janeiro

O frio hoje é tamanho que duvido ser capaz de continuar com minha disquisição. Num dia assim seria preciso ser de sólida esmeralda ou rubi para arder com alguma chama, em vez de simplesmente se dissolver em átomos grises no gris universal. Não vi ninguém na Richmond High Street que parecesse estar ardendo com a intensidade do rubi ou da esmeralda – pobres mulheres pesarosas, absolutamente dominadas pelas circunstâncias, apesar de eu ter escutado uma delas falar em ir para casa para preparar o chá, o que sugeria a possibilidade de que tivesse alguma vida própria. Uma criança atirou seu chapéu na área & tive de recolhê-lo, & quando o atirou para o alto duas outras vezes de modo que tornou a cair na área, um bando delas gargalhou; depois os Poles pedem que lhes enviem exemplares da I.[nternational] R.[eview]; & Nelly [Boxall] veio dizer que duas criadas talvez venham aqui para tratar do assunto da casa de Nessa. À minha crônica de Lytton só posso acrescentar que hoje ele escreveu adiando a visita pois teve de se debandar para Tidmarsh, uma vez que "Calvé está doente & não pode se encontrar comigo no Heinemann".[3] O que ele tinha a fazer com Calvé já não sei; mas a informação assim revelada sugere... bem, mais especulações da minha parte em relação à fama, inveja, vaidade & coisas do gênero, que aguardo uma temporada mais proveitosa para desvendar. Graças a esse íncubo de meus amigos, não mencionei as visitas de Alix, de [Henry T. James] Norton, de Fredegond, tampouco rastreei revelações ou desdobramentos interessantes que poderiam render frutos um dia desses. Alix está pensando em alugar uma casa na Gordon Sqre "sobretudo para morar com James",[4] disse, & essa revelação, ao ser feita para L., eu & Saxon, tinha qualquer coisa que por um instante gelou meu sangue. Agora, para me sintonizar, vou fechar o livro de Mrs. Watts sobre George Frederic & abrir a *Antígona* de Sófocles. Um segundo... preciso anotar para uso futuro as supremas possibilidades de Freshwater, para uma comédia. O velho Cameron de robe azul & há 12 anos sem ter ido a nenhum lugar mais além do seu jardim, subitamente toma emprestado o casaco do filho & caminha até o mar. Então decidem prosseguir até o Ceilão, levando com eles seus caixões, & a última

Sexta, 31 de janeiro

visão de Tia Julia é a bordo do navio, entregando aos carregadores grandes fotografias de Sir Henry Taylor e da Madona em lugar de trocados.[5]

Aqui como sempre encontro consolo para a minha agitação com este livro [*o diário*] após retornar do Clube. Visitei a Omega, & ouvi Roger convencendo uma alemã gorda a comprar coisas & esforçando-se ao máximo para ser educado com Mr. Powell, um artista que trabalha com vidro em South Kenington, acho; deve ser isso mesmo. Dali, por ruas de lama congelada, neve, neve derretida, escorregadias & solidificadas em pequenos grumos como os de um casaco de astracã, para o Clube (& aqui sou interrompida pela voz do meu querido velho amigo Desmond, ao telefone – um discurso de dez minutos. Sim, vai alugar uma casa em Oare, talvez, & deseja que fiquemos próximos dele, na terça virá trazer um conto, & está hospedado em Littlehampton, & vai assinar a *Review*, & enviar uma ordem de pagamento de 10/ – não, 12/ – claro, & alugaram a casa deles em Wellington Square, & planejam economizar & passar metade do ano no campo, o que não lhe agrada muito, mas enfim. Aqui, com perguntas cheias de solidariedade acerca de minha saúde & do meu dente, desligamos). Sim, solidariedade é o que Desmond tem; o que me faz voltar outra vez ao velho Lytton. Mas a primeira coisa que devo fazer é absolver o velho Lytton de tentar me impressionar com suas Calvé & seus Heinemann; creio que mencionou um concerto, & é tudo. Tentarei explicar o fato de ele haver "dominado" (ora, até a palavra é dele) uma geração em Cambridge & dar o troco com meus comentários depreciativos. Como ele o fez; como é tão distinto & inconfundível, se lhe falta originalidade & tudo o mais? Há alguma saída respeitável para o impasse de afirmar que ele é muito melhor do que seus livros? ou terei cautela demais para elogiar esses mesmos livros? Terei inveja? Estarei comparando as seis edições de *Eminent Victorians* com a única de *A viagem*? É possível que exista uma pontada de inveja; mas, se o subestimo, creio que o principal motivo é que embora eu admire, desfrute até certo ponto & até certo ponto aprove, o que ele escreve não me interessa. Thomas Hardy tem o que chamo de uma mente interessante; assim como Conrad & Hudson; mas não Lytton nem Matthew Arnold nem John Addington Symonds.

A vida está agitada no geral. Mas a vida não anda muito agradável esses últimos dias. Imagine uma conspiração formada por neblina, granizo, greve do metrô,[6] & ainda por cima a caça por uma criada para Nessa. Essa última terminou de modo desastroso. Enfrentei Mrs. Abbey mais uma vez ontem, arranquei a minha Phoebe Crane das garras de inúmeras senhoras, somente para ter de ouvir agora que não a querem & que será despachada com uma nota de uma libra como consolo. Esse é o ápice da quinzena que passei construindo castelos com Budge & as demais; os baralhos caem & as coisas continuam como sempre. Cartas & mais cartas foram escritas naquele estilo profissional & arrojado que não me é natural, telegramas enviados, súplicas feitas a Nelly, cérebros vasculhados & viagens de penitência feitas, & o resultado é que agora 32/- foram repartidos entre gente que não os merece.[7] Mas tenho de registrar também que o sol brilhou um pouco hoje, está menos frio; &, para equilibrar as coisas, os ferroviários estão em greve.

Desmond *não* ligou. Eis um excelente prefácio para sua personalidade. A dificuldade de escrever sobre Desmond é que somos quase obrigados a descrever um irlandês: ele perde trens & parece ter nascido sem leme, de modo que é arrastado para onde leva a força da correnteza; segue torcendo & planejando, & arrasta-se por aí, livrando-se dos apuros porque sabe falar tão encantadoramente que os editores o perdoam & os comerciantes lhe fazem fiado & ao menos um colega distinto lhe deixa mil libras em seu testamento.[8]

Que vergonhoso lapso! não acrescentei nada à minha disquisição; a vida foi desperdiçada como uma torneira que se deixa aberta. Onze dias sem registro. No entanto, acredito que se fosse pintora só precisaria de um pincel mergulhado num tom pardo para obter o tom desses onze dias. Eu o arrastaria uniformemente ao longo de toda a tela. Mas os pintores não têm sutileza; havia pontos de luz, sombras sob a superfície, que agora, suponho, são impossíveis de detectar. O tom predominante veio da minha necessidade de visitar as agências de emprego no clima mais frio do ano. Tenho a impressão de ter visitado uma dúzia; na verdade foram três, no máximo. Mas enfim, uma delas estava nos confins da civilização, nos arredores de Fulham; & que duros, contidos & desiludidos eram os olhos das mulheres às mesas, como se diante delas vissem eternamente uma cozinheira de caráter duvidoso! Mal conseguem vestir um véu de cordialidade ao me verem, vestida de veludo vermelho & peles em sua homenagem. No fim, de uma maneira ou de outra, Nelly precisou ir a Charleston por uma semana & Phoebe Crane recuperou-se da sua doença & foi despachada para lá, de modo que a paz foi recuperada momentaneamente.

Ontem, sexta, tive uma das minhas noites de gala ocasionais. Vestida com meu melhor, fui ver os quadros de Sickert, que aqui declaro ser a exposição mais agradável & sólida de toda a Inglaterra. & lá encontrei Clive & Mary; Clive de casaco de pele, Mary no estilo mais discreto do New English [Art Club]. Bastava botar uma bengala amarela na mão de Clive & pendurar nele um monóculo com fita, que ele poderia ter saído de uma foto de evento esportivo – não, de uma caricatura colorida em tons de rosa & amarelo. Ele apresentou-me ao jovem Nevinson, de suíças à Príncipe Albert – aludindo que ambos éramos "figuras muito celebradas", coisa que não agradou Nevinson.[9] Depois, Clive, Mary & eu caminhamos papeando como periquitos em um poleiro até o Verreys, pintado de azul com detalhes dourados. Mary precisava fazer uma visita diligente ao marido no hospital. De modo que nos sentamos para conversar em uma das salas interiores – um lugar agradável, dissoluto – piso de parquet, balcão curvo, mesinhas – ornamentos em verde & dourado, estilo George IV um pouco decadente, & vazio àquela hora, exceto por algumas damas de reputação duvidosa. Conversamos. Vibramos em sintonia. Nos bicamos e arrulhamos. Tons rosados cintilavam nas bochechas de Clive. Nossa interação era muito animada, vibrante, como a de instrumentos de corda. Duncan passou por ali – um interlúdio estranho & confuso, mas, como sempre, inevitavelmente harmonioso. Piscava como se tivesse acabado de ser exposto à luz, esmigalhou seu brioche & tomou seu café de um só gole, gaguejando umas palavras pouco articuladas mas imensamente expressivas; dizendo, eu me lembro, que a *Art & Letters* era a mais chata & monótona das revistas ("vou mostrar a vocês... não, não está nesse bolso... não, não sei onde está"), & que Julian & Quentin eram muito mais espertos que a maioria das crianças. Não sei como, mas num instante ele meteu-se em um casaco preto espantosamente longo, como o de um pastor não conformista, abotoou seu colete vermelho, & se foi com vaga indecisão até a Victoria Station. Clive & eu continuamos ali sentados conversando sobre literatura, a minha literatura principalmente, que ele elogia o bastante para dar força considerável a suas críticas. Como eu meio que suspeitava, encontrou defeitos graves naquele meu romance cru & laborioso & méritos excessivos na "Marca" [o conto "A marca na parede"]; a melhor prosa, disse ele, escrita atualmente. Mary chegou & interrompeu, ou melhor dizendo, influenciou o rumo da nossa conversa, pois quase não falava, & depois viramos a esquina para a Regent Street, onde os postes estavam acesos, & na loja em frente todas as vitrines estavam repletas de roupas vistosas contra um fundo verde, & assim caminhando ao crepúsculo primaveril & ainda rindo, fomos até o Soho, onde os deixei numa rua cheia de vitrines de joalheiros.

Aqui estou eu aguardando Alix, que, como imaginei, pode ser que não venha aliviar-se de suas confidências; & assim por força da sua veleidade meus pensamentos retornam aos meus amigos. Onde parei? Desmond, & como o considero solidário em comparação com os Strachey. É verdade; não sei se não será ele quem tem o melhor temperamento dentre nós – o temperamento que qualquer um preferiria ter. Não me parece que ele possua nenhum defeito como amigo, a não ser o fato de que tantas vezes sua amizade se vê afogada sob uma nuvem vaga, uma espécie de vapor flutuante composto de épocas & estações que nos separa & efetivamente impede que nos encontremos. Talvez essa indolência implique uma falta de fibra em seus afetos também – mas raras vezes sinto isso. Ela surge, na verdade, da consciência, que considero criativa & atraente, de que as coisas *não importam*. De certa maneira ele é fundamentalmente um cético. Contudo qual de nós mais se esforça, no fim das contas, para fazer o tipo de gentilezas que ele faz? quem mais tolera, mais aprecia, mais entende a natureza humana? Nem preciso dizer que ele não é do tipo heroico. Acha o prazer prazeroso demais, as almofadas macias demais, vagar por aí sedutor demais, & depois, é o que ultimamente sinto às vezes, deixou de ser ambicioso. Sua "grande obra" (talvez seja de filosofia ou uma biografia agora, & deve ser iniciada, após uma série de longos passeios, nesta mesma primavera), somente surge, acredito, naquela hora entre o chá & o jantar, quando tantas coisas parecem não apenas possíveis como já conquistadas. Chega a luz do dia, & Desmond se contenta em começar seu artigo; & se entrega à pena com o reconhecimento meio divertido meio melancólico de que assim é a vida que lhe foi designada. No entanto é verdade, & não há quem o negue, que ele possui os elementos flutuantes de algo brilhante, belo – um livro de contos, reflexões, estudos, espalhados dentro dele, pois se manifestam sem sombra de dúvida em suas conversas. Disseram-me que lhe falta força; que esses fragmentos nunca se combinam para formar um argumento; que a desconexão da fala lhe é apropriada; mas que num livro inevitavelmente iriam se afastar uns dos outros. A consciência disso, sem dúvida, fez com que no único livro que ele concluiu [*Remnants*] labutasse & suasse em cima dos fragmentos até uni-los em uma massa indissolúvel. Consigo me imaginar, no entanto, vasculhando a mesa dele um dia desses, apanhando páginas inconclusas do meio de folhas de papel mata-borrão & dos sedimentos de contas antigas, & editando um livrinho de conversa de salão, para provar à geração futura que Desmond era o mais talentoso de todos nós. Mas por que ele nunca escreveu nada?, perguntarão.

De qualquer maneira, a seu modo intermitente Desmond é fiel. Isso se pode afirmar de Saxon também, o próximo da minha lista. Mas a fidelidade de Saxon é quase a de um collie senil, ou de um asno alquebrado – o pensionista que recorre a uma lembrança do passado para garantir um lugar à mesa de alguém para todo o sempre. Sua atual condição faz com que ele surja quase que exclusivamente na condição de esmoler. No momento tem pouco a doar, a vida não lhe foi generosa. Seus bens são velhas amizades, velhas lembranças – coisas de que falávamos séculos atrás. Ao contrário do resto de nós, sua vida não se renovou com o casamento; suas esperanças nesse sentido foram esmagadas. Portanto me procura desconsolado, ressentido, mesquinho, como se a causa de tudo isso não estivesse fora do seu alcance, para pedir em vez de oferecer, pedir nesse momento que eu aceite Barbara das suas mãos – que a devolva a ele enriquecida com a luz da minha aprovação. Mas Barbara não me parece ser desse metal – dessa raridade... No entanto a vida do pobre Saxon está hoje na mesma estação incômoda & inconveniente que vemos reproduzida tão dolorosamente lá fora. Neve derretida, & lama & frio, & nada que floresça; nenhum calor, nem brilho, nem mesmo uma modesta luz doméstica. Está alojado com [Mrs.] Stagg na Great Ormond Street & resumiu com exatidão sua própria condição como a de alguém que se sente só quando sozinho, & entediado quando tem companhia. Mas é fiel – há algo de valioso na fidelidade de Saxon; algo que faz com que mesmo sua mais minguada visita não seja de todo infrutífera. Nós nos damos conta, mesmo após duas horas de silêncio tépido & quase total, que ele é estritamente verdadeiro, genuíno, puro. Nunca o veremos impertinente; nunca o veremos insensível, insincero, ou oferecendo de má vontade seu último centavo. Sim, não tem o rico suprimento de dons que é necessário, mas apesar disso, na minha idade cansada passei a achar que a segurança – uma competência modesta – uma verdade tão irretocável quanto um diamante ou cristal – não é uma coisa à toa, nem desprovida dos curiosos lampejos da beleza elevada & remota. Seja como for, é com certo alívio que penso agora em Saxon depois de pairar em um estado de incerteza nos últimos dois meses ao pensar em Katherine Murry. Talvez eu vire do avesso o que escrevi sobre Saxon para formar um pano de fundo ao retrato que pintarei de Katherine. Neste momento é extremamente duvidoso se tenho o direito de classificá-la entre meus amigos. É muito provável que nunca mais a veja. Lá em cima tenho cartas em que ela fala que pensar em mim é uma alegria, que se demora em meus textos com entusiasmo; cartas em que marca encontros, insiste em visitas, acrescenta *postscriptums* com agradecimentos & carinho pelas visitas já feitas. Porém a última é de dezembro, & já estamos em fevereiro. A questão me interessa, diverte, & também me magoa um pouco; não, decididamente muito. Se não desconfiasse que ela deseja produzir em mim exatamente essas emoções, exceto a de diversão, eu ficaria ainda mais desconsolada. Do modo como está... bem, seria melhor escrever uma longa descrição dela antes de chegar a essa minha estranha mistura de interesse, diversão & incômodo. A verdade é que, suponho, uma das condições jamais expressas, porém tácitas, de nossa amizade é exatamente o fato de que se assentava inteiramente em areias movediças. De que foi marcada por curiosos deslizes & interrupções; durante meses não recebi nenhuma notícia dela; depois nos encontramos novamente no que parecia ser terra firme. Fomos íntimas & intensas, mais do que francas; mas pelo menos para mim nossa relação foi sempre interessante & mesclada com quantidade suficiente do elemento pessoal para despertar carinho – se a palavra for essa mesmo – e também curiosidade. Não era fácil para mim ir a Hamsptead toda semana desde meados de outubro ou novembro, suponho. E então o que aconteceu? Viajei para o Natal, & enviamos presentinhos cintilantes uma para a outra, calculando cuidadosamente para que chegassem no dia de Natal. Acrescentei ao meu não uma, mas duas longas & carinhosas cartas; propus ir vê-la assim que retornasse. O período que passei de cama impediu isso. Mas nesse meio tempo, por nenhuma razão manifesta ou imaginada com qualquer grau de certeza, ela cai em silêncio; não recebo nenhum agradecimento, nenhuma resposta, nenhuma pergunta. De modo que desconfiada, mas disposta a testar todas as possibilidades antes de pular para as conclusões, perguntei a Murry se ela gostaria que a visitasse; ao que ela respondeu cordialmente & sem uma sombra de hesitação. Propus ir ontem. Por volta das 11h, ela, ou melhor, a mulher que cuida da casa, telefonou para adiar minha ida, dizendo que K.M. estava doente demais para receber visitas; mas sem sugerir uma data futura; tampouco recebi qualquer notícia da parte dela ou de K. esta manhã.

Sexta,
21 de fevereiro

Mas tudo isso parece um tanto atenuado & exagerado graças ao simples fato de que recebi uma carta da própria K.M. esta manhã convidando-me para o chá na segunda & explicando que um tratamento novo a deixou com febre por dois dias & impossibilitou que ela recebesse qualquer pessoa. Também me convidou a escrever para a *Athenaeum*, de modo que esse arranhãozinho na minha vaidade foi curado.[10] Não que eu deseje resenhar mais livros do que já recebo. Mas graças aos laboriosos & ao que parece um tanto enganosos relatos dos meus amigos, a vida acabou ficando bastante negligenciada. Recapitulemos. Domingo passado Saxon & Barbara vieram jantar; mas não fizeram praticamente mais nada além disso, pois ela precisava voltar para amamentar o bebê. Chegou muito animada na sala, mas sua mente é do tipo literal & serena; pena que ela não possa estar sempre em um estado de vivacidade corporal. É o seu elemento natural, com certeza; esperar dela uma conversa tranquila é ir contra a natureza. Saxon a observa, julgando, eu imagino, que os encantos dela sejam o bastante para ambos. Fui à Faith; um chá, para conhecer o bebê. Faith logo contribuirá, também ela, à raça.[11] Um desagrado surge em mim quanto a esse seu comportamento. Também sou um ser humano; acho muito pouco provável que Faith nos conceda algum mérito por isso. É uma mulher satírica & frouxa, sempre disposta a fazer algum comentário ácido, & aos 28 já carregada de ressentimento. Fica ali à lareira combinando de maneira irritante os pedacinhos de mosaico de todos nós; como se não tivesse mais nenhum interesse nessa vida. Tem-se a impressão de que sua mente é um depósito de colecionador repleto de fofocas. Ah, sim, já estava sabendo do meu encontro com Hope Mirrlees, & me disse que acreditava que eu fosse uma daquelas amigas volúveis que adoram uma briga. Aparentemente dedicara certa reflexão a isso. Em contraste, Barbara foi "muito simpática"; direta, natural, compreensiva, até onde sua inteligência permitia, & à maneira estranha típica da sua personalidade. Eu me pergunto de onde virá isso. Na frente de casa, no escuro, deixou transparecer sua preocupação com o coitado do Saxon. E depois Saxon me telefonou para se desculpar por não ter podido se demorar, & para sugerir outra visita.

Terça, 25 de fevereiro

Bem, ainda não discuti com Mirrlees – minhas mulheres literárias são fiéis, embora inconstantes; se propositalmente ou não, não tenho como dizer. Porém tais especulações obliteram o que, percebo agora, chamo de "vida". A verdade é que me esquivo da gigantesca tarefa de fazer um relato do chá de domingo, no qual conheci Sir Val.[entine] Chirrol, Sir Henry Newbolt & Lady, Lady Cromer, os Bruce Richmond, um punhado de galantes oficiais da cavalaria carecas, & montes de viúvas ricas respeitáveis de South Kensington provavelmente sem nome. Tanto Sir Val quanto Katie previram uma revolução, & pareciam visualizar-se encontrando uma morte nobre, em nome da respeitabilidade, na mão dos judeus russos. Os judeus russos se instalam em toda grande cidade – um povo de imensa energia & falta de escrúpulos –, & além do mais, como comentou Sir Val, 1914 não voltará a se repetir – "não que alguém possa acusar *a mim* de pacifista". Enquanto isso Sir Henry confessou que a música, em especial a de cordas, toca a fonte de poesia dentro dele, & "algo sempre surge de um concerto – algo surgirá esta noite" – asseverou-me, como um padre prevendo um milagre, ou um mágico sacando um coelho. Mas a amabilidade de South Kensington é desarmante. Uma espécie de modéstia encobre aquilo que é tão proeminente & desagradável nos intelectuais. Têm um ar de quem diz, "Não sou ninguém... absolutamente ninguém. Minha única função é ser agradável. Mais uma xícara de chá? Por favor, faça a gentileza de sentar nesta poltrona – & deixe que lhe traga uma fatia de pão com manteiga...". Esta é minha impressão no momento; embora por algum motivo isso não estimule a dizer nada mais interessante que Obrigada & Por favor não se incomode, & outras frases do gênero. Do n. 23 das Cromwell Houses, que fica em frente aos animais empalhados & é bastante capaz de encará-los por compostura, direi apenas que é mobiliada segundo o grande princípio de South Kensington de não correr riscos & fazê-lo com elegância.[12] A boa Mrs. Samuel Bruce foi à Autotype Company & pediu que lhe mandassem a escola holandesa inteira emoldurada em carvalho envelhecido.[13] E ali estavam [as fotogravuras]; praticamente cobrindo as paredes das escadarias, com uma ou duas polegadas de margem entre uma e outra. A sala de estar... não, não consigo anotar tudo; a memória preserva apenas as espáduas de um cavalo sobre um cavalete dourado & três amplas cenas marítimas, como grossas fatias de pão com manteiga. Os convidados estavam cheios de decoro & envoltos em peles como sempre; & a música, como a voz dos espíritos do outro mundo, enfeitiçava os condenados sem esperança. Sir Henry escreveu uma canção patriótica para aquela melodia. Mas que simpáticos, por outro lado! – como Katie abrindo caminho pelas ruas mais tarde, deixando cair frases de uma força curiosamente antiga, como se estivesse no topo de uma montanha, ou perdida em meio à névoa, essa é sempre a impressão que tenho desses aristocratas. Não Lord Eustace Percy, porém. Com ele a minha pena se aturde, pois não consigo retroceder mais nesta semana. Com que modéstia ele começou, fumando seu cachimbo à maneira de um plebeu qualquer, como o próprio Ewerzinho de rosto borrachento, ou Burns e seu pescoço torto, & então aos poucos que autoridade & maestria foi demonstrando, como batia na mesa para enfatizar seus argumentos, & interrompia a audiência & os conclamava, "Esperem um instante", ou lhes perguntava, "Bem, o que sugerem então? Qual sua resposta a isso?", como um diretor de escola renomado para quem nós não passamos de criancinhas recitando a lição, & que gaguejam feio nas palavras compridas; & Lord Eustace, em sua bondade, propõe-se a nos ilustrar. Minha impressão foi de um homem bastante competente & bastante aristocrático, & um homem bastante bom – uma combinação tão irresistível que é alarmante. Ele explicou o anteprojeto do tratado da Liga das Nações.[14]

Muito bem: mas agora chegamos à outra integrante dessa tribo abrilhantada & engalanada; por mais que ela tente, jamais consegue deixar de lado seu diadema; refiro-me à pobre & querida Ottoline. Jantamos no Gatti's ontem à noite. Resgatei-a do seio familiar no Garlands Hotel. Sua silhueta esbelta & bamboleante é como a de um álamo da Lombardia – os sulcos & ocos das faces são o único indício de sua idade (uns 47, presumo); & nas ruas, tem um passo frágil & afetado, como de uma cacatua com garras avariadas. Seu espírito é indômito – com essas mesmas garras gotosas, arranca a vida das coisas, como se fosse jovem & com ilusões de sobra. Abateu suas asas sobre a esposa do corretor rural & sobre Rosa Allatini – por nenhum motivo especial exceto que a esposa do corretor rural escreve romances & o romance de Rosa Allatini foi queimado pelo carrasco.[15] Allatini foi uma má escolha, tirando o fato de que quase desmaiou & tiveram de alimentá-la com pãezinhos açucarados,[16] que Ottoline providenciou – & confidenciou, claro, a história de seu amor desgraçado, o responsável por ela agora ter de ser alimentada com pãezinhos açucarados. Birrell viera para o chá & comentara que nada agradava mais a Rainha Victoria do que ver um homem bêbado; Lopokova havia discursado a tarde inteira.[17] À mesa do jantar, Ott apanhava trechos de conversas dos outros comensais & admirava seus perfis. E dali até a Gordon Square, onde encontramos Clive no piso superior, onde eu costumava escrever,[18] na maior poltrona já vista, ao lado da mais agradável lareira, com um biombo diante da porta para barrar as correntes de vento, tão afável quanto uma cacatua & colorido como uma arara. Deixei-os ali & perdi meu trem.

Quarta,
5 de março

Acabo de voltar de quatro dias em Asheham & um dia em Charleston; estou esperando Leonard chegar, com o cérebro ainda correndo pelos trilhos do trem, incapacitado para a leitura. Mas, meu Deus, quanto ainda tenho de ler! As obras completas dos senhores James Joyce, Wyndham Lewis, Ezra Pound, para compará-las com as obras completas de [Charles] Dickens & Mrs. Gaskell; & ainda George Eliot; & por fim [Thomas] Hardy.[19] E acabei de concluir Tia Anny, em grande escala.[20] Sim, desde a última vez que escrevi [aqui] ela morreu, uma semana atrás para ser mais exata, em *Freshwater,* & foi enterrada em Hampstead ontem onde há seis ou sete anos enterramos o Richmond sob uma névoa amarela. Suponho que o que sinto em relação a ela seja um pouco fantasioso; ou melhor, um pouco reflexo de outros sentimentos. Papai gostava dela; com ela praticamente desaparece aquele antigo mundo oitocentista de Hyde Park Gate. Ao contrário da maioria das senhoras de idade, ela demonstrava pouquíssima ansiedade para nos ver; ver-nos lhe trazia, às vezes penso, um pouco de incômodo, como se tivéssemos ido longe demais & lhe recordássemos a infelicidade, coisa sobre a qual nunca gostava de se alongar. Além disso, ao contrário da maioria das velhas tias, era perspicaz o bastante para intuir a intensidade com que divergíamos nas questões atuais; & isso, talvez, trazia-lhe uma sensação, rara em seu círculo habitual, de velhice, caducidade, extinção. No meu caso, contudo, ela não precisaria ter sentido ansiedade nenhuma, pois eu a admirava sinceramente; apesar disso, é fato que as gerações com certeza encaram [as coisas] de modo muito diverso. Dois ou talvez três anos atrás L. & eu fomos visitá-la; a encontramos bastante diminuta, com um boá de penas ao pescoço & sentada sozinha numa sala de estar que era praticamente uma cópia, em escala menor, da antiga sala de estar; o mesmo ar ameno & agradável do século 18 & os antigos retratos & as antigas louças. Ela nos aguardava com o nosso chá a postos. Suas maneiras foram ligeiramente distantes, & mais que ligeiramente melancólicas. Perguntei-lhe de papai, & ela comentou que aqueles jovens rapazes gargalhavam "alto com melancolia" & que a geração deles fora feliz, mas egoísta; & que a nossa lhe parecia boa, mas um tanto terrível; mas não tínhamos nenhum escritor como os da deles. "Alguns têm um leve toque daquela qualidade; Bernard Shaw tem; mas não mais que um toque. O mais agradável foi conhecer a todos eles como pessoas comuns, não como grandes homens..." E então uma história de Carlyle & papai; Carlyle dizendo que preferia lavar o rosto numa poça de água suja do que escrever jornalismo. Ela enfiou a mão, eu recordo, em um saco ou caixa atrás da lareira, & disse que tinha três quartos de um romance escritos – mas não conseguia terminá-lo – imagino que nunca o tenha terminado. Mas tudo o que podia dizer eu já disse, com uma roupagem um pouco cor-de-rosa, no *Times* de amanhã. Escrevi a Hester, mas como duvido da sinceridade de minhas próprias emoções!

Asheham foi, suponho, apenas um êxito restrito – pelo menos para L., por causa do desconforto; para mim o desconforto se deveu principalmente à presença de Philip [Woolf]. Não era possível sentar-se diante da lareira & ler Shakespeare. Essa forma de egoísmo exaltado ficou reprimida, & creio que talvez o próprio Philip tenha em parte se sentido um estorvo, como sem dúvida sempre se sente ultimamente – um excluído, um espectador; sem laços & muito solitário. Duncan veio de visita, envolvido em problemas domésticos, & lhe dei uma carta para Mr. Hecks, o fazendeiro, que ia entregar ontem de manhã, no pior aguaceiro do ano. Mas tivemos duas lindas tardes primaveris, em que eu não parava de me indagar: "Bem, onde estamos? Onde chegamos? Será primavera ou setembro?", até despertar espantada para o fato de que tínhamos sido atirados para mais um verão. Umas pequeninas barbas de milho verde-acinzentadas decoravam o bosque, como os desenhos de um biombo japonês. Num desses dias, indo apanhar o leite, encontramos Gunn & ficamos sabendo do nosso destino. Devemos sair de vez em setembro. Ele quer Asheham para morar aqui com sua velha mãe. Minha nossa, minha nossa! – Cada vez que eu subia pela trilha em frente à casa pensava que nada nunca tinha sido tão perfeito. Não fosse pelo demônio que carrego aqui dentro, de estar sempre começando algo novo, eu cairia em desespero. L. acredita que é fácil transformar uma casa em um fetiche; & é verdade; até lá estamos em suspenso. Mas a necessidade de procurar uma nova casa é fonte de imenso prazer, e nos conduziu ao longo da Rodmell Road até a casa de Mr. Stacey [dono de diversas propriedades na região], & lá ouvimos de duas mulheres mal-ajambradas em uma *chaise* que Mr. Robinson de Itford pretende alugar; de maneira que lá fomos nós, até Itford, uma cidadezinha bem incrustada na planície; & encontramos uma casa com três colunas verdes, uma sala de estar entulhada, & uma tal de Mrs. Robinson, feita para procriar, segundo declarou L. & o comprovou a quantidade de filhos. Abajures artísticos & pratos iridescentes presos na parede demonstravam o requinte do seu marido fazendeiro. Evidentemente vivem com muito conforto, & vão pedir mais do que podemos pagar; como se a região ali fosse melhor do que é. No geral nos sentimos inclinados a mirar a casa de fazenda em Itford – uma casa que pode se tornar bastante atrativa, graças à sua vista & à luz do sol. Cansamos de casas senhoriais.

Charleston não é de modo algum uma casa senhorial. Pedalei até lá sob uma chuva torrencial, & encontrei a bebê dormindo em seu berço, & Nessa & Duncan sentados à lareira, rodeados de mamadeiras & babadores & bacias. Duncan foi fazer minha cama. Suas criadas no momento resumem-se somente a Jenny, a cozinheira judia de aparência inteligente; mas tendo ela sofrido um colapso, passava a tarde de cama. Graças ao método extremo & abnegação & rotina da parte sobretudo de Nessa & Duncan, o jantar foi feito, & prepararam-se incontáveis refis de garrafas de água quente & banhos. A impressão é de que vivem como quem está prestes a se mudar. Em uma das ilhotas de relativa ordem Duncan montou seu cavalete & Bunny escrevia um romance em um conjunto de cadernos. Nessa mal se ausenta do quarto da bebê, ou, se sai por um momento, é para ir imediatamente conversar com Dan, o namorado de Jenny & futuro suporte de Charleston,[21] ou para lavar fraldas, ou mamadeiras, ou preparar refeições. Mrs. B. & as crianças entram & saem rapidamente dos quartos. Tive uma conversa imensamente longa com Ann [Brereton] sobre a saúde do gato persa, que, segundo Mrs. B., sofreu ferimentos internos mortais quando o lavaram para tratar as lêndeas; de modo que ela solicitou clorofórmio, o que Nessa recusou, & o gato recuperou-se. Em seguida suspeitaram que Quentin pegara sarampo... O clima parece repleto de catástrofes que não desanimam ninguém; é de bom humor, de animação, como tende a ser após três meses de desastres domésticos. Nessas circunstâncias, arrisco dizer que não conversei mais do que trinta minutos consecutivos com Nessa, dedicados basicamente ao grande épico do médico da babá & de Emily.[22] Mas um desastre costuma vir atrás do outro, & um súbito raio de calamidade nos atingiu esta manhã: Dan & sua mãe foram contratados; então chegou a carta de uma babá que, contra todas as probabilidades, se dispõe a vir desde que possa trazer uma amiga. Mas tive de ir embora em plena maré alta & me arrastar pela lama até Glynde – a lama era tanta que quando entrei na Powell, a corretora rural, o funcionariozinho elegante me olhou da cabeça às botas com desaprovação – como se uma figura como eu não pudesse ir ali solicitar uma casa com sete dormitórios & um banheiro. Infelizmente as chances de encontrar uma parecem poucas. Não disse nada sobre a minha sobrinha, que devo chamar assim formalmente, uma vez que desistiram de Susanna Paula & não conseguem pensar em mais nenhum nome. É uma criaturinha melancólica, paciente, contemplativa, que observa o fogo numa

Sexta, 7 de março

extrema reflexão, com expressão resignada & enormes olhos azuis. Imagino que não seja muito maior que uma lebre grande, embora seja perfeitamente formada – pernas, coxas, dedos dos pés & das mãos – tanto uns como outros muito compridos & delicados.

Tendo quebrado meu tinteiro, tive de recorrer aos de metal mais uma vez, & a tinta roxa vejo agora se acumular nessa [ponta] aqui; mas não consigo de modo algum usar a respeitabilidade asfixiante de uma caneta-tinteiro.[23]

Ontem arranquei um dente, ao qual estava preso um enorme abscesso. Harrison o mostrou para mim antes de o jogar no fogo; um símbolo de grande dor, disse ele. A pequena & estranha excursão ao sombrio mundo do gás [anestésico] sempre me causa interesse. Voltei para casa de metrô me perguntando se alguma pessoa ali suspeitava da sua existência. Desperto dele, ou melhor, pareço sair dele & deixo que siga voando em extrema velocidade pelo espaço enquanto o mundo de Harrison & do Dr. Trueby toma a minha atenção – "Abra a boca, Mrs. Woolf... Agora deixe-me arrancar esse pedacinho de madeira". Suponha que acordássemos & em vez disso víssemos a própria divindade ao nosso lado! Os cristãos acreditam nisso, suponho.[24] L. se reuniu com um imenso número de pessoas nesses últimos dias; & eu deveria ter mencionado que Sidney Webb considera o livro de L. extremamente notável, & que será impresso diretamente pela Clark de Edimburgo, & deverá sair, talvez, até junho.[25] E o pobre do meu livro preguiçoso, *Noite & dia*, será levado num pacote até Gerald [Duckworth], assim que eu consiga acabar essas correções irritantes & cansativas. Lady Wolseley, que parece uma dama da mais absoluta distinção uma vez que escreve ao editor do *Times* a lápis, considera o texto de L. sobre Tia Anny "muito admirável", & a delicadeza de suas expressões, "uma prova do seu gênio". Para equilibrar as coisas satisfatoriamente, o meu artigo, segundo B.R. [Bruce Richmond, editor do *TLS*], foi recebido com elogios na redação, em casa & no meu clube. Os Richmond desejam alugar uma casa para abril & maio – provavelmente vamos pensar na ideia de alugar-lhes Asheham. Se eu tivesse a experiência de L., poderia escrever aqui uma historinha da Coal Commission[26] & de Lloyd George nos bastidores, conforme reportado por Mrs. Webb.

Quarta,
12 de março

Domingo[27] foi uma das minhas tardes na Shelley House. Ali encontrei Clive, & em sua companhia me senti mais desconectada do que nunca daquela reunião de pessoas – tão obscuras, enroladas em peles & discretas quanto sempre, todavia creio que me sinto menos impressionada com tudo isso do que jamais estive, & até a Shelley House me parece mais ou menos uma casa comum. Tive de conversar com Elena sobre Asheham, mas a considero tão lenta de raciocínio, tão acostumada, imagino, com sua posição de ornamento decorado & belo que com toda certeza não consegue compreender nada & se desvia em suas respostas, como se fosse um spaniel gordo atravessando uma rua movimentada. E seus olhos não têm profundidade. Clive me levou para jantar no Café Royal, que não me interessou muito enquanto espetáculo, para grande desapontamento dele. No entanto quase no fim do jantar uma mulher de caráter duvidoso que jantava sozinha com um homem atirou seu copo no chão, fez um escândalo com as facas & pratos, revirou o pote de mostarda & saiu marchando como um peru indignado. Terá sido esse momento, com os olhos dos comensais sobre ela, o que lhe rouxe compensação? Terá sido por isso que protestou? Seja como for, deixou seu homem um tanto abatido, tentando parecer inabalado; & arrisco dizer que era isso o que ela queria. Não pude deixar de pensar na cena deprimente em seu apartamento na manhã seguinte – nas lágrimas, nas recriminações, na reconciliação – & no domingo seguinte em que jantarão juntos, suponho, em outro restaurante.[28]

Quando janto com Clive, sempre sinto que estamos assinalando as mudanças das nossas circunstâncias & pontos de vista; nosso presente é encenado tendo como pano de fundo o passado. O presente é mais amigável, consideravelmente mais feliz do que o passado; ainda que talvez não tão interessante. Ou melhor, seu interesse é diferente, pois me interessou o que ele me contou sobre Nessa & R. & D. – & o que pude adivinhar da atitude dele próprio; tão feliz; tão vibrante, tão epicurista – & no entanto terá ele os seus momentos, não exatamente de desilusão, mas de sentir que as coisas poderiam ter se dado em maior escala? Duvido; imagino que ele tenha encontrado seu nível [social], & portanto sua serenidade.

Na segunda, acho, tivemos um dia de labuta. Estamos terminando os poemas de Eliot – mas me esqueci de sábado, quando recebemos Marjorie Strachey, & os Shove & Saxon para jantar. Saxon, como a areia numa ostra, foi a origem da pérola inteira. Não somos muito capazes de encarar Saxon a sós; & recorremos ao telefone & ao telégrafo para convocar os outros. Duvido que ele goste disso. Deseja mais atenção do que se pode dar a ele num grupo, & fica em silêncio, fora do círculo mágico; nenhuma sedução é capaz de atraí-lo para dentro. Para mim o objeto mais interessante daquela noite foi Gumbo [apelido de Marjorie Strachey]; notei de modo instantâneo & certo que ela havia mudado. Chegou a alguma decisão; ultrapassou alguma etapa. Não diz Conrad que existe uma linha sombreada entre a juventude & a meia-idade?[29] Bem, desde que a vi pela última vez ela a atravessou, rumando para as águas mais serenas & cinzentas além. Acabou de ser intimada a abandonar a faculdade devido à miopia. Nos velhos tempos isso não teria tido grande importância; ela estaria entretida em algo novo; mas quando disse que ela era como uma acrobata que voa de trapézio em trapézio ela fez que não; não, isso já passou. Agora ela mora em dois cômodos em Kensington, vive do ordenado, volta para casa & sente-se satisfeita de ficar sozinha em paz ali, satisfeita ao ver que a arrumadeira acendeu a lareira – As coisas não saíram muito bem. Culpa de Jos, suponho. As perspectivas são piores do que eu seria capaz de enfrentar se estivesse nessa situação. Começo a perceber, agora, como a vida dos meus amigos vai tomando forma. É um pouco como se Marjorie fosse um dos fracassados – não que eu considere o casamento ou o sucesso na profissão um sucesso. Trata-se de uma atitude mental – o modo como se encara a vida.

Preciso observar que ainda que o céu esteja tão negro quanto a água onde se lavou as mãos, um pássaro canta romântica & profusamente à janela. Na nossa caminhada de hoje passamos por amendoeiras em plena flor. Os narcisos estão a ponto de explodir. Mas duvido que até agora tivemos um único dia de céu azul, ou de um calorzinho que seja; tampouco há sombra em Kew, onde a sombra é universal. Noite passada Miss Fox, de uns 26 anos de idade talvez, que vive do ordenado, aluga quartos com uma amiga & é filha de um professor de Oxford & da secretária de Pippa, jantou aqui & deu uma palestra na Guilda[30] sobre igualdade salarial. Leonard está se arrumando com roupas elegantes pela primeira vez desde o casamento para jantar com David Davies & Venizelos.[31] De manhã recebemos notícias de Hoper para entregarmos a casa, & ainda por cima outro golpe quando ele disse que não irá nos alugar a fazenda [Itford].

Sábado,
15 de março

Hoje deveria ter sido o dia mais feliz da semana, mas então entre as cartas veio uma de Duncan, que a mim pareceu um agouro, & logicamente continha uma exigência de que Nelly fosse para lá assim que possível. Que mais pode ser isso senão uma exigência, quando ele diz que Nessa está ficando completamente esgotada pelo trabalho incessante & as responsabilidades? De modo que telegrafei para dizer que ela irá por três semanas se possível; & o prelúdio do telegrama foi desagradável, & o *postscriptum* será ainda mais.[32] No momento esta casa representa uma pequena ilha de refúgio aos que têm filhos; Karin telefonou ontem à noite para sugerir que recebamos aqui Ann, Judith & Mabel [Selwood, babá dos filhos dos Stephen] por quinze dias, quinze dias esses que eles querem passar em Asheham. Mas ninguém percebe como é difícil liberar uma cozinheira ou receber crianças quando sua organização foi pensada para uma escala diferente – mas, enfim, viver os transtornos já é o suficiente sem precisar ainda por cima escrevê-los. Ademais, recusamos receber Mabel & Ann & Judith.

Na quinta Bruce & Elena jantaram aqui – um acontecimento & tanto. Mas tudo correu com razoável tranquilidade. Eles, pelo menos, já passaram muito da linha sombreada; eu o achei mais afável & moderado & menos enfeitado do que esperava, algo que me agrada no editor admirador de meus textos. Quanto a Elena, sua distinção de preto, com uma joia de jade, é inegável; bem como seu cabelo branco, no alto de um rosto colorido como um botão de flor de amendoeira; & com toda essa pompa & compostura, um ar, se não estou enganada, de melancolia, como se as esperanças não realizadas & a aquiescência recebessem em seu lugar algo mais cálido, o que me emocionou um pouco, por adivinhar a causa disso. Suas observações são raríssimas. Mas ela foi capaz de discutir a India Bill[33] & as religiões indianas com L.; de modo que arrisco que sua lentidão & sua aparente estupidez são apenas porque ela se sente fora de seu elemento quando está comigo. Conversamos, em grande parte sobre Asheham, é claro, & a noite passou de modo tranquilo, sossegado, com apenas uma ou duas daquelas pausas estranhas de que me recordo na casa deles. Ele a trata basicamente como uma criança avantajada & magnífica. "Ah você vai gostar disso", disse, quando ofereci a ela uma bala de menta; & ela me contou que viu na rua uma ótima doceria. Imagino que Bruce seja um homem muito gentil & pouco ambicioso, que se sente satisfeito em passar o tempo com trabalhos de caridade a jovens rapazes desfavorecidos & encaixando artigos no meio dos anúncios do *Supplement*, que ele diz não ser um trabalho tão fácil quanto aparenta. "Quando acontecer a grande catástrofe", disse, aludindo a Lord Northcliffe, "um Walter vai comprar de volta o *Times* & transformá-lo em um jornal decente de novo."[34] Eles foram ver Asheham na sexta, mas o que disso resultou não sabemos ainda. L. tem razão, eu acho, em dizer que o lugar de Elena é em uma mansão numa cidade do interior, distribuindo esmolas. Pedi vagamente indicação de um compositor gráfico & ela se prestou com grande meticulosidade a encontrar um, estando ela, é claro, em contato com diversas organizações. Na sexta fui a Londres & tomei chá com Mrs. Hamilton – ou seja Molly: tive de me corrigir meia dúzia de vezes. L. agora adquiriu o hábito de almoçar em Londres duas vezes por semana, aplacando, portanto, as bocarras de Green & Matthew [Matthaei].[35] Murry está no cômodo ao lado & pediu que L. cuidasse da seção social, quero dizer, da seção de reforma social, da *Athenaeum*, entregando-lhe um grande livro amarelo para resenhar. James [Strachey] conseguiu o cargo de crítico teatral. Eliot talvez venha a ser o subeditor. O primeiro número sai no dia 4 de abril. Essas fofoquinhas literárias me parecem ligeiramente infames. Mostram talvez como alguém se torna um profissional, um jornalistazinho do tipo de Mrs. W.K. Clifford, que costumava saber exatamente quanto cada um ganhava, & quem escrevia o quê, &c. Posso ver papai ouvindo com ar de desaprovação mas divertindo-se por dentro.[36] Mrs. Hamilton me fez sentir meio profissional, pois em sua mesa estavam espalhados manuscritos, havia um livro aberto na escrivaninha & ela não parava de perguntar sobre meu romance; & depois conversamos sobre resenhas, & eu quis saber quem resenhara Martin Schüler, & senti um pouco de vergonha por querer saber. Ela me contou algo curioso sobre as sensibilidades da minha família – Adrian lhe pedira para me contar o quanto ele havia gostado de *A viagem*, que ele acabara de ler, mas tinha vergonha demais de me escrever & dizer isso por conta própria. Ela tem 2 ou 3 irmãs, todas artistas segundo ela, apesar de os desenhos dos vitrais que eu vi não terem me parecido prova disso; & uma é poeta, & se rodeia de esboços de projetos de livros sobre todo assunto imaginável, & escreveu um longo poema que quer que consideremos para publicação. "Ela é poeta – com certeza é poeta", disse, o que levantou minhas suspeitas. A verdade é que Molly Hamilton, apesar de toda a sua capacidade de pensar como um homem & seu espírito forte & prestativo, & sua vida independente, cheia de amor-próprio, não é uma escritora. Mas trocamos os enredos de nossos romances & dissemos "Que interessante...".

Quarta, 19 de março

A vida se acumula tão rápido que não tenho tempo para escrever o monte de reflexões que despontam igualmente rápido, & que estou sempre atenta para incluir aqui assim que despontam. Queria escrever sobre os Barnett, & especificamente da repulsa aos que mergulham os dedos cheios de presunção na matéria da alma alheia. Os Barnett, pelo menos, estavam afundados até os cotovelos; com a boca na botija, se é que filantropos o podem ser; o que os torna bons exemplos; & depois, cheios de fé cega & sem nenhum espírito especulativo, entregam-se quase a ponto de desmentir meu talento crítico. É esnobismo puramente intelectual o que me leva a antipatizar com eles – esnobismo de me sentir ultrajada quando ela diz, "Então me aproximei dos Grandiosos Portões" –, ou quando conclui que Deus = o bem, o demônio = o mal. Será que essa vulgaridade tem alguma relação com o trabalho pelo próximo? E depois o vigor arrogante de sua presunção! Jamais se questionam quanto ao direito de fazerem o que fazem – sempre uma espécie de seguir adiante insensato até que, naturalmente, seus projetos ganhem tamanho colossal & portentosa prosperidade. Ademais, poderia alguma mulher com humor ou perspicácia citar tais louvores a seu próprio talento? Talvez a raiz disso tudo esteja na adulação dos iletrados, & na dominação fácil da vontade sobre os pobres. E eu odeio cada vez mais qualquer dominação de uns sobre os outros; qualquer liderança, qualquer imposição da vontade. Por fim, meu gosto literário se ultraja com a maneira suave como a história se desenrola em um sucesso absoluto, como uma espécie de peônia profusa. Mas isso não passa da superfície do que sinto em relação a esses dois volumes robustos.

Na segunda, após muitas tentativas fracassadas, me encontrei com Murry no Club & conversamos sobre a *Athenaeum*. O sucesso já começou a fazer com Murry o que eu sempre disse que faria. A cor dele agora está mais viva, mesmo nas faces, do que na última vez em que nos vimos; & seu espírito está mais iluminado. Ora, ele ria como um garotinho; seus olhos brilhavam; seus silêncios se ocupavam com pensamentos agradáveis, eu acho; não que ele fosse capaz de admitir que editar a *Athenaeum* era muito melhor do que um cargo no governo.[37] Falou tanto de seus planos & com tanto gosto que ficamos das 4h45 até as 6h30, ou mais, & tive de sair correndo. Na verdade, só consegui apanhar meu trem graças às minhas habilidades de psicóloga. Estávamos discutindo a poesia dele, & sua posição como poeta, com certa intensidade da sua parte, de modo que ele se recostou & olhou com determinação para o teto. Eu estava interessada, mas me senti culpada pois tinha o jantar à minha espera. De modo que falei, "Sim, é verdade que escrever para sua própria editora é um grande prazer. Bom, semana que vem tenho de entregar meu romance a Gerald Duckworth" – "Ah", no mesmo instante seus olhos se descolaram do teto. "Como se chama? – Ah sim – deve sair no outono, imagino. Bem, infelizmente preciso ir."

Murry é basicamente uma criança ainda, eu acho, apesar de seu ar trágico. Suspeito que toda essa vanglória vai se concretizar; a *Athenaeum* será a melhor revista literária existente nos últimos 12 meses.

"O que você irá escrever, Virginia?" perguntou. Serei modesta demais por imaginar um tom de superficialidade nessa pergunta? Seja como for, não impus a ele absolutamente nenhuma pressão. Ofereci-me de ir até lá algumas quintas-feiras apanhar algum livro; às vezes sugerir um artigo; & ele concordou cordialmente. Repassamos todos os nomes que ele deu & tentamos pensar em outros, mas concordamos que depois que acabassem os nossos amigos íntimos seria o fim das papoulas nos campos. A geração mais jovem promete muito pouco até o momento. Um editor naturalmente vasculha entre os jovens escritores com bastante cuidado. Duvido que eu tenha sido um íncubo para Richmond tanto quanto eu pensava. Enquanto fazíamos ligeiras objeções à ideia de James como crítico de teatro, o crítico de teatro espiou para dentro & nos viu. Recomendei Desmond para o cargo. Katherine resenhará 4 romances por semana – Deus queira que não resenhe o meu! Já sinto mais uma vez o teor ácido nela – uma vez que não se dá ao trabalho de escrever nem sequer um cartão para marcar um encontro; mas tentarei ir até lá amanhã & julgar a situação com meus próprios olhos. Hoje terminamos de imprimir os poemas de Eliot – de longe nosso melhor trabalho até agora, graças à qualidade da tinta. MacDermott imprimiu o poema de Murry com tantas manchas & borrões que vamos precisar reimprimir pelo menos a folha de rosto.

Sábado, 22 de março

Hoje entre outras coisas a greve dos mineiros foi adiada, & os guardas marcham por Londres.[38] L. poderia tê-los visto, mas achou que não valia a pena perder o assento no metrô. Quanto às notícias particulares, nossa nova estante de livros chegou & uma parte foi montada na sala de estar: a outra é grande demais para levar ao meu quarto no andar de cima.

Além disso decidimos alugar casas em Tregerthen se conseguirmos; o que me faz lembrar de Katherine Murry, que me falou delas.[39] Essa mulher inescrutável continua inescrutável, me alegro em dizer; nenhum pedido de desculpas, nenhuma sensação de dever qualquer pedido de desculpas. Imediatamente abaixou a caneta & mergulhou, como se tivéssemos nos despedido dez minutos antes, na questão de Dorothy Richardson;[40] & coisas do tipo, com a maior das liberdades & animação de ambos os lados até eu precisar sair para apanhar o trem. Talvez seja eu, que moro nos subúrbios & considero necessário que se respondam as cartas; essa seria uma réplica adequada às minhas piadas com o submundo.[41] Mas algo – algo sombrio & catastrófico que possivelmente tem a ver com Murry – ocorreu desde a última vez que nos vimos. Ela sugeriu isso; mas disse que agora só desejava esquecer – algo a tinha consumido, pelo visto.[42] Mas essa revelação momentânea foi feita quando saí. Fora isso, como eu disse, conversamos basicamente sobre a *Athenaeum*, & fiquei muito lisonjeada em saber o quanto eles desejam que eu escreva para a revista, prova disso é que esta manhã recebi um livro de Murry. E novamente, como de costume, com Katherine encontro algo que não encontro com as outras mulheres inteligentes: uma sensação de estar à vontade, de interesse, & isso, suponho, se deve ao seu amor tão genuíno, ainda que tão diferente do meu próprio amor, à nossa preciosa arte. Embora Katherine esteja agora no centro do mundo profissional – com quatro livros na mesa para resenhar – ela é, & sempre será com certeza, tudo, menos uma jornalistazinha. Quer dizer, não me sinto como me sinto com Molly Hamilton, com vergonha do tinteiro. Antes disso me encontrei com Hope Mirrlees no Club – uma moça muito acanhada, voluntariosa, irritadiça & perversa, visivelmente muito bem-arrumada & bonita, com opinião própria sobre literatura & estilo, uma opinião que tende a ser aristocrática & conservadora, & um gosto correspondente pelo que é belo & elaborado na literatura. Por exemplo, andara estudando a escolha de palavras em Swift; se ele as usava com adequação; & o considerou deficiente em comparação com Burke, que desse ponto de vista escreve magnificamente, embora de modo detestável de outros. Usa uma profusão de palavras em francês, com uma pronúncia maravilhosa; parece caprichosa nas amizades, & tão impossível de conduzir com uma vara de pastoreio quanto um bando de periquitos verdes.

"Irá escrever para mim, Hope?", pedi.

"Ah, não. Não consigo escrever para ninguém." De modo que nos despedimos em Charing Cross Road pelos próximos seis meses, suponho.

Mas para falar a verdade o que mais estou pensando não é nem em Katherine nem em Hope, mas nas duas casas em Higher Tregerthen. Neste instante, imagino, o capitão Short de St. Ives está abrindo minha carta.

Quinta,
27 de março

O capitão Tregerthen Short recebeu minha carta & me escreveu em resposta, & até desenhou um croqui para mim, & não apenas parece desejar como também ansiar para que aluguemos suas três casas, a £5 por ano cada. Respondi, claro que também no decorrer desses últimos dias, que provavelmente as alugaremos, & a bem dizer a verdade, passei a maior parte do tempo na encosta ao pé da nossa casa, onde Leonard já plantou fúcsias, ou agachada numa pedra contemplando o grande redemoinho de espuma das ondas. Ontem num passeio pessimista ao longo do rio

L. transformou essa capacidade de ser feliz, primeiro em Asheham & depois em Tregerthen, num discurso sobre a natureza ilusória de todas as dores & prazeres; de onde ele conclui que a humanidade é uma tribo condenada de animais, & até mesmo as obras de Shakespeare não valem nada, exceto que sua excelência estimula nosso prazer. Devo atribuir isso em parte à minha família condenada, que me convidou a jantar com eles, & eu fui? & também a *Noite & dia*, que L. passou as últimas 2 manhãs & noites lendo? Admito que o veredito dele, pronunciado por fim esta manhã, me deu imenso prazer: que desconto se deveria dar, já não sei. Na minha própria opinião *N. & D.* é um livro muito mais maduro & acabado & satisfatório do que *A viagem*; & com razão. Suponho que me abro a que me acusem de tratar de emoções que na verdade não têm importância. Com certeza não espero nem duas edições. E contudo não posso deixar de acreditar que, dentro do panorama da ficção inglesa, eu me saio bastante bem em termos de originalidade & sinceridade entre a maioria dos modernos. L. acha a filosofia [de *N. & D.*] bastante melancólica. Isso também combina muito com o que ele ia dizendo ontem. No entanto, se vamos tratar das pessoas em uma escala ampla & dizer o que pensamos, como evitar a melancolia? Não admito não haver esperança, porém – apenas que o espetáculo é profundamente estranho; & como as respostas atuais não servem, precisamos buscar uma nova; & o processo de descartar as antigas, quando não se tem absolutamente nenhuma certeza do que botar em seu lugar, é triste. Ainda assim, se pararmos para pensar, que respostas sugerem Arnold Bennett ou Thackeray, por exemplo? Respostas felizes – soluções satisfatórias – respostas que aceitaríamos, se tivéssemos o mínimo respeito pelo nosso espírito?

Agora acabei de fazer a última parte do meu horroroso trabalho de digitação, & quando terminar de rabiscar esta página, vou escrever sugerindo a segunda-feira para ir almoçar com Gerald. Suponho que nunca gostei tanto de escrever alguma coisa quanto a última metade de *N. & D*. É verdade, nenhuma parte desse livro me desgastou tanto quanto *A viagem*; & se o sentir-se à vontade & o interesse são sinais de alguma coisa boa, devo ter esperança de que algumas pessoas, pelo menos, o considerem um deleite. Será que um dia conseguirei relê-lo? Estará chegando o momento em que serei capaz de suportar ler na página impressa o que eu mesma escrevi sem corar ou tremer ou desejar me esconder?

Nosso jantar ontem à noite no Isola Bella foi um evento bastante brilhante ao estilo boêmio, com uma grande quantidade de vinho & conversa sobre literatura & pintura, & um clima generalizado de liberdade & satisfação – embora eu imagine que Roger... fui especialmente advertida por Vanessa a não lhe contar que ela & Duncan estavam na banheira, o que lança certa luz sobre o ponto de vista dele. No fim do jantar o Padrone, como o chamamos (Clive conversava em italiano com o maior dos prazeres) trouxe um grande caderno de esboços, no qual Nessa & Duncan & Roger desenharam, & fomos recompensados com uma garrafa de marsala. Então casa; depois de deixarmos Nessa & Roger na Fitzroy Street,[43] com Clive, Mary & Duncan logo atrás. Aliás, trocamos uma boa quantidade de fofocas sobre a *Athenaeum*, todos secretamente encantados com nossa própria importância; Clive & Roger farão crítica de arte; a mais brilhante lista de colaboradores jamais registrada; & de fato abro este livro novamente apenas para registrar o fato de que Murry me solicitou um artigo assinado, que irei lhe enviar.

Domingo, 30 de março

Abro este livro hoje apenas para observar que Miss *Eleanor Ormerod*, a exterminadora de insetos, pode ser uma boa oferta para Murry: isso se ele tiver gostado do primeiro ensaio ("Eccentrics": que, da minha parte, eu adorei).[44] Tendo feito essa anotação, & como L. ainda não chegou de Staines, acrescento que estou escrevendo à luz clara & penetrante do sol, embora sejam 5h25. Ontem à noite mudou o horário. De modo que as sombras do inverno se foram, o que me deixa um pouco infeliz, uma vez que as noites escuras à lareira têm o seu encanto. Ademais, se eu olhar pela janela verei neve no jardim. Ontem pela manhã a luminosidade do branco nas árvores & nos telhados quando eu abri as cortinas era estontenante, também coberta por um céu azul resplandecente tão suave quanto o de junho; falsamente suave porém, pois lá fora éramos açoitados por um vento leste dos mais amargos, & não senti um frio desses no inverno. O frio que castiga nosso rosto, & rodopia pelas nossas pernas, é muito mais cruel & incômodo do que a neve ainda profunda. Os botões de amendoeira se foram, como se fossem Cinderela ao soar das doze badaladas.

Fui tomar chá na Gordon Sqre na sexta, tendo antes ido ver Spicer, os fabricantes de papel, na Upper Thames Street. Clive estava no chá; um pouco rabugento, cada vez mais calvo, & agora exibindo uma testa bastante ao estilo de Hall Caine. Muito estranhos, como disse Nessa, nós todos nos sentimos, reunidos novamente naquela sala de estar como se estivéssemos de novo em 1907, & contudo com uma vida tão completamente diferente. Talvez todos estejamos muito mais felizes; seja como for, mais seguros & portanto tolerantes uns com os outros. Dali para o Club, & jantar com os Shove & Marjorie, & pagamos a conta, claro, pois todos eles vieram sem dinheiro.

Os botões de Gerald estavam estourando também, & seu casaco arrebentando as costuras; & novamente atravessamos meio bairro de Mayfair, discreto & semi-iluminado, até a reunião do Club – onde chamou minha atenção um grande quadro, o *Rapto das Sabinas*, creio, doado por Edward Owensmith em memória de sua devotada esposa Elizabeth, uma mãe cristã que nos visitou em 1907 – considerei impossível pensar sobre toda sorte de coisas, mas percebi que Marjorie escutava atentamente; porém não sou capaz de fazer um registro do que aconteceu, exceto que L. foi eleito novamente, pela quinta vez.

Quarta, 2 de abril

Ontem levei *Noite & dia* para Gerald, & tive uma entrevistazinha semiprofissional com ele em seu escritório. Não gosto da visão masculina do Club sobre a literatura. Primeiro porque gera em mim a vontade violenta de contar vantagem: contei vantagem de Nessa & Clive & Leonard; de quanto dinheiro eles ganham. Então abrimos o embrulho, & ele gostou do título, mas ficou sabendo que Miss Maud Annesley escreveu um livro chamado *Nights & Days* [Noites e dias] – o que poderia trazer problemas com a [biblioteca] Mudies. Mas com certeza gostaria de publicá-lo; & no geral fomos cordiais; & notei como todos os fios do seu cabelo estão brancos, com algumas falhas entre eles; um campo pouquíssimo arado. Tomei o chá na Gordon Sqre; Shepherd [Sheppard], Norton, Nessa, Duncan & mais tarde Clive. O efeito perturbador da companhia não é mais tão imenso quanto antes. Ainda assim sinto que a presença de cérebros tão iluminados faz as coisas se passarem com grande rapidez, & sem enrolação. Além disso eles têm todas aquelas xícaras & pires diferentes, & quadros nas paredes, & capas novas para as cadeiras.

Mais tarde eu me retirei com Nessa, embora se retirar agora seja muito difícil por causa das restrições do carvão. Muita conversa [sobre a vida] doméstica; Lil se oferecera para vir, inutilmente, como se verificou depois.[45] Depois jantar no Isola Bella; conversa com Clive & Duncan: Clive insistindo que Eliot não gosta de mim & depois tentando nos convencer de que Nessa, Roger, ele mesmo, Lytton & eu somos as pessoas mais odiadas de Londres; superficiais, arrogantes, & convencidos – isso creio que é um veredito contra as damas.[46] Confesso odiar que não gostem de mim; & uma das desvantagens de Bloomsbury é aumentar a minha suscetibilidade a tais sombras, que Clive sempre faz bastante questão de iluminar, tanto que admito ter ficado um pouco chateada por desconfiar que Murry confidenciou a Clive não ter gostado do meu artigo. Já em casa encontrei L. na cama; uma visão capaz de restaurar minha confiança. Ele tinha jantado com Bob Trevy [Trevelyan], discursado na South Place [Ethical Society], & realizado outras atividades que deixo aqui sem registro. Quero dizer, ele foi ao escritório, & à Liga das Nações, & ao partido Trabalhista, de modo que entre um e outro cobrimos amplo terreno ontem. Forster voltou, & segundo a boa Dutch Bessy estava "mais sério".[47]

Quinta,
10 de abril

Um grande salto, que eu mal saberia como justificar. Talvez escrever intensamente o artigo do *Times* sobre romances tenha esgotado minha vontade de atividades manuais; & além disso nesses últimos dias mergulhei em Defoe; & roubo apenas 10 minutos de *Roxana* para escrever aqui.[48] Devo ler um livro por dia para poder começar no sábado – essa é a vida de uma jornalistazinha. Fui tomar o chá com Janet, & notei nela os sinais da velhice; os velhos sorrisos gentis de senhora, & o respeito pela hora de cada um falar; pois a velhice lhe será uma época produtiva. E os Eliot, mais Walter & Marjorie, jantaram aqui no domingo; me diverti ao ver quão cortante, tacanho & rígido como um pedaço de pau Eliot está, agora que sei que não gosta de mim. A esposa, uma mulherzinha anêmica, envelhecida & com jeito de alquebrada,[49] ficou feliz de conhecer Walter Lamb & ouvir suas histórias sobre o Rei; & realmente Walter pareceu a ambos o ideal da virilidade. Gumbo se destacou no seu estilo mais vivaz & dominante. Tentei garantir Faulker, uma babá, para Nessa, mas não consegui; fui ao *Times* na segunda & tive uma entrevista com Richmond – um homenzinho inquieto & vivaz, que saltava da cadeira para ver o trânsito pela persiana, & empurrava com os pés um papel pela sala. Deu muitas sugestões sobre casas na Cornualha. Ontem apareceu Desmond & nos contou uma estranha história sobre Elizabeth Asquith & Hugh Gibson, que não tenho tempo de escrever aqui, mas é impressionante que há dois anos ela não soubesse nada da diferença física entre os sexos.

Sábado, 12 de abril

Esses dez minutos foram roubados de *Moll Flanders*, que não consegui terminar ontem segundo meu cronograma, pois cedi ao desejo de parar de ler & ir até Londres. Mas vi Londres, principalmente as igrejas brancas da City & os palácios da ponte Hungerford, pelos olhos de Defoe.[50] Vi através dos olhos dele a velha senhora vendendo fósforos; & a menina em farrapos margeando o calçamento da St. James's Square me pareceu saída de *Roxana* ou de *Moll Flanders*. Sim, um grande escritor com certeza, impondo-se dessa maneira sobre mim depois de 200 anos. Um grande escritor – & Forster, que nunca leu seus livros! Forster me fez sinal quando me aproximava da Biblioteca. Trocamos um aperto de mãos muito cordial; & contudo sempre sinto que ele se retrai sensivelmente ao me ver, por ser mulher, uma mulher inteligente, uma mulher moderna. Sentindo isso mandei que lesse Defoe, & o deixei, & entrei & fui apanhar mais livros de Defoe, tendo comprado um volume na [livraria] Bickers no caminho. Daí para o Club; & encontrei Alix, numa roupa toda nova para combinar com a primavera; & morena também, & mais feliz que de costume, sendo agora habitante do 41 da Gordon Square, onde James irá se instalar, embora declare que um punhado de brasileiros morenos também se alojaram ali. Então, para casa, com L., atravessando a pé a ponte Hungerford em uma bela tarde agradável & pensando em Defoe como já dizia. L. está de saída para falar aos cingaleses; & Herbert Fisher nos espantou ao se convidar para o almoço amanhã, & fomos a Kew, & vimos as magnólias em flor.

Quinta,
17 de abril

Vimos a árvore de magnólia em flor no dia seguinte com o Ministro da Educação em pessoa, uma estranha mistura de asceta & mundano. Esse homem magro & recluso agora se vê deslumbrado com o seu cargo & com todo o conhecimento & a cultura abrangidos por homens cheios de vitalidade & compromissos. Um tributo como o que ele pagou a Winston [Churchill] bem podia ter sido pago por uma mariposa deslumbrada a uma lamparina. Parece não enxergar nada claramente, ou talvez certa noção de responsabilidade o impeça de dizer o que pensa. Cantarola & faz muxoxos quando lhe é feita uma pergunta simples & segue murmurando numa espécie de sussurro rouco que parece tão incorpóreo & borrado quanto ele mesmo. Todo o seu aspecto é o de um estudioso consumido & semiesquecido que os ternos tornam elegante & que se esforça ao máximo para adotar as maneiras distintas dos que estão no governo. Esse é o seu lado oficial. Na intimidade é um cavalheiro gentil, afetuoso até, de natureza simples, apesar de marcada por Oxford ou pelo seu sangue de Fisher, com uma atitude arrogante & superficial, que o leva a perambular com urbanidade, ainda que as menospreze, pela arte & pelas letras & por qualquer coisa menos política. Isso costumava irritar – agora simplesmente me diverte. Faz tempo que ele ultrapassou a linha sombreada, & seu sarcasmo parece dirigido a fantasmas. Todos os homens inteligentes do governo, até mesmo o pobre & velho Goldie, parecem haver perdido toda semelhança com a humanidade & forçados a balbuciar coisas sem sentido com fluência & encanto, como se estivessem presos a um contrato perpétuo de manter o alto escalão entretido. Eu Q.U.A.S.E diria a seu favor que ele não se arroga ares de importância, a não ser aqueles de uma pessoa que se viu investida de responsabilidade, mas não por mérito próprio. Nós o levamos a Kew, & conversamos sobre Oxford & Walter Pater, & de como Chesterton é um gênio, & George Moore outro, para dar um descanso à política. E lhe agradava a natureza também, preferia o Tâmisa embaixo de um aguaceiro a algum quadro do Louvre. Ficou quieto na margem por alguns minutos, absorvendo as impressões, não como alguém acostumado a olhar as coisas, mas como um homem que coleciona objetos para o bem da sua alma. Assim o fez também com a magnólia em Kew.

 Recebemos Oliver & Inez para o jantar. Já que são um casal, devemos considerá-los dessa maneira. O que a liga a ele não achei fácil descobrir. A animação, quem sabe; uma espécie de comportamento profissional revigorante, & parece que ela leu poesia moderna & é capaz de emitir opiniões como se fossem suas próprias. Tenho minhas dúvidas, quando encontro uma moça medíocre & convencional vinda de um escritório na Oxford Street & hospedada em Harrow, entusiasmada em relação a *Robinson Crusoe*: mas não atribuo isso unicamente ao meu esnobismo intelectual. O rosto dela, ao contrário do rosto de todas as outras cabeças-rapadas, me pareceu vulgar, & desagradável. Porém devemos lembrar que Oliver está agora beirando os 50; ligeiramente grisalho nas têmporas; abrupto & inclinado à rispidez; de modo que suas opções não são mais tão amplas quanto antes. Por mais que se possa criticar os Strachey, o espírito deles continua sendo um deleite completo; tão borbulhante, definido & ágil. Preciso acrescentar que reservo as qualidades que mais admiro para todos menos os Strachey? Faz tanto tempo que não vejo Lytton que minhas impressões dele acabam procedendo em demasia do que ele escreve, & seu texto sobre Lady Hester Stanhope não foi um dos melhores. Eu seria capaz de encher essa página com fofocas sobre os artigos dos outros na *Athenaeum*;[51] uma vez que tomei o chá com Katherine ontem, & Murry ficou ali sentado pardacento & mudo, só se animando quando falávamos sobre seu trabalho. Ele já demonstra a parcialidade ciumenta de um pai pelos seus filhos. Tentei ser sincera, como se a sinceridade fizesse parte da minha filosofia, & contei o quanto o texto de Grantorto sobre os pios dos pássaros me desagradava, & Lytton &c.[52] O ambiente masculino me desconcerta. Eles desconfiam de você? te desprezam? & se é esse o caso, por que permanecem sentados durante toda a sua visita? A verdade é que quando Murry faz um típico comentário masculino sobre Eliot, por exemplo, menosprezando minha preocupação em saber o que ele falou a meu respeito, não abaixo a cabeça; penso que a inteligência masculina escancara um precipício abrupto, & que eles se orgulham de um ponto de vista muito semelhante à estupidez. Considero bem mais fácil conversar com Katherine; ela cede & resiste conforme espero que o faça; cobrimos um terreno muito maior em muito menos tempo; porém respeito Murry. Desejo sua boa opinião. Heinemann rejeitou os contos de K.M.; & ela se sentia estranhamente magoada por Roger não a ter convidado para a sua festa. Seu autocontrole firme é algo que só se vê na superfície.

Domingo (Páscoa), 20 de abril

Estamos, pela primeira vez em muitos anos, passando a Páscoa em Londres. Havíamos feito arranjos para viajar, mas todos esses arranjos se desfizeram em 5 minutos; em parte para fugirmos do que disseram ser o pior trajeto já registrado, em parte porque L. poderá receber uma folga de 10 dias, talvez no fim da semana. Confesso que tinha certa esperança de uma Páscoa chuvosa; mas me frustrei. Tanto a sexta quanto o sábado foram da textura do alto verão. Caminhamos ao longo do rio & pelo parque na Sexta-Feira Santa, & graças ao sol a multidão suava desagradavelmente. Eles caminhavam placidamente por ali, com seus casacos & saias & chapéus-coco, levando seus cães soltos, exceto um ou outro terrier de focinheira. Enquanto isso o verde das folhas irrompeu pelo menos uma polegada dos brotos, & hoje a árvore junto à janela mostra umas folhinhas de forma perfeita, & a árvore no fundo do jardim está tão verde quanto ficará até setembro. No sábado Bruce Richmond veio pessoalmente apanhar meu artigo de Defoe; & conversamos um pouco sobre erros nas provas. Ele se orgulha de não deixar nenhum escapar entre seus dedos; & joga a culpa dos que chegam a passar (& fiquei sob a impressão de que não eram de modo algum raros) em Dalton [assistente editorial de Richmond]. E depois demos um passeio; & saí com minhas roupas de verão, chapéu largo, vestido leve de musselina, meia-calça, & carregando um sobretudo. Hoje estou sentada de malha & sarja junto à lareira; mas à noite melhora, & por uma janela aberta os pássaros cantam, & as folhas são verde-amareladas ao sol. L. em Staines.

Na modorra seguinte a qualquer longo artigo, & Defoe é o segundo principal deste mês, apanhei este diário & o li como se costuma ler o que se escreveu – com uma espécie de intensidade culpada. Confesso que seu estilo mal-acabado & fortuito, muitas vezes gramaticalmente incorreto, que grita pela palavra certa, afligiu-me um tanto. Estou tentando dizer a meu eu que lerá isso posteriormente que sei escrever muitíssimo melhor; & que aqui escrevo rapidamente; para impedir que deixe qualquer olho humano mirá-lo [o diário]. E agora posso acrescentar o pequeno elogio de que graças a seu desleixo & vigor ele às vezes acerta na mosca inesperadamente. Mas o que quero enfatizar é minha crença de que o hábito de escrever apenas para o meu próprio olho é um bom treino. Afrouxa os ligamentos. Pouco importam os equívocos & tropeços. Para seguir no ritmo que sigo preciso dar os tiros mais diretos & imediatos no meu objeto, & portanto pôr as mãos nas palavras, escolhê-las & atirá-las sem mais pausa do que o necessário para mergulhar a caneta na tinta. Creio identificar no último ano uma maior facilidade para escrever profissionalmente, & isso atribuo às minhas horas casuais depois do chá. Ademais assoma à minha frente a sombra de alguma espécie de forma que um diário poderia alcançar. Talvez no decorrer do tempo eu descubra o que é possível fazer com esse material de vida solto, à deriva; encontrar um novo uso para ele que não o uso que lhe dou na ficção, tão mais consciente & escrupulosamente. Que espécie de diário desejo que seja o meu? Algo de emendas frouxas, porém não desleixado, tão elástico que possa abarcar qualquer coisa, solene, ínfima ou bela, que me venha à cabeça. Gostaria que se parecesse com uma escrivaninha velha & ampla, ou uma mala espaçosa, em que se atira sem examinar um monte de bugigangas. Gostaria de voltar, depois de um ou dois anos, & descobrir que a coleção se organizou & se refinou sozinha, & que se aglutinou numa forma, como costuma acontecer tão misteriosamente com tais depósitos, transparente o bastante para refletir a luz de nossa vida, mas ao mesmo tempo estável, serenamente composta com a mesma isenção de uma obra de arte. O principal requisito, penso eu ao reler meus velhos volumes, é não bancar o censor, mas escrever quando vem a vontade & sobre absolutamente qualquer coisa; pois eu sentia curiosidade em saber o que teria acontecido com as coisas que lancei ao acaso, & descobri que a significância nunca está onde eu acreditava estar na época. Mas desarticulação logo se transforma em desleixo. É preciso um pouco de esforço para enfrentar um personagem ou incidente que necessita de registro. Tampouco se pode deixar a caneta escrever sem orientação alguma; por risco de que a coisa se torne frouxa & desordenada como Vernon Lee. Os ligamentos dela são soltos demais para o meu gosto.[53] Mas voltando à vida, embora com certo esforço. Esqueci-me de registrar a visita de Desmond.

O principal objetivo dele ao vir aqui era arrumar uma cama; mas posso perdoar com muita facilidade esses impulsos egoístas da parte de Desmond. Minha tolerância nesse quesito é bem maior do que a da pobre Mary Sheepshanks, que comentou cheia de amargura que desde que foi morar em Golders Green seus amigos a visitam aos domingos para aproveitar o ar do campo. Mas enfim, eu sou feliz; & Mary S. não; todas as virtudes devem ser naturais para os felizes, uma vez que são os milionários da raça. Não tenho grande coisa a registrar sobre Desmond, uma vez que fui obrigada por contrato a escrever a manhã inteira, & ele chegou tarde da noite de ontem. Como devido a falhas nos trens L. se viu impedido de chegar em casa até as 8h45, não estava com humor para sintonizar com os amigos. Desmond é um homem bastante sensível. Desculpou-se, & fez o que pôde para agradar; & conseguiu, a nós dois, eu acho. Mas, dito & feito, a manhã de L. perdeu-se ao sol da preguiça de Desmond; pois embora ele tenha arrastado uma cadeira para perto da janela & se abastecido de livros, os livros estimularam ideias, & as ideias tiveram de ser comunicadas, & deitada na banheira no cômodo ao lado ouvi fragmentos do discurso de Lord Robert sendo lidos no *Times*; & depois uma disquisição sobre a autenticidade do diário de Barbellion; & isso continuou desde o café da manhã, tirando uma saída para comprar um ABC [guia ferroviário]. Que sejamos então perdoados por termos inventado uma irmã da cozinheira, que passaria o feriado conosco; não fosse isso o velho Desmond ainda estaria na poltrona em frente fumando seus cigarros & falando em ir apanhar o trem neste exato momento. De modo que ele foi obrigado relutantemente a ir embora na hora do almoço, & atirar-se num mundo de trens lotados &

horários precisos; dirigindo seus passos para Oare, onde eles alugaram uma casa, em que Molly está tentando se instalar neste exato momento. Desmond declarou ter despachado uma mesa de cozinha para ela; mas confesso que duvido. E quem pode dizer se ele chegou mesmo a Oare?

Quinta, 24 de abril

Na manhã de segunda de Páscoa fomos visitar os Murry & ver Hamsptead Heath. Nosso veredito foi que de perto a multidão é detestável; pegajosa; sem vitalidade nem cor; uma massa tépida de carne parcamente organizada em vida humana. Como caminham devagar! Com que passividade & grosseria deitam-se na grama! Quão pouco prazer ou dor existe neles! Porém pareciam bem-vestidos & bem alimentados; & à distância eram como uma pintura, em meio aos balanços amarelo-canário & aos gira-giras. Era um dia de verão – pelo menos sob o sol; nos sentamos num montinho & olhamos para o filete distante de seres humanos dando voltas em torno das principais atrações & fazendo fila nas urzes & espalhando-se pelos montes. Faziam pouquíssimo barulho, eles; o grande avião que sobrevoava com tanta firmeza fazia muito mais barulho do que todo o nosso grupo. Por que digo "nosso"? Nunca, nem por um momento me senti um "deles". Mas aquela visão tinha o seu charme: gostei dos balões, & dos palitinhos de biscoito, & de ver dois dançarinos fazendo passos lentos & elaborados diante de um realejo num espaço do tamanho de um tapete de lareira. Katherine & Murry & o irmão de Murry nos receberam na porta da sua casa. Pensamos que ela se divertiria, devido à semelhança da sua prosa com aquela cena; pelo contrário, ela sentiu repulsa. Tivemos um chá bastante tenso. O irmão de Murry é um caipira; & a mulher da Rodésia estava coberta por uma nuvem de sentimentos dolorosos, imagino; Katherine emaciada & empoada; & por aí afora. Mas não era culpa de ninguém; & o que nos contaram de Tregerthen combinado com a imagem de lá num dia de calor nos fez decidir alugá-lo de uma vez por todas. Escrevemos ao capitão Short a respeito. Tento não ter esperanças, pois tenho certeza de que iremos nos desapontar. "Foi alugada três dias atrás", ou nenhuma resposta, é o que imagino.

Ontem os Cole jantaram aqui, & tive minha primeira visão deles. Têm espíritos inteligentes, categóricos, duros; em corpos tensos & rijos; no caso de Cole a boca parece fixada numa espécie de rosnado para o mundo. Um rapaz categórico, dominador, foi a minha impressão dele; & ela, com menos força, igualmente segura de si. Uma boa risada lhes faria bem; mas como sorrir com aqueles tambores retesados no lugar das bochechas, & aqueles lábios irônicos franzidos? Não acuso nenhum dos dois de quererem ser selvagens ou destrutivos: escrevo do ponto de vista pouco solidário dos que estão à margem. Mas Leonard, embora trabalhe no mesmo ramo que eles, é humano & ponderado. É a luta perpétua que os tensiona daquela maneira, eu acho; parece não restar neles nenhuma capacidade especulativa ou contemplativa ou imaginativa. E tudo isso para quê? Quem ganha, mesmo que eles de fato tenham as suas vitórias? Mas imagino que Mrs. Cole não seja uma mulher muito inteligente; & a inteligência que ela de fato tem é consumida para permanecer ágil. Não lhe resta mais nada com que brincar. Isso escrevo a partir da lembrança que me veio deles ao despertar. "Não gosto dos Cole", disse a mim mesma, antes de ter tempo para colocar minhas faculdades mentais a serviço desse julgamento.

Amanhã vamos a Asheham por 10 dias; sozinhos; deixamos as criadas aqui para que façam a limpeza, & pretendemos encontrar uma casa por £35 se possível, pois agora essa é a nossa solução. O tempo se desfez em pedaços; essa é uma imagem fiel; é como se algum veleiro navegando serenamente tivesse batido em um rochedo afiado & restassem apenas frangalhos & mastros lançados numa confusão de mar cinzento.

Segunda, 5 de maio

Dia em que minha mãe morreu, vinte e tantos anos atrás.[54] As primeiras flores ainda trazem consigo o odor das coroas de flores no corredor; mesmo sem me lembrar do dia, eu estava pensando nela, como sempre penso – uma homenagem tão boa quanto se poderia desejar.

É uma noite bonita, a primeira desde que escrevi aqui pela última vez; & acabo de voltar de Asheham, Leonard ainda não chegou. Um dia bonito, mas nublado; o peso imenso do sol acumulado por detrás das nuvens. Escrevo depressa, para ter tempo de tomar um banho. Ah mas como fomos felizes em Asheham! Foi um período dos mais melodiosos. Tudo transcorreu com tanta liberdade; – mas não sou capaz de analisar todas as fontes do meu contentamento – & aqui chega Leonard, deparando-se com uma pilha de livros da *New Statesman*, & com a sala de estar atulhada dos papéis azul-escuros de Roger. Lottie & Nelly conversam sobre a limpeza da casa.

Quarta, 7 de maio

& assim minha escrita viu-se interrompida, mas tomei meu banho quente, disso eu me lembro, depois de devidamente, embora um pouco insinceramente, admirar o que foi feito na minha ausência. Recapitular os eventos em Asheham já não é algo que está em meu poder, ou talvez, posto terem sido basicamente de natureza espiritual & portanto exigirem certa sutileza para serem descritos, eu tenha preguiça demais para tentar fazê-lo. Felicidade – o que será que constitui a felicidade? Eu diria que o elemento mais importante é o trabalho, & isso raramente falta a um de nós agora. Leonard, é claro, recebeu um telegrama de Sharp, & um artigo para escrever às pressas; mas para ele 1.500 palavras agora não passam de uma maneira agradável de preencher a manhã. Depois houve dois momentos de certa ansiedade; primeiro, uma carta do capitão Short dizendo que podemos ficar com Tregerthen, que agora é nossa; depois uma carta de Gerald dizendo que leu *Noite & dia* com "o maior interesse" & que terá muito prazer em publicá-lo. Como me dou ao trabalho de copiar aqui o que ele disse palavra por palavra, suponho que fiquei muito satisfeita. A primeira impressão de alguém à margem, especialmente alguém que se propõe a respaldar sua opinião com dinheiro, significa alguma coisa; apesar de eu ser incapaz de imaginar sem sorrir o suave & robusto Gerald fumando um charuto enquanto lê minhas páginas. Contudo, muito mais importante do que essa carta foi a do capitão Short. Durante um ou dois dias não fiz outra coisa a não ser pousar minha caneta ou meu livro & ver Tregerthen. Considerando a extrema falta de hospitalidade dos agentes de Eastbourne, eu diria que fomos bem aconselhados do ponto de vista prático, para estarmos atentos à possibilidade de que voltem atrás. Mas Asheham, como se quisesse conservar nossa lealdade, respirava seu encanto de sempre. Parece-se muito com Charleston; na verdade nunca voltei de lá sem sentir incredulidade ao ver como uma perfeição se soma a outra. Dessa vez passamos a maior parte do dia em casa, devido ao tempo. L. mal saiu do jardim. Um único passeio a pé até Southease mal-agasalhados foi o bastante. Fui até Charleston, porém; & passei uma noite & uma manhã a sós com V. – se é que ela jamais consegue ficar a sós. Lá estava Pitcher, o novo jardineiro; Angelica; Julian & Quentin é claro; a nova babá; & uma lareira que não acendia. Sim, viver anda muito precário no momento. Tive a rara sensação de que comiam para se manter vivos. Pão eles têm aos montes, como se isso chegasse por uma ranhura; todo o necessário; mas nenhum ornamento. Minha vida, em comparação, parece acolchoada de todas as maneiras. Mas todos pareciam tão vigorosos quanto se pode imaginar. Havia coisas de Burnett espalhadas pelo piso, para o apartamento;[55] & como sempre, muita conversa sobre assuntos domésticos; à noite dormi no andar térreo, onde no ano passado por volta dessa época ouvi os rouxinóis, & os peixes nadando no lago, as rosas brancas tamborilando nas janelas: a noite em que me disseram que Angelica estava por vir. Dessa vez nada além de vento & chuva, & nada de carvão na casa. Ontem, terça, ambos retomamos a vida em Londres da maneira usual; exceto que tive de comprar tecido para uns vestidos, & cola & etiquetas de papel. Chá no Club, onde Alix, macambúzia & melancólica, pegou 10 xelins emprestados para dar de jantar a James. Eles estavam indo ver a palestra de Bertie [Bertrand Russell]; preferi os cantores da Trafalgar Square. Os degraus da coluna tinham sido ocupados, à maneira de uma pirâmide, por respeitáveis donos de casa idosos segurando partituras, que liam, comandados por um maestro sentado numa cadeira mais abaixo, com grande precisão. Era Lifeboat Day,[56] & os idosos cantaram cantigas de marinheiro & Tom

Bowling. Aquilo me pareceu um espetáculo muito divertido & instrutivo; & estando faminta por música, não pude seguir adiante & parei ali, empolgada com um entusiasmo visionário absurdo; & atravessei a Hungerford Bridge inventando histórias.

Segunda, 12 de maio

Estamos em plena temporada editorial: Murry, Eliot & eu estamos nas mãos do público esta manhã.[57] Por esse motivo, talvez, eu me sinta ligeira mas decididamente deprimida. Li uma cópia encadernada de *Kew Gardens* de cabo a rabo; depois de adiar essa tarefa maldita até que [o livro] estivesse pronto. O resultado é vago. Parece-me fraco & curto; não entendo como impressionou tanto L. Segundo ele é o melhor texto breve que já produzi; & esse julgamento me levou a ler *A marca na parede*, & encontrei ali uma boa quantidade de defeitos. Como Sidney Waterlow disse certa vez, o pior de escrever é ficarmos tão dependentes dos elogios. Tenho quase certeza de que não vou ganhar nenhum por esse conto; & que ficarei um pouco abatida. Sem elogios, é difícil começar a escrever pela manhã; mas o desânimo só dura 30 minutos, depois que começo, eu o esqueço completamente. O que alguém deveria almejar, seriamente, é não dar importância aos altos & baixos; um elogio aqui, um silêncio ali; [os livros de] Murry & Eliot foram encomendados, mas não o meu; o fato principal não muda, & esse fato é o meu próprio prazer na arte. E essas névoas do espírito têm outras causas, bem desconfio; apesar de estarem escondidas nas profundezas. Um certo fluxo & refluxo das marés da vida as explica; embora o que produz esse fluxo & refluxo eu não sei.

Mas há uma semana nada escrevo aqui, &, mesmo assim, preciso me forçar a ir cortar mais algumas capas. Terça foi anotado; na sexta tomei chá com K.M. &

Murry, com quem agora adoto um comportamento de mãe piadista, o que é menos cansativo do que a pose intelectual. Ele ainda conserva alguma casca do jovem inteligente. Sentimos que não está de todo formado na essência, que pode se lançar num estado de animação inquieta em relação à vida tal como lembro que eu mesma vivi no passado. Assume-se tacitamente que seja sinal de talento. No domingo Margaret & Lilian jantaram aqui; Margaret tende agora ao papel de matrona esvoaçante; está aumentando de tamanho; & podemos imaginá-la instalada em uma grande poltrona relutando em se mover. Elas andam considerando seriamente pedir demissão. Lilian, M. sussurrou, já não dá mais conta de tanto trabalho. A coitada da Janet está deprimida por ter perdido o emprego & não ser apta para nenhum outro, & por não ter dinheiro. Sim, é uma época muito melancólica para todas elas; mas J. conta com mais do que as sombras habituais para deprimi-la. Eu ri sozinha com a quantidade de armênios. Como o fato de se são 4 mil ou 40 mil pode importar? Isso é algo que ultrapassa meu entendimento.[58]

Sexta, 16 de maio

Esses dias de verão escaldantes parecem estimular tanto a vida humana quanto a vegetal. Tornamo-nos uma flor vertendo mel em torno da qual os amigos se reúnem – ou pelo menos esta é minha versão dos nossos relacionamentos. Esta semana recebemos Ottoline, & Lytton, & fui ver Violet Dickinson; esta noite jantam conosco os Abahamson & Oliver Strachey; & no sábado Logan vem aqui tomar o chá; no domingo almoçamos com os Webb, isso sem falar nos convites que recusamos, & na enorme multidão no 17 Club para ouvir Forster discursar sobre o Egito, onde encontramos Bob, Altounyan & Dora Sanger, mais a variedade de amigos de sempre. Como de costume minha cabeça está demasiado cheia para peneirar todos esses itens. Vou tentar falar de Ottoline, uma vez que seu chapéu & seu véu no sofá ao meu lado a trazem à minha lembrança. Ela estava, creio que L. acertou ao comentar, ansiosa para vir aqui nos inspecionar. Deixou sua marca inconfundível assim que pisou na sala; trajada com listras azuis & verdes, como o mar da Cornualha, & magnificentemente empertigada & bem-composta; seu sangue azul lhe dá o porte de autoconfiança & dignidade tão raro entre os intelectuais. Nesta semana começamos a jantar no jardim, & ali ficamos na noite de verão perfeita com as macieiras cobertas pela neve suave dos botões de flor, ao luar. Algumas camadas de pó se acumulavam nas ondulações do rosto dela – mas quando paramos para pensar que está beirando os 50 – & que cortou o cabelo como um garoto! Claro que conversamos sobre as personalidades; analisamos o caso de Mary Hutch. & Eliot; & também de Gertler; & ela mostrou-se aparentemente, & acredito que também genuinamente, sincera & gentil, demonstrando a melhor das intenções, embora um tanto desnorteada & lastimando-se como de costume sobre os desastres que sofreu com as amizades, tendendo a culpar todos menos a si mesma, apesar de parecer ansiosa por se reconciliar, & mais queixosa que amarga. L. disse que ela foi "muito simpática"; a primeira vez em que ele disse algo do tipo. As qualidades que apenas vislumbramos quando em companhia estavam bastante visíveis nessa noite caseira, em que não havia nada a estimular & nenhum esforço a fazer. As intuições dela são mais perspicazes do que boa parte dos comentários profundamente sensatos dos nossos intelectuais; & para mim ela sempre parece exibir a sina de uma criatura vagamente à deriva em um espaço aberto & amplo, sem lastro nem conhecimento claro de seu destino. Talvez só quisesse exibir seu melhor comportamento – mas, se é o caso, conseguiu se cobrir com seu belo manto espanhol & rumar para a rua sem chapéu; no conjunto ela é uma figura tão bem-arrumada que um chapéu parece mais ou menos irrelevante. Nós a pusemos em um trem onde havia jovens oficiais, que a olharam espantados; & a despachamos para Waterloo.

No dia seguinte veio Lytton. Nem preciso repetir minhas observações habituais sobre seu agradável bom humor. Faz mais sentido registrar aqui um senso renovado de afeto, que nunca se ausentou seriamente, & a convicção costumeira de que sua inteligência & aquilo a que chamamos de personalidade são tão próprios dele quanto a sua voz ou suas unhas. Daí pensamos que não importa muito se o que ele escreve não é profundo ou original; começamos a desconfiar de que talvez seja mais original do que se imagina. Ele conta histórias dos Cunard & de Winston & de Lord Ribblesdale de maneira admirável; com o mesmo talento dramático de Marjorie, mas um poder de observação mais refinado. Com a ajuda dele, analisamos seu estado espiritual, bastante detalhadamente. Ottoline professara certo alarme. Chegamos à conclusão de que seria um absurdo que ele não borboleteasse entre os grandes. A comparação entre ele & os seletos Norton, Alix & James pareceu totalmente a seu favor. A pedra de toque da virtude para eles agora é se você comparece ou não às palestras de Bertie. Assim, por meio desta, eu anuncio que me proponho a confundir Alix completamente. Sentamos à margem do rio & Lytton nos contou de uma visita a Irene Vanbrugh, sobre a comédia que ele escreveu; sobre como o canto dos canários dela quase abafava a voz dele; & como ela finalmente decidiu que não a encenaria, pois ali não havia paixão humana suficiente.[59] De modo que a tal comédia agora foi engavetada, & para sempre, imagino, & ele está escrevendo, & disse que continuará a escrever, *Eminent Victorians*. Talvez haja certa melancolia nessa confissão; talvez certa vontade de ouvir elogios à sua Lady Hester Stanhope, dos quais nos abstivemos; ou talvez eu julgue a ânsia por aplausos da parte dos outros escritores tendo a minha como parâmetro. Recebi elogios de Roger por *Kew Gardens*, falando nisso, portanto imagino que ainda estou a salvo, mesmo já não sendo mais recebida com elogios entusiasmados. Sim, os livros estão vendendo bastante devagar; parece que o mercado por esses produtos é pequeno – infinitesimal; não vamos nem conseguir pagar as despesas, pelo visto. Porém com tamanha variedade de assuntos à disposição, nem se pode dizer que a culpa seja dos livros em si; venderam antes de mais nada por serem novidade. Despedi-me de Lytton com pena, & fui visitar Violet; ela teria ficado magoada se eu não fosse, pelo menos a julgar pelo seu prazer ao me ver. É estranho como as pessoas de cinquenta anos permanecem sendo pessoas de cinquenta anos, sem tirar nem pôr. Nem um fio de cabelo dela muda há vinte anos, o tempo da duração da nossa amizade, acho. Retomamos as coisas exatamente do ponto em que as deixamos; tanto faz que haja um intervalo de muitos anos; preservamos nossa intimidade; alguma coisa se fundiu entre nós; para nunca mais endurecer. Assim eu me senti ao falar com ela; foi a conversa habitualmente casual, generosa, abnegada. Quando abordo o tema das classes respeitáveis sempre me espanto com o inesperado: V. é tão democrata quanto eu; meio imperialista; culpa a Inglaterra; não guarda rancor da Alemanha; envia roupas à Rússia; & no entanto mora na Manchester Street, relaciona-se basicamente com gente como os Horner & os Thynne, & tem Ozzie como irmão.[60] Beatrice Thynne herdou um quarto de milhão, duas grandes propriedades & uma das mais belas bibliotecas da Inglaterra: não tem nem ideia do que fazer com elas; visita-as distraidamente para ver em qual gostaria de morar; não consegue decidir em qual se instalar, & por fim passa a maior parte do tempo em Grey's Inn, cuidada por uma funcionária. A única prova de seu patrimônio é que de vez em quando saca os colares de pérolas & desfila pelas praças de Grey's Inn, de tal maneira que Lady H. Somerset precisa implorar para que os retire.

Domingo, 18 de maio

Nossa doçura sedutora ainda parece estar atraindo abelhas de todas as partes; ontem à noite fui para a cama com os lábios secos de tanto conversar & o cérebro tão desnorteado que só consegui cair em um sono leve. Quando acabamos o almoço & estávamos nas escadas ouvimos muitas batidas à porta, & o corredor imediatamente se encheu de estranhos, que no fim eram Roger, Pamela & uma estrangeira esquisita & silenciosa que pelo cabelo grisalho imaginei ser Marjorie Fry.[61] Deitamos no gramado, sob uma chuva de flores de macieira; & lá ficamos até a hora do chá; quando então chegou Logan; & só paramos de conversar às seis & meia ou talvez até depois, sem um único instante de repouso nem para a língua nem para o cérebro. É verdade que Logan tem seus momentos, que assumem a forma de "aventuras deliciosas – a vida é como *As mil e uma noites...*" & boas histórias, citações & recitações; mas mesmo essas exigem atenção inteligente. É um homem muito elegante, de olhos brilhantes & faces coradas, ao que parece completamente satisfeito da vida, que ele dá a impressão de ter dominado; visita cada uma das flores desta como uma abelha. Essas flores ele guarda no bolso do colete: versos de Jeremy Taylor, Carlyle, Lamb &c. Um epicurista, suponho: um pouco frio, deduzo; apesar de bondoso & humanista, claro; mais que humano. Acredito que veio para que publicássemos alguma de suas novas obras; seja como for, agradeceu o convite para submetê-las, & distribuiu sugestões para aumentar nossas vendas & ofertas de ajuda; & até para se encarregar da Hogarth Press, & nos promete um futuro mais que esplêndido. Propõe ser nosso agente. Precisamos cuidar para não nos tornarmos satélites de gente como ele, porém; que idolatra versos isolados & reimprime os *Essays of Elia*.[62]

Quinta,
22 de maio

Algumas anotações vegetais servirão de prelúdio a esta página: o tempo continua bom; o azul parece eterno; sopra um vento ocasional; balançamos de leve, depois nos aprumamos & seguimos em frente serenos. As flores de macieira, que inundaram Ottoline & pareciam tão macias ao lado das suas faces, se foram; duas rosas-trepadeiras vermelhas estão despontando, porém. Jantamos lá fora ao som da fonte, é claro. Os pintarroxos se banham ali. Noite passada seis vozes vieram abafar seu gotejar incessante – Altounyan, A.[drian] & K.[arin] & Bob vieram jantar conosco. Tive uma visão de Bob como um fidalgo *tory*; de todo modo um cavalheiro conservador, cor de mogno, ignorante da poesia. Quão distante isso está da verdade pode ser avaliado pelo fato de que ele acrescenta quatro volumes distintos que provavelmente sairão no outono. A boa & recatada & sensata estirpe dos Trevelyan fica evidente; ademais traz o cabelo bem cortado & está moreno para um poeta. Também é uma figura cômica, & se destaca nesse quesito quando se sente inspirado pelas risadas. Seus elogios desajeitados a Karin, suas maneiras esquisitas & ansiosas, levaram todos a altas gargalhadas. Altounyan é um armênio efervescente, tímido, mas dado a borbulhar ante a menor provocação de natureza política ou literária. Porém Bob não nos deixava falar. Devo omitir um dueto deliciosamente lisonjeiro entre mim & A., em que recebi uma profusão de elogios por *Kew Gardens* – a melhor prosa do século 20, superando a *A marca na parede*, dotada de virtudes transcendentes, exceto em um dos trechos entre as mulheres, & muitíssimo admirada por Clive & Roger. Foi difícil para mim suavizar seu entusiasmo, uma vez que a obra dele não é talvez da mais alta qualidade. Sim, os escritores são uma raça bastante desprezível, eu acho. Eu tinha me preparado tão estoicamente para enfrentar o fracasso que esse presente inesperado foi, naquele momento, delicioso. Forster também gostou. Mas Altounyan contrabalançou seus elogios com um volume grosso de manuscritos, escritos à mão, não datilografados, que temos de ler & analisar para publicação, & do nosso veredito depende todo o seu futuro. Além disso, nos nomeou como seus executores literários; tudo o que escrever na Armênia será enviado para nós – para fazermos o que nos pareça melhor. Deu-nos £2 para colaborar com nosso futuro. Mesmo assim, ler um romance ainda no original, & decidir o futuro de um jovem rapaz, & de sua esposa, & seus filhos – é um preço severo a se pagar por dez minutos de elogios. A.[drian], para mim, parecia merecer o que diz Henderson, "Ele conhece o sorriso desdenhoso ideal para cada ocasião". Cada vez mais ele me parece uma lua para o sol vermelho robusto que Karin oferece; & a luz que ele lança sobre qualquer assunto que vem à tona é cada vez mais pálida & cadavérica. A verdade é que ele não tem ocupação nenhuma.

Domingo, 25 de maio

O dia me traz à lembrança que almoçamos com os Webb por volta dessa época na semana passada. Não registrei nada a respeito. Lá estava Noel Buxton de aparência distinta & frágil & contudo vagamente apologética; & Arnott, um tanto assertivo em contraste, que aposta tudo na sua inteligência & não tem um grama de distinção. Não consigo superar minha repulsa pelo típico fabiano; apesar de que, se tivesse de passar um ano em uma ilha deserta, creio que escolheria a ele & não Buxton. Não sei. Os Webb foram bastante dignos de nota. A brilhante ideia de Mrs. Webb, de tijolinhos de brinquedo para as crianças com os nomes das organizações inscritos, de modo que ao empilhá-los elas pudessem aprender seus deveres cívicos, combinava tanto com sua figura que parecia exagero. Até Sidney caçoou dela de leve. Noel Buxton obsequiosamente ofereceu seu filho para o experimento. Os homens ricos de hoje se desfazem de partículas de ouro com vistas a passar pelo buraco da agulha. Então no meio da semana Mrs. Woolf & Sylvia vieram para o chá, trazendo ovos frescos & lírios do campo. Sylvia me divertiu com sua certeza de que os assuntos de Putney têm importância para o mundo; & com sua ansiedade para que corrigissem as histórias das suas aventuras à procura de uma casa – como se esses assuntos tivessem alguma relevância. E Mrs. Woolf, como de hábito, divertiu-me com sua infantilidade, & com isso me refiro ao seu frescor & inconsequência, como se ainda passasse toda a sua vida em meio aos pequenos acontecimentos & incidentes de um enorme quarto de crianças. Era incapaz de enfrentar uma peça de teatro, disse ela; mas podia encarar um almoço no Carlton com certo esforço. Por que surge aí o limite do impossível eu não sei. E Bella, desde a morte de Bertie, acha necessário se manter ativa para conservar o ânimo; & está aprendendo a dançar jazz; & seus olhos não a deixam ler muito; mas ela escreve uma página na *Little Folks*; & seus amigos são todos muito bons para ela, & foi a Bexhill com Martin & Emma. A previsão é de que Martin não chegue a cavaleiro, mas que consiga o título imediatamente seguinte. Martin acredita nas ordens [da cavalaria], deduzo, & nossa chacota com a OBE [Order of the British Empire] na outra noite deve tê-lo entristecido. Philip está cortando os rabos dos cordeiros, que se tornarão torta à noite – o mesmo Philip que antes desviava para não pisar em uma lagarta, & que certa vez brigou com Harold porque ele usava minhocas de isca, & Harold o perseguiu até a vila seguinte na Ilha de Wight onde eles estavam hospedados, "& eu corri atrás deles milhas & milhas, pensando que o fim do mundo tinha chegado!". Naturalmente Mrs. Woolf não teve tempo para ler Sófocles – tampouco tenho eu aliás. Lytton veio para o chá na sexta & um pouco maliciosamente me garantiu que minha técnica o impressionou. Minha técnica & minha competência, pois ele acredita que sou a melhor resenhista viva, & inventora de um novo estilo de prosa, & criadora de uma nova versão da frase. Os elogios dos outros em geral tendem a espelhar os elogios específicos que eles desejam para si. Mas somos espantosamente honestos; temos uma percepção clara das intenções alheias. Ele me garantiu que se sentia enojado com seu próprio estilo estereotipado: seus dois pontos; suas reticências; & seu estilo categórico extremo. Sem concordar, expressei o que penso dos perigos que o rondam, & roguei que escrevesse peças de teatro – histórias – qualquer coisa que quebre o molde dos primeiros vitorianos. Depois de um volume sobre a Rainha Victoria, no mesmo estilo, é o que ele tentará fazer. Mas existe a questão do dinheiro – ele precisa ganhar dinheiro – não pode escrever resenhas – & eu preciso escrever a de Addison & dos outros livros, & protestei que apesar disso não sou uma jornalistazinha, & que ele corre o risco de se tornar um Logan, um diletante com classe. Com o que ele concordou, & então conversamos sobre Addison, & lemos trechos da biografia de Johnson, & assim nos divertimos. Ele me contou sobre a princesa Sophia & o d. de Cumberland.[63]

À festa de Squire.

Segunda,
9 de junho

(Segunda de Pentecostes)

Sei que eu desejava transmitir a impressão de degradação que tive da festa de Squire, mas essa impressão se foi & não vale a pena resgatá-la. Uma semana em Asheham se pôs no meio – de terça a terça. Algo estranho aconteceu comigo em Asheham, onde eu conto com uma sensação de maior concentração & clareza mental, & leio impressos como se usasse uma lente de aumento. Aconteceu o exato oposto. Eu sentia sono & moleza & parecia que o sol estava em meu cérebro, fazendo todos os meus pensamentos buscarem repouso à sombra. Escrevo isto ao lado de uma janela aberta que dá de frente para o campo; & o campo estava dourado de ranúnculos; a insolência dos carneiros era tentadora; em suma, as manhãs iam embora & eu só tinha escrito umas poucas linhas, & assim foi com Addison, ou sei lá quem mais, após o chá. Nosso navio se movimentava tão uniformemente que chegávamos a duvidar do movimento ou da possibilidade de mudança;

parecíamos encalhados no azul. Talvez em um ou outro dia houvesse uma nuvem; mas nenhum ancoradouro lhes era oferecido, & uma congregação de nuvens era impossível. A beleza de Asheham mais uma vez enchia a taça até em cima & transbordava. Fomos tomados por ideias malucas de construir uma casa em Lay. Abandonar qualquer ponto de apoio nesta região parece impensável. L. deu uma volta de bicicleta & trouxe a notícia de uma antiga casa senhorial em Denton, o que atiçou as esperanças, mas a visão da casa no dia seguinte as apagou completamente. Para popularizar essa mansão abafada, mal-iluminada, ligeiramente mofada & decadente, o dono, um taberneiro de Londres seduzido a comprá-la por seu título aristocrata, mas incapaz de convencer a esposa a morar ali, inventou o plano ambicioso de criar uma linha de ônibus que partiria de Londres & despejaria os passageiros na casa senhorial, onde seria servido o chá. Um desses banquetes foi realizado, uma vez que longas tábuas estendidas sobre cavaletes & algumas dúzias de taças verdes de vinho o comprovavam; mas o esquema fracassou; os londrinos já haviam visto paisagens mais sedutoras do que Denton Manor, & a mansão continua à venda. Com a ideia de construir uma casa ainda na minha cabeça fui a Charleston passar a noite & lá me desiludi completamente dessas fantasias. Recapitular uma história que já se contou verbalmente várias vezes seria chato. Mas Nessa & eu brigamos, do modo como agora brigamos, por causa da produção gráfica de *Kew Gardens*, tanto dos tipos quanto das xilogravuras; & ela se recusou firmemente a ilustrar mais contos meus naquelas condições, & chegou até a duvidar do valor da Hogarth Press. Um gráfico comum teria feito melhor, na sua opinião. Isso tanto me magoou quanto me fez gelar. Não que ela tenha sido amarga ou extrema; é sua razão & controle que emprestam gravidade à acusação. Enfim, saí dali num estado um tanto abalado, & parei em Lewes, a conselho de L., para ver uma casa numa encosta. O nível de refinamento & eficiência arrogante que se costuma encontrar, por exemplo, nas casas de Surrey me fez antipatizar com a White House, & mais uma vez me arrastei até Lewes num humor nada animado, ainda mais tendo de passar três horas ali. Para matar o tempo, mais do que qualquer coisa, assuntei Mrs. Wycherley sobre casas; & ela, depois de recomendar sem entusiasmo algumas que eram impossíveis & delinear as dificuldades da situação, lembrou-se de uma recém-chegada no mercado, pequena, antiga, em Lewes por sinal, & talvez meio humilde para quem está acostumado a Asheham. Meus ouvidos se eriçaram; pois é sempre assim que nos contam aquilo que queremos. Lá fui eu, seguindo por Pipes Passage, apressada, & vi erguer-se no topo da trilha da encosta um teto de formato singular, que se erguia até certa altura, & se espalhava em uma saia circular ao redor. Então as coisas se precipitaram um pouco. A dona, uma camponesa idosa & humilde, me mostrou o lugar. Até que ponto minha satisfação com os quartos pequenos, & a vista, & as paredes antigas, & a ampla sala de estar, & a estranheza & a personalidade como um todo da casa foi por ter encontrado algo que servia, onde seria possível se imaginar morando, & barato (£300), eu não sei; mas enquanto eu inspecionava os cômodos tomei consciência de um desejo crescente de me instalar ali; de encerrar a busca; de ficar com aquele lugar, & transformá-lo em uma habitação permanente. Talvez mais tarde eu me divirta lendo como fui de um extremo a outro na escala do desejo; até me sentir fisicamente quente & ardente, pronta para superar todos os obstáculos. Gostei de como a cidadezinha parecia cair a partir do jardim, deixando-nos em uma ilha triangular, com vegetação de um lado, grama do outro; a trilha circundando a casa arredondada me divertiu; & além disso não existe mais alguém acima de nós. Em resumo, eu a aluguei ali mesmo, sendo incitada pela hesitação de Wycherley, & pelas insinuações de que um comprador já fizera uma proposta de compra. Lewes naquela tarde, com suas muitas árvores & laburnos, & charcos, & casas com janelas salientes, & a ampla High Street, parecia bastante tentadora & digna. O fim da história, que preciso resumir, é que compramos a Round House, & temos agora garantido um lugar nesse mundo enquanto precisarmos ter onde dormir ou sentar.

Terça,
10 de junho

Preciso aproveitar os quinze minutos antes do jantar para escrever, a fim de reparar esse enorme intervalo. Acabamos de chegar do Club; de encomendar uma reimpressão de *A marca na parede* na Pelican Press; & de tomar o chá com James. Ele nos traz a notícia de que Maynard, desgostoso com os termos do acordo de paz, pediu demissão, chutou longe a poeira do cargo & agora é um acadêmico em Cambridge. Mas preciso muito cantar em meu próprio louvor, uma vez que parei bem no ponto em que voltávamos de Asheham & encontrei a mesa do corredor atulhada, com pilhas & pilhas de pedidos por *Kew Gardens*. Espalhavam-se pelo sofá, & nós os abrimos intermitentemente durante o jantar, & brigamos, lamento dizer, porque estávamos os dois animados, & marés opostas de empolgação nos atravessavam, que foram transformadas em ondas com a explosão de críticas de Charleston. Todos aqueles pedidos – cerca de 150, de livrarias & compradores independentes – vieram de uma resenha no *Lit. Sup.*, presumivelmente de Logan, em que recebi tantos elogios quanto eu pudesse desejar. E eu que dez dias atrás me preparava estoicamente para o completo fracasso! O prazer do sucesso foi consideravelmente prejudicado, primeiro pela nossa briga & segundo pela necessidade de preparar para já uns noventa exemplares, de cortar capas, imprimir páginas, colar as lombadas, & finalmente despachá-los, o que até o momento usou todo o nosso tempo livre & parte do tempo não livre. Mas como choveu sucesso nesses dias! E inesperadamente recebi uma carta da Macmillan em Nova York, estão tão impressionados com *A viagem* que desejam ler *Noite & dia*. Acho que o nervo do prazer se torna insensível com grande facilidade. Gosto dos pequenos goles; mas vale pensar na psicologia da fama nos momentos de lazer. Imagino que os amigos tiram um pouco desse lustro. Lytton almoçou aqui no sábado com os Webb, & quando lhe contei dos meus variados triunfos, terei eu imaginado uma ligeira sombra? – instantaneamente afastada, mas não antes que meu fruto rosado estivesse sob o sol. Bem, tratei os triunfos dele basicamente da mesma maneira. Não consigo sentir prazer quando ele fala detalhadamente sobre um exemplar dos *Eminent Victorians* sublinhado & marcado com as iniciais "M" ou "H" por Mr. e Mrs. Asquith. Contudo aquela ideia produziu um brilho de satisfação nele. O almoço foi um sucesso. Comemos no jardim, & Lytton se comportou com grande encanto & ao mesmo tempo com mais autoconfiança do que o habitual durante a conversa. "Mas *não* me interessa a Irlanda..."

Sábado, 14 de junho

O tempo parece imutável. Hoje brotou uma esporinha no jardim & uma cravina; Lottie foi pega escovando a grama com uma vassoura de chaminé, como se fosse o pelo de algum animal de estimação. Disseram que a plantação de morangos ficará destruída. Isso é bastante sério, porque já compramos 30 quilos de açúcar & organizamos uma grande preparação de geleia. Os morangos estão dois xelins a libra no momento. Os aspargos 6d & 7d, & ontem na Ray comi as primeiras ervilhas. Tive um dia de passeios por Hampstead: primeiro os Murry, depois Adrian & Karin, & finalmente jantar – eram 8h30 quando comi – com Ray & Dorothy Bussy. O *Lit. Sup.* publicou uma resenha bastante dura de Murry, & uma resenha bastante dura de Eliot, na quinta. Tendo em vista a frouxidão geral deles, não entendo por que escolheram bater tanto no Murry; & sinto que o tenham feito. Em parte atribuo a isso o extremo desânimo dele & de Katherine. E me senti toda cheia & opulenta com meu sucesso contrastante. O coitado do Murry fingia não se importar, mas à maneira de um menininho que suporta uma surra de vara como se não doesse. Um poema é uma parte muito sensível para receber pancada. Mas Katherine parece tão doente & emaciada que suponho que seu estado de saúde seja o grande responsável por sua depressão. Em setembro ela vai a San Remo passar um ano. Murry pretende morar sozinho no interior. Não vejo como eles conseguem, com tudo isso, ansiar pelo futuro. E ainda tem a questão da escrita de Katherine. Então ela não está meio inquieta & rabugenta a esse respeito? Enfaticamente proclamava seus direitos de artista, como faz quem precisa insistir que é um. Prova é que me contou uma história longa & a meu ver desagradável dos seus arranjos com um tal de Schiff,[64] que deseja que ela contribua para a [revista] *Art & Letters*, & ousou oferecer-lhe conselhos, ao que ela empinou o nariz & lhe escreveu uma tal carta que ele lhe respondeu humildemente – num estilo de que não pude entender patavina, & de fato me escaparam os erros & acertos do trâmite todo, apesar de eu ter protestado, muito me envergonha dizer, que compartilhava da indignação de Katherine. Que fraude somos nós de tantas maneiras! Por outro lado quando nossas relações se baseiam no fato de sermos artistas companheiras & tudo o mais, já começam viciadas desde o princípio. Seja como for, saí de lá um tanto sombria, deixando-os para que compartilhassem sua refeição solitária & simples; nada parecia crescer ou florescer ao seu redor, árvores sem folhas.

Quarta, 18 de junho

Saí, agora recordo, para visitar Adrian, pois estava adiantada para o compromisso com Ray; & descobri que aquele estranho casal acabara de decidir que ambos vão estudar medicina. Depois de cinco anos de formação os dois irão, aos 35 & 41 anos ou algo do gênero, lançar-se juntos à prática da psicanálise. Foi esta a isca aparente que os atraiu. O motivo mais profundo, suponho, é a velha questão que tanto costumava pesar sobre Adrian: o que fazer? Aqui surge mais uma chance; as visões de sucesso & de uma vida ocupada, movimentada, interessante, o iludem. No meio do caminho, imagino, algo acabará tornando tudo isso impossível; & então, esquecendo-se das suas próprias regras, ele se lançará a o quê? – a trabalhar numa fazenda ou a editar um jornal, ou a criar abelhas, quem sabe. Creio que o que será absolutamente não importa, desde que eles sempre tenham uma cenoura pendurada à sua frente. Jantar com Ray; conversa com Dorothy Bussy sobre seu passado; promessa da peça teatral dela, & então de volta para casa com L. que havia jantado com Margaret. Naquela manhã (sexta 13, para ser exata) recebi as primeiras provas do meu romance. Tenho agora 64 páginas.

No domingo planejamos ir a Kew & lá tomar o chá da tarde, mas Logan nos telefonou & voltamos para casa para vê-lo. Mais histórias, contadas com um pouco menos de cuidado, & portanto mais do meu agrado; & depois tornamos a entrar & ele nos leu suas histórias da Bíblia. Neste momento temos os seguintes manuscritos ou promessas de manuscritos. *Paris* de Hope Mirrlees. O romance de Altounyan. Contos de Logan. Peça teatral de D. Bussy. As experiências sexuais-religiosas da avó de Ray. E ontem à noite no jantar [dos Apóstolos] o velho Bob puxou Leonard de canto & lhe empurrou uma tradução de Lucrécio.[65] Quais passos devemos dar no momento ainda é algo que não está claro para mim. Tornarmo-nos uma livraria, ou continuarmos como uma pequena editora particular – aceitar ajuda ou recusá-la. Logan, logicamente, tem um rapaz charmoso na manga. Como são fúteis esses idosos! Temos Maurice Baring que foi & imprimiu a cópia de uma antologia ao custo de £40 para presentear Lady Diana Manners – uma dessas pessoas vagamente literárias que "de vez em quando lê Shakespeare". Ele gosta de supervisionar tais empreitadas literárias, & até se disporia a patrociná-las, mas não deseja que perturbem seus velhos hábitos. Vai imprimir diversas antologias por conta própria no outono, "Considero que fiz minha parte", disse com um suspiro tranquilo, depois de contar que estivera corrigindo as provas dessas obras. Agora fará uma viagem de iate para descansar. Ontem, terça, fui mimada com sorvetes na Gunter's por Clive. Tudo estava exatamente como antes. As mesinhas; o local comprido um tanto escuro; as numerosas cadeiras douradas; o bufê discreto; as atendentes idosas de preto; & casais espalhados por toda parte em silêncio; ou quase silêncio, absorvendo sorvetes & bolos glaceados. Havia um menininho aristocrático emperiquitado como um retrato da Rainha Victoria criança, com uma grande fita, & laçarote, & chapéu entremeado de rosas. Sua mãe o havia trazido, assim pensamos, de uma das grandes mansões da Berkeley Square. Tinha também jovens que por alguma desventura não estavam em Ascot:[66] um rapaz cor de café & uma garota semitransparente. Saímos dessa solene caverna passeando & flanamos pela mais pura Londres setecentista até o Green Park onde nos sentamos em duras cadeiras verdes & observamos as pessoas descendo a pequena encosta rumo ao Palácio. Sendo esta, imagino, a sexta semana sem chover, a grama já está amarelada & escorregadia. Fofocamos, especulamos & relembramos o passado. Uma conversa muito fácil, agradável a meu ver, & depois, há quantos séculos eu o conheço! Quanta coisa já passamos lado a lado – esses encontros infrequentes são pequenas ilhas sobre as quais assistimos de pé às enchentes lançando-se para o passado; atentos para o futuro, a salvo & com pouquíssima ansiedade no momento presente. Ele fala em ir a Paris no outono, para ver o que está acontecendo; desistiu de seu livro, & descobriu que os artigos de exatamente 2 mil palavras lhe são ideais. Pensa nos temas durante o banho. Ganha dinheiro. Gasta-o em sorvetes & jantares no Café Royal. Janta fora todas as noites, desfruta cada momento, & sente que seus sentidos se tornam mais fortes & ágeis com o tempo. Concordamos que a vida é muito prazerosa, apesar de bastante diferente para cada um de nós. Para casa, para aguardar Barbara Lynch, porém ela não veio. As pessoas na reunião conversaram à vontade. Mrs. Whitty & uma outra me pressionaram atrás de exemplares de *Kew Gardens*. Mas não quero que leiam a cena das duas mulheres. Será um demérito para *Kew Gardens*? Talvez um pouco. Acabei de ir para lá, em carne & osso, & me sentei sob uma árvore, lendo

The Way of All Flesh [de Samuel Butler], que preciso resenhar amanhã. Segundo Fredegond, houve uma crise entre Alix & James. Ela tentou romper com ele; fracassou; foi-se desabalada para Tidmarsh não sei em que estado mental, & lá está nesse momento. James instalado em Gordon Square...

Segunda, 23 de junho

Se eu não tivesse tido tempo até o meio-dia para me assentar, ainda estaria vibrando & empolgada com Garsington. Mas as festas não me inflamam mais como antes. Já não me importo muito agora com a grande questão dos penteados, & de encomendar vestidos; estou resignada com a minha posição entre os malvestidos, embora Gravé [uma modista] & seus caprichos, & o pedido para acelerar meu vestido azul, & as dúvidas quanto à beleza dele mal pareçam confirmar essa afirmação. Aqui entra, eu acho, a grande & atualmente sensível questão do gosto estético. Por que me sinto calma & indiferente quanto à opinião dos outros sobre *Noite & dia*, & estremeço à espera de elogios ao meu vestido azul? Seja qual for o motivo, desfrutei de Garsington dizendo a mim mesma "O pior momento será quando eu entrar na sala antes do jantar com meu vestido azul". Portanto planejei me arrumar rapidamente & chegar antes de Ott. o que não é difícil pois Ott. nunca se arruma rapidamente. Por sorte não preciso encarar Garsignton de frente & desenhar seu retrato. Notei que a grande sala de estar vermelha cor de lacre postal era bem menor nesta visita que na anterior, & na última visita que na primeira. É o que ocorre com as pessoas também. Lá estava o jovem lorde de la Warr caminhando entre as rosas & os repolhos, um rapaz de dezenove anos, que depois de rastrear minas como lobo do mar, agora é um socialista, sob a tutela de Lansbury. Mas olhei-o bem & percebi que a postura ereta de seu corpo, sua desenvoltura & a confiança das suas maneiras o distinguem bastante enfaticamente de Gertler. Gertler & Nelson[67] caminhavam por outra trilha no jardim. Nelson um dos insignificantes, eu diria, que se agarraram firmemente aos confortos de Garsington. Seu afã em aceitar um convite para jantar comprovou seu entusiasmo por esta que é uma das benesses de Ottoline. A população flutuava & mudava. Goldie & eu éramos permanentes; Aldous H.[uxley] passou uma noite. Deixaria de fora diversos nomes se os tentasse contar. O jovem lorde de la Warr falava muito pouco; mas creio que teria impressionado um americano: & as boas maneiras me consolam. Creio que Goldie foi o principal elemento do fim de semana, ou seja, ele assumiu o fardo maior da manhã de domingo, & das refeições; três horas sentado num assento duro comigo e com Ott., às vezes Philip, Gertler ocasionalmente & Aldous entrando & saindo nos punha à prova; mas todos nós conseguimos superá-la. Nem uma única vez olhei as horas. Quando Philip sugeriu uma visita aos porcos eu me pus disposta mas não demais. Creio que discutimos Roger com grande minúcia, & Forster & Bob. Ott. ia fazendo seu bordado, a colcha da cama de Philip; perdeu a agulha uma vez & foi de quatro procurá-la atrás da cadeira, enquanto Goldie & eu continuamos falando. Isso para mim pareceu tipificar a sua posição modesta; desde que os outros conversem, ela não se sente muito tentada a interferir, & escuta, principalmente se o que está sendo discutido é o caráter dos outros. Tinha desafogado com Goldie a grande injustiça de Picasso; eu da minha parte só ouvi queixas vagas & pretensões. Mas me pareceu estranho

Quinta, 3 de julho

O que me pareceu estranho? Agora já não consigo recordar ou sequer adivinhar; talvez minha intenção fosse concluir buscando definir a sensação de falta de propósito que de quando em vez me aflige – Vamos supor que se consiga chegar a uma conclusão exata sobre o caráter de Roger, & o grau de despeito que tem Clive, & até que ponto Logan tem um coração? – bem, & depois? Estaremos chegando a algum lugar? A neblina se movimenta conosco? Bem – muito tempo se passou para que fosse possível recapitular isso, embora tenha havido uma continuação um tanto estranha um ou dois dias mais tarde em Asheham. Fomos para lá na quinta-feira seguinte & voltamos ontem. Não consigo, no entanto, dar muito espaço à carta de Philip, tendo em vista quantos assuntos preciso despachar; & que, para purificar o espírito, preciso de uma pitada de *Ájax* antes de L. chegar. A carta de Philip era sobre minha falta de coração & o terror que ele sente de mim; ao que retorqui "se sou Bloomsbury, você é Mayfair"; para seu espanto, assim espero. Mas isso é um devaneio. O fato concreto é que somos donos não apenas da Round House como de Monk's House em Rodmell, com um terreno três quartos de acre. Somos donos de Monk's House (essa é praticamente a primeira vez que escrevo um nome que espero escrever muitas milhares de vezes, antes de me cansar) para sempre. Aconteceu assim. Quando subíamos a rua íngreme da estação na quinta-feira passada a caminho de inspecionar a Round House, nós dois lemos um cartaz na parede da casa de leilão. Lote 1. Monk's House, Rodmell. Uma casa antiquada situada em três quartos de um terreno de um acre a ser vendida com os pertences. A venda, reparamos, seria na terça; a ser realizada no [hotel] White Hart. "Teria sido perfeita para nós", L. disse quando passamos, & eu, fiel à Round House, murmurei qualquer coisa a respeito das desvantagens de Rodmell, mas de todo modo sugeri uma visita; & assim seguimos caminho. Creio que um ligeiro anticlímax sucedeu o meu otimismo um tanto excessivo; mas seja como for, a Round House não mais parecia tão radiante & inatingível quando a examinamos como proprietários. Achei que L. ficou um pouco desapontado, embora tenha sido justo & cortês com os méritos da casa. O dia não estava ensolarado. Os quartos eram muito pequenos. O jardim não era um jardim de casa de campo. Enfim, pareceu acertado planejar uma visita a Rodmell no dia seguinte. Pedalei até lá contra uma ventania gelada. Dessa vez eu me gabo de ter controlado meu otimismo. "Esses quartos são pequenos, eu disse a mim mesma; é preciso descontar o valor daquela velha chaminé & os nichos para água benta. Monk's não tem nada de mais. A cozinha é distintamente ruim. Tem um fogão a óleo, mas nenhuma grelha. Nem água quente, nem casa de banho, & quanto a banheiro, não me mostraram nenhum." Essas observações prudentes mantiveram a empolgação sob controle; mas até mesmo elas se viram forçadas a ceder lugar a um prazer profundo diante do tamanho & formato & fertilidade & selvageria do jardim. Parecia haver uma infinidade de árvores frutíferas; as ameixas tão profusas que pesavam para baixo a ponta dos galhos; flores inesperadas brotavam entre os repolhos. Havia canteiros bem-cuidados de ervilhas, alcachofras, batatas; arbustos de framboesa exibiam piramidezinhas pálidas de frutas; & imaginei um passeio muito agradável no pomar sob as macieiras, com o extintor cinzento da agulha da igreja indicando minhas fronteiras. Por outro lado não há muita vista – Ah mas esqueci o gramado uniformemente ondulado, que se ergue num banco, & além disso é abrigado do vento, um refúgio no frio & na tempestade; & um grande vaso de cerâmica domina o ponto onde a trilha começa, coroada com um tufo de salicórnia roxa. *Um* vaso; não dois. Há pouca cerimônia & exatidão em Monk's House. É uma casa despretensiosa, comprida & térrea, uma casa de muitas portas; que em um dos lados dá de frente para a rua de Rodmell, lado em que foi fechada com tábuas de madeira, apesar de a rua de Rodmell na altura onde estamos não passar de uma trilha de carroças que se estende até a planície dos charcos. Ali, se a memória não me falha, há nada menos que três grandes dependências de diferentes tipos, & um estábulo; & um galinheiro – & o maquinário de um celeiro, & um barracão cheio de vigas de antigo carvalho; & outro armazenado com estacas para as ervilhas; mas disseram que nossas frutas & legumes inundam esses receptáculos no verão; & que é preciso vendê-los; mas são tão obedientes à sua maneira prolífica que florescem sob os cuidados de um único velho com coração de ouro, que, durante quarenta anos eu acho, passa as horas vagas cuidando daquelas árvores para o finado Mr. Jacob Verrall – Tudo isso formou uma espécie feliz de mixórdia no meu cérebro, juntamente com o conjunto de cadeiras & mesas antiquadas, vidros & móveis que atulham cada centímetro dos cômodos; voltei & contei minha história o mais contidamente que pude, & no dia seguinte L. & eu fomos juntos & fizemos uma inspeção detalhada. Ele ficou mais satisfeito do que esperava. A verdade é que ele tem o talento necessário para se tornar um adorador fanático daquele jardim. Quanto a mim, também é perfeito sair vagando por entre as charnecas de Telscombe, no tempo bom; ou pisotear trilha acima & pelo gramado na ventania ou na escuridão. Em suma, na caminhada de volta para casa decidimos comprá-la se pudéssemos, & vender Round House, como supomos ser possível. Acertamos oitocentos como o nosso limite, o que, segundo

Wycherley, daria-nos uma boa chance de aquisição. O leilão foi na terça. Não creio que tantos intervalos de cinco minutos da minha vida tenham sido tão permeados assim de sensações. Estaria eu esperando, enquanto assistia ao processo, ouvir o resultado de uma operação? A sala do White Hart estava lotada. Olhei para cada rosto, & em especial para cada casaco & saia, buscando indícios de opulência, & fiquei felicíssima ao não descobrir nenhum. Mas também, pensei, colocando L. na fila, acaso *ele* parece ter £800 no bolso? Alguns desses fazendeiros robustos podem muito bem trazer maços de notas enfiados por dentro das meias. Começaram as apostas. Alguém ofereceu £300. "Não é um lance", disse o leiloeiro, que imediatamente se transformou em um sorridente & cortês antagonista para nós, "mas um começo". O próximo lance foi de £400. Então passaram a subir de cinquenta em cinquenta. Wycherley ao nosso lado, em silêncio & sem se mexer, fez um acréscimo. Alcançamos seiscentos depressa demais para o meu gosto. Pequenas hesitações se interpunham, mas eram ultrapassadas com rapidez desanimadora. O leiloeiro nos incitava. Eu diria que havia seis vozes falando, embora após os £600, quatro delas tenham saído do páreo, & restou apenas um tal de Mr. Tattersall competindo com Mr. Wycherley. Permitiram que déssemos lances de vinte; depois de dez; depois de cinco; mas ainda assim não tínhamos atingido os £700, de modo que nossa vitória parecia certa. Depois de atingirem os setecentos, houve uma pausa; o leiloeiro ergueu o martelo, muito lentamente; manteve-o no ar por um tempo considerável; & encorajou & exortou durante todo o tempo enquanto vagarosamente ia abaixando-o em direção à mesa. "Muito bem, Mr. Tattersall, outro lance da sua parte – não será possível dar mais lances depois que eu bater o martelo – dez libras? cinco libras? – mais nada? última chance então – *pam!*", & o martelo bateu na mesa, para nossa gratidão – eu com as faces roxas, & L. tremendo como um junco – "vendido para Mr. Wycherley". Não ficamos nem mais um minuto. Saímos para a High Street, & por pouco não brigamos por causa do endereço da casa de Roger.

Terça,
8 de julho

Seguimos, no entanto; L. para Asheham, & eu para Charleston, onde encontramos Maynard & uma boa dose de conversa revigorante. Ele está desiludido, diz. Deixou de acreditar, em outras palavras, na estabilidade das coisas de que gosta. Eton está condenada; & as classes dirigentes; talvez inclusive Cambridge. Essas conclusões lhe foram forçadas pelo espetáculo degradante & deprimente da Conferência da Paz, em que homens manobraram sem qualquer vergonha não pelo bem da Europa, ou mesmo da Inglaterra, mas pelo seu próprio retorno ao Parlamento nas eleições seguintes. Não que fossem completamente malignos; tinham espasmos de boas intenções; mas um destino parecia ter possuído todo o assunto desde o princípio, conduzindo-o na mais fatal direção, & logo ninguém mais tinha a força para reagir. Ele renunciou, & agora é um professor de Cambridge, que rejeita diariamente ofertas feitas por homens de negócios dispostos, segundo Duncan, a lhe pagar £4 mil por ano para que ele compareça umas poucas horas por dia. Todos voltamos para Londres cedinho no dia seguinte; Nessa precisava falar com um tal de Mr. Cholmondeley sobre a educação de Julian. Tivemos uma tarde alegre no balé, & depois voltamos para a Gordon Sqre; tudo um pouco cintilante & irreal, como costuma ser ao voltarmos do campo & na presença de Nessa. Na sexta, dia 4, fui tomar o chá da tarde com Katherine, pois começo a sentir que o número de minhas visitas está contado, o quão seriamente eu não sei, mas quando ela for para o exterior, o que poderá trazê-la de volta? Murry, pobre coitado, pálido & triste como sempre, pois mais uma vez ela mal consegue sair da cama. O tempo obviamente está se vingando agora de uma temporada de generosidade. Acendemos a lareira todas as noites. Pior que o frio é o céu pardo, de modo que toda a nossa existência parece estar nas sombras.

No sábado fomos ao evento equestre, & pude ver a pobre efígie da Rainha Alexandra, ainda pintada como uma rosa selvagem, apesar de ter uns 75 anos de idade, & só conseguir subir a escada bamboleando como uma faxineira decrépita. É tão somente o seu rosto que sustenta o fingimento. No domingo Mrs. Hamilton trouxe sua irmã – "a poeta" – para jantar. Quase ri ao vê-la. Ela entra em um ambiente espiando & vacilante, com passos pesados, cumprimenta com um aperto de mão enérgico & exibe um rostinho redondo & pálido, com cachos de cabelo castanho controlados por uma fita apertada de tecido. A aparência é de uma mistura de colegial & professora alemã; esquisita & inquieta nos modos; despacha frases pomposas que já seriam estranhas o suficiente em si, mas que se tornam ainda mais ao serem proferidas com a mais estranha rotundidade de dicção, como se falasse do interior de um tubo – & com uma voz que sobe & desce mas por fim sobe como um instrumento musical que não se controla muito bem. Apesar dessas curiosidades de comportamento & aparência ela aparentava total autoconfiança, & se referia à sua reserva de conhecimento livresco, que parecia bastante amplo & variado, com a maior das composturas. "Como diz Nietzsche" ou "Citando Dostoiévski", ou "Na opinião dos neocartesianos". – Tais eram as introduções de suas conversas, que não aguardavam hora certa mas se imiscuíam espontaneamente. "Não sinto a menor dúvida quanto à natureza do bem, nem, de fato, jamais senti qualquer dúvida nessa questão" – isso foi disparado quando a conversa não dizia respeito a qualquer assunto do gênero. No entanto não se podia desgostar dela, nem a considerar um tipo muito venenoso de pessoa pedante. Suponho que seja o prodígio da família, nutrida com livros, & morando até o momento numa caverna escura, de modo que, como uma criatura privada de luz, a compleição de sua alma se tornou inteiramente branca. Tem a mente de um albino. O que há de ser dela? Não me parece que seja poeta. Imagino que seja um desses prodígios que levem a vida muito satisfeitos em alguma cidadezinha do interior, absorvendo conhecimentos, & rodeados por um círculo de correspondentes. As cartas dela devem ser portentosas. Molly a observava com uma mistura estranhíssima de orgulho & inquietação. O que estaríamos pensando dela? Teríamos percebido que aquelas maneiras & opiniões não passavam de superficialidades; acaso não tínhamos visto que fruto notável ela era – não seria possível talvez, por meio de perguntas astuciosas & insinuações, nos fazer ver? Margot agora está na universidade – estuda Religião Comparada. Margot passou toda a vida fingindo ser um monge ou Rob Roy. Agora hesitamos entre pedir ou não para ler seus poemas.

Quinta,
10 de julho

    Esqueci-me de diversas pessoas, percebo agora. Uma delas é Arundel del Re, o jovem premiado de Logan dedicado à causa da boa literatura, que propõe abrir uma livraria no Chelsea com essa intenção. Quer não somente vender uma coleção seleta de livros, mas também encaderná-los & imprimi-los & propiciar um ambiente onde os amantes de livros possam amar livros. Sua fragilidade & palidez não nos impressionaram; mas enfim, talvez fragilidade & palidez sejam exatamente as qualidades necessárias. Em uma pequeníssima medida, creio que, tal como a maioria dos homens, possui algum tino de negócio, & inteligência o suficiente para ser confiável. Sua contribuição de maior monta para uma noite de conversas vagas foi dizer que nos aliviaria de toda a parte comercial da Hogarth Press, cuidaria do estoque, da contabilidade, & em troca lhe daríamos algumas aulas de editoração. Creio que talvez algo saia daí.

Ontem à noite jantei no Savoy Grill Room com Clive. Fazia muito tempo que uma refeição não era um assunto tão sério para mim – muito tempo que não participava da grande cerimônia de jantar com outras pessoas acreditando naquilo, contribuindo para aquilo & vestindo-se para aquilo. Peixe & carne & melão & sorvetes voltaram a ser o que eram. Clive queimou uma bela quantidade de dinheiro. Sua aparência nunca é, nem mesmo agora, completamente elegante ou cosmopolita; seus ombros não são largos o bastante, & tem a questão do cabelo... Mas estava bem-vestido, levava uma bengala preta & usava um chapéu de seda. Estranhamente lembrei-me de quando o vi pela primeira vez, anos atrás. Parecia jovem & tinha a atitude pouco confiante de alguém que não está acostumado com as coisas; que apenas finge estar. A cerimônia da refeição demorou tanto que eram 9 horas quando terminamos, & a luz que atravessava a enorme janela estava baça & semelhante à de lampiões. Ele apontou para mim Picasso & Madame Picasso, de saída para o balé; & atrás de nós estava sentada a figurinha marmórea do marido de Lopokova.[68] Portanto Clive tinha toda a razão para se sentir confiante. Voltamos de carro até a Gordon Square & conversamos sobre os problemas da literatura. Na mesa dele estava o panegírico que escreveu a meu respeito para o *New Republic*; creio que preferia não ter sido colocada ao lado de Eliot & Murry.[69] Será que falo alguma asneira sobre literatura para Clive? No geral acredito que ele tem um dom estranho de fazer as pessoas falarem de modo acertado. É tão ansioso que alguém deveria incutir--lhe juízo; seu entusiasmo é o que há de mais estimulante nele – descontando desse elogio o entusiasmo que ele sente por mim. Ademais, seja o que for que se possa pensar do seu gosto pela vida, ou que se possa achá-lo um pouco exaurido & desbotado na sua busca pelo prazer, há a sua honestidade; sua vivacidade; sua determinação a não se entediar & a não entediar. À sua própria maneira ele é de certo modo uma figura.

Sábado, 12 de julho

No que toca a assuntos públicos, vejo que esqueci de dizer que a paz foi assinada; talvez a cerimônia tenha ocorrido quando estávamos em Asheham. Esqueci o relato que iria escrever sobre o desaparecimento gradual das coisas das vitrines das lojas; & do reaparecimento gradual, mas ainda assim apenas parcial, dessas coisas. Bolos glaceados, pãezinhos com passas & montinhos de doces. Valeria a pena descrever o efeito da guerra, & um desses dias em Monk's House... mas por que me permito imaginar espaços de lazer em Monk's House? Sei que haverá livros que deverão ser lidos lá também, do mesmo modo como aqui & agora eu deveria estar lendo Herman Melville, & Thomas Hardy, isso sem falar em Sófocles, se desejo terminar *Ájax*, como apostei que o faria, até agosto. Mas adornar o futuro é uma das principais fontes de nossa felicidade, acho. Uma boa parte do passado imediato ainda pesa sobre mim. Encontrei Morgan Foster na plataforma em Waterloo ontem; um homem fisicamente semelhante a uma borboleta azul – com isso desejo descrever sua transparência & leveza. Estava transportando a bagagem de 5 indianos de Deptford a Waterloo; os indianos pareciam ser um peso para ele. Trocamos elogios sobre nossas obras – fiquei surpresa ao ver como ele gosta abertamente de um elogio, embora isso não pareça nada estranho em mim mesma; & conversamos um pouco sobre a obra de Altounyan. Não lhe agradava nem um pouco; falta forma, falta personagem; falta uma figura dominante sobre as outras. Gosto muito de Forster, embora o considere excêntrico & vágulo[70] numa tal intensidade que me assusto com a minha própria falta de jeito & excesso de certezas. Depois comprei meu pacote de café, & segui até Katherine, com quem passei uma hora muito contente. Sim, ela me agrada cada vez mais; & acho que conquistamos alguma espécie de base duradoura. Para casa, para um jantar social que consistia dos dois Altounyan, Ernest & Norah, Carrington (o homem) & Herbert Woolf após o jantar. O pobre cabeça-de-vento do A. exibiu o lado menos agradável de si mesmo ao discutir seu romance, algo que faz não apenas com paixão, mas com uma arrogância que seria irritante se não fosse tão transparentemente tola. Sua única preocupação é descobrir quantas pessoas são capazes de entendê-lo; dos méritos de sua obra ele não tem nenhuma dúvida, & interrompeu a laboriosa crítica que eu fazia dela. Muito friamente, propôs que fôssemos seus agentes, buscando editoras para suas obras por todo o sempre. Tudo isso é muito estranho; do mesmo modo como achei estranho, embora agradavelmente estranho da parte dele, contar-me quantas pessoas haviam desejado casar-se com a sua irmã – "Pois ela deseja muito se casar". "Sim", disse ela simplesmente, "se não se tem uma profissão, deve-se casar; deve-se cuidar de alguém." Gostei mais dela do que dele. Quanto a [Noel Lewis] Carrington, será um homem muito popular no Oriente.

Sábado,
19 de julho

Algo deveria ser dito sobre o Dia da Paz,[71] imagino, embora se para esse propósito vale apanhar uma nova ponta de caneta não sei. Estou sentada apoiada contra a janela, & assim quase cai em minha cabeça o gotejar constante da chuva que tamborila sobre as folhas. Dentro de uns dez minutos começa o desfile de Richmond. Receio que não haverá tanta gente para aplaudir os conselheiros municipais vestidos para transmitir um ar de dignidade ao marchar pelas ruas. Tenho a sensação de panos cobrindo as cadeiras; de ter ficado esquecida enquanto toda a gente vai para o campo. Estou desolada, empoeirada & desiludida. Claro que não assistimos ao desfile. Só reparamos nos abandonados à borda nas periferias. A chuva só parou meia hora atrás. As criadas tiveram uma manhã triunfal. Ficaram na Vauxhall Bridge & viram tudo. Generais & soldados & tanques & enfermeiras & bandas demoraram duas horas para passar. Foi segundo elas a coisa mais esplêndida que já viram na vida. Ao lado do ataque aéreo do zepelim isso desempenhará um grande papel na história da família Boxall. Mas não sei – a mim me parece um festival para criados; algo para pacificar & aplacar "o povo" – & agora vem a chuva estragá-lo; talvez tenham de inventar alguma atração extra para eles. É esse o motivo da minha desilusão eu acho. Há qualquer coisa calculada & política & insincera nesses regozijos de paz. Além de tudo são realizados sem nenhuma beleza & com pouquíssima espontaneidade. As bandeiras são intermitentes; temos a que os criados, por esnobismo, eu acho, insistiram em comprar para nos fazer uma surpresa. Ontem em Londres as aglomerações de pessoas pegajosas indigestas de sempre, sonolentas & entorpecidas como um enxame de abelhas encharcadas, rastejavam pela Trafalgar Square & se balançavam pelas calçadas do bairro. A única visão agradável que tive se deveu mais à brisa leve do que à habilidade decorativa; umas flâmulas em formato de línguas compridas presas ao topo da coluna de Nelson lambiam o ar, dobravam-se & desdobravam-se, como as gigantescas línguas de dragões, com uma beleza vagarosa, muito serpentina. Por sua vez, os teatros & as salas de concerto estavam cravejados de alfineteiras de vidro robustas que, de modo um tanto prematuro, cintilavam por dentro – mas com certeza poderiam ter feito aquela luz brilhar de modo mais vantajoso. Contudo a noite estava abafada & magnífica enquanto durou tudo isso, & não conseguimos dormir por algum tempo depois de irmos para a cama por causa dos rojões que por um segundo iluminavam nosso quarto. (E agora, na chuva, sob um céu castanho-acinzentado, os sinos de Richmond [estão] tocando – mas os sinos de igreja só fazem lembrar casamentos & cerimônias cristãs.) Não nego que me sinto um pouco mesquinha por escrever de maneira tão lúgubre, uma vez que todos nós temos de sustentar a crença de que estamos felizes & nos divertindo. Por isso nos aniversários, quando por alguma razão as coisas saíam errado, era uma questão de honra fingir, no quarto das crianças. Anos depois alguém poderia confessar como aquilo lhe parecera uma fraude horrível; & se, anos depois, esses rebanhos dóceis confessarem que também eles enxergaram que tudo não passava de ilusão & não admitirem mais enganos desse tipo... bem... será que eu me sentiria mais animada? Creio que o jantar no 1917 Club, & o discurso de Mrs. Besant, encerraram o interesse no assunto, se é que restava algum ainda. Hobson foi sardônico. Ela – uma velha senhora gigantesca & rabugenta, com uma ampla cabeça, entretanto, recoberta por uma espessa camada de cabelo branco cacheado – começou comparando Londres, iluminada & festiva, com Lahore. E depois nos repreendeu por maltratarmos a Índia, por estar, ao que parecia, do lado "deles" & não do "nosso". Mas na minha opinião não argumentou de modo muito sólido, embora na superfície fosse possível acreditar em tudo aquilo, & o 1917 Club aplaudiu & concordou. Por mais que me esforce, sempre escuto discursos como se fossem textos escritos, & portanto os floreios, que ela brandia de vez em quando, pareciam terrivelmente artificiais. Parece-me cada vez mais claro que as únicas pessoas honestas são os artistas, & que os reformistas sociais & filantropos se descontrolam tanto & nutrem tantos desejos inacreditáveis sob a fachada de amarem o próximo, que no final existem mais defeitos a encontrar neles do que em nós. Mas e se eu for um deles?

Domingo,
20 de julho

Talvez eu termine o relato das celebrações de paz. Que animais de rebanho somos nós no fim das contas! – até os mais desiludidos. Enfim, após ter ficado sentada impassível durante o desfile & os sinos de paz, depois do jantar comecei a achar que, se tinha algo acontecendo, era melhor estar lá. Obriguei o pobre L. a sair de casa & atirei para longe o meu Walpole.[72] Depois de acendermos uma série de lampiões & de ver que a chuva tinha parado, saímos pouco antes das dez. As explosões há algum tempo prometiam fogos de artifício. As portas do pub da esquina estavam abertas, & o salão lotado; casais valsavam; berravam-se canções, tremulamente, como se para cantar fosse preciso estar bêbado. Um bando de menininhos com lanternas desfilava pelo Green, batendo gravetos. Não eram muitas as lojas que se permitiam arcar com os custos da luz elétrica. Uma mulher das classes abastadas completamente bêbada seguia escorada por dois homens parcialmente bêbados. Seguimos um fluxo moderado que subia a colina. A iluminação praticamente se extinguia na metade do caminho, mas continuamos em frente até alcançarmos a esplanada. E então vimos algo – não grande coisa, na verdade, porque a umidade tinha dado cabo dos produtos químicos. Círculos vermelhos & verdes & amarelos & azuis erguiam-se lentamente pelos ares, explodiam & desabrochavam em uma luz ovalada, que caía em minúsculos grãozinhos e sumia. Neblinas de luz se espalhavam em diferentes pontos. Erguendo-se sobre o Tâmisa, entre as árvores, aqueles rojões eram lindos; a luz nos rostos da multidão era estranha; contudo é claro que havia uma névoa cinzenta que borrava tudo & amortecia o clarão do fogo. Era algo triste de se ver, os soldados incuráveis deitados nos leitos do Star & Garter de costas para nós, fumando cigarros & à espera de que o barulho terminasse. Éramos crianças querendo que nos divertissem.[73] Então às onze voltamos para casa, & do meu estúdio vimos Ealing esforçando-se ao máximo para se regozijar, & realmente um balão iluminado subiu tão alto que L. pensou ser uma estrela; mas não havia nenhuma no céu. Hoje a chuva não nos deixou nenhuma dúvida de que quaisquer festividades remanescentes acabarão sendo completamente estragadas.

Quinta, 24 de julho

Bem, seja como for, a paz terminou, apesar de os pobres criados iludidos terem ido passar seu dia de folga num ônibus para ver as decorações. Eu tinha mesmo razão: trata-se de uma paz feita para criados. Ontem à noite recebemos Forster & os Bussy. Não foi a mistura que escolheríamos, uma vez que seria melhor receber apenas Forster. Contudo, essas são as penas a se pagar por ter uma editora. Eu me sinto um pouco como Horace Walpole, que tinha de limitar as visitas a Strawberry Hill a quatro por dia – Morgan acaba facilmente abafado até pela vivacidade dos Bussy. Ele é uma figura sobrenatural, transparente, extravagante & desprendida, que se preocupa muito pouco, eu diria, com o que as pessoas vão dizer, & possui uma ideia clara do que deseja. Não creio que deseje brilhar em meio a intelectuais; certamente não em meio aos refinados. É fantástico & muito sensível; uma figura que me atrai, embora exatamente devido a essas qualidades leve-se mais tempo para conhecê-lo do que se costumava levar para pôr um boião em cima de uma cauda-de-pomba [tipo de borboleta]. Mais certo é dizer que se assemelha a uma borboleta que vaga, ligeiramente; posto que nele não existe nenhuma intensidade ou rapidez. Dominar uma conversa lhe seria odioso. Ele se afundava em uma cadeira, ou caminhava pela sala, folheando algum livro. Mesmo depois que os Bs se foram, não houve praticamente nenhuma abordagem direta. Irá a Asheham se lhe pagarmos a passagem. Tem apenas £26 no banco. Gostei de seu jeito simples de explicar as coisas. E odeia Stevenson; & constrói seus romances à medida que os escreve; & entende o que eu quero dizer sobre diálogos; há muito o que lhe dizer, embora eu ainda não saiba exatamente como fazê-lo. É absurdo na minha idade, & me sinto bastante de meia-idade, ficar tão facilmente desconcertada & aturdida assim. Isso toma a forma de uma precipitação ao falar as coisas. "Gostaria de escrever um artigo a seu respeito", falei, mas não era o que eu queria dizer.

**Monk's House
Rodmell**

7 de setembro de 1919[74]

Domingo, 7 de setembro

Suponho que este seja o primeiro dia em que sem esforço pude me sentar para escrever no meu há tempos tão sacrificado, & a essa altura espero que tolerante, diário. A falta de mesa, caneta, papel & tinta, ou melhor sua dispersão em várias partes da casa, foi um dos motivos; & depois teve a crise doméstica que eu já previa, mas nem por isso as coisas foram melhores quando ela veio. Agora as criadas estão em Charleston, Mr. Dedman & seu irmão estão identificando as macieiras no pomar para Leonard, & se eu puder resistir a me levantar & me juntar a eles talvez consiga preencher esta página.

A mudança foi feita em um dia, graças principalmente à organização de L., que amarrou todos os livros em lotes. Dois carregamentos, um que partiu às dez & o outro às seis, cumpriram a tarefa & conseguimos de uma maneira ou de outra pernoitar aqui naquela noite. Na manhã seguinte nossos problemas começaram, o que não vou detalhar; depois L. passou uma noite em Londres, & ao me sentar para ler meu livro na penumbra, para meu desânimo vi a silhueta magra & fantástica de Altounyan cruzando a janela. Lá fora estavam a esposa & o amigo – Montana ou Fontana – & eu tive de lhes providenciar presunto & café & entreter as minhas primeiras visitas. A. viera de Londres de propósito para nos ver; de propósito, acho, para mais uma vez discutir seu eterno romance, & talvez fazer planos para o publicarmos. Mrs. Hamilton o leu, & achou necessário citar *Rei Lear*. Talvez parte desse terrível egoísmo se deva à metade armênia dele, acho eu; não é ofensiva; mas pode se tornar intensamente maçante. Mas, infelizmente, alguém que vem de Londres & caminha 10 milhas para ter a chance de ver alguém é quase sempre tedioso ao extremo. Mandei-os de volta para a estrada por volta das dez & não resisti a uma caminhada na escuridão do jardim. A tentação sussurra da janela todo o tempo – como seria agradável sair no gramado, caminhar até o barracão de ferramentas & contemplar as charnecas à luz do dia ou as luzes de Lewes à noite. Ainda há muito a se fazer dentro de casa, apesar de as principais arrumações estarem feitas. Porém durante alguns dias nossa mente se vê perpetuamente obcecada com as mudanças ao redor; trabalha com esforço. Isso está passando, um pouco, apesar de eu escrever essas palavras como se a caneta pesasse 98 libras, em vez do número costumeiro de onças. No entanto apesar de todas as dificuldades, de todas as vantagens & desvantagens desse lugar, creio que no geral o resultado é favorável. Ganha-se muito em termos de variedade por aqui; há mais passeios & interesses infindáveis no jardim, embora nada igual à beleza impecável de Asheham.

Quinta, 12 de setembro

O peso na minha cabeça vem diminuindo, porém como ainda não consegui dominar a escrita numa prancheta, o longo preenchimento dessas páginas em branco nas horas vagas que eu prometi a mim mesma se tornou uma espécie de miragem. Mas também Duncan & Nessa acabaram de chegar inesperadamente para o chá. As incursões das outras pessoas sempre me deixam trêmula. Interrompem um estado de depressão, segundo L. profunda; & para mim com a consistência da névoa de setembro. Por que será, eu me pergunto? Em parte porque creio que há dez dias não recebo nenhuma carta, & depois porque espero algo desagradável da Macmillan. Aqui faço minha previsão. "Lemos *Noite & dia* com o mais profundo interesse, porém não consideramos que tem apelo ao público daqui." Embora preveja isso, & veja que posto no papel é insignificante enquanto crítica, desejo que esse momento desagradável passe. Irá me afetar por alguns dias. E a publicação de *N&D* talvez me cause um tremor ocasional por eu ter contado tanta vantagem. Se for um fracasso declarado, não vejo por que continuar a escrever romances. Essas são as tristezas habituais dos escritores. Para piorar, tem a mudança, a comparação desta casa com Asheham, as criadas – & assim por diante. Tenho enfrentado dificuldades para escrever. Vinha avançando em meu novo experimento, quando me deparei com Sir Thomas Browne, & me dei conta de que não o lia desde que costumava mergulhar & me entediar & de certa forma me encantar com ele centenas de anos atrás. De modo que precisei parar, encomendar os seus livros (falando nisso, eu o tenho lido com certa regularidade, agora pensando melhor) & começar a escrever continhos. São sempre algo que dá cócegas; uma manhã ruim reduz a pessoa à melancolia. Mas desde que comecei a escrever isso, sofri tantas interrupções que meu humor já não é benigno. Creio que devo ceder à tentação & ir ver o que o sol está fazendo com as campinas. Ah, os milhares de utensílios que necessitamos para escrever uma única frase que seja! Nenhum livro do *Times*, além disso, & quanto a escrever uma carta, não consigo me obrigar a tirar a virgindade de uma folha de papel.

Sábado,
13 de setembro

Bem, a carta da Macmillan chegou esta manhã, & não é nem tão boa nem tão ruim quanto poderia ser. Eles o leram com grande interesse, consideram *N&D* uma bela obra, porém provavelmente não teria muito apelo ao grande público dos Estados Unidos, & longo demais para valer a pena publicar, a essa altura do ano. Mas propõem reunir de quinhentos a mil exemplares sem encadernação com Gerald; a mesma quantidade de *A viagem*, & esperam que lhes ofereça meu livro seguinte. No geral, sinto-me mais satisfeita do que insatisfeita. *A viagem* se esgotará; certamente esse é o único método de se tornar conhecido nos Estados Unidos, & presumivelmente a Macmillan acredita que vale a pena manter o olho em mim. Sabe-se lá quando meu próximo romance estará concluído! O mesmo correio me trouxe a recusa do livro de Le, também irão reunir exemplares sem encadernação desse livro. Não tem grande importância. Aceitarei, suponho, uma vez que quase não há tempo para tentar outra alternativa. Mas não creio que a Macmillan tenha sido uma das grandes responsáveis pela minha depressão. Acaso invejo Nessa pelo seu lar transbordante? Talvez às vezes. Julian começa a usar uma espécie de calças preparatórias; ali tudo floresce & é humano; talvez eu não consiga evitar as comparações que jamais me ocorrem quando estou em pleno fluxo de trabalho. Fiz essas comparações ontem mesmo, quando almocei & passei a tarde por lá & voltei pedalando para casa. Aliás, sou uma ingrata de exibir a mínima nuvem diante de um céu tão brilhante. As colinas todas negras contra o escarlate & o dourado, enquanto eu pedalava para casa & parava para olhar Asheham, cujas janelas estavam abertas como se habitada. Mr. Geal estava indo apanhar maçãs. Mas Monk's House provoca um pequeno choque agradável ao abrirmos o portão. Encontrei L. & Nelly, que tinham acabado de chegar de Lewes com a nova bicicleta dela. Ele passara o dia em Londres. Bateram as sete horas & me sinto tentada a caminhar pelas planícies. Eu desejava dizer qualquer coisa sobre esses estranhos estados de espírito. Eles me interessam, mesmo quando o tema sou eu. E sempre recordo o ditado que diz que é no auge do desânimo que mais nos aproximamos de uma verdadeira visão. Acho que talvez nove entre dez pessoas jamais experimentem um dia de completa felicidade como eu tenho quase constantemente; agora é minha vez de ter um gostinho do que cabe a elas.

Domingo, 14 de setembro

Bem, creio que a minha vez de ter um gostinho do que cabe a elas não é uma questão muito séria. O mais interessante é que em geral mantemos uma espécie de vibração, sem nenhum motivo específico. Igualmente, sem nenhum motivo específico, a vibração para. Então perguntamos por que foi que a tivemos em primeiro lugar, & não parece haver nenhum motivo para a vivermos novamente. As coisas parecem claras, sãs, compreensíveis, & por essa ser a sua natureza, desobrigadas de nos fazer vibrar. Sim: é basicamente por causa da clareza da visão que temos quando estamos em tais momentos que nós entramos em depressão. Mas se conseguimos analisar isso, já percorremos metade do caminho até a saída. Sinto a desrazão lentamente atiçar minhas veias. Se ao menos eu pudesse ter uma boa manhã de trabalho! Saímos para o nosso primeiro passeio dominical hoje. Para contrabalançar a extenuação tremenda do jardim, combinamos dois passeios semanais, aos domingos & quartas. Hoje seguimos pelas charnecas na direção de Kingston. Foi o primeiro dia nublado desde muitos dias; com vento noroeste, ameaça de chuva. Vimos o mar em Brighton & o mar em Eastbourne à nossa direita & esquerda. Os morros do vale por trás da charneca são muito lindos; a própria charneca se ergue a certa altura, mas é interrompida por alguns trilhos. Creio que as paisagens são mais belas deste lado que do outro, embora as charnecas aqui sejam inferiores. Tentarei um pouco de Platão agora – para provar que é tão fácil se concentrar aqui como em qualquer outro lugar.

Domingo,
21 de setembro

Por que escolho a única hora da semana em que tocam os sinos da igreja para continuar escrevendo isso aqui? Um domingo frio & luminoso; foi facílimo hoje lembrar como é o inverno – inclusive o aspecto da terra no inverno. Ontem, enquanto eu lia, Nick veio bater à porta. Eu deixara sua carta de lado sem resposta, & também, ao que parece, sem lê-la. Tivemos de aprontar um quarto, & de preparar um caranguejo, que ele trouxe de presente. Parecia singularmente sem expressão, muito à maneira dos garotos gorduchos das cidadezinhas que vemos por aí olhando as vitrines das confeitarias, com faces coradas & orelhas vermelhas. Trata-se, eu acho, basicamente da sua verdadeira personalidade, porém a ela vemos superposta uma pincelada de cultura, que assume o caminho seguro das artes & da literatura do século 18. "Thomas Grey sabia como escrever cartas do campo – cartas muitíssimo interessantes & argutas – já leu Thomas Grey?" Então surge Jane Austen. Uma grande fã de Grey. Quanto às maçãs & peras, que agora são a ocupação de Nick, seu conhecimento é limitado, ou talvez por causa de seu cérebro fino & sujo que seu vocabulário seja tão marcado pela pobreza que as palavras pareçam rastejar. Ao levantar a vista, vi o rosto dele ao lado do de L.; & pareciam exemplos de raças diferentes, ou de estágios bastante distantes de desenvolvimento. "Aqui, poderia dizer o professor, apontando a vareta para Nick, vemos uma espécie de homem primitivo – um homem ainda sem capacidade de concentração ou previsão..." Enquanto aqui – bem, seus comentários acerca de L. seriam extremamente elogiosos. Apesar desses arranhões rancorosos da minha caneta, Nick me agradou o bastante para eu me alegrar em vê-lo; & como tem uma mente prática, & talvez treinada, despejamos sobre ele um tanto de informações sobre a casa. Ele não pode ver um armário de cozinha sem tentar descobrir como foi feito, ou um cano sem correr o dedo por ele, ou um tijolo sem levantá-lo para ver por baixo possíveis segredos da construção. Aconselha-nos a procurar a orientação de Hope.[75] Barbara chegou para o almoço, de calças & malha, vermelha como uma maçã mas maternal, aos meus olhos, & com aquela sua personalidadezinha vívida que a distingue do resto das pessoas. É consideravelmente mais notável que Nick, & ele reconhece isso com generosidade. Talvez o orgulho dele seja estimulado pelo olhar cobiçoso de Saxon. De todo modo, considera que B. possui uma personalidade das mais admiráveis, marcada pelo selo precioso da aprovação de Gordon Square. Ai ai – quando se apagará esse selo? Mas falar é vão. De que me valeria ser louvada pelo mundo inteiro & perder essa voz única? Tal reflexão em parte se deve às Memórias de Mrs. Humphry Ward. Com 5 xelins tornei-me membro da biblioteca pública de Lewes. É um lugar divertido – cheio de velhos fantasmas; livros a meio caminho da putrefação. Um tom castanho generalizado os recobre. Por fora são tão parecidos entre si quanto as crianças de um orfanato. A maioria perdeu as capas anos atrás, & foi forrada com papel pardo. Não há motivo, tampouco, para que Mungo Park não seja sucedido pelos sermões de Ebenezer Howard, & então pelas *Recordações de Lorde Morley*, & então por *White Wings*, ou *A Swallow's Summer*, & então por *Treasures of the Deep*.[76] É o tipo de coisa que seja como for me impede de resistir a Mrs. Ward, & inconscientemente permaneço com ela por longas horas, como se ela fosse uma banheira de água tépida que não temos a coragem de abandonar. Mas depois do chá ela me fez pensar na fama. Ninguém teve como ela uma lufada mais profunda de fama. A pobre mulher, agora consciente do calafrio, resgata seus velhos elogios & os expõe nas janelas da fachada da casa. "Vejam o que Henry James disse a meu respeito – Walter Pater – George Meredith." E realmente esses pobres luminares, sob a pressão, acredito, dos exemplares de cortesia & tudo o mais, parecem mesmo ter perjurado alegremente, embora eu consiga vê-los dando uma piscadela. O que quero dizer, no entanto, é que todo esse clangor & essa pompa não exercem nenhum efeito sobre o leitor sensível, como eu atesto ser. Talvez as piscadelas sejam evidentes demais. As gigantescas vendas, as edições americanas, os rufos & reverberações – Piccadilly coberta de cartazes onde se lê "Novo lançamento: *Marcella*!" – parecem os tambores & címbalos de uma feira interiorana. Não, nada disso conta – Ela mesma, ao lançar-se a um relato dos seus sentimentos & pensamentos, não fornece nada além de cardápios & cadernetas. Em que momento ela parou de pensar? Há muito muito tempo, eu diria; & então passou implicitamente a acreditar nos espetáculos de mímica: os nomes dos grandes são guarda-chuvas que encobrem o vazio. Mas toda essa conversa da hora do chá serve apenas para admoestar os jovens, que, suponho, hoje estão se tornando inquisidores & objetores. Que quadro, porém, da vida mais sofisticada dos círculos intelectuais de Londres! Que retrato da área de refeições dos criados; tendo Mrs. H.W. por faxineira, & Tio Matt. como patrão. Uma reunião detestável, da forma como ela a pinta. Literatura servida numa bandeja. Preciso revisar Gosse, & isso me faz inventar uma cena elegante enquanto sigo tropeçando pelos campos. Para Rat Farm[77] com L. esta tarde; & descobri uma mariposa-falcão afogada no regato – uma mariposa-esfinge? ou o quê?

Domingo,
28 de setembro
(deve ser dia 28, pelo menos)

Desligados de qualquer interação humana (a menos que se considere os Dedman), não consigo sequer ter certeza da data. Dizem que todas as ferrovias da Inglaterra entraram em greve; os mineiros, & talvez os trabalhadores do transporte, a apoiam. Isso aconteceu ontem de manhã, ou bastante tarde da noite anterior; & apesar de termos recebido nossos jornais ainda que tarde da noite, não chegou nenhuma correspondência. Ontem o sinaleiro [Tom Pargiter] nos deu informações, & acredita que também vai aderir à greve contra a redução de 14 xelins por semana no seu salário. Seu pagamento na greve é 16 xelins por semana. Como se pode manter a greve durante mais do que um ou dois dias com os preços como estão é difícil imaginar. Ele espera um acordo amanhã; mas como tem esperança, não se pode confiar nele, & como todos os outros, conhece muito menos sobre os motivos & as maquinações do que nós – do que L. pelo menos. No momento, com o domingo & a quietude que imaginamos nas ferrovias, um silêncio estranho & profundo parece deitar-se sobre nós. Postamos cartas sabendo que não chegarão mais longe do que Lewes. Fala-se de um serviço de automóveis. O governo finge uma determinação corajosa. Estamos recebendo rações de campanha & nos dizem para sermos bons & valentes. Nunca desde a época das diligências a cidade de Rodmell ficou tão isolada quanto agora. Contudo o estado de sítio tem certa comodidade & autossuficiência. Ninguém vem interromper você. Dei a mim mesma um descanso de Hope Mirrlees, cuja resenha precisaria ser despachada esta manhã. Se durar mais um ou dois dias, teremos dificuldade para conseguir comida. Depois tem a questão de voltar [para Londres] na quinta.

Até essa greve nossa principal preocupação era o braço de L. Uma semana atrás, ou segunda passada, apareceram urticárias em seu pulso & braço. O médico disse ser eczema. Depois Mrs. Dedman descartou isso & diagnosticou alergia a girassol. L. andou desenraizando-os com as mãos nuas. Aceitamos o veredito, que se confirmou com o caso do irmão de Mrs. Wooler, mas isso não minimiza o fato de ser uma doença vil & irritante. Hoje pela primeira vez o inchaço diminuiu & o exantema melhorou. Mas a semana se viu muito prejudicada por esse motivo. Ontem fomos até Asheham, pilhamos os cogumelos do vale & depois entramos pela janela da sala de estar. Gunn vai gastar £60 para transformá-la em um *boudoir* rosa intenso – pelo menos é esta a cor predominante. Mas é óbvio que apanharam um mostruário & escolheram as cores vivas mais respeitáveis, de maneira que os cômodos agora estão todos o mais uniformes & impecáveis & brilhantes possível. Há tons de amarelo-mostarda & vermelho-caixa-de-correio. Claro, não aprovei, mas teria gostado ainda menos se ele tivesse escolhido segundo o meu próprio gosto & a casa estivesse mais sombria & misteriosa do que nunca. Não sei se foi nosso temperamento conciliatório que pintou o lugar como um pouco cerrado & tedioso, com o vasto vale atrás & a vista uniforme entre as árvores da frente. Dessa vez achei que lhe faltava variedade, & cor – mas acredito que seja uma das artimanhas da imaginação. De todo modo Monk's vem melhorando, como um vira-lata que rouba o nosso coração. Eu deveria ter dito muito mais sobre o jardim mas a tentação de estar lá, em vez de descrevê-lo daqui de dentro, foi demais mesmo para meus próprios hábitos firmes. O verde da turfa com o grupo de anêmonas japonesas roxas não para de chamar a atenção do meu olhar. Estamos plantando sementinhas no canteiro da frente, na crença pia ou religiosa de que ressuscitarão na primavera seguinte como clárquias, sapatinhos-de-vênus, campânulas, esporinhas & flores-de-viúva. Não as reconhecerei se isso acontecer; estamos plantando ao acaso, inspirados pelo que dizem os semeadores: que ficam altas & mostram pétalas de um azul intenso. Depois tem a limpeza das ervas-daninhas. Tende-se logo a converter em jogo qualquer atividade de que nos ocupamos. Com isso quero dizer (pois estou com frio & inepta no momento – os sinos da igreja repicam, o fogo acabou de pegar, & o grande tronco que serramos está prestes a mergulhar em cavernas flamejantes) que emprestamos personalidade às ervas-daninhas. O pior é a grama fina que precisa ser limpa conscienciosamente. Gosto de desenraizar grossos dentes-de-leão & senécios. Então toca o sino para o chá, & enquanto eu fico aqui sentada refletindo com meu cigarro, L. sai correndo como uma criança a quem se deu permissão para ir embora. E como eu digo, hoje estamos em nossa ilha, na qual embarcará amanhã, por mais estranho que pareça, Clive.

Resenhei Hope; Gosse & Swinnerton, todos nos últimos dez dias, de modo que o grande aguaceiro de outono está começando. De vez em quando me passa pela cabeça que *Noite & dia* será uma gota dele: mas isso parece pertencer a Londres – não a este lugar. A chateação será encontrar os outros, que se acharão no dever de dizer que ainda não o leram; ou talvez pior, que o leram. Isso vai durar seis semanas; depois fim.

Terça,
30 de setembro

Abro essa entrada para registrar o boletim da greve. Nada aconteceu. Silêncio em todas as ferrovias. Fui para Lewes ontem, & me deparei com uma espécie de domingo modificado; persianas semicerradas no correio & na estação de trem. Havia diversos carros cheios de bagagens & ricos mimados. Os boatos – isto é, os lojistas – preveem uma longa greve. Quem está certo, não sabem, "seja lá como for, para nós é ruim". No nosso mundo privado, o desconforto tem basicamente a ver com nossas projeções para o futuro. Não podemos fazer nenhum plano, do modo como está. Ontem à noite Clive não veio, & achando que isso implicaria em alguma tragédia para N. em Londres, a primeira coisa que fiz pela manhã foi telegrafar-lhe; nenhuma resposta ainda, & já bateram sete horas. Os jornais acabaram de chegar, reduzidos a uma página solitária, & no limite pouco confiáveis – o *Daily Mail* & o *Herald*; mais ou menos fiel talvez, o *Daily News*. Até agora nada além de uma hostilidade persistente de ambos os lados; nenhuma proposta. Para aumentar a sensação íntima que temos de ameaça, Mr. Dean escolheu vir hoje para mudar de lugar os armários de cozinha. Portanto os livros & móveis estão espalhados pela casa, mas ganhamos uma sala de jantar. Como consolo, o tempo continua o melhor possível, límpido, frio, sem vento & ensolarado. Clive ficou em Charleston tratando de um resfriado. Nenhuma carta desde sábado de manhã, exceto o cartão dele, que chegou pelo correio local. Devemos ficar sem manteiga, café & cigarros em um ou dois dias, pois chegam de Londres.

Quarta, 1 de outubro

A greve, pelo que podemos inferir, continua na mesma. Por outro lado, os boatos sobre ela mudam de hora em hora. Chegou correspondência esta manhã. Dizem que o carteiro relatou que todos os trens estão funcionando normalmente. Chega o sinaleiro. A situação não mudou; muito deprimido. Então chega Dedman para colher maçãs. Há um cartaz no correio, diz ele, informando que os trens estão funcionando normalmente. Nelly vai a Lewes. Volta "assustada" diz ela. Uns poucos trens apenas, nos quais você entra por sua conta & risco. Isso a desestimulou de viajar, coisa que ela estivera pedindo uma hora antes. Fomos até o sinaleiro com livros & ofertas de ajuda. A esposa dele nos recebeu, pois ele estava em Newhaven. Uma mulher enérgica, impulsiva, vigorosa, prestes a parir o 5º filho dos dois. Vinha implorando que ele cedesse. A opinião pública era contra, disse. Depois explicou que eles só tinham 6 xelins de economias. Com o salário da greve, logo acabarão passando fome. Depois, ela não conseguia ver a razão daquilo tudo, "Parecem crianças que comeram o doce & não querem entregar a moeda de um centavo" disse ela, com frequência o bastante para mostrar que usara esse argumento com ele muitas vezes. Precisarão desistir cedo ou tarde, então por que não agora?[78]

Terça,
7 de outubro

Para casa, ontem. Os "dóceis rebanhos" que descrevi no Dia da Paz não estão tão iludidos assim afinal. Mantiveram o país em suspensão por onze dias, creio. Também contribuímos de certa forma para apoiá-los, & mantivemos em greve um homem que sem a nossa libra teria desistido. Apesar disso, o que há para se ler nos jornais mal se adequa à minha página privada. Seria eu capaz de explicar a greve dos ferroviários? O que reivindicaram, & o que conseguiram? Seja como for, a greve interrompeu nossa vida mais do que a guerra – mas escrevi meu diário, intermitentemente, & o levei a Rodmell. Há uma greve particular a ser registrada também. Gostaria de escrever filosoficamente & analisar o que é sem dúvida um sinal dos tempos – não é assim que chamam? Precisamos refletir sobre a nossa posição. A questão é, devemos nos lançar em uma nova direção? Que queremos? Agora, na nossa idade, quando a juventude ainda

Quinta,
9 de outubro

não se foi de todo & a discrição já floresceu, mas é recente... não é fácil saber o que se quer, era o que eu desejava acrescentar, porém se trata de uma reflexão de dois dias atrás. A pobre Nelly chegou tímida como uma colegial & pediu desculpas na noite passada; & eu nos vejo acomodados em nossa vida, com a Hogarth, Monk's House & duas criadas.

Não tenho tempo para preencher essa página, pois preciso ler o livro que devo resenhar (Landor), ler os contos de Logan & escrever uma ou duas cartas, & deixei escapulir o tempo depois do chá. Comecei a ler o primeiro volume do meu diário; & vejo que alcançamos o seu segundo aniversário. Não acho que o primeiro volume seja tão boa leitura quanto o último; prova de que toda escrita, mesmo esse escrevinhar despretensioso, tem sua forma própria, que aprendemos. Vale a pena continuar? O problema é que, se seguimos por mais um ano ou coisa assim, temos razão para crer que é nossa obrigação prosseguir. Eu me pergunto por que faço isso. Em parte, acho, por causa da minha antiga sensação do tempo que corre depressa "Time's winged chariot hurrying near"[79] – conseguirá ela freá-la?

Sábado,
11 de outubro

As coisas mais uma vez estão em movimento, embora de forma um tanto diferente para mim, pois prometi tomar cuidado, o que significa evitar a tentação de Londres & de caminhar pelas trilhas ensolaradas de Kew. Apesar do frio, o sol continua o mesmo sol das férias & dos campos, de certa maneira em desajuste com as pedras do calçamento. Um outono recorde em termos de tempo bom, eu diria, sempre falsificando as previsões do lúgubre profeta do *Times*. Pela primeira vez fui a Londres ontem, em primeiro lugar para comprar luvas; em segundo para tomar o chá no apartamento de Nessa. Havia um grupo à vontade ali, sentado no chão da cozinha. Julian com um paletó de Norfolk & gola de Eton parecendo um bretão responsável; Quentin ainda sem forma. O apartamento mal-iluminado & sombrio dos tempos de James está agora no polo oposto da cultura – o polo do sol & da luminosidade. Os cômodos transbordam de crianças. Os livros são uma parte incongruente da decoração, & Nessa professou grande desdém por eles. "Claro que tem Shakespeare & tudo o mais na prateleira de baixo, mas olhe para isso! Não fica claro quem é James?" Ele tem todos os livros corretos, bem organizados, mas absolutamente desinteressantes – quero dizer, bem diferentes dos livros robustos & esquisitos de um escritor. Os Strachey com exceção de Lytton se lançaram ao mundo. Com Lytton topamos no Club ao voltar – elegante, agradável, sempre lustroso & completamente seguro de si – ah!, mas infinitamente charmoso também. O sucesso, creio, engendra uma espécie de modéstia. Faz com que deixemos de nos preocupar com nós mesmos. Ele foi elogioso comigo, como de costume; mas enfim, *eu* não sou um sucesso. Acaso a Macmillan não me informou hoje que os direitos que pedem os senhores Duckworth são proibitivos? De modo que é o fim das minhas chances de dar as caras nos Estados Unidos. Mas tenho uma enxurrada de livros para resenhar; &, embora não creia poder fingir que qualquer notícia de uma editora é uma recusa, tenho consciência de que é quase prova disso – contra Gordon Square?, eu me pergunto. Sim, acredito que o meu poço de confiança, ou melhor, de prazer, é tão fundo que borbulhará em um ou dois dias depois dessas reprimendas. Mas logo colocarei isso à prova. Minha resenha do livro de Hope, apesar de bem trabalhada & bem-intencionada, até o momento

Domingo,
19 de outubro

não angariou nenhuma carta de agradecimento da parte dela. Não sei se ela alimentava alguma fantasia desmedida a esse respeito. Uma coluna inteira, bem no meio, comparando-a somente aos grandes. Bem, também eu tive os meus sonhos. Ao mesmo tempo, em geral a doçura da realidade muito me surpreende.

Um intervalo de mais de uma semana. Deixe-me ver como minhas horas foram ocupadas após o chá. Os Waterlow vieram para cá no sábado passado; na segunda fui a Londres, tomei meu chá no Club & encontrei por um segundo Molly Hamilton "E quando sai seu romance?"; na terça tive de me obrigar a ler dois volumes de um escrevinhador americano enviados por Murry; quarta foi absorvida por George Eliot, creio, uma vez que Logan & Clive chegaram às 7h30; quinta me alegrei com Saxon & Barbara; sexta tomei o chá com Nessa, & jantei lá também, & demos um passeio; sábado fui à palestra de L. & depois recebi aqui a pobre pequena Dorothy Hornett para lhe entregar seus caramelos; de modo que aqui estou eu no domingo com a consciência limpa, junto ao fogo, esperando L. voltar de Sutton. Obviamente não consigo rever toda a lista. É uma exigência insensata. Sydney Waterlow está muitíssimo satisfeito consigo mesmo. Porém à medida que sua conversa se torna cada vez mais complacente & suas perspectivas cada vez mais viçosas, sempre creio ver uma ligeira ondulação no que deveria ser uma esfera perfeita, como a que antigamente previa o murchar de uma bola. Ele tem grandes projetos para o M.[inistério] [do] E.[xterior], nada menos que uma completa reformulação; mas se estes derem errado aceitará £10 mil por ano na City. Mas esse homem ilógico tem lá a sua absurdidade encantadora. Seu terceiro projeto seria instalar-se em Oare & escrever livros em colaboração com Desmond. Agarra-se eternamente às saias dos Desmonds & Leonards & até mesmo das Virginias (sou muito admirada, no momento) como se nunca estivesse completamente seguro, nem mesmo agora. Ela, Dawks,[80] estava tão atarracada & vivaz como sempre. Alguns dos seus comentários inteligentes não surtiram efeito, porém – os que pressupunham o conhecimento da obra de Sydney. Ele a respeita no seu próprio departamento & acredita que a competência dela seja um tributo a ele mesmo. Saxon & Barbara não precisam muito de elogios para se mostrarem como são: ele mais para o lado entusiasmado, ela maternal & moleca, para minha ligeira irritação. Afinal, poucas são as pessoas que não interpretam alguma espécie de papel. Logan estava mais alheio & distinto do que eu me recordava. Talvez desaprove um pouco Clive. Clive certamente desejaria que fosse o caso. Descreveu toda a sua indolência; & em seguida seus prazeres: "Não jantamos muito bem, & depois caímos juntos na cama." "Minha nossa, não – não leio de modo sistemático – Minha nossa senhora, não escrevo todos os dias." – & por aí vai. Agora a vida epicurista de Logan está bem regulada; o autodesenvolvimento não é algo desprezível aos seus olhos; sua conversa é decorosa. Apanhamos doze volumes de Gibbon, & eles selecionaram alguns trechos. Acertamos que publicaremos os contos de Logan.

Terça,
21 de outubro

Hoje é dia de Trafalgar, & ontem foi memorável porque foi lançado *Noite & dia*. Meus seis exemplares chegaram de manhã & cinco foram despachados, portanto imagino que cinco amigos já estejam com o nariz enfiado neles.[81] Estarei nervosa? Estranhamente pouco; mais animada & satisfeita do que nervosa. Em primeiro lugar, saiu, está no mundo, pronto; depois li um pouquinho & me agradou; depois senti uma espécie de confiança, de que as pessoas cuja opinião eu prezo provavelmente gostarão dele, confiança bastante reforçada por saber que ainda que isso não aconteça, irei me recompor & começar outra história. Claro que se Morgan & Lytton & os outros se entusiasmarem terei uma opinião melhor a meu respeito. O tédio é encontrar gente que diz as coisas de sempre. Mas no geral enxergo o que pretendo alcançar; minha impressão é que dessa vez tive uma boa chance & dei o meu melhor; de maneira que posso ser filosófica & jogar a culpa em Deus. Dias lindos de outono chegam um após o outro; as folhas pendem como raras moedas de ouro nas árvores. Clive esteve no Club ontem; & falou ostensivamente comigo, mas na verdade era a todos na sala, que o julgaram um pouco vulgar, suponho, & se viraram & deram graças a Deus quando ele saiu.

Ah sim, & eu adoraria uma longa resenha no *Times*.

Quinta,
23 de outubro

Os primeiros frutos de *Noite & dia* devem ser registrados: "Sem dúvida uma obra do mais elevado talento", Clive Bell. Bem, talvez ele não tenha gostado; criticou *A viagem*. Confesso que me sinto feliz; porém não convencida de que seja verdade. No entanto, prova que estou certa em não ter medo. As pessoas cuja opinião eu prezo não se entusiasmarão tanto quanto ele, mas decididamente irão pelo mesmo caminho, eu acho. Ademais, de uma maneira que não consigo justificar para L., eu respeito o julgamento de Clive. É errático, mas sempre brota de um sentimento espontâneo. Creio que sinto mais dúvidas em relação ao de Morgan; depois de receber sua opinião me sentirei mais tranquila. Três ou quatro pessoas contam, & as outras, salvo enquanto aplausos ou vaias sem sentido, não têm lugar. Ninguém de grande inteligência, exceto meus próprios amigos, provavelmente lerá um romance muito longo. Mas preciso parar; estou no meio da minha escrevinhação para os jornais, & Ka vem jantar aqui, & não posso perder tempo descrevendo o meu concerto da noite passada. Só tenho espaço para meus elogios. Além disso, preciso agradecer C.

Quinta,
30 de outubro

Tenho a desculpa do reumatismo para não escrever mais; & da minha mão cansada de escrever, além do reumatismo. Ainda assim, se pudesse me tratar profissionalmente como tema de análise, faria uma história interessante com os últimos dias, das minhas vicissitudes com *N&D*. Após a carta de Clive chegou a de Nessa – elogios desbragados; depois a de Lytton: elogios entusiasmados; um grande triunfo; um clássico; &c; seguiu-se a isso a frase de eulogia de Violet; & depois, ontem de manhã, a seguinte frase de Morgan: "Gosto menos deste do que de *A viagem*". Embora ele também tenha expressado grande admiração, & houvesse lido com pressa & se propusesse a relê-lo, isso apagou todo o prazer das restantes. Sim, mas continuando. Por volta das 3 da tarde eu me senti mais feliz & mais à vontade por causa da censura dele do que dos elogios dos outros – como se estivéssemos novamente numa atmosfera humana, depois de um passeio extasiante entre as nuvens elásticas & as colinas acolchoadas. Contudo suponho que valorizo a opinião de Morgan acima da de qualquer pessoa. Depois teve uma coluna no *Times* esta manhã; elevados elogios; & inteligente também; dizendo entre outras coisas que *N&D* embora tenha menos brilhantismo na superfície tem mais profundidade que o outro; com o que concordo. Espero que esta semana eu termine as resenhas, gostaria que depois viessem cartas inteligentes; mas quero escrever continhos; sinto que me foi tirado um peso, seja como for.

O reumatismo me fez visitar a região que é, na minha mente, a região medieval. Clive irrompeu aqui ontem à noite como um sol corado, eu diria; mas eu não estava completamente nesse humor, nem ele. O mais egoísta dos homens, sob alguns aspectos; embora eu não saiba por que isso me espanta. Deixa que seu humor siga a seu bel-prazer, indiferente & frívolo. Mas eu o encurralei & o fiz falar de N&D; coisa que fez, distraidamente de início, depois se empolgou na tarefa, mas estava mesmo pensando em uma temporada feliz em Paris.

Sábado, 1 de novembro

Será que um dia voltarei a ter tempo para escrever aqui? Nunca me vi tão pressionada com as resenhas, pois tenho George Eliot para preencher todos os buracos deixados pelos outros livros, & Murry para sufocar com eficiência qualquer espaço vazio remanescente. Creio que se N&D fizer sucesso talvez eu relaxe um pouco. Pararam as cartas & resenhas. Um cheque de £25 chegou, porém, por exemplares vendidos antes da publicação. Felizmente o livro começa a recuar dos meus pensamentos imediatos, & começo a me sentir meio surpresa quando as pessoas vêm me falar dele (não que alguém o tenha feito – mas ao encontrar Mme. Champcomunal ontem, fiquei feliz por ela não ter nem ouvido falar do livro). Essa mulher cujo nome jamais escreverei novamente gostaria de dividir Tregerthen: talvez seja o plano perfeito. É um granadeiro de mulher, com maçãs do rosto altas, magra, competente, bonita, infeliz, com roupas sob medida & atualizada. Eu a conheci em Regent Square – com todas as luzes apagadas; uma única vela acesa, insistem os eletricistas. Às vezes gostaria de que ainda valessem as velhas regras da vida: um marido, uma casa, criadas, estabelecimentos. Naquela mesma tarde fui conferir o London Group,[82] mas não encontrei nada a não ser gente que eu não tinha vontade de ver; topei com Noel Olivier caminhando pelas praças. Desce novembro. O novo semanário de Squire [*The London Mercury*] foi lançado; e agora – *Middlemarch*!

Terça, 4 de novembro

E agora só consigo roubar tempo de uma hora dedicada aos poemas de Stokoe antes de Miss Green chegar & enfrentarmos a caminhada pelo frio nebuloso para conversar com a Guilda sobre a revolução russa. A superfície dura & escovada da mentalidade da classe média baixa não me atrai. Isso se refere em parte a Mr. Osborne. Intelectualmente critico os aristocratas, mas sensualmente eles encantam. Fui arrastada dos fundos para conversar com Katie no concerto do Richmond no domingo. Seus lindos olhos azuis estão todos turvos & injetados agora, sua pele macia, como a casca de uma maçã velha; como uma maçã amassada no canto da boca, com bolsas aqui & ali. Por que dores ela passou para ficar com essa aparência triste eu não sei. O seguinte diálogo se deu.

K. Os Cecil desistiram da casa – não tinham como arcar com ela...
V. Mas ele ganha £5 mil por ano!
K. Tolice; além disso, todos precisam economizar. Minha cara Virginia, "o fim se aproxima. *A la lanterne!*"
V. Para a senhora, eu diria; não para mim.
K. Ah, aí é que você se engana. Irei primeiro, mas você irá logo em seguida.
V. Bem, após trezentos anos de Longleat,[83] a senhora merece.

K. Era tão bonito... você não sabe o quanto.
V. A senhora andava a cavalo?
K. Passeava pelo bosque. Havia música. Eu costumava ler, & sempre havia coisas bonitas para olhar; sempre algo novo, nunca duas vezes o mesmo. Foi assim por treze anos; & eu costumava dizer que gostaria de morrer quando tudo acabasse; que bom seria se eu tivesse mesmo.
V. Mas a senhora não se saiu tão mal.
K. Não gostava do Egito. Não me importo com esse tipo de coisa – dois homens correndo na frente da minha carruagem. Eu os invejava – as únicas pessoas que faziam alguma espécie de exercício. A civilização está chegando ao fim. Meu pai sempre nos advertia. Estudei história. Será o mesmo com todos nós. Os pintores serão as únicas pessoas desejadas – para pintar corpos, belos padrões. Ninguém deseja trabalhar. Não haverá roupas...
Assim conversamos nos intervalos de Mozart.
É a conversa de todos os dias em Mayfair, eu imagino. Ela parecia estar convencida disso; quase indiferente agora; seu único desejo era conservar algo para seu filho & morrer antes da quebra. Mas isso tudo foi dito com a espécie de resignação bem-humorada que antecede uma morte digna no cadafalso.

Quinta,
6 de novembro

Sydney & Morgan jantaram conosco na noite passada. No geral, eu me alegro por ter sacrificado um concerto. A dúvida sobre Morgan & *N&D* se dissipou; entendi por que ele gosta menos dele do que de *A viagem* &, ao entender, percebo que não era uma crítica para desencorajar. Talvez a crítica inteligente nunca o seja. No entanto me esquivo de escrever isso aqui, já que escrevo tanta crítica. O que ele disse resume-se ao seguinte: *N&D* é uma obra estritamente formal & clássica; sendo assim é necessário, ou para ele pelo menos é, um grau muito maior de afeiçoamento pelos personagens do que num livro como *A viagem* que é vago & universal. Não é possível sentir afeição por nenhum dos personagens em *N&D*. Ele não dava a mínima para o que aconteceria com eles. Também não se importava com os personagens de *A viagem*, mas neste não sentia a necessidade de se importar com eles. Fora isso, admira praticamente tudo; sua crítica não consistia em dizer que *N&D* é menos notável que o outro. Ah & belezas há de sobra – na verdade, não vejo motivo para ficar deprimida a esse respeito. Sidney disse que ficara completamente transtornado com o livro; & sua opinião era de que naquela ocasião eu tinha "conseguido". Mas que aborrecida estou me tornando! Sim, até a velha Virginia saltará uma boa [parte] disso; mas neste momento parece importante. A Cambridge Magazine repetiu o que Morgan disse sobre não ser possível gostar dos personagens; contudo estou na vanguarda da literatura contemporânea. Sou cínica em relação a meus heróis, dizem eles; mas assim que entram em detalhes, Morgan, que lia a resenha sentado ao lado do fogo a gás, começa a discordar. De modo que todos os críticos se dividem; & o autor arrasado que tenta controlá-los é feito em pedacinhos. Pela primeira vez em muitos anos caminhei ao longo da margem do rio entre as dez e as onze. Sim, como comparei certa vez, é como a casa trancada: a sala com os panos cobrindo as cadeiras. Os pescadores ainda não saíram por ser tão cedo; uma trilha vazia; mas um grande avião na ativa. Conversamos muito à vontade, prova disso é que (a mim, pelo menos) não nos incomodaram os silêncios. Morgan tem o espírito de um artista; diz as coisas simples que as pessoas inteligentes não dizem; eu o considero um dos melhores críticos que há por esse motivo. De repente salta aos nossos olhos aquilo que os outros não conseguiram enxergar. Debate-se com um romance que vem escrevendo, dedilha as teclas mas até agora só produz dissonâncias.[84] Anseia por começar de novo & resenhar moderadamente. Cronometramos de modo admirável o nosso passeio para que ele pudesse apanhar seu trem. Prometemos ir aos Hutchinson esta noite, mas como L. estará na Conferência da Fome, & há qualquer coisa de desagradável nesse círculo que me faz relutar em ir sozinha, creio que não iremos.

Sábado, 15 de novembro

É certo que nunca fui tão negligente com esta minha obra. Creio que consigo adivinhar na minha relutância em escrever uma frase não apenas a falta de tempo & a cabeça cansada de escrever, mas também um desses ligeiros descontentamentos que sinalizam uma mudança de estilo. Assim deve se sentir um animal quando troca de pelagem com a chegada da primavera. Será assim para sempre? Será que sempre irei sentir essa superfície de mercúrio na minha linguagem, & estarei sempre sacudindo-a, para que mude de forma? Mas se é assim, apenas parte disso se deve à minha negligência. Houve dificuldades consideráveis. Estivemos com Lytton no sábado passado; na segunda estive nos Harrison & voltei em cima da hora para receber Moll H. (para distingui-la de Molly M.): na terça escrevi cartas; quarta, um concerto, & Violet Dickinson imediatamente depois; quinta Molly M., para o chá & o pós-chá; sexta ver Margaret & Lilian, & portanto aqui estou, sentada após o chá de sábado, uma lauta refeição quente, repleta de passas de Corinto & açúcar & pão doce morno, após uma longa caminhada no frio. Se fechar os olhos & pensar em Tidmarsh, que verei? Carrington, um tanto absorvida com as tarefas do lar; ocultando telas no sótão; Saxon mudo & selado até domingo à noite, quando desabrochou por algum tempo & falou da língua grega; Lytton – um caso mais complexo. Bom & simples & terno – meio para baixo; meio inválido. Se tivesse me casado com ele, fico pensando, eu o acharia ranzinza. Ele criaria amarras demais & se ressentiria se a pessoa se libertasse.[85] Estava em perfeito estado de saúde (como se diz), mas a ideia de viver tanto pela saúde & reunir tantos confortos ao seu redor com esse objetivo é um pouco deprimente. Porém sempre qualifico essas ressalvas, que sempre me apresso a encontrar, eu sei, com a ideia subconsciente de me justificar. Não preciso de justificativas. E o que sinto por Lytton é tão sincero quanto sempre foi. Ficamos sentados à lareira a sós & tagarelamos, tão rápidos, tão ágeis em nossos saltos & evasões. Lytton, suponho, se fosse possível dissolver todo o entorno, guardaria no centro de si uma grande paixão pelo intelecto. Importa--se mais do que apenas com a literatura. Sobre sua mesa estavam as últimas edições de Voltaire. Seus livros estavam organizados tão decorosamente & cuidados com tanto primor quanto as porcelanas de uma velha solteirona. Conversou sobre suas próprias obras, sem otimismo, mas devemos descontar o efeito de meu otimismo talvez excessivo em relação ao que escrevo. Eu estava me sentindo altamente "criativa", como de fato ele disse me achar. Mas ele se declara inteiramente desprovido dessa faculdade. Não é capaz de inventar nada, diz; se lhe tirarem suas fontes, ele estaca completamente. Talvez isso valha para todos os Strachey & responda por essa estranha sensação – que não analisarei, uma vez que no caso de Lytton a retidão, a sutileza, o refinamento de sua mente superam meu desconforto dissimulado. Moll

H. ainda luta contra a sua correia como o meu lendário spaniel; mas baba de entusiasmo por *N&D*. Tem um espírito grosseiro ansioso ousado & direto, mas – Ai ai – quando se trata de escrever! Sua coragem me impressiona; bem como a impressão que transmite de uma máquina trabalhando sob alta pressão o dia inteiro – a máquina comum & eficaz da trabalhadora profissional. Um casaco feito sob medida de £16 é essencial, segundo ela, para impor respeito em um cargo. Isso demonstra sua abordagem competente da vida. Mas por que sempre gosto das pessoas & descarto minhas opiniões? É verdade que sempre faço isso. Creio ser melhor pular Violet Dickinson, exceto para observar que ela andou buscando túmulos na França & plantando o alecrim de Lady Horner sobre os túmulos alemães. Tudo isso ela desfruta intensamente, à sua maneira bem-humorada & sensata, & ficou emocionadíssima com uma inscrição que descobriu, dizendo que Ainsworth dos hussardos amara sua mulher & amara seu cavalo & seu cão. De modo que saltamos para Molly, que tomou seu chá na cozinha & fez um retrato divertido de Tio Gerald Ritchie enlouquecido, correndo de táxi de quitandeiro em quitandeiro para comprar melões que despeja sobre os amigos num frenesi de entusiasmo, sua loucura decretada pelos médicos, uma vez que com a esposa ele certamente é grosseiro. Por fim, nós nos aproximamos de Hampstead – das alturas imaculadas & morais de Hampstead. Tivesse eu energia ainda, escreveria aquela cena de revelação & esclarecimento com Margaret, pois em trinta minutos percorremos mais terreno do que nos últimos três anos. Ela que começou, hesitante – era o que ela & Janet achavam a respeito – podiam estar erradas, mas ainda assim era o ponto de vista delas – em suma meu artigo sobre Charlotte Brontë lhes agradava muito mais do que meus romances. Havia qualquer coisa em como eu sentia os seres humanos – certa limitação – certa falta de emoção – aqui eu me inflamei & explodi. Então vocês continuam pregando humanidade, foi mais ou menos o cerne do que eu disse, sendo que se retiraram de cena & conservam apenas uma ideia convencional do que ela seja. Mas *você* é que é limitada! ela retaliou. Muito pelo contrário, eu estremeço & me encolho ante o iminente combate ao subir as escadas da sua casa. Eu? Mas se eu sou a mais solidária, a mais humana, a mais universal das pessoas. Admite que Janet moraliza? perguntei. Ah sim, ela admitiu prontamente. Mas a ideia de que ela mesma era uma mulher violenta & intensa que excluía a maior parte do coração humano a espantou. Ela recebeu bem o golpe. Foi como se de repente alguém houvesse afastado uma cortina. Ela provavelmente repensará o assunto & me escreverá, disse. Desci a colina & fui até a cabeceira de Lilian, & ela com sua maneira serena de ser me disse "Ah, fico feliz por você ter dito isso a Margaret; ela jamais me deixaria dizê-lo".[86]

Sexta,
28 de novembro

Esse buraco pode ser facilmente justificado recordando o velho ditado (se é que é mesmo) que diz que ou se vive ou se escreve. Muitas coisas aconteceram. Nesta última quinzena a *International Review* chegou ao fim; as duas criadas estão de saída; duas editoras se ofereceram para publicar *N&D* & *A viagem* na América; Angelica veio ficar conosco; Mrs. Brewer nos contou que pretende vender Hogarth & Suffield, & estamos considerando comprar ambas – além de uma quantidade maior que a costumeira de jantares, cartas, telefonemas, livros a resenhar, resenhas do meu livro, convites para festas & por aí afora. Foram os jantares que levaram Nelly a pedir aviso prévio segunda-feira passada.[87] Ela o fez tentando parecer presunçosa, como se para impressionar alguém por trás da cena, o que me leva a pensar que ela ficaria feliz em voltar atrás. Neste momento ela o faria caso eu lhe pedisse. Mas pensando no geral não vou pedir. Deixando de lado a preocupação recorrente com tais cenas ambos nos sentimos inclinados a experimentar um novo sistema de diaristas, coisa que sempre nos atraiu & que com Rodmell & uma renda menor proveniente da I.R. agora parece desejável. Minha opinião de que nosso sistema doméstico está errado não mudou; & continuar dizendo isso apenas fomenta irritação. Nossa intenção agora é tentar. Ninguém poderia ser mais gentil que Nelly, nem de longe; agora mesmo está dando banho em Angelica, & é perfeitamente amistosa & atenciosa comigo; mas pense em Rodmell – pense no verão que ela se ofereceu a ir para Charleston! As desvantagens são grandes demais. Mas a culpa é mais do sistema que conserva duas jovens mulheres acorrentadas a uma cozinha para vadiar & trabalhar & ter sua vida sugada por duas pessoas na sala de estar do que do caráter dela ou do meu. Talvez eu considere esse o principal acontecimento, uma vez que o mencionei em primeiro lugar. Mas o principal evento deve ser a I.R. No geral me sinto feliz de termos mantido nossas £250 por metade do trabalho de L. Esta é a solução até agora – uma fusão com a *Contemporary*.[88] Tantas tardes passeei sozinha, tantas noites L. ficou à mesa lendo provas ou artigos; para mim, a revista vermelha sair no primeiro dia do mês mal parecia valer toda aquela dedicação. Por outro lado jogar tudo isso fora é irritante também, & os métodos de Rowntree para fazer arranjos consistem em destroçar tudo com seus cascos pesados. E fiquei felicíssima com as editoras americanas, & com o fato de que o velho *A viagem* está prestes a içar as velas novamente. É como assumir uma outra forma. "Mrs. Woolf, a senhora agora faz parte da nossa sociedade."[89] No entanto esse tipo de elogio significa muito pouco enquanto elogio; tampouco me senti enlevada por mais que duas horas com o convite da Águia [J. C. Squire] para transformar seu jornal sensacionalista em meu porta-voz. K.M. escreveu uma resenha que me irritou – creio que enxerguei ali certo despeito.[90] Uma velha tapada decorosa, assim me descreve; uma Jane Austen modernizada. Leonard acredita que ela deixou o desejo de me ver fracassar tomar conta do que escreve. Ele podia vê-la procurando uma brecha para isso. "Não chamarei este livro de êxito – ou, se tiver de fazê-lo, eu o chamarei de tipo errado de êxito." Agora não preciso estender-lhe amplamente a minha caridade, pois Murry me disse que ela está praticamente curada. Mas o que percebo nisso tudo é que o elogio raramente aquece; a crítica fere de modo muito mais intenso; & ambas se encontram de certa forma ao alcance da mão. No entanto está escrito nas estrelas, eu suponho, que *N&D* é um sucesso; todos os dias recebo uma carta de uma ou outra pessoa, & agora posso escrever com a sensação de que existe muita gente disposta a ler. Tudo isso agrada; ilumina as primeiras frases que escrevo pela manhã. Hoje, tendo K.M. em meus pensamentos, eu me recusei a resenhar Dorothy Richardson para o Supt. A verdade é que ao olhar o livro eu me vi procurando defeito; esperando encontrá-lo. E isso teria entortado minha pena, bem sei. Deve haver aí um instinto de autopreservação. Se ela é boa então eu não sou. Dói-me ler os elogios a *Legend*, livro de

Clemence Dane. Mas parece que tenho uma alma, afinal; tudo isso são revelações, autoanálises. Estou lendo Ethel Smyth. Gostaria que fosse melhor – (estranho escrever isso com genuína sinceridade; mas não seria capaz de fazer o mesmo com os romances). Que tema! Enxergá-lo como um grande tema é um tributo que lhe faço, mas obviamente por não saber escrever ela o estragou. O interesse se mantém, pois ela cavalgou diretamente até suas lembranças, sem jamais se desviar & seguindo em frente com honestidade, com competência, mas sem a capacidade de isolar & modelar o passado que nos faria desejar reler o livro. A honestidade é sua grande qualidade; & o fato de que ela atravessou a vida com ânsia; a amizade com mulheres me interessa.

Sexta,
5 de dezembro

Outro desses saltos, mas creio que este livro respira com constância, ainda que deliberadamente. Percebo que não abri um livro grego desde que voltamos; quase não leio nada além do que resenho, prova de que meu tempo para escrever não tem sido meu em absoluto. Na última semana, L. andou tendo um pouco de febre à noite, devido à malária & devido a uma visita a Oxford; um lugar de morte & decrepitude. Fico quase alarmada ao perceber o quanto me apoio nele. E quase alarmada em descobrir o quão intensamente me especializei. Minha mente, quando desviada pela ansiedade ou outro motivo do escrutínio da folha em branco, é como uma criança perdida – vaga pela casa & senta-se no último degrau para chorar. *Noite & dia* ainda paira sobre mim & causa imensa perda de tempo. George Eliot jamais lia resenhas, pois falar sobre seus livros prejudicava sua escrita. Começo a entender o porquê. Não levo em conta excessivamente como pessoais os elogios ou as críticas, mas eles interrompem, fazem nosso olhar se dirigir para trás, levam-nos a desejar explicar ou investigar. Semana passada recebi um parágrafo cortante no Wayfarer; esta semana Olive Heseltine aplica um bálsamo. Mas prefiro escrever à minha própria maneira sobre as "quatro Lesmas Apaixonadas" do que ser, como sustenta K.M., uma nova Jane Austen.[91]

Sábado, 6 de dezembro

Na terça almocei com os Cecil. Talvez esta seja a minha primeira aparição como uma pequena leoa. Os Bibesco desejavam me conhecer. Lorde Cranborne nutre grande admiração por mim. Elizabeth foi mais gentil & menos brilhante do que eu esperava. Tem as maneiras comportadas de uma matrona, & não se esforça para fazer observações inteligentes. Achei que ficou ligeiramente nervosa quando nos retiramos à janela para conversar. Talvez não goste de ter sobre si o olhar de uma mulher. É descorada & roliça, com olhos de pãezinhos de passas, que subitamente se destacam com animação. Mas essa animação é fruto de uma mente altamente treinada; uma mente treinada pelo convívio perpétuo com outras mentes altamente treinadas. "A memória chega para tomar o lugar do caráter nos velhos" disse ela, discutindo Lady D. Nevill. Mais uma vez, anotar as coisas é uma ajuda, mas existe um golfo entre escrever & publicar. Isso foi dito, eu lembro, por causa da minha crítica severa a Lady Glenconner & Wyndham Tennant. – tia dela, é claro. Ela se virou, um pouco incomodada, para negar qualquer admiração por Lady G. Imagino que deseje estar em bons termos com os intelectuais. Bibesco é bonito, simpático, um homem por demais pertencente ao suave mundo da opulência para despertar maior interesse, & seu inglês é difícil demais para entendê-lo de fato. Como todos os estrangeiros, afirma coisas bastante pedantes – "Prefiro não acreditar em nada salvo o que a minha razão é capaz de confirmar" – ou algo do gênero. Lorde Robert foi simpático como sempre, solto, amistoso & humorado, apesar do crucifixo em seu relógio de pulso. Lorde Cranbourne tinha a aparência dos Cecil, modesto & gentil, com um rosto comprido & amarelado, sem queixo, & um casaco azul vistoso & calças. Estivera em uma palestra na London School of Economics. Fiquei conversando com Nelly quando os outros se foram – sobre serpentes, sobre criados, George Eliot & *Noite & dia*.

Domingo, 28 de dezembro

Provavelmente a última entrada do ano, & dificilmente a mais articulada. Vinte & dois dias de intervalo justificados pela doença acima de tudo: primeiro a de L., que se arrastou; depois fui acometida mais ou menos da mesma maneira – 8 dias de cama, hoje no sofá, & de partida para Monk's House amanhã. Foi influenza – o que chamam de leve, mas prolongada, & com a cabeça esponjosa como de costume. Portanto nada de mais a se dizer, mesmo que eu o pudesse dizer. É fato, desde que L. começou com o ataque de malária, vimos pouca gente; & eu, nos últimos dez dias, absolutamente ninguém. Mas li dois vastos volumes da biografia de [Samuel] Butler; & estou em disparada pelas memórias de [Charles] Greville – ambos maravilhosamente adequados às doenças. Butler tem o efeito de aparar a casca dos sentimentos: tudo fica um pouco em carne viva, porém vívido – há certa falta de seiva, no entanto; & uma ambientação tão minimamente composta que se torna monótona & seca até o osso perto do final. Fico impressionada com o enorme espaço que sua "fama" & seus livros ocuparam numa vida tão desprovida de relações humanas. Não será essa "reputação" o mais profundo de todos os instintos masculinos? Quase no final, quando as pessoas começaram a elogiá-lo, sua vida desabrochou numa florzinha; mas tarde demais. Para um espírito tão crítico & desdenhoso, parece estranho o valor que dá às resenhas. Ora, eu mesma não valorizo nem metade ou um quarto das minhas! Mas ele tinha como sina a indiferença & o silêncio; talvez o mais difícil. Ela (sua biografia, quero dizer) não aumenta o respeito que sentimos pela natureza humana. Aí estava alguém que eu esperava admirar imensamente; & portanto suas mesquinharias são mais devastadoras do que no caso de algum outro. Festing Jones [o biógrafo] o macaqueia à perfeição. Um estilo à sua maneira eficiente; salvo que se converte em algo mecânico demais.

Aqui estou eu a escrever demais, mas tenho de parar. Ah sim, gostei de ler o diário do ano passado, & vou continuar escrevendo. É engraçado ver como se transformou em uma pessoa, quase com um rosto próprio.

O livro de L. ainda não saiu;[92] mas já temos um pedido de seis exemplares. Prosseguem as negociações pela venda de Hyde Park Gate & pela compra desta casa & de Suffield. As criadas determinadas a ficar para todo o sempre. Nenhuma notícia das vendas de *N&D*. As resenhas bastante afetadas por Massingham, mas as opiniões pessoais me agradam muitíssimo. Vejo que o público se torna uma questão. I.R. fundiu-se à *Contemporary*, & L. conservará seu cargo & suas virgens.[93] Acreditamos que agora merecemos um pouco de boa sorte. No entanto, eu diria que somos o casal mais feliz da Inglaterra.

1920

Monk's House Rodmell

Janeiro de 1920

Quarta,
7 de janeiro

Começar o ano nas últimas páginas do meu caderno velho – as poucas que não arranquei fora para escrever cartas – é uma bagunça completa, claro; mas condiz em certa parte com o caráter dessa obra.[1]

É nossa última noite. Aguardamos o correio sentados à lareira – o ponto alto do dia, acho. No entanto aqui todas as partes do dia têm seu mérito – até o café da manhã sem torrada. Que – seja lá como comece – termina com maçãs Pippins; o sol invade na maioria das manhãs; terminamos bem-humorados; & saio para o cômodo romântico pela grama áspera de geada & o solo duro como tijolo. Então chega Mrs. Dedman para receber ordens – ou melhor, para dá-las, pois antes de chegar ela já planejou nossas refeições de modo a encaixá-las nas suas tarefas da cozinha. Compartilhamos seu fogão. O resultado é sempre saboroso – ensopados & purês & diversos pratos coloridos nadando em molho espesso com cenouras & cebolas. Com Elsie, dezoito anos, pode-se falar como se já tivesse uma cabeça firme sobre os ombros. Por volta das onze e meia a casa está vazia; & vazia agora às cinco; acendemos nosso fogo; preparamos café; lemos, eu descubro, luxuriosamente, pacificamente, muito.[2]

Mas eu não deveria perder meu tempo com uma crônica doméstica; a menos que cheia de preguiça evitasse descrever as colinas & campinas do inverno – o registro do que me deixa sem fôlego a cada volta que dou. Aqui se vê por exemplo o sol se pondo & todos os ramos superiores das árvores como que mergulhados em fogo; os troncos verde-esmeralda; até a casca tinge-se de cores tão vívidas & variadas quanto a pele de um lagarto. Depois tem o morro de Asheham numa névoa esfumaçada; as janelas do longo trem são pontos de sol; a fumaça inclina-se para trás do fundo dos vagões como as orelhas caídas de um coelho.³ A pedreira de calcário resplandece rósea; & os charcos tão luxuriantes como em junho, até percebermos que a grama está baixa & áspera como o dorso de um cação. Mas eu poderia seguir página após página enumerando o que tenho reparado. Todos os dias ou quase isso caminhei até um lugar diferente & voltei com uma fieira de tais miscelâneas & maravilhas. A cinco minutos de casa estamos ao ar livre, uma grande vantagem sobre Asheham; &, como costumo dizer, toda direção rende frutos. Certa vez passamos pelo trigal & subimos a colina – uma tarde imprecisa de domingo –, lamacenta na estrada, mas seca mais acima. A grama da extensa colina era pálida, & ao abrirmos caminho por ela, um falcão alçou voo aos nossos pés, parecendo trilhar rente ao chão, como se carregasse um peso – como se estivesse preso a algo. Deixou cair o fardo & subiu alto quando nos aproximamos. Descobrimos as asas de uma perdiz presas a um montinho sangrento, pois o falcão tinha quase terminado sua refeição. Nós o vimos dar meia-volta para buscá-la. Um pouco mais abaixo na encosta uma grande coruja branca "ondulante" (pois a palavra descreve o modo dela de tecer uma teia ao redor de uma árvore – sua aparência plumada & suave à luz do crepúsculo acrescentava verdade ao termo), "ondulante ao crepúsculo", voou para detrás de uma sebe ao passarmos.⁴ As garotas da cidadezinha retornavam & chamavam as amigas em suas casas. Assim atravessamos o campo & o cemitério, encontramos nosso carvão de coque ardendo num tom vermelho, torramos o pão – & a noite chega.

 L. passou a maior parte do tempo podando as macieiras & atando as ameixeiras à parede. Para isso veste dois paletós, dois pares de meias, dois pares de luvas; mesmo assim o frio incomoda. Esses últimos dias foram como água congelada que o vento agita até se tornar átomos de gelo junto à face; depois, abrigada, rodeia à nossa volta em uma poça serena. Ontem explorei os arredores da casa de chaminés brancas, encontrei uma trilha de relva ao longo de todo o caminho; regatos corriam pela direita, azuis como se de água do mar. De um deles uma narceja alçou voo num ziguezague, agitada & veloz. Enquanto eu avançava, nuvens de abibes-comuns erguiam-se, um deles ficou para trás vagando & berrando, abibe, abibe. Então no alto do céu do outro lado da campina vemos (o correio – mas apenas a carta de Matthew [Louise Matthaei]) um punhado de pontinhos atirados em um semicírculo – que pássaros são eu nunca sei. Nas colinas, esta tarde, vi o voo costumeiro se levantar à minha frente & em seguida, dar meia-volta para o outro lado. Os sinos que repicavam enquanto eu caminhava pelo vale eram de um rebanho preso no verde da encosta, & ali no alto contra o céu havia uma fileira de três grandes carroças puxadas a cavalo, completamente imóveis, como num dia de verão; pois estavam ao lado de uma meda de trigo. E esta, percebo, é a minha última folha, portanto foi verdadeira minha ameaça de contar as coisas até este limite. Os seres humanos descobriram menos que as frutas vermelhas, os sóis & as luas nascentes. As cartas seguem chegando, como sempre; sobre *N&D*, de Sheppard & Roger, ambas do tipo que me agrada; & da velha Kitty Maxse[5] que não enxerga nada além de estupidezes, o que não machuca muito – mas sinto vergonha de iniciar o ano com essas fofocas. Li *Empire & Commerce [in Africa]* com genuína satisfação, com um prazer imparcial na proximidade, na paixão & na lógica ali contidos; realmente é bom de vez em quando ler o trabalho do marido com atenção. No mais, a *Education of Henry Adams* & [ilegível]. Escrevi meu artigo sobre prosa inglesa para Murry; & agora termino [Christina] Rossetti, tirando uma folga do *Times*.

Sábado,
10 de janeiro

Ah, tudo isso vai muito bem, mas o destino conspira contra uma cerimônia solene de inauguração. Verdade, estreei uma nova ponta de caneta; mas estou encarapitada no alto de uma cadeira carunchada, &, incapaz de ler ou escrever, aguardo Lotty trazer tachas para consertar minha velha poltrona quebrada & desconjuntada. Suas entranhas há tempos romperam as barreiras, & passei os últimos seis meses sentada num cimo de madeira. Leonard subitamente se dispõe a confinar as entranhas dentro da serrapilheira; mas aguardamos Lotty. Com ela um passeio de cinco minutos se transforma num de 45; ela foi na Miss Stanford [a leiteira].

De modo que está abordado o ano novo; dez dias já se passaram. O 1917 Club tem o mérito de reunir meu grupo específico nos dias de semana por volta das 4h30. Ao retornar na quinta, lá encontrei Clive (eu o escutei das escadas), Morgan, Fredegond & figuras de fundo obscuras que só valiam um cumprimento de cabeça & que no fim revelaram ser os Olivier – variedades de Olivier. Bem, Clive parecia uma luz de gás ao lado do dia puro de Morgan – o dia dele não era de sol ou tempestade & sim um dia de pura luz, capaz de sobressair o ruge & o pó, a poeira & as rugas, as rachaduras & contorções da minha pobre cacatua.[6] Ele faz com que eu sinta as luzes da ribalta. A mescla dos dois não era agradável; ou melhor, confortável. Morgan tinha uma matrona à sua espera em Leicester Square. Clive me levou de táxi até a Regent Square, depois de brincar com o nome de Lytton

Strachey. Fui na frente, & encontrei a sala iluminada & animada; a bebê engatinhando para preencher um canto, Nessa com seu chapéu de plumas matizadas & penacho cor-de-rosa. Acho sinceramente que assim ela redime o restante do seu ambiente doméstico – e com muito êxito. Também creio (como Lotty não chega – minha noite se desperdiça – Lindsay por ler – oh céus) que meus encantos estão abaixo da linha do horizonte; os de Mary no nível dos olhos; & os de Nessa erguem-se resplandecentes como a lua da colheita. Por que então, de outro modo, falar longamente & com tanto arrebatamento na festa sobre o vestido dela, sua beleza, sua magnificência? Deus sabe – talvez para ele mesmo cintilar mais intensamente. Um longo cacho dourado pendia atrás da orelha dele. "Preciso cortar seu cabelo" disse V. Ao que ele então logo retirou o chapéu, passou os dedos pela mecha comprida & confessou a missão desta – cobrir sua careca. Mas a mecha não ficava no lugar & caía um pouco repulsivamente, por não ter nada gorduroso para mantê-la no lugar. Elogios para mim: porém com o tom de quem tivesse deixado de ter o monopólio dos elogios. Então para casa, passando pela Victoria [Station], onde notei o *hustler* em sua cabine.[7]

Quarta, 14 de janeiro

No domingo os Shove jantaram aqui; segunda nada; terça Club & uma conversa, quase íntima, com Gumbo; Bob T., Fredegond, Alix, como pano de fundo; quarta é o momento presente, acabo de chegar de um passeio roubado até Kew, aguardo Leonard & espero um grande grupo, Doggats, Joshua's &c às 7h30. Portanto escrevo como se esperasse por um trem. Talvez eu preencha esta página & as posteriores com fofocas dos Shove, mas não cheguei a determinar quão longe a indiscrição pode ir aqui.

Eu deveria escrever demoradamente para discorrer sobre essa amostra de modo adequado, o que configura um motivo conclusivo para não o fazer. Mas me refiro aos três dias de revelações em Garsington; aparentemente houve um fluxo de confissões, derramadas nos ouvidos de Fredegond. O que demonstra o quão pouco conhecemos sobre nossos semelhantes. Eu jamais esperaria que o longo & fátuo Philip com suas perneiras de couro, & seu colete de peito duplo com botões de joias, chegaria a tanto. Segundo Gerald, o sentimento geral foi de pena – que homem mais solitário & de certa maneira infeliz. Não consigo evitar sorrir ao pensar naquelas crianças semiducais (demi-semi no máximo, confesso) brincando nos subúrbios de Ealing & Streatham, sendo preparadas para serem agentes securitários ou coisa que o valha na vida, & enquanto isso Garsington sem um herdeiro. Pronto! Dei com a língua entre os dentes.[8]

Minha intimidade com Gumbo veio na maré da apreciação dela por *N&D*. "Tão sólida – tão grande – que imensa – que firme construção." "Pertence à literatura – um acréscimo à vida." Sentimentos assim nos tornam mais abertos em relação às pessoas. Fora isso, como creio que esse diário registra, ao longo dos últimos anos me abri em relação a ela, antevendo grande monotonia & prevendo que a antiga luz jamais voltaria a brilhar. Agora começa a tremeluzir, & essa é a origem do romance dela. Eu me pergunto, entre parênteses, se também trabalho assim tão escancaradamente com a autobiografia, mas a chamo de ficção? – A história dela é a de M.S. & J.W. & no desfecho ela recupera sua felicidade, embora perca seu objetivo. Meu cérebro imediatamente começa a dar voltas para tecer uma história para ela – em que a felicidade seria representada por um verde aqui; um amarelo ali, & assim sucessivamente. (romancista ou não, um certo instinto para contar histórias logo se acende em mim). Ela irá me enviar os capítulos.[9]

O livro de Leonard sai hoje. A julgar pela calma dele, ninguém adivinharia. Em termos de tempo, gigantescas ventanias; um navio francês afundou na baía de Biscay, provavelmente dois dias depois que Bella [Woolf] passou por ali; um vapor da Cornualha também naufragou perto de Sawanage; & nas nossas janelas uma bateção tão imensa à noite que acordamos duas vezes. Rajadas violentas saltam do coração da calmaria completa – sugerindo uma selvageria animal, ou frenesi humano. Mas ora essa, com vidro & tijolos nós seres humanos nos saímos muito bem. Às vezes penso com espanto que em breve a imensa espessura & estabilidade de Hogarth House serão minhas para as talhar com um canivete, se eu assim escolher. E – graças aos céus – aqui chega L.

Sábado,
17 de janeiro

Então teve a festa, apresentada esquematicamente mais acima. Miss Joshua de rosa-clarinho & sapatos de Ártemis – com cordões prateados em volta dos tornozelos. Doggat, o jovem rapaz elegante inocente, com olhos castanhos como riachos de trutas. Sheppard dançava nervosamente; & Cecil Taylor, para mim, desempenhando adequadamente o papel de professor de escola erudito. Atravessamos bastante bem o jantar incitados por Cambridge & a cristandade; as coisas se passaram de modo leve & veloz, para o meu gosto, depois do jantar, & então chegou Bob [Trevelyan]. Imediatamente a atmosfera mudou. As fantasias foram esmagadas. Uma noite de Cambridge dos anos noventa; uma noite de Sanger; a qualidade se foi; um senso comum gritante; crítica literária séria &, o que me irritou, qualquer experimento diferente abafado pelo infatigável extintor de Bob. Ele usa antolhos & enxerga um trecho indiscutível, porém estreito, do caminho. Sheppard parou de dançar; discutimos; vociferamos. Chegou Alix, pálida como argila, & com a mente não muito mais clara que isso. Perdi o equilíbrio; minha vaidade se viu ferida – em suma, creio que Bob estragou a festa – mas isso lhe passou completamente despercebido. Assaltaram-me dúvidas quanto ao meu gosto por S., meu gosto por Cecil Taylor; os jovens de quem mal podemos gostar ou desgostar. Assim terminou a festa. Bob ficou. Eu me senti grata pelos elogios ao meu romance. Por esse motivo, imagino, achei que a manhã lhe caía melhor que a noite. Voltamos ao ambiente de Cambridge.

Depois Ka passou a noite: hoje Desmond passou a noite; amanhã vou ao Roger passar a noite. Tudo bastante intenso, fatiando a semana em pedacinhos. Tivemos de adiar Mrs. Clifford: & estou escrevendo sem ânimo, desejando, apesar de amar Desmond, uma noite solitária. Ele agora é o sucessor da Águia na *Statesman*.[10]

Terça,
20 de janeiro

Anos atrás quando criança criei um sábio provérbio segundo o qual quando não esperamos que uma festa seja boa ela o será, & vice-versa. De modo que a visita de Desmond foi tranquila, renovadora & transcorreu sem percalços. Tínhamos um belo estoque de conversa para nos manter – A história da viagem dele – do capitão Deakes & do capitão ~~Haines~~; a obscenidade de ambos capaz de enojar qualquer um; as ventanias no mar; a chegada à Cidade do Cabo; a surpresa de Mrs. Paley; o cumprimento de Paley "mas não esperávamos você...". O telegrama dele "Desmond embarcado", que chegou como Desmond empacado – (como de fato talvez ele provavelmente tenha ficado) – tudo isso naquela sua adorável voz suave, & com mais frescor & abundância que de costume. Depois muita conversa sobre a *New Statesman* – projetos sem conta – a anotar: cartas a escrever. No fundo, acredito que ele estava bastante empolgado & satisfeito. Quinhentas [libras] garantidas; 250 delas dependendo de um artigo semanal assinado como Affable Hawk (isso é segredo de estado). Depois do chá fomos para o Roger, atravessando meia Europa até chegar a Brecknock Arms [um pub]. Os ônibus passam em direção a Barnet. Como nós dois nos prendemos aos detalhes, naturalmente não chegamos com facilidade. A casa, muito alta & estreita, com diversos cômodos amplos & revestida de quadros de cores vivas. Roger aos meus olhos um pouco encarquilhado, envelhecido? Será possível usar essa palavra para se referir a ele? E não sei o quanto eu o tinjo a partir da minha própria depressão – imaginando que não gostou muito de *N&D*. De modo que o considerei excêntrico; senti nele rastros de preconceito irracional. Parecia esquisito comparado à benevolência de D.; velhos lobos-do-mar contando histórias sujas não fazem seu tipo; tampouco os romances. Porém ele afirmou que o considerava muito superior a *A viagem*.

Quarta, 21 de janeiro

Seria fácil seguir a linha de que os elogios de Roger não valem a pena, uma vez que vêm equilibrados pelo que aparenta ser um preconceito irracional. Quando o preconceito está do nosso lado, ótimo; contudo mesmo assim nos arrasta para tão longe que não nos permite manter a cabeça no lugar. Às vezes imagino que a única condição salutar é produzir obras de sucesso. É a principal função da alma. Posto que as obras de R. jamais obtêm o tipo certo de reconhecimento, ele padece perpetuamente de uma obscura irritação que assume principalmente a forma de uma irritação com a Inglaterra; imagino que se possa identificá-la em outros pontos também. Ele se põe mal-humorado sem grande motivo, & com facilidade demais recorre a queixas, de como os críticos de arte o odeiam, como apenas na França gostam dos seus quadros – ora essa, acusa Clive de roubar suas ideias & vendê-las nos Estados Unidos por £200 – mas nesse ponto por acaso eu concordo com ele.[11] Se for sincera, todavia, verei que estou sendo levada a inferir o que observo a partir do meu próprio ânimo nublado. Para começar, estou achando difícil escrever. Fiquei segurando a caneta essa manhã por duas horas & mal fiz um traço. Os traços que fiz foram meros traços, que não fluem rápidos em direção ao calor & à vida, como acontece nos dias bons. Talvez Roger tenha sido a primeira nuvem; Desmond pode ter contribuído um pouco; & depois, quantas coisas bobas fiz ontem, terminando por telefonar aos Richmond enquanto jantavam & por esse motivo sendo dolorosamente esnobada por Elena. Gostaria de analisar isso; porém preciso me lavar & me vestir & jantar no Club & depois ir à festa de Moll Hamilton, que prevejo será um tédio, & mais choques receberei, & me arrastarei gélida para a cama.

Sábado, 24 de janeiro

Tudo pelo contrário – não me arrastei gélida para a cama, & a festa me divertiu enquanto espetáculo – eu deveria dizer mais exatamente que me espantou enquanto pandemônio. Podia-se escutar a voz de Molly pelo Adelphi inteiro; então, já que a anfitriã deu o tom, umas cem pessoas abriram a boca & tentaram superá-la, aos urros. Garanti meu posto num canto, entre Clive & Norton, & desfrutei da sensação de diversão irresponsável. Não era absolutamente um festival humano. Todos sorriam. Como mal conseguiam expressar seu prazer com palavras, isso era um artifício necessário. Margot [Adamson] estava lá – oh céus, desagradavelmente desfigurada, num vestido cavado. Tentei converter suas frases em risadas. Talvez o humor seja melhor para dissolver a poesia dela do que a crítica. Depois o jovem Mr. Evans confidenciou-me que sua admiração por *N&D* era pessoal "para falar a verdade estou passando exatamente pela mesma coisa" – pobre homenzinho! Porém fiquei feliz em pensar que minha psicologia era "intensa" & "moderna" & iluminava reentrâncias da existência pessoal de Mr. Evans.[12]

Oh céus, mas essa conversa de romances se tornou azeda & salobra graças à visita a Mrs. Clifford. Ela deve ter providenciado uma dentadura desde a última vez que a vi – vinte anos atrás; & seu cabelo todo frisado certamente tornou-se mais castanho por obra artística; mas fora isso continua a mesma – grandes olhos de bacalhau & a própria imagem dos anos 90 – veludo preto – mórbida – intensa, feliz, vulgar – uma escritora de meia-tigela da cabeça aos pés, com um toque de atriz – "caro" "meu caro rapaz" – "Sabia, Leonard, que fui casada por apenas três anos, & logo meu marido morreu & me deixou com dois bebês & nenhum centavo – portanto fui obrigada a trabalhar – ah sim, como trabalhei, & vendia frequentemente a mobília, mas jamais pedi empréstimo." Mas o patético não faz seu gênero. Conversa para preencher o vazio; mas se eu pudesse reproduzir o que diz sobre dinheiro, direitos autorais, edições & resenhas, me consideraria uma romancista; & essa imagem poderia me servir de advertência. Creio que se pode supor que isso é mais um produto dos anos 90 do que da nossa época. Enfim, tendo feito sucesso anos atrás, desde então ela mexe os pauzinhos para arquitetar outro igual, & tornou-se insensível no processo. Seus pobres lábios velhos fazem beicinho por um pouco de manteiga; mas margarina serve. Guarda seu estoque particular, extremamente rançoso, em uma das mesinhas com as quais aqueles cômodos perturbadores estão atulhados (um gato preto de madeira sobre o relógio, & animaizinhos entalhados embaixo): há uma resenha sobre ela mesma no *Bookman* & um retrato, & um papel com citações sobre [o livro] *Miss Fingal*. Garanto a você que mal consigo anotar isso – Ademais, tive a sensação de que nesses círculos as pessoas revezam favores; & quando ela propôs fazer-me fortuna na América, receio que uma resenha no *Times* supostamente seja o equivalente. Corajosa, suponho, com vitalidade & determinação – mas ah, a visão daquelas pontas de caneta [?] sujas, & do mata-borrão riscado & de suas mãos & unhas também não muito limpas – & dinheiro, resenhas, provas, mãozinhas, críticas duras – que ambiente de repolho rançoso & roupas velhas fervendo numa água suja! Saímos carregando dois dos livros baratos & espalhafatosos – "Vocês vão levar minhas obras mal-ajambradas! para falar a verdade me sinto em dívida..." Sim, mas foi por isso que fomos convidados para o chá? Não totalmente, suponho, mas em parte; subconscientemente. E agora, veja você, toda a cor da minha vanglória se foi; uma 2ª edição de *A viagem* é necessária; & outra de *Noite & dia* em breve; & [a editora] Nisbet me oferece £100 por um livro. Oh céus, deve haver um fim nisso! Enfim, não escreva mais para editoras.[13]

Não tenho mais tempo nem força nos dedos para descrever Desmond em seu escritório; meu carregamento de biografias; o almoço em Gordon Sqre; sentar-me nas grandes poltronas diante da lareira de Clive depois; a aparição de Adrian; o afeto de Mary, & a comparativa docilidade de Clive.

Tomei o chá da tarde com Lilian noite dessas; nós nos beijamos em silêncio: pois minha tarefa era ocupar uma hora de incertezas enquanto ela aguardava o veredito sobre sua vista. Pode ser que fique cega, suponho – oh céus; & nada se pode dizer a respeito. Que coragem se pode reunir, aos cinquenta anos, & olhar para os anos que lhe restam, com tal calamidade a escurecê-los!

Segunda,
26 de janeiro

O dia seguinte ao meu aniversário; sim, fiz 38 anos. Não tenho dúvida de que sou muito mais feliz do que aos 28; & mais feliz hoje do que ontem pois esta tarde cheguei à ideia de uma nova forma para um novo romance. Suponhamos que uma coisa se abra a partir da outra como em "Um romance não escrito", porém não apenas por dez páginas e sim por duzentas mais ou menos, isso não dá a soltura & a leveza que eu quero: não chega mais perto & ao mesmo tempo consegue manter a forma & a velocidade, & abarcar tudo, tudo? Minha dúvida é até que ponto poderia incluir englobar o coração humano. Serei suficientemente senhora de meus diálogos para fincá-los aí? Porque sinto que a abordagem será completamente diferente dessa vez: nenhum andaime; nenhum tijolo à mostra; tudo crepuscular, porém o coração, a paixão, o humor, tudo tão intenso quanto fogo em meio à névoa. Então encontrarei espaço para uma alegria, uma inconsequência, uma leveza que posso usar a meu bel-prazer. A dúvida é se sou suficientemente senhora das coisas, aí é que está; mas imagine "A marca na parede", "K.[ew] G.[ardens]" & "Um romance não escrito"[14] de mãos dadas dançando em unidade. A unidade ainda resta por se descobrir: o tema é uma incógnita para mim; mas enxergo imensas possibilidades nessa forma com a qual topei mais ou menos por acaso duas semanas atrás. Suponho que o perigo seja o maldito eu egoísta; que a meu ver acaba com Joyce & [Dorothy] Richardson: será possível ser flexível & rico o bastante de modo a criar uma parede que separe o livro de nós mesmos sem que este se torne, como em Joyce & Richardson, estreito & restrito? Minha esperança é que agora eu tenha aprendido meu ofício o suficiente para ser capaz de fornecer todos os tipos de entretenimento. Seja como for, não resta dúvida de que o caminho está em algum ponto dessa direção; ainda preciso me debater & experimentar mas esta tarde tive um raio de luz. Sim, creio que pela facilidade com que estou desenvolvendo um romance não escrito deve haver um caminho para mim aí.

Ontem por ser meu aniversário & um límpido dia ensolarado, de quebra com muitos lampejos verdes & amarelos nas árvores, fui a South Kensington & escutar Mozart & Beethoven. Não creio que escutei muito de nenhum dos dois, sentada como estava entre Katie & Elena, & atirada de cabeça na costumeira tagarelice ultrajante da Condessa.[15] Mas a Condessa estava muito afável & jovial, até me convidou, na verdade insistiu, para que eu fosse tomar o chá com ela. Reviramos as moedas no bolso sob a lua nova.[16] Ela estremeceu sob o prazer de um elogio – "quando Lady Cromer está presente, nós nos sentimos &c &c" – um elogio à sua beleza. Mas o salão estava cheio do clamor de South Kensington. Eily Darwin em particular, gorda & recatada & afetuosa, porém queixosa como sempre, como se protestasse contra uma crítica antes que alguém a posicionasse.

Contou-me que eu fora cruel. Agora esqueci o que eu disse – algo insano & aleatório, como deve ser tudo que é dito em tais circunstâncias. George Booth pegou-me pelo braço & elogiou o meu livro.

Sábado, 31 de janeiro

Cá está minha agenda: terça os Squire & Wilkinson & Edgar vieram jantar;[17] quarta chá com Elena; quinta almoço com Nessa, chá em Gordon Square; sexta Clive & Mary aqui; & sábado sentada à lareira com um medo mórbido & espero infundado de que certas criaturas que infestam Lottie & Nelly passem a contorcer-se sob a minha pele. Um incidente assim é como a escuridão que costumava atravessar as ondas na baía & fazia meu coração afundar quando me sentava para fazer a lição na comprida mesa da sala de estar de St. Ives. Sórdida – mesquinha – E tal impressão foi reforçada por uma ida a Putney. As ruas dos casarões me põem mais lúgubre que as favelas. Cada qual possui uma árvore podada que cresce em um quadrado erguido no pavimento à frente. Depois tem a decoração – Mas não quero me deter nisso. Como disse Leonard, é a alma de Sylvia em gesso. Eles estavam sentados na sala de jantar com uma grande mesa, lendo romances – Em parte é porque sou esnobe. As classes médias são tão obtusas, & parecem tão grosseiras, quando se expressam ou riem. As classes baixas não, em absoluto. Dizem que Mr. Wilkinson estava quase bêbado; isso não é desculpa, porém, para Mrs. Squire; ela ficou muito mais ampla; está ainda mais fincada numa espécie de sedimento esbranquiçado; há um tipo de indecência, assim me parece, na satisfação passiva & arrogante dela na poltrona em frente; como uma função natural, executada automaticamente – uma água-viva – sem volição, porém com um terrível potencial. Interrompe os jovens à menor provocação: Squire pelo menos é direto & honesto. Não me agrada quando ele fala de amor, patriotismo & paternidade, mas por outro lado posso lhe dizer o que penso. O amor entrou na discussão devido à *Athenaeum*. Segundo Squire, a A. nega tudo. É uma geada mortal para qualquer atividade criativa. Ora, o *London Mercury* fornece um solo bastante fértil. Ele me pressionou a escrever para o *London Mercury*. A A. está angariando uma má reputação, graças ao seu tom duro & cético. Tentei explicar a Squire que existe uma coisa chamada honestidade & padrão elevado; a réplica dele foi, & existem coisas como poesia & entusiasmo. No momento a batalha em nossos círculos é entre James [Strachey] & Desmond. James deseja "apunhalar a impostura". Desmond & eu desejamos, ao contrário, fazer com que ela renasça como uma fênix das cinzas. A diferença é fundamental; mas sou igualmente capaz de escrever para Murry, Squire ou Desmond – prova de ecletismo ou de imoralidade, a depender do gosto de cada um. Mas conosco a questão são os ralos. Estamos numa maré de azar & forçados a gastar talvez umas £200 em ralos, coisa que, seis meses atrás, teria sido responsabilidade de Mrs. Brewer. Mas enfim, temíamos que chegasse a mil. No chá com Elena, na ausência de Bruce, abordamos, delicadamente, a questão do [*Times Literary*] *Supplement*. Ela disse que as pessoas a tratavam bem tentando influenciar as resenhas publicadas. Disse que transformavam a vida de Bruce num fardo. Eu delineei ligeiramente minha entrevista com Mrs. Clifford. Tudo era do conhecimento dela, pude perceber; conhecia os métodos de Mrs. Clifford. Janta com Lady Dilke & a escuta zombar de Stephen McKenna.[18] Gostei de Elena por compartilhar do meu sentimento de repulsa; na verdade ela possui mais clareza mental & inocência do que eu, & enxerga tudo com os olhos castanhos & simples do mais simpático & mais modesto dos cães collie. Gostei mais dela do que antes; sentou-se em uma banqueta, & me contou que faz isso & aquilo para os doentes & afligidos, & pensei que ela deve ser agradável de se ver ao pé da cama. As pessoas desprovidas de brilhantismo ou sutileza parecem encarar as coisas de modo tão direto & sadio que me desconcertam, a mim que me considero entre as brilhantes. Simplesmente estão aí, parece, sem esforço ou autocongratulações: tampouco acabam enganadas em demasia pelo brilhantismo. O resto precisarei saltar, uma vez que tenho 6 biografias para ler para Desmond. Uma carta agradável de um tal de Mr. Askew de Staffordshire sobre *N&D*; & que estranho agradar as classes populares.

Quarta, 4 de fevereiro

Prefiro apanhar a coceira de Leonard que a de Lottie – essa é minha única contribuição para a psicologia do piolho que ainda ocupa nossa mente, & desperdiça nossas manhãs, & envenena o nosso silêncio após o chá. Pois segundo Fergusson, eles se contorcem em seus covis quando aquecidos. Nenhuma melhora até agora – nem também, até onde sei, nenhuma infecção. Mas ah, a imaginação! Só de pensar me coça qualquer ponto das centenas de polegadas da minha pele. É o que estou fazendo agora.[19]

As manhãs das 12h à 1h passo lendo *A viagem*. Não o leio desde julho de 1913. E se me perguntarem a minha opinião serei obrigada a dizer que não sei – uma tal bufonaria – uma tal reunião de remendos – aqui simples & severo – ali frívolo & raso – aqui como a verdade divina – ali forte & fluindo com tanta liberdade quanto eu poderia desejar. O que pensar, Deus sabe. As falhas são horrendas o bastante para me fazer corar – & daí uma virada de frase, um olhar direto à frente, me faz corar de modo diverso. No geral gosto consideravelmente do espírito da moça. Como ela enfrenta os obstáculos – & minha nossa, que talento para a pena & a tinta! Pouco posso fazer para corrigir; & devo entrar para a posteridade como a autora de tais argúcias baratas, sátiras inteligentes & até mesmo, eu acho, vulgaridades – ou melhor, cruezas –, que jamais cessará de se revirar no seu túmulo. Contudo percebo por que as pessoas o preferem a *N&D* – não digo que o admirem mais, mas o consideram um espetáculo mais galante & inspirador. À Madame Gravé[20] esta tarde – & a encontrei em sua nova mansão. Maman está se tornando bastante difícil, pobrezinha. Você a instala na latrina & ela não faz nada. Depois quer ir para a latrina de novo – Mas a senhora acabou de sair & não fez nada, maman! Então me chama de cruel – muito difícil. E quando dorme a boca pende aberta, como se estivesse morta. Está ficando senil. Tudo isso de modo simples, terno até, enquanto vagamos pela casa, olhando a mobília. Gosto da sua puerilidade, & de seu desejo insaciável de me fazer outro vestido que na verdade só estará pronto daqui a uma semana, dado que não consegue terminar o que já está encomendado.

Sexta,
13 de fevereiro

De novo muitos lapsos & as mesmas desculpas. Há algum tempo a vida vem sendo consideravelmente arrufada pelas pessoas. A idade ou a fama ou o retorno da paz – não sei o quê – mas seja como for, estou cansada de "sair para o chá"; & ao mesmo tempo sou incapaz de resistir. Deixar cerrada uma porta que poderia estar aberta é aos meus olhos uma espécie de blasfêmia. Talvez seja; enquanto isso não escrevo meu diário nem leio meus gregos. Há que registrar um almoço no Café Royal no dia do vernissage da exposição individual de Duncan: doze convidados; tudo lindamente organizado; eu animada & confusa por causa do vinho; uma estranha mistura do comum & do incomum. Lá estava Mrs. Grant, uma mulher que ainda veleja como um iate à brisa do encanto da maturidade; Pippa; Adrian; Bunny; Lytton. Lytton desembolsara £70 por um dos quadros. Maynard levantou-se & disse "Ao nosso profundo afeto por Duncan". Imagino que Duncan teria preferido passar sem tamanho estardalhaço, & ele saiu de fininho após o almoço, deixando-nos para ver a exposição. É absurda – a minha capacidade de inundar as cenas com um entusiasmo irracional; nesse ânimo eu digo mais do que quero dizer; ou melhor, digo o que de fato quero dizer. Observando a sala com Adrian eu o achei desesperançado, como um homem que toma consciência do fracasso & compara sua vida com a de seus contemporâneos. "Que distintos somos todos agora!" eu disse; & então veio a revelação – ou acaso imaginei tudo? – de que ele & K. sentem-se isolados & como quem foi reprovado em algum exame. Por volta dos 35, as listas ficam postadas à vista de todos. Num impulso os convidei para jantar; & quando vierem eu me sentirei, já vejo, completamente culpada. Até lá não digo nada & nada tenho a dizer dos quadros de Duncan. Rodopiaram na minha cabeça como o vinho branco que tomei; tão belos, tão deliciosos, tão fáceis de se adorar. No entanto só vi relances aqui & ali à medida que pessoas elegantes passavam por eles. Depois chá com Roger no Burlington, passeio com Maynard; & a notícia de que o livro dele agora alcançou os 15 mil; mas para mérito de Cambridge ele continua inabalável, & mais, não menos, modesto que antes. No dia seguinte comprei um dos quadros de Duncan, sacrificando um vestido cor de romã que me agradara muitíssimo. O vestido tem relação com o chá da tarde na Eily. Ela me desapontou: desmazelada, condescendente, arrastando-se pela vida intimamente satisfeita com o segundo lugar mas reclamando da boca para fora – assim me pareceu; & tão matrona & decorosa, & que casa mais presunçosa ornamentada, & que filhos mais convencionais. O honesto Bernard, sendo honesto & feito da porcelana dos Darwin que nunca racha, agradou-me muito mais. Falou sobre golfe & a disputa de Whaddon Chase. Mas penso que jamais verei Eily de novo.[21] Depois disso, devo saltar dias esquecidos & aterrissar na noite passada em Ottoline (saltarei o chá da tarde com Ottoline & Birrell & Tony Birrell, o imbecil). Contudo não sei se posso descrever aquilo como uma festa – Philip & eu sentados lado a lado assistíamos à porta se abrindo & às pessoas entrando. Havia mais gente de duvidosa elegância do que de costume; ou assim me pareceu pois não os conhecia. Lá estavam os Eliot & os Huxley & Forster & – todo o resto. Minha única diversão foi um diálogo com W.J. Turner, um homem de nariz vermelho, inarticulado, infinitamente modesto, com olhos castanhos proeminentes, bonitos olhos vagos, que pareciam querer dizer a verdade; mas tímidos demais para isso.[22] Squire percebeu que sondei sua alma na outra noite; foi o que disse; Squire me respeita imensamente; enfim, receio que isso se deveu em parte ao fato de eu gostar de Turner. Agora nas festas eu me sinto um pouco famosa – há chance de que pessoas como Turner cujos nomes eu conheço também conheçam o meu. Ademais, pessoas como Turner ficam felicíssimas ao serem elogiadas. Isso sempre me surpreende. Os Eliot ficarão muito felizes de jantar conosco. Murry afetuoso & conversador.

Preciso de uma figura colorida, porém, nesse meu preto-e-branco; preciso guardar uma frase para o vestido verde-cera-de-correspondência de Ottoline. Aquela seda vibrante se destacava sobre uma autêntica crinolina. Realmente ela controlava a sala por esse motivo. No entanto sonhei a noite inteira com ela desiludida & seu rosto débil fazendo beicinho, revelando o descontentamento por dentro. Se alguém está desiludido é ela, é o que dizem. Sim, não consigo deixar de considerá-la infeliz! Omiti completamente o último fim de semana nos Arnold Foster.

*Domingo,
15 de fevereiro*

Em parte para obliterar os Webb, em parte para um respiro de alguns minutos da leitura de *A viagem*, direi que almoçamos com os Webb; recebemos Adrian, Sanger & [Doris Edith] Hussey para jantar ontem à noite. Mas os Webb! Considero a hora de 1h30 da tarde num dia frio & de vento perfeita para eles. Ao caminharmos pela Grosvenor Road, jornais velhos são soprados pelo vento & a classe média desfila em suas roupas domingueiras. As casas têm uma crua aparência vermelha. As chaminés das fábricas encaram as janelas do outro lado do rio. Graças ao domingo todas as barcaças estão atracadas. Não há sol nem calor. Mas para que estão indo? Por que as buscas corretas precisam ser tão absolutamente hediondas? Depois, tem o cordeiro & o repolho & a torta de maçã – tudo adequado mas desalegre. Cigarros ruins. Um pouco de uísque. A sala de estar agora de um branco glacial, com aquarelas penduradas a distâncias exatas. Mrs. Webb exibindo os dentes de um tubarão. Webb borrado de vermelho, & desajeitadamente volumoso em pessoa. A janela da sala dos fundos é de vidro jateado para esconder as janelas dos fundos. Já não me sinto assustada; apenas melancólica & macambúzia, & irritada em tudo ante uma perspectiva tão hedionda. Mr. Cross, do Ministério das Relações Exteriores, trouxe seis pastas de documentos para análise.[23] Mrs. Webb disse-me que era errado impedir L. de concorrer ao Parlamento; nós precisamos de homens de intelecto sutil & – Mas o que é "correto" e quem somos "nós"? Com simpatia gélida ela se despediu. Lida-se com a situação com mais facilidade, mas o horror aumenta com a familiaridade. Será que nos tornaremos assim também? Piso de um lado para o outro com força na plataforma para me aquecer; deixo as mãos de molho na água quente, agacho-me diante da lareira, mas continuo irritada & exacerbada.

Quarta, 3 de março

Então mais tarde no fim daquela semana fomos a Rodmell, & retornamos há dois dias. Mas tenho inúmeras roupas velhas no meu cesto de roupa suja – cenas, eu quero dizer, atiradas com rapidez no receptáculo que é minha mente, & só extraídas depois que a forma & a cor se perderam quase por completo. Suponho que o tal do "sair para o chá da tarde" deve ter continuado; ah, houve um jantar em Gordon Square, quando Mary, tornando-se quase rabugenta em seu quarto recusou-se a tirar os grampos de cabelo: anoto essa cena; que rotulei de "estúpida" – poderia-se dizer vulgar? Creio que não. Mas vestir-se para cavalheiros induz alguma espécie de doença da atitude quando examinada a uma luz puramente feminina. Desmond estava lá: Desmond caloroso, afetuoso, o amigo mais antigo, é o que sinto às vezes; talvez o melhor. Quero dizer, fiquei emocionada, por ele ter corrido ao longo da plataforma para me desejar boa noite. Depois vendemos o Tio Thoby por £150 a Mr. Prinsep:[24] & assim que recebi o cheque me arrependi – ai ai – mais uma vez. Estou aprendendo esse truque, & desperto dizendo-o.

Depois teve o discurso de Roger no Club & o meu primeiro esforço nesse sentido – 5 minutos seguidos falando – tudo muito brilhante, abrindo uma paisagem dessa forma de empolgação antes despercebida. Jantei com Nessa & Duncan no Soho. Vi uma mulher deixar cair sua luva.[25] Uma noite alegre. Eliot & Sydney para jantar – Sydney recompondo-se depois de nosso golpe quanto a Suffield – não sem um suspiro de golfinho ou algo que o valha[26] – Depois para Monk's – & aqui eu deveria escrever ampla & alegremente sobre a PRIMAVERA. Ela chegou. Está conosco há quinze dias. Nunca um inverno foi dormir de modo mais semelhante a um bebê chupando o polegar. Narcisos em flor; o jardim coberto de espessos crocos dourados; campânulas-brancas quase no ponto; pereiras com brotos; pássaros em cantoria; dias como os de junho, com um toque de sol – não apenas com um céu colorido, mas quentes. Agora acabamos de chegar de Kew. Garanto a você[27] que esta é a primavera mais prematura & firme de que me recordo. As amendoeiras em flor.

Sábado, 6 de março

Assim que terminei de escrever isso [a data], Madame Gravé apareceu & deixou atrás de si apenas os destroços de uma noite. Apesar disso, se eu não preencher uma página agora sabe Deus quando o farei novamente: uma interminável perspectiva de atividades não registradas agora se estende à minha frente: & também às minhas costas. Já contei que Desmond & eu comemoramos o retorno de Mr. Asquith ao Parlamento? Vi uma careca lisa, branca, de aparência sedosa. E também Margot [Mrs. Asquith] de pé, balançando ligeiramente, & levando & afastando as mãos dos lábios, enquanto um policial se retorcia no teto da carruagem – sempre um toque grotesco nesses eventos, embora as emoções subissem como uma maré primaveril, & me tirassem os pés do chão, ou melhor, me elevassem inconscientemente a um parapeito, de onde avistei a já mencionada careca branca. Chá da tarde com Molly & a velha Mrs. MacCarthy, emoções – pela morte de um amigo; fofocas sobre o caso Blunt: Molly usava duas minúsculas trombetas auditivas sobre as orelhas.[28]

Depois? – terça e quarta aqui em Richmond imprimindo Hope [Mirrlees]; & Elena jantou conosco na terça & deu uma palestra na Guilda, & apresentou-me incidentalmente um desses enigmas que sempre interpreto errado, imagino. Até que ponto se pode falar com ela? Seu retraimento é por estupidez ou espanto? Depois essa "bondade"; aonde isso leva? Durante alguns segundos ela é capaz de me fazer sentir cruel & provinciana; depois, como digo, tem o silêncio – & Deus sabe o que vem em seguida. A máquina parece parar. Quanto ao que gosta ou desgosta – não sei absolutamente nada. Sua presença pessoal – tão graciosa, imponente & maternal, me diminui – até que eu me esfole nas rochas da (imagino) indiferença dela ao meu entusiasmo. Creio que as pessoas bondosas sentem de modo mais temperado & universal do que nós – & sem uma gota da nossa paixão. Depois na quinta jantar com os MacCarthy, & a primeira reunião do Clube de Memórias.[29] Uma ocasião altamente interessante. Sete pessoas leram – & Deus sabe o que eu não li naquelas leituras. Sydney [Waterlow], para quem a ocasião tinha certa importância, nos revelou muitíssimo lendo-nos um sonho – na realidade uma parábola, para ~~justificar~~ explicar a aparente obtusidade do Sydney diurno com a força imaginativa do Sydney onírico – no todo uma performance estranha, tímida, autoanalítica, que me pareceu interessante. Clive puramente objetivo; Nessa começou com naturalidade: depois foi dominada pelas profundezas emocionais a atravessar; incapaz de ler em voz alta o que havia escrito. Duncan fantástico & sem travas – na língua – uma língua encantada. Molly literária, sobre as tendências & William Morris, no princípio cuidadosamente bem-composta & até mesmo formal: de repente disse "Ah, isso é absurdo – não consigo prosseguir" remexendo todos os seus papéis; começou na página errada; & com firmeza, mas vacilante, seguiu até o final. "Esses galeses mesquinhos, esses escoceses cabeças-duras – eu os detesto – queria ser a filha de um marquês francês num casamento desacertado com...". Era esse o tom da coisa – & então, "esses córnicos fracos & moderados". Roger bem-composto; história de um cocheiro que roubava gerânios & foi para a prisão. Bom: mas objetivo demais. Duvido que alguém *diga* as coisas interessantes, mas não conseguem impedir que elas venham à tona. Antes disso aliás eu vi a casa nova de Nessa, n. 50, inspecionei o caos de Pippa no n. 51; & visitei brevemente Adrian & Karin que estava estudando biologia na sala de estar. Na saída topamos com James – tal é a natureza coelheira daquele lugar.[30]

Ontem o coitado do Mills Whitman desejava elogios ao seu livro & eu não o tinha lido – pobre coitado – Sylvia meio deprimida – mas também, com um marido de calças de veludo cotelê marrom que escreve romances interioranos – impossíveis de se ler de tão ruins – não surpreende.

Terça,
9 de março

Apesar de alguns tremores, creio que seguirei com este diário por enquanto. Às vezes penso que consegui trabalhar a camada de estilo adequada a ele – adequada à hora sossegada & alegre após o chá; mas o que consegui agora é menos maleável. Não importa: imagino que a velha Virginia, pondo os óculos para ler março de 1920, decididamente desejaria que eu continuasse. Saudações!, meu caro fantasma; & fique tranquila pois *eu* não considero cinquenta uma idade assim tão avançada. Vários bons livros ainda poderão ser escritos; aqui estão os tijolos para um excelente.

Voltando à dona atual desse nome: no domingo fui até Campden Hill escutar o quinteto de Schubert – ver a casa de George Booth – fazer anotações para o meu conto[31] – ficar lado a lado com os respeitáveis – todos esses motivos me levaram até lá & se viram recompensados pela soma módica de 7/6.

Que as pessoas enxerguem seus próprios cômodos com a clareza devastadora com que eu os vejo, ao ser recebida durante uma hora, eu duvido. Um decoro frio & superficial; mas tão fino quanto uma camada de gelo num lago em março. Uma espécie de arrogância mercantil. Crina de cavalo & mogno são sua essência;[32] & os painéis brancos, as reproduções de Vermeer, a mesa da Omega & as cortinas variadas, um disfarce um tanto esnobe. O cômodo menos interessante de todos: a contemporização; embora obviamente isso também seja interessante. Eu me posicionei contra o sistema familiar. A velha Mrs. Booth entronada numa espécie de latrina com um vestido de viúva: flanqueada pelas filhas devotadas; com netos que pareciam querubins simbólicos. Que garotinhos & garotinhas mais arrumadinhos & enfadonhos. Ali todos nos sentamos com nossas peles & luvas brancas. Elena nos convidou para jantar: eu (talvez por esse motivo) poupo ela & Bruce dessa crítica.

Segunda-feira no Club, que percebo, cessei de descrever. Alix; Bunny, Birrell; James; & finalmente Morgan. Alix me contou que Florence Darwin – ainda a chamo de Maitland – morreu.³³ Por um instante fiquei chocada. Depois pensei que sua grande felicidade foi ao lado de Fred; depois senti pena do pobre velho Frank, abandonado pela terceira vez. Depois a tentativa de recordá-la, o que consigo fazer com bastante exatidão: os belos olhos castanhos, com seu ar desafiador; o cabelo castanho; a cor; os modos enfáticos; o exagero ao falar – que me lembravam um pouco a mamãe – de fato as maneiras dela eram muito como as de mamãe. Estava sempre vestida com simplicidade, de preto, eu acho; & com uma postura esplêndida – no sentido de orgulhosa, tensa; os nervos um tanto à flor da pele; mas só o demonstrava para nós por meio de seus modos dramáticos; de seus movimentos rápidos; de suas belas voltas & olhares, quando protestava – Fred a tratava com uma espécie de cortesia zombeteira, divertido; para mim isso encobria um profundo entendimento entre eles que não era revelado na nossa frente. Certa noite fui até o escritório dele para lhe falar; abri a porta & por um segundo fiquei em silêncio; ele levantou a vista, pensando por um instante que eu fosse Florence, & mostrando-se por isso terno & íntimo como eu nunca o vira antes – o que é claro se desvaneceu assim que me reconheceu. Se agora eu descobrisse que essa carta de Fredegond era mentira, tentaria visitá-la novamente. Mas o que é isso que nos impede de visitar as pessoas, quando já se passaram anos, & houve mortes & nascimentos & casamentos?

Quinta,
18 de março

Estranho que essa tenha sido minha última reflexão, pois sem recordar disso contei a Irene Noel-Baker que temia a ideia de encontrá-la depois de seis ou sete anos. Ela disse o mesmo – mas sinceramente creio que fingia. Seja como for, nos encontramos nos Cecil no domingo passado, & percebo por que ela temia me encontrar – porque eu olho para ela. Ah, sua aventureirazinha, penso cá comigo, quer dizer que agora você se tornou uma matrona, & está abrindo o seu caminho & o de Philip nos círculos políticos – vide a conversa animada, abrangente que travou com Ld. R. & Ormsby Gore., & tem um filho & se orgulha de amamentá-lo você mesma, & tornou-se roliça, & parece menos romântica – embora se lance à busca certeira por verdades óbvias com a mesma pertinácia de sempre. Lady Beatrice, filha de Lord Salisbury, uma jovem deusa elegante desmiolada & franca – que perde palpavelmente a divindade quando olhamos para ela. Seus olhos têm o mesmo resplendor, dureza & e insensibilidade de bolas de gude azul-esverdeadas.

Leonard foi ver Waller devido à estranha crise familiar que eu previra anos antes. Enfim, se esse diário fosse um diário da alma eu poderia escrever demoradamente sobre a 2ª reunião do Clube de Memórias. Leonard foi objetivo & triunfante; eu subjetiva & muito desagradavelmente desconcertada. Não sei quando me senti assim tão repreendida & sem senso de humor comigo mesma – parceira que em geral respeito & admiro. "Ah mas por que fui ler esse lixo egoísta & sentimental!" Foi o que exclamei, percebendo de modo intenso o silêncio que se sucedeu à leitura do meu capítulo.[34] No início foram gargalhadas sonoras; logo sufocadas; & depois não pude deixar de imaginar uma espécie de tédio incomodado da parte dos homens; a cuja cordialidade & bom humor minhas revelações foram ao mesmo tempo piegas & repugnantes. O que deu em mim para desnudar minha alma! Não importa, agora se instalou a costumeira repulsa. Vi Nessa ontem & ela não percebeu nada disso – de fato, Leonard me garantiu firmemente que era apenas um miasma da minha parte devido às noitadas &c.

Outra noitada ontem, jantei com Lytton, Clive & Nessa no Eiffel Tower. Lytton está empacado nos *Vict.* [*Eminent Victorians*]: íntimo & cordial, com talvez um toque de arrependimento. "Quão raramente nos vemos!" disse Nessa. Era verdade & no entanto todos desejamos nos ver; mas não conseguimos. Eles estão de partida para o sul – Nessa, Duncan & Maynard para a Itália; Lytton, Carrington & Partridge para a Espanha.

Sábado,
10 de abril

Fomos para Rodmell, o que justifica outra interrupção formidável. A propósito, Morgan mantém um diário, & em seu diário Morgan anota conversas – palavra por palavra, quando lhe dá na telha. Não sei se me dá na telha descrever nossa Páscoa em Monk's House. Na primeira semana me senti arrastada, como se estivesse de olhos fechados; meus olhos de fato estavam tão centrados em Henry James que não enxergavam mais nada. Depois de despachada essa missiva, passei a sentir tanto prazer com tudo que continuo situando as casas & as ruas – sim & as pessoas também – contra esse pano de fundo, & vendo-as todas sem graça & sem cor. Clive & Mary noite passada trouxeram a atmosfera ruidosa & alegre do píer de Brighton. Estamos chegando à meia-idade. Eu o vejo robusto, generoso – sim, cordial – mas tão cínico que chega quase ao ponto de ser desinteressante. A coitada da Mary tem pouco de saçariqueira; mas muito de *fille de joie* muda & meretriz – falo isso em parte por causa dos m's; mas existe um fundo de verdade. Depois, com grande incômodo, eu seguia me chocando contra algo macio & desprotegido dentro dela – pueril, quase patético.

E ela tem filhos. Eu diria que com uma coisa & outra tornei-me um tanto insolente – tantos elogios (ah, Morgan acaba de escrever dizendo que meu texto memorialístico foi "esplêndido"– & será que poderia ter a audácia de me convidar para escrever resenhas para o *Herald* – Desmond me manda ingressos no balcão para assistir aos Pioneers [Pioneer Players] amanhã – [Bruce] Richmond – mas chega de citações). Ademais, posso estremecer ultrajada ao ler os elogios a K.M. na *Athenaeum*. Quatro poetas foram escolhidos; ela é um deles. Claro que é Murry quem escolhe, & é Sullivan quem considera o conto dela uma obra genial. Ainda assim, veja só como eu me lembro bem disso tudo – com que entusiasmo eu desconto. Descrever Monk's House seria abrir uma trincheira na literatura, coisa que não posso fazer aqui; uma vez que dormimos apenas alguns intervalos da noite passada, & às 4 da manhã encontramos um camundongo na cama de L. Os camundongos correram ruidosamente a noite inteira. Depois a ventania aumentou. O fecho da janela se rompeu. O pobre L. saiu da cama pela quinta vez para calçá-la com uma escova de dentes. De modo que não digo nada sobre nossos projetos em Monk's, embora tenham agora à minha frente as campinas até o monte Caburn, & os jacintos em flor, & o passeio das orquídeas. Depois, ficar a sós por lá – o café da manhã ao sol – o correio – sem criadas – como é bom isso tudo! Estou planejando começar *O quarto de Jacob* com sorte na semana que vem. (É a primeira vez que escrevo isso.) É a primavera que está agora na minha cabeça para descrever; para simplesmente fazer essa anotação – de que mal notamos as folhas brotarem das árvores este ano, pois parece que elas nunca se foram totalmente – nunca vimos esse negrume de ferro nos troncos das castanheiras – sempre algo suave & colorido; não me lembro de ter visto nada igual na vida. Na verdade, saltamos o inverno; tivemos uma estação como o sol da meia-noite & agora retornamos à luz do sol a pino. De modo que mal observo que as castanheiras estão brotando – pequeninos guarda-chuvas espalhados pela árvore em frente à nossa janela; & a grama do cemitério cobre as velhas lápides como água verde.

Mrs. Ward morreu; a pobre Mrs. Humphry Ward; & pelo visto no fim das contas não passava de uma espantalha – recém-enfiada na sepultura & já esquecida. O enterro mais superficial até mesmo para os ortodoxos.[35]

Quinta,
15 de abril

Minha caligrafia parece estar indo para o buraco. Talvez eu a confunda com a minha escrita. Já falei que Richmond ficou entusiasmado com meu artigo sobre Henry James? Bem, dois dias atrás, aquele velhinho Walkley o atacou no *Times*, dizendo que eu tinha caído nos piores maneirismos de H.J. – "imagens" muito batidas – & adivinhou que eu era uma amiga sentimental dele. Percy Lubbock também foi incluído; mas, com razão ou não, apago esse artigo da minha mente ruborizada, & enxergo tudo o que escrevo sob a mais desfavorável das luzes.[36] Suponho que se trate da velha questão da "enxurrada de floreios" – sem dúvida uma crítica genuína, porém a doença é minha, & não apanhada de H.J., se é que serve de consolo. Preciso cuidar dela, no entanto. A atmosfera do *Times* a traz à tona, principalmente no caso de H.J.; & portanto enseja um artigo com forma bastante elaborada; que estimula o ornamento. Desmond, no entanto, declarou admiração. Gostaria que fosse possível criar alguma regra sobre elogios & críticas. Prevejo que estou fadada a receber críticas em quantidade. Chamo a atenção; & sobretudo os cavalheiros de idade se irritam. "Um romance não escrito" com certeza será criticado; não consigo adivinhar é a linha que adotarão dessa vez. Em parte é o "escrever bem" que enerva as pessoas – & sempre enervou, imagino. "Pretensioso", dizem; & depois uma mulher que escreve bem, & escreve para o *Times*... o argumento é esse. Isso me impede, em parte, de começar *O quarto de Jacob*. Mas valorizo a crítica. Ela nos estimula, mesmo vindo de Walkley; que tem (acabo de pesquisar) 65 anos &, fico feliz em pensar, é um mísero fofoqueirinho de quem até mesmo Desmond ri. Mas não vá se esquecer de que ela tem um fundo de verdade; há mais do que apenas uma ponta de verdade nessa crítica de que sou terrivelmente refinada no *Times*: refinada & cordial: creio que não é fácil evitá-lo: já que, antes de começar a escrever o artigo de H.J., jurei que diria o que eu penso, & que o diria à minha própria maneira. Bem, escrevi toda essa página & não descobri como me equilibrar quando "Um romance não escrito" for publicado.

Chegou a chuva – o que mais me aborrece é o céu escuro: tão feio. Ontem acho que fiquei triste o dia inteiro. Primeiro, Walkley; depois dois dentes arrancados; depois dor de dente a noite inteira; L. saiu para discursar em Richmond; & eu não consegui ler porque a gengiva latejava. Na véspera fui à exposição dos crioulos no Chelsea; figuras tristíssimas & impressionantes; obscenas; de certa maneira monumentais; imagens à francesa, pensei, encharcadas de civilização & cinismo; contudo foram talhadas (talvez) no Congo há centenas de anos.[37] Hannay se aproximou. "Mrs. Woolf?" Sim – mas quem...? Nós nos conhecemos anos atrás nos Squires – Hannay. Ah, o senhor agora faz crítica de arte? Diga-me o que pensar dessas esculturas. E dessas tigelas peruanas... É a forma, nas tigelas. Convivi tempo demais com as esculturas. (Mas não creio que isso o descreva. Um homem que espaça as palavras com longos silêncios – um crítico ruim segundo me disseram. Como seria de se esperar de alguém que trabalha numa livraria.) Depois ouvi Desmond dizer Ah, é lá em cima – mas entrou com um senhor idoso alto magro moreno de fraque & cartola. Não me foi apresentado, como se existisse um abismo entre nós. Escapuli para a igreja do Chelsea, & vi a placa para H.J. – ornamentada & elegante se quisermos – letras floreadas & frases jamesianas. Talvez de Gosse. Depois para Madame Gravé – depois para o 17 Club – depois casa. & então meu dente estava começando a doer.

Que livro ler? Quero algo que não tinja o humor das minhas manhãs – algo um pouco grave. Minha ideia é escrever isso em capítulos de uma tacada; começar apenas se puder contar em quantos dias estará terminado.

Sábado, 17 de abril

A dor de Walkley está agonizando, pois comecei *O quarto de Jacob* Posso inibir o pobre L. já que eu mesma me sinto inibida. Seu truque é a repetição, é o que digo: ao que a caneta dele se destaca como uma máquina quebrada. Ao festival de Bach na noite passada; & o acaso me levou a topar imediatamente com duas pessoas que não via há eras, primeiro Noel; depois, enquanto eu me acomodava em meu assento, uma voz disse, Virginia! Era Walter Lamb. Esse homem em forma de ovo – o homem-bola-de-bilhar – sentou-se ao meu lado & contou-me muito a respeito de Bach. Bach foi belíssimo, apesar de eu sempre me distrair com o elemento humano do coro. *Eles* não são belos; todos em tons de verde, cinza, rosa, preto, recém-chegados dos subúrbios & do seu chá substancial.[38] A sala de estar parecia cair-lhes melhor que a música. Para casa com Walter. "Tive um sonho tão vívido com Thoby na outra noite" ele disse. "Ele retornava de uma caçada com beagles & dizia algo muito importante – não me lembro o quê. Estranhíssimo – pois não penso nele com frequência." Estava feliz em me contar isso.[39] Eu o obrigo a me contar das suas realezas. De fato aqui vai um segredo que não se pode contar – Walter está escrevendo o discurso do príncipe Albert à [Royal] Academy. A mente dele é ligeira, & ele se sente muito à vontade nesse seu canto do mundo; de fato é uma das pessoas para quem o mundo foi talhado. Não sei se admirar alguém da própria família é esnobismo, ou de certa forma resultado do amor: ele parece amar Dorothy & Henry [seus irmãos] dessa maneira.

Terça, 20 de abril

Vi no *Times* desta manhã o nascimento do filho de Ka & como resultado senti uma ligeira inveja o dia inteiro. Ao coral de Bach ontem à noite, mas foi um de nossos fracassos. Será o tempo? Quando me levantei imaginei um dia perfeito; mas um a um os tiros saíram pela culatra. Uma bela manhã escrevendo, era o que eu tinha planejado, mas desperdicei o melhor do meu cérebro ao telefone. Depois o tempo; gigantescas rajadas ricocheteando em meio a uma chuva de encharcar; os ônibus lotados; esqueci o papel da máquina de escrever no ônibus; um longo tempo de espera no Club – & depois Bach sem acompanhamento não é fácil – mas por fim (depois que L. foi para casa) fui transportada às alturas por uma música. A música de Anna Magdalena. Dei alguns passos à frente de Herbert Fisher na saída; segui-o pelos arredores vazios & iluminados de Westminster, vi-o caminhar tão distinto, porém tão vazio aos meus olhos, até o Palace Yard, & lá tomar parte no governo do Império. A cabeça baixa – as pernas meio trêmulas – os pés miudinhos – tentei me pôr na pele dele, mas só consegui imaginar que o que ele pensa de modo exaltado, para mim não passaria de afetação. Sim, é cada vez mais o que sinto. Mergulhei na cabeça deles & voltei, acho. Esqueci de dizer que Hussey veio aqui no domingo sem ser convidada, & nós a levamos até a Margaret, & ela falava tão Stracheyiano que não consegui dar grande importância ao que ela dizia. Encadernando Hope [Mirrlees] agora. Os livros que escolhi foram Berkeley; Maynard; & agora mandaram as cartas de Tchékhov & Barbellion. Nunca recebi tão poucos para resenhar – nada do *Times* (será A.B.W.[alkley] o responsável?) nada da *Athenaeum*; mas tenho bastante o que fazer mesmo assim.

Sábado, 24 de abril

Meio cega de tanto escrever anotações, & fazer correções em 160 exemplares de *Paris, a Poem*, de Hope Mirrlees. Depois li um pouco de Berkeley, que muito admiro, & gostaria de descobrir o truque do estilo dele – porém tenho medo de seu pensamento. Estou lendo Maynard também – um livro que influencia o mundo sem ser absolutamente uma obra de arte: uma obra de moralidade, suponho. Morgan veio passar uma noite. Muito à vontade; tão sensível quanto uma borboleta azul. Portanto fiquei feliz de escrever em seu livro de aniversário, que é um dos seus testes de gentileza. E ele é obcecado com a "gentileza" – é quase um puritano. Diz a verdade. Quem me dera ser capaz de anotar sua conversa.

Agora preciso escrever um cartão-postal. Sim, sim, preciso apanhar o primeiro correio se possível. Eu mesmo o levo – Será que ainda dá tempo – Vou lhe contar o que acontece. A cadeira está sendo pintada. O rapaz é tão estúpido que provavelmente irá pintá-la depois de ela ter tomado chuva. Assim acabará estragada.

Que bobagem, disse L., não vai fazer mal nenhum. Mas tem certeza? Absoluta.

Ah, então deixarei esse assunto de lado – se tem tanta certeza assim. Minha mãe quer que a cadeira seja pintada de verde. Não me deixa fazer o serviço, & o rapaz é pavorosamente estúpido. Eu o vi pintando sem ter raspado a tinta anterior antes. &c... Isso é muito Morgan; tanto quanto a confiança dele em Leonard. "Onde compra suas botas? As canetas Waterman são as melhores?"

Quarta, 5 de maio

Passamos de quinta a terça em Rodmell; o que justifica, como costumo dizer desculpando-me com este livro, por que aparentemente tão poucas palavras foram escritas. Ao nos sentarmos para jantar no sábado, Desmond bateu à porta – Para começar desde o princípio, devo descrever o jantar no 46: Desmond, Lytton & Mary presentes; mas não me agrada muito descrever os jantares do 46. Desmond (quem diz isso é L., não eu, & cito aqui para evitar que eu seja a que fala de má vontade) causa uma sensação bolorenta no ambiente. Chovia; ele se recostou, fumando cigarros comendo doces & abrindo romances que não lia. Ser editor arrancou dele os últimos vestígios de ambição, & agora ele está satisfeito. A satisfação é algo desencantador de se ver: o que há para se sentir satisfeito? Com Desmond, agora, parece ser uma tarde eterna.

Trabalhamos no livro de Kot. Será que o deixei de fora também? Seu aperto de mão esmaga os ossinhos: a mão, apesar das várias polegadas de espessura, é dura como um osso, & caracteriza esse homem denso, sólido, concentrado. Ele sempre fala a verdade, que busca na psicologia – algo estranhíssimo de se fazer, que estraga belos jardins. Quando diz algo, parece tão convincente. Vamos publicar Gorki, & talvez isso demarque um passo rumo ao precipício – não sei. Ele analisou Murry à sua maneira devastadora. K. voltou, suponho; & me divirto com o velho joguinho bobo – de quem dará o primeiro passo: prevejo que talvez seja Murry – caso contrário, não nos encontraremos antes de um ou dois anos.

Mas vamos logo ao clímax – Massingham ofereceu a Leonard o cargo de Brailsford no *Nation* – para escrever o artigo sobre a seção internacional, o que garante £400 por ano. A desvantagem é que isso significa ir a Londres toda segunda, & talvez às quartas, o que portanto nos amarra. Caso isso possa ser negociado, todo o resto é satisfatório. Ele poderia deixar as resenhas; fazer trabalhos melhores; cobrar mais; & talvez – meu objetivo secreto é deixar de resenhar também. Mas não importa. Admito que gosto que L. receba bons elogios: não por presunção; mas porque parece o certo, acho. De modo que agora nossa sorte sorri mais uma vez. Lytton jantou aqui na noite passada, & parecia confiante, feliz – prestes a começar a sério os Vict [*Eminent Victorians*]. A Chatto & Windus deve ser avisada para que providencie grandes estoques de papel a tempo.

Sábado, 8 de maio

Massingham adiou encontrar-se com L., o que pode significar que existe algum obstáculo. Pensando bem, eu não ficaria triste caso a coisa desse para trás; pois suspeito que um trabalho dessa natureza é uma amarra que dinheiro nenhum – nem todo o ouro do Peru despejado no meu colo como diz Miss Mitford[40] – seria capaz de compensar. Além do mais, por que eu deveria colocar a coleira no pescoço dele & saltitar em liberdade? Em parte por causa de

Lytton, em parte pelo horror de escrever 1, 2, 3, 4 resenhas sem parar, 3 delas sobre Mitford, aliás, ando resmungando & reclamando, & me vejo enjaulada; & todos os objetivos almejados – ou seja, *O quarto de Jacob* – sendo levados pela correnteza. Mas 1 resenha por semana não faria mal.

Na quarta, Walter [Lamb], Adrian & Karin, & Molly Hamilton jantaram aqui. Uma noite vivaz de conversas aleatórias: mas não consigo recordar nenhum trecho de conversa. Talvez com Molly & Karin isso seja inevitável: sendo Karin surda dos ouvidos, & Molly meio obtusa nos sentidos. Observo que ela puxa conversa escrupulosamente para preencher os silêncios; ainda que não tenha nada o que dizer. Para mim é estranho que na vida se necessite de "mulheres profissionais". Está lendo quinhentos romances, a 5/- cada, para um concurso; & tinha uma fornada de material fraco para ruminar no trem de volta para casa. Discutimos política, A. & eu tentamos fazê-la definir sua posição; que é visionária. Ela se entedia com os meios, mas acredita nos fins. Suponho que se tornará a congressista Hamilton um dias desses; mas as mulheres não se saem bem nas eleições, & o Trabalhista as evita.[41] Ontem tomei o chá da tarde com Saxon no Club, &, ao recordar minhas antigas noites solitárias, quando o matrimônio parecia tão seguro & iluminado pelos abajures, eu o convidei para jantar. Não sei, entretanto, se a solidão dele o assusta como a minha me assustava. Eu diria que o trabalho no ministério é um excelente conservante.

Terça,
11 de maio

Vale mencionar, para futura referência, que o poder criativo que borbulha tão agradavelmente ao iniciarmos uma nova obra se aquieta após certo tempo & seguimos com mais constância. As dúvidas surgem aos poucos. Então nos resignamos. A determinação de não ceder, & a sensação de haver alguma forma à espreita, nos fazem seguir adiante mais do que qualquer outra coisa. Estou um pouco ansiosa. Como levar essa concepção a cabo? Tão logo começamos a trabalhar, somos como um caminhante que já viu o campo estender-se à sua frente antes. Não quero escrever neste livro nada que não me agrade escrever. Contudo escrever é sempre difícil.

L. está em Londres com os constituintes dele. Oito cavalheiros o aguardam para conhecer suas opiniões. Depois tomará o chá com Kot. Tem uma reunião (acho) & só vai chegar tarde em casa. Passei a tarde datilografando & compondo o conto de Morgan [*The Story of the Siren*]. Saí para comprar um pãozinho, fui até Miss Milan[42] para saber dos forros das cadeiras, &, depois que terminar isso aqui, lerei Berkeley. Às 2h15 Lady Cynthia Curzon desposou o capitão Mosley. Embora até as 3h30 fosse verão, agora o tempo está pincelado de negro, & preciso fechar a janela & vestir minha malha. Nessa retorna sexta. Clive & Mary estão em Paris. Depois, tomei o chá com A. & K. no domingo & vi todas as crianças – Judith uma bolinha; Ann com o olhar do desenho que Watts fez de mamãe; porém as duas bastante parecidas com as Costelloe.[43] Gosto de voltar para Richmond depois de Gordon Sqre. Gosto de seguir com a nossa vida privada, sem sermos vistos por ninguém. Murry me pediu para escrever contos para a *Athenaeum*. Nenhuma menção quanto a K.[atherine] desejar me ver.

Quinta,
13 de maio

Abro isto para dizer que tomei o chá com Dora [Sanger] no Club & fui apresentada a Mr. Harold Banks. Quem é ele? Ora, todas as vozes desse mundo trovejarão em resposta Banks! Pelo menos é isso que ele acha. Imagine um homem de rosto largo corado loiro-escuro; que fala com um sotaque americano (na verdade australiano). Camisa com listras pretas. Um sorriso agradável. Come num ritmo constante. Dora providenciou pão & manteiga. "Não obrigado não fumo..." "Qual é exatamente o seu plano, Mr. Banks?" Ajudar a revolução com a cooperação das classes médias... Sim, mas isso é um pouco vago – Muitas pessoas desejam fazer o mesmo – Bem, eu estou aqui para isso Mrs. Sanger – Não quero conversar sobre minhas experiências russas. Quero ver se consigo fazer as classes médias se unirem a mim. Caso contrário, vou à Escócia falar nas ruas – Uma ótima ideia, tenho certeza – mas *o que* o senhor irá dizer? Queremos uma mudança de governo, Mrs. Sanger – Muitos de nós sentem que – Ah, mas vocês ingleses não fazem nada. Vocês ingleses & os franceses seguram todo o movimento europeu. Quando vier a revolução – E quando será isso? Daqui a cinco anos – não acredita?

Mas por que não escrever isso? Não acredito na escrita. Eu falo com as pessoas. Organização. Cooperação. Classes médias. O povo. Eu o farei – vou fazê-lo. Organização – Não deverá haver um único cavalo nas ruas – Olhe para as suas docas – Depois esses edifícios precisam ser convertidos em lares – O que podemos fazer se não? – As classes médias precisam se unir – Já tenho todo o programa preparado – & a Revolução virá sem a menor dúvida.

Por que não acredito na Revolução? – em parte talvez por causa de Mr. Banks.

Sábado, 15 de maio

Descrito com precisão, hoje é um belo dia de primavera, não um dia quente de verão – de modo que L. & eu nos protegemos à sombra & passeamos até o parque à tarde. Mas Richmond nos belos dias de sábado é como um limoeiro em plena flor – imagine que você é um inseto pousado numa flor. Todos os demais insetos enxameiam & zumbem, & borbulham. Como somos moradores não fazemos isso, é claro.

Uma carta de Madge esta manhã, pedindo-me para resenhar seu romance: uma carta de Fisher Unwin oferecendo-se para me enviar uma cópia. É essa a moralidade de uma mulher que não deseja contaminar os filhos ficando em Charleston.[44] Eu gostaria de contar como ficamos sentados no gramado acima dos cedros & observamos um cervo; como percebi a beleza semitransparente de uma sombrinha ao sol – como o ar possui uma certa suavidade agora que os vestidos coloridos brilham sob sua luz. Uma longa resenha elogiosa para mim no *Nation*, que apaga a amargura de Massignham & me dá a primeira amostra de crítica inteligente, de modo que me sinto reanimada – penso até em agradecer o resenhista. Flora [Woolf] & George [Sturgeon, seu marido] jantaram aqui ontem à noite, aparentemente para conversar sobre Clara [Woolf], mas na verdade para nos contar o simples fato de que ela irá para a América & talvez fique por lá de vez. É possível imaginar algo menos desejável do que ser uma pessoa que talvez fique de vez na América? – pois é o que se espera que aconteça. A pequenez das relações humanas muitas vezes me assusta. Ninguém dá a mínima se ela irá desaparecer para todo o sempre. Isso não se aplica a todo mundo, eu confesso. Estou um pouco desassossegada porque Nessa ainda não me telefonou – deve ter voltado ontem à noite. Gostei de George mais do que eu imaginava. Um jovem de cabelo loiro-areia, sem ambições, magro, bem-humorado, decidido, satisfeito em ser professor de escola para sempre, desde

Terça,
18 de maio

que não se torne o coordenador. Falou de Sussex, das corujinhas & dos mochos-de-orelhas; & também da guerra; passou por tudo; não foi ferido, & viu Damasco. Disse que os homens são muito desprendidos, mas enfadonhos, pois só conseguem conversar sobre uns poucos assuntos. Como são simpáticas, com frequência penso, as pessoas normais!

Gordon Square recomeça & como uma serpente renova sua pele gasta – é o mais perto que consigo chegar de uma citação.[45] Gordon Square diferente – como uma versão especular do 46. Você é conduzido por uma criada desconhecida & sobe cada vez mais – até chegar ao que, na Gordon Square autêntica, são as dependências das criadas – Há que se atravessar primeiro uma porta aberta, porém, & Sophie lá dentro, & uma pessoa que, sob um peso de carne & osso, provou ter o corpo de Annie Chart.[46] Nessa está lá no topo. Bem, conversamos até eu sair às 8h; interrompidas apenas por Lytton, Angelica & Julian. Quando Stella[47] chegava da Itália havia sempre uma grande quantidade de presentes. De modo que agora ganhei um chapéu, um camafeu & papel. Lytton disse que James & Alix se casarão daqui a 3 semanas. Portanto, no fim das contas, ela ganhou.[48] Mas embora satisfatória, não encontro nessa notícia nenhuma empolgação. Eles se conhecem tão bem que nossa imaginação não se atiça pensando no futuro dos dois, como o faria no caso da maioria dos noivados. Depois, conversa & mais conversa; & após despacharmos as superficialidades & atingirmos o terreno do que é íntimo & fácil, tive de partir depressa, na chuva, até Wigmore Hall. Sentei-me entre Oliver & Saxon: essas pessoas musicais não ouvem como eu, mas sim de modo crítico, arrogante, sem [acompanhar] o programa.

Hoje Campbell veio almoçar. Contou histórias da Palestina. Gosto de pensar que escuto os homens falando sozinhos. Disse que o general dele o ensinou a montar. "Não precisa fazer clk clk – você não está falando com um canário." C. se veste como um cavalheiro, & L. conseguiu lhe dizer que não acredita em nada sem fazer com que ele o negasse. Como aguentar a missa? – pois não se pode zombar de Deus da mesma maneira que se faz com um editor – O pior deve ser o fato de que com Deus não há como negociar – pelo menos suponho que não. Logan veio no domingo & me divertiu por uma hora. Contou-nos de Cristo & de suas viagens – mas se você não se diverte com Logan, acaba irritado. Isso, ai de nós, é o que começamos a perceber; pois o livro dele cambaleia & corremos o risco de perder dinheiro com ele. Uma resenha ruim no *Times*, outra na *Athenaeum*; nenhuma onda de pedidos. Hope segue pingando, mas ela é uma questão desimportante.[49]

Quinta, 20 de maio

Estou enchendo meu tanque vazio o mais rápido que posso – por algum motivo, ultimamente tenho ficado em casa depois do chá, preguiçosa demais para ler os gregos, & rejeitada pelo *Times* – embora não pelo *Woman's Times*, a propósito. Requisitaram um artigo leve sobre a psicologia das viúvas da guerra.[50] Todo o fardo & a glória de resenhar recai sobre L. & eu sigo com *Jacob* – a escritura de romance mais divertida que já vivi, eu acho; quero dizer, o processo. Para Londres ontem com peônias para Nessa; soube das misteriosas cartas do túmulo (mas essa história ficou por registrar – os desastres da criada dela)[51] & também das dificuldades financeiras que ameaçam Maynard & consequentemente, também ela. Apostar na bolsa é o nome técnico disso, & como as coisas estão subindo no momento, ele está perdendo.[52] A questão é quanto tempo ele consegue aguentar; o triunfo é certo no final, ou seja, a quebra. A guerra enfiou seus dedos de esqueleto até mesmo em nossos bolsos. Então eu & L. fomos jantar com os Cole no Chelsea – Os Cole são Webb em estado embrionário – com diferenças, é claro. Costumo ficar à vontade com os rapazes inteligentes, & ver-me perplexa, apanhada com a boca na botija, expulsa do jogo por falta a cada instante, não é agradável. Nunca houve um jovem tão rápido, duro & determinado quanto Cole; ocultando suas simpatias pelo Trabalhista, que suponho serem intelectuais, com o sarcasmo & o desdém de Oxford. Depois tinha um busto de W.[illiam] Morris no aparador, comida demais, cortinas de Morris, todas as obras de todos os [autores] clássicos, & Cole & senhora saltitando sobre a superfície como um casal de pardais cockney incapazes de fazer mais do que dar bicadas & golinhos, o que fazem com habilidade demais para o meu gosto. O efeito geral é como o da luz elétrica diretamente nos olhos – inadequado na minha idade. Creio que a irritação em parte veio da sensação de que a inteligência dele era inacessível. Além disso chamam um ao outro de "amor". Além disso estavam lá Mr. & Mrs. Mair, funcionários do governo, piadas com Beveridge & Shaw, & David Mair ficou aos poucos relegado a um completo silêncio no cenário de fundo até ser levado para casa pela sua esposa loquaz, de testa larga & anágua esfarrapada. Dá para perceber que Mrs. Cole logo se tornará o tipo de mulher intelectual semelhante a um fox terrier inteligente & idoso – posto que em seu espírito não existe sombra nem vale. Cole, sorrindo como um demônio do esgoto, acompanhou-nos até a porta – tão vivo, alerta, viril & ameaçador.

**Segunda,
24 de maio**

Escrevi para Katherine. Nenhuma resposta. Mr. Lynd me resenhou no *Nation*.

Um autêntico feriado bancário – clima escaldante – barulho incessante de ônibus – multidões em filas pelas ruas – & nós o passamos apropriadamente indo a Hurlingham para assistir o polo, sobre o qual preciso fazer esta rápida observação. Tem-se a impressão de que a turfa é de borracha indiana – tão levemente os cavalos saltam – tocam-na & em seguida, ao alto mais uma vez – o capitão Lockit galopa com seu bastão como um cavaleiro persa com uma lança. Uma grande bola branca então é atirada no meio. Os cavalos rodopiam & disparam, dançam suas patas, torcem suas caudas como gatos; quase como o de longos & esguios gatos é o seu galope atrás da bola; somente quando passam por você é que se ouve um rugido nas narinas. Mas é indescritível o salto & a agilidade de todos eles unidos pateando juntos a bola com as patas; passando num segundo do pleno galope ao trote ~~hesitante~~ delicado à medida que a bola é driblada quase que no meio das suas patas. Esse é o esporte dos militares da Inglaterra. Cada um tem 8 pôneis, & um deles só suportou esse frenesi de frescor por sete minutos. Enfim, valeu muito a pena assistir. Um campo enorme. Os eleitos num local coberto; o público agachado no gramado ou em cadeiras. Os cavalos tornam-se subitamente grandes quando galopam diretamente até você, & seu ritmo, alarmante. A pouca distância, o mais gracioso & controlado dos movimentos.

O verão se instalou há dois dias. Ontem pela primeira vez almoçamos ao ar livre. As suecas vieram.[53] Conversa afável. Ela uma pintora, uma escandinava fria & gentil, extremamente culta; mas desconfio que as raças cultas de certa forma careçam de temperamento.

Quarta,
26 de maio

Correndo os olhos por aqui percebo que deixei de fora uma ou duas peças importantes do mosaico. Massingham escreveu para pedir que L. seja segundo suplente no Ministério de Relações Exteriores durante as férias, o que nos leva a interpretar que Goldie assumiu como primeiro suplente. Este [convite] é no geral mais adequado para nós do que o outro. Depois L. foi aceito como o candidato do Trabalhista das sete universidades; talvez inclusive esteja escrevendo sua carta de aceite lá em cima neste momento. Vamos reformar a cozinha de Monk's House ao custo de £80. E na noite em que Morgan & Nessa jantaram aqui vimos um incêndio. Três minutos de agitação – grandes chamas precipitavam-se para o alto atrás do pátio; então um brilho como o de uma gaze vermelho-amarelada, com faíscas que subiam & caíam; então uma linda visão quando a mangueira saltou pelos ares, envolvendo-se em luzes & voando como um foguete. Todo o tempo um barulho de estalos & jorros, & a cada tanto despencavam madeiras. L. foi lá fora; & muita gente chegou trotando metida em capas de chuva; batiam as 12. A vizinha ao lado, esposa do capitão dos bombeiros, correu para fora perturbada, & voltou para casa aos prantos, (é o que dizem as criadas – que ficaram sentadas, claro). E depois recebi uma resenha de grandes elogios no *New Republic* – sim, nenhuma crítica. Será isso algo típico da América – mais cordialidade para com os ingleses do que nós temos conosco mesmos? Esta manhã Katherine escreve um bilhete rígido & formal agradecendo-me pelo meu cartão-postal gentil, & dizendo que ficará muito feliz em me ver, embora tenha se tornado "*muito embotada*". O que significa isto – *ela* magoada *comigo*? Seja como for, irei na sexta para descobrir, a menos que impedida, algo que é sempre possível. Elogiei seu conto profusamente; & sinceramente também.[54]

Segunda, 31 de maio

Voltei de Monk's uma hora atrás, após o primeiro fim de semana – o mais perfeito, é o que eu ia dizer, mas como saber que fins de semana ainda nos aguardam ali? O primeiro desfrute puro do jardim, quero dizer. Muito vento lá fora; dentro ensolarado & protegido; & retiramos ervas-daninhas o dia inteiro para terminar os canteiros com uma estranha espécie de entusiasmo que me fez dizer, isto é a felicidade. Gladíolos enfileirados em tropas: a celinda desabrochou. A parede da cozinha derrubada. Ficamos lá fora até as 9h da noite, apesar da noite fria. Os dois rijos & cheios de arranhões pelo corpo inteiro hoje; com terra chocolate nas unhas. Então a interrupção recomeçou; fomos a Lewes pela primeira vez desde a guerra. Gunn cavalgava pela passagem de nível com seu imenso cachorro de cauda curta. Os Thomas estavam na plataforma: as pobres irmãzinhas desmazeladas, que agora mal conservam sua aristocracia.[55] Thomas, afável & gentil com os homens, contava-lhes num tom de sermão sobre as inundações em Louth. "Bastante sé-é-rio, muitas vidas perdidas, & prejuízos na casa do quarto de milhão", como se para acalmá-los; sem nenhum dente na arcada superior. Gunn seguia a meio-galope pelas planícies alagadiças, sua égua "muito esperta nos portões, mas não para quieta" como disseram as senhoritas T.[homas]; essas coisas as interessavam mais do que as inundações.

Estive com K. na sexta. Uma formalidade & uma frieza constantes & inquietantes, de início. Perguntas sobre a casa & tudo o mais. Nenhum prazer ou alegria em me ver. Percebi que ela é do tipo gato: distante, composta, sempre solitária & observadora. E então conversamos sobre solidão, & a descobri expressando os meus sentimentos, de um modo como nunca ouvi serem expressos. Ao que entramos em sintonia, & como de costume, conversamos com uma tal facilidade como se 8 meses fossem minutos – até Murry chegar com um par de candelabros de Dresden azul e rosa: "Que *lindos*" disse ela. "Mas vá apanhar as velas". "Virginia, é horrível o que vou dizer. Ele gastou £5 nisso" disse ela, enquanto ele saía da sala. Vejo que com frequência eles são hostis. Por exemplo – as obras de Murry. "Você gostou de *C.*[inammon] & *A.*[ngelica]?" "Não." "Nem eu. Mas achei *D.*[efeat] *of an I.*[magination] pavoroso – não é isso – é muitíssimo difícil, com frequência..." Então Murry voltou. Conversamos como de costume. Aldous foi nosso alvo. Aldous publicou *Leda*: o público irá canonizá-lo também?[56] Mas com Murry se ausentando por um bom tempo, K. & eu uma vez mais voltamos à literatura. A questão dos contos dela. Este último, "Man without a T.", é o primeiro no seu novo estilo. Ela diz que dominou algo – um início do que deseja fazer. *Prelúdio*, um cartão-postal colorido.[57] Suas resenhas eram escrevinhação sem um pensamento sério por detrás. E o elogio de Sullivan na *A.*[thenaeum] detestável para ela. Um estranho efeito o que ela produz, de alguém alheio, inteiramente autocentrada; completamente concentrada em sua "arte": quase feroz a respeito dela, para mim, eu fingindo não saber escrever. "Que mais se há de fazer? É o que temos de fazer. A vida..." daí como ela conta a si mesma histórias à noite sobre todas as vidas de uma cidade. "É uma noite de primavera. Vou até as docas – ouço os viajantes dizerem..." comportando-se de sua maneira habitual, & improvisando. Então me pediu para escrever contos para a A. "Mas não sei se sou capaz de escrever contos" falei, com certa sinceridade, pensando que do ponto de vista dela, depois da resenha que fez sobre meu livro, enfim, era o que ela sentia secretamente. Ao que ela se virou para mim, & disse que ninguém mais era capaz de escrever contos a não ser eu – *Kew* [*Gardens*] o "gesto" certo; um ponto de virada. – Bem, mas e *Noite & dia*? perguntei, embora não fosse minha intenção tocar no assunto.

"Uma grande conquista" ela disse. Ora, não tínhamos algo assim desde não sei quando...,

Mas pensei que você não tivesse gostado.[58]

Então ela disse que faria uma análise do livro. Não gostaria eu de vir conversar a respeito – um almoço – de modo que vou lá almoçar; mas o que quis dizer a resenha dela então? – ou será uma questão emocional comigo? Enfim, mais uma vez, com mais intensidade do que nunca, sinto um certo entendimento comum entre nós – a estranha sensação de sermos "semelhantes" – não apenas no que toca a literatura – & creio que isso independe da vaidade satisfeita. Com ela sou capaz de conversar sem rodeios.

Sábado,
5 de junho

Cá estamos no auge do ano, em que tanto pensei em janeiro e dezembro, sempre com prazer; de modo que mesmo que junho seja ruim, já se obteve mais prazer com ele do que com todos os outros meses. Será isso cinismo? O que acredito é que ressaltamos o gosto do mês em que estamos contrapondo-o a outro. Mas pensar em dezembro agora não me traz nenhum prazer. Voltei a usar roupas de inverno; sopra um vento gelado; & o sol faísca & cintila em vez de arder. Mas ardeu no dia de Derby [2 de junho] – o dia em que almocei com K.M. & tive duas horas de conversa inestimável – inestimável no sentido de que com mais ninguém sou capaz de conversar da mesma maneira incorpórea sobre escrita; sem alterar mais o meu pensamento do que o altero ao escrever aqui. (à exceção de L.) Falamos de livros, de escrita, é claro: da minha. *N&D* é um romance de primeira linha, disse ela. As omissões nele são intrigantes, mas justificadas pelas circunstâncias. Então eu disse "Você mudou. Passou por alguma coisa", de fato existe uma espécie de soberania nela, como se dominar subterfúgios não fosse mais tão necessário. Ela me contou de suas terríveis experiências no inverno passado – basicamente experiências de solidão; sozinha (ou apenas com "Leslie Moor" vulgo Ida Baker) numa casa de pedra com cavernas por baixo que eram invadidas pelo mar: que ficava deitada na cama o dia inteiro com uma pistola ao seu lado; & os homens golpeavam a porta. Sydney escreveu "Aguente firme" duas vezes, sublinhado.[59] Murry enviou um balanço com a situação das contas: chegou no Natal com pudim de ameixa & queijo cremoso; "Estou aqui agora, já passou". Então ela procurou garantias nele; não encontrou; & jamais voltará a procurar essa qualidade. Entendo o que ela quer dizer, vagamente. Está nervosa com seu livro que está para sair; com medo de não ter feito o suficiente.[60] O que sente exatamente em relação à crítica & à fama, eu não sei; mas enfim, em nossa conversa talvez por demais exaltada, isso acaba não sendo dito com muita exatidão. Seja como for, me diverti; & essa minha relação fragmentária & intermitente me parece mais fundamental do que muitas outras bem firmadas. Jantei ontem à noite com Walter Lamb & Mrs. [Marjorie] Madan em Hounslow. Nesse velho casarão (de cor creme & preta) Miss Arnold costumava cair bêbada. Os cômodos com pé-direito alto são quase todos revestidos com painéis ou papéis de parede chineses. Fora há um jardim quadrado, com todas as suas fibras flutuando ao vento. Era uma noite fria, &

a pobre Mrs. M. estava agachada em um dos cômodos, próximo à grama faiscante, apoiada por ricos volumes, aparentemente sem ler, nem costurar, nem conversar, o marido fora, & as pessoas de Hounslow maldosas & hostis. Por toda parte há uma espécie de reverberação de grande luxo, como convém à filha de Mrs. Saxton Noble. Muita conversa sobre realezas, ela & W. movem-se na mesma esfera. Uma princesa, Marie Louise, está hospedada, há meses, em Kent House, & afastou o senhor & mestre Noble. Sustenta o status de nobre com uma dama de companhia. Essa atmosfera me espantou imensamente; essa irrealidade. Depois tem os esforços dela para partilhar da visão pessoal do rei sobre a R.A. [Royal Artillery]; há qualquer coisa do setecentos nisso; um gosto por patronos & intrigas que se dão nas escadas de serviço. Mrs. M. era uma mulher inteligente perspicaz que esperava um bebê & se alimentava unicamente de alfafa cortada, eu diria, mas não era servil; apenas não era feliz & jamais há de ser, suponho, pois se podia detectar que seu marido não ocupava nenhum lugar importante. Começaram a vida nessa fazenda em Hounslow dez meses atrás. "Mas que início mais esplêndido para a vida de casados!" falei. "De fato não é!" retrucou ela. Geoffrey se fora levando consigo a chave do refúgio. O desconforto do terceiro escalão (ou seja W.L.) tornou-se patente antes do fim da noite; como algo fora do tom. Algo cinzento & furtivo em meio a folhas inocentes.

Terça,
8 de junho

Muito que bem lembrar-se de junho em dezembro, exceto que hoje faz um dia um pouco fresco demais, quase como se o mar de Brighton estivesse logo na esquina. Um dos meus dias de passeio, ontem – National Gallery – lá encontrei Clive – sorvete na Gunters – um espetáculo & tanto – uma senhora idosa de preto & branco com um confidente que observava as maneiras & as tradições, benevolente, divertido. Um rapaz cujas costas eram como um varal onde se penduravam roupas cinzentas impecáveis – mulheres ou garotas ágeis com pernas transparentes entrando saltitantes nas cavernas sombreadas – sorvetes sugados ou sorvidos no mais estranho dos silêncios – duas jovens com sua mãe comendo em completo silêncio: nenhuma faísca de vida, com roupas apropriadas, talvez do interior. Mas então mães & filhas nunca conversam? Um jovem rapaz as despertaria? Não seria capaz de dizer o que se passava naquelas mentes mudas. Jantar com Nessa. Fiquei a par da história toda de Mary – um claro caso de histeria de criada; creio que proveniente do desejo dela de encenar um sonho na vida real, & depois, pobre criatura, acabou indo longe demais, acreditou nele, & agora balbucia na enfermaria do St. Pancras.[61] O espetáculo dela sendo levada foi sinistro; & todas as criadas assistiram das janelas. Que gente mais horrível! Isso tornou muito vívido meu trajeto até Waterloo no alto do ônibus. Uma noite clara, com uma brisa fresca. Uma velha mendiga, cega, sentada contra um muro de pedra em Kingsway, segurava um vira-lata marrom nos braços & cantava a plenos pulmões.[62] Havia nela uma temeridade; bastante ao espírito de Londres. Desafiadora – quase alegre, agarrada a seu cão como se quisesse se aquecer. Quantos junhos passou sentada ali, no coração de Londres? Como foi parar ali, que cenas é capaz de rever, não posso imaginar. Ah, que maldição!, falei, por que não posso saber tudo isso também? Talvez o mais estranho tenha sido a canção à noite; ela cantava com voz estridente, mas para seu próprio prazer, não para mendigar. Depois passaram os carros dos bombeiros – também estridentes; os capacetes amarelo-claros à luz do luar. Às vezes tudo adquire uma mesma natureza; como definir essa eu não sei – Era alegre, & ao mesmo tempo terrível & de uma vividez assustadora. Ultimamente Londres me domina com frequência; chego mesmo a pensar nos mortos que caminharam pela cidade. Talvez vá visitar as igrejas ~~da City~~. A vista das torres de cor cinza-esbranquiçada a partir da ponte Hungerford me estimula a fazer isso: & contudo não sei explicar exatamente o que "isso" é.

Quinta,
17 de junho

Hoje se disputa a copa de Ascot; que na minha opinião marca o ápice da melhor temporada para a nata da sociedade – todos esses superlativos que significam tão pouco para mim – salvo quando observo o murmúrio das rodas em Piccadilly numa tarde bonita & olho para dentro das carruagens que passam & vejo rostos empoados como joias em vitrines. Há que ser jovem para sentir toda essa agitação. Estamos a caminho de Ascot. Passam por nós táxis abertos, ou carros como locomotivas na Great Western Railway. Mas o tempo agradável traz também para nós uma aceleração repentina: jantares; o Clube de Memórias convites; uma coisa atrás da outra. E agora não consigo descrever Mrs. Mirrlees & meu jantar no Rubens Hotel, no coração de uma família britânica rica & carinhosa, que segue intocada há cem anos. A civilização produziu esse organismo, & o estereotipou. Os Booth são da mesma espécie. Eu me pergunto se será natural para as famílias permanecerem juntas. Naquela noite, porém, não me perguntei. A prata fluía sem limites dos bolsos de Sneezer.[63]

No dia seguinte almocei em Gordon Square para assistir à exposição de Roger: minha cabeça se encheu de vinho & conversas & fiquei ali sentada com certo incômodo. O brinde a Roger por algum motivo fracassou – & temo que o mesmo se deu com os quadros, que ocupam três salas com cores berrantes, como as das placas de latão coloridas; nenhum foi vendido ainda. Lytton & eu, sentados junto a uma janela, observávamos (pelo menos eu observava) uma mulher escovar o cabelo num andar alto de uma rua adjacente, & caiu o silêncio. "Há mais coisas ainda para se contar?" perguntou Lytton, referindo-se à minha vida feliz. Eu disse que não. Era basicamente suficiente. Então ele me contou que era movido pela ambição; deseja influência, não fama; não a influência de Maynard, mas a influência de um cavalheiro idoso que as pessoas abordam no seu aniversário de oitenta anos – quer distribuir pequenas palavras capazes de envenenar os vastos monstros da mentira. Declarei que isso era inalcançável. Mas creio que será como ele o deseja. Chá na Gunters; jantar na Nessa; depois para casa com os lábios um pouco doloridos, sedentos de um grande gole de solidão, que não me foi oferecido; pois em seguida jantamos com os Murry, depois com Roger, & na noite passada tivemos aqui o Clube de Memórias, que estou com sono demais para relatar. Leonard irá jantar com a Sociedade [os Apóstolos], coisa que eu creio gostar mais do que ele mesmo, porque ficarei deitada na penumbra esperando sua volta; então ele chegará; & saberei das fofocas.

Quarta, 23 de junho

Fiquei deitada na penumbra, que eu deveria ter chamado, na realidade, de escuridão, eu acho, por um bom tempo, & então Moore chegou & tomou um banho frio à 1 da manhã, de maneira que na manhã seguinte eu estava embotada demais para acompanhar sua explicação sobre Berkeley.[64] Ele tornou-se grisalho, murcho, desdentado, talvez. Seus olhos pequenos, alertas, talvez não sejam mais tão penetrantes quanto antes. Há uma falta de consistência, não sei onde. Saiu para "levar meu bebê para passear". Não entendo muito bem por que ele foi a figura dominante & ditatorial da juventude. Talvez Cambridge seja em larga medida uma caverna. Porém (nem vou tentar equilibrar isso como se deve) certamente tem uma completa inocência & sagacidade: sem um vestígio de falsidade capaz de torná-lo obscuro.

Nesse momento eu estava lutando para dizer honestamente por que não considero bom o último livro de Conrad. Já o disse. É (um pouco) doloroso encontrar defeitos naquilo que quase unicamente respeitamos. Não posso deixar de suspeitar que a verdade é que que ele nunca se relaciona com ninguém capaz de distinguir a boa literatura da má, & sendo ele um estrangeiro, que fala um inglês manco, & casado com uma mulher que é uma porta, refugia-se cada vez mais no que um dia fez bem, porém o exagera mais & mais, até chegar a um ponto no qual que outro nome podemos dar àquilo a não ser melodrama rígido? Eu não gostaria de encontrar *The Rescue* assinado por Virginia Woolf.[65] Mas será que alguém irá concordar com isso? – em todo caso, nada abala minha opinião sobre um livro – nada – nada. Só se talvez for o livro de um jovem – ou de um amigo – não, mesmo assim, eu me considero infalível. Não critiquei há pouco tempo a peça de Murry, & elogiei com acerto o conto de K., & resumi Aldous Huxley, & não fere meu senso de conformidade escutar Roger distorcendo esses mesmos valores? O pobre Roger só vendeu três ou quatro esboços. Seguem pendurados os inúmeros quadros, como garotas feias num baile, & ninguém oferece nem um centavo. Segundo Nessa, ele não fala de outra coisa, & ninguém consegue achar as palavras certas a dizer – pois o que se pode dizer, a não ser que quadros ruins não vendem? Tive um dos meus últimos chás da tarde no número 5 da Windmill Hill no domingo, & embora tenha sido o último, não foi muito agradável. (Vejo que não era assim que eu desejava dizer isso – mas a música incessante de um carrossel está me distraindo). Emphie, suponho, interrompeu dez vezes. Janet passou a falar sobre os detalhes da venda dos móveis & da mudança para o interior, como se isso fosse um peso para ela & ela estivesse tentando fazer parecer agradável para convencer a si mesma. Então lá vinha E. com uma xícara de chá ou uma urna folheada para eu ver. "Quer dizer que já decidimos sobre o Cellini & a Bíblia?" perguntava, dando origem a mais explicações & desvios. Não sei sobre o que eu queria conversar – qualquer coisa, imagino, seria melhor do que aquele completo nada. Depois o aguaceiro constante era deprimente também; & ao chegar em casa não descobri que Nelly dizia que iria morrer, mandara chamar outro médico & arruinara completamente a noite de L.? Ela ainda está de cama, aparentemente doente como nós estivemos no Natal; com a diferença de que agora está mais animada & sensata, & que provavelmente irá para casa amanhã, quando formos para Monk's House. Anseia-se por esse momento cada vez mais; & faz um calor escaldante; cada planta exibe um tufo vermelho & branco, mesmo as daqui; temos a cozinha nova para ver, mas tudo isso terei de descrever mais tarde.

Terça,
29 de junho

De volta de Rodmell, que foi uma frustração, como se a taça do prazer tivesse sido levada aos nossos lábios & retirada depressa em seguida. Começamos a podar a sebe de louro, entusiasmados, para liberar a vista das colinas. Na manhã seguinte o braço de L. estava doendo novamente, & assim continuou, inchado & inflamado, destruindo cada momento que deveria ter sido tão delicioso. O tempo ameaçava pesado também. Um dia inteiro foi consumido com Saxon & Barbara. A pobre Barbara agora exibe o nariz proeminente & as linhas marcadas da maturidade prematura. Sua vida é uma tal labuta & carga que me enche de pena – vendo que a vida humana é algo que por necessidade se coloca em uma máquina. Pois ela parecia não ter escolha. Primeiro Nick, depois a criança – & todos os limites colocados à sua frente para o resto da vida, pelas mãos do destino, sem que ela possa saltá-los. Assim trilha seu caminho. Nossa geração diariamente padece da maldita guerra. Até mesmo eu escrevinho resenhas em vez de romances por causa dos boçais em Westminster & Berlim. Saxon estava jovial & alegre. A cozinha um sucesso, eu acho, mas enfim, não sou cozinheira. Para casa ontem, onde encontrei Lottie com seus agouros exagerados – Nelly piorou, &c. &c., tudo num tom alarmista, até que depois de garantir ter causado sensação, concordou em dar detalhes que não são muito alarmantes. Mas as pobres desgraçadas buscam se proteger das recriminações com tantas mentiras que a verdade sempre acaba se arrastando rente ao chão. Jantar com Nessa ontem à noite. Minhas intenções de causar sensação foram eclipsadas pela dela, verdadeiramente grande & surpreendente – nada menos que a morte de um jovem no baile de Mrs. Russell.[66] Estavam todos sentados no telhado, protegidos por velas em potinhos de vidro & cadeiras. Ele se adiantou, talvez para acender um cigarro, tropeçou pela borda & despencou nove metros sobre o calçamento de pedra. Apenas Adrian viu tudo acontecer. Chamou um médico que estava ali sentado, & com muita calma & coragem, segundo pareceu a Nessa, escalou o muro que dava para o jardim onde o rapaz caíra, & ajudou o doutor a fazer o mesmo. Mas não havia esperanças. Ele morreu na ambulância que o socorreu. O baile foi interrompido. Nessa diz que a nova geração é insensível. Ninguém se abalou; alguns telefonaram para saber onde estava havendo outros bailes. Tia Lou atamancou tudo com sua falsa alegria americana. Era estranho como você, sentado lá em cima, logo começava a ter a sensação de estar caindo. O homem se chamava Wright, 21 anos: por algum motivo trazia consigo sua certidão de nascimento. Apenas a garota que o trouxera para a festa o conhecia. Os pais, gente rica do interior, vieram, olharam o lugar & não tiveram mais o que dizer senão, "Foi aqui que ele caiu" – mas o que poderiam dizer? Tia Lou deu sua versão das coisas: "não foi uma tragédia – nem de longe uma tragédia – apenas uma madrasta & sete outros filhos – & foi o fim dele, pobre rapaz". Um estranho acontecimento – ir a um baile de desconhecidos & acabar morto – chegar com trajes de festa & tudo se acabar de maneira tão sem sentido, instantaneamente. Pippa os avisara. Em nenhuma das três casas iam servir brandy.

Terça,
6 de julho

Muita coisa a escrever como sempre, mas estamos trabalhando como operários encadernando Morgan & não temos tempo para frivolidades. As festas são encaixadas quando se pode. Tudo isso por ter escolhido um papel que precisa ser reforçado com um forro. Ao que parece, Morgan poderia ser um sucesso, embora, como crítica literária, eu não consiga enxergar direito o motivo. E serei eu uma crítica literária? Veja o livro de Conrad. Fomos ao primeiro almoço da *Athenaeum* – uma longa fila de trabalhadores intelectuais insignificantes comendo pratos horríveis.

Katherine estava sentada à minha frente & eu a ouvi elogiando entusiasticamente esse mesmo livro. Por fim, ao ser requisitada, confessei minha perversidade, ao que ela mudou de assunto – & eu também. Mas quem tem razão? Ainda sustento que sou a que enxerga a verdade, a voz independente num coro de ovelhas obedientes, já que elogiam de forma unânime. Sempre começam a fazê-lo assim que termina a peça – é o meu ponto de vista pelo menos. Esse almoço foi um pouco lúgubre & profissional, um vislumbre da área de serviço onde os Sullivan & Pound & Murry & Huxley estão de pé desnudos com os braços enfiados nas bacias. Eu enxergo a resposta óbvia, porém não consigo me livrar da sensação de que se Lytton, Roger, Desmond, Morgan, Nessa & Duncan estivessem ali, a atmosfera seria menos de espelunca & mais de espaço aberto. Mas sou um tanto cáustica com Murry, creio que por causa da sua literatura, & Deus bem sabe que um conto de Katherine sempre consegue me deixar irritada. O *meu* acaba de ser publicado – aclamado por Sydney & Mrs. Schiff[67] – é estranho como o círculo íntimo de uma pessoa deixa de prestar atenção a tais aplausos & como as críticas ou elogios, se chegam, agora vêm do público. Julian veio passar o fim de semana, & o tempo é uma chuva constante, algo raro; de vez em quando uma torrente forma riachos que fluem por cinco minutos.

Ah, as criadas! Ah, as resenhas! Ah, o tempo! De maneira que tento evitar escrever minha versão apropriada das coisas. Nelly oscilou entre as lágrimas & o riso, a vida & a morte, ao longo dos últimos dez dias; não consegue sentir dor em parte alguma sem mandar chamar a mim ou a L. para que lhe digamos que suas dores certamente não são fatais. Então chora.

Nunca, nunca, nunca irá se recuperar, diz ela. Chega o médico. Inúmeros comprimidos & xaropes são consumidos. Os suores, as noites insones, repetem-se. Meu espanto pessoal é, como sempre, como conseguem viver uma semana – & não são aniquiladas pelo trovão, como as moscas. Não há nelas nenhuma raiz na realidade; & quanto à razão, quando lhes dá a veneta, seria mais fácil convencer um cavalo fugido. E não se trata de nada demais, exceto o que para qualquer um de nós seria uma dor de barriga que se cura com um comprimido. Isso nos leva a aceitar convites, pois se alguém vem para cá, a atmosfera decai. Mas onde estivemos? Realmente, eu só me vejo cortando capas de livro sem parar. Porém não acho que o sucesso de Morgan será repentino. Vamos anunciar no *Nation*.

Agora vamos para Ah, as resenhas! Creio que passei três semanas sem acrescentar uma palavra a *Jacob*. Como uma pessoa poderia escrevê-lo nessas circunstâncias? Contudo é tudo culpa minha – por que eu deveria resenhar o *Jardim das cerejeiras* & Tolstói para Desmond, por que assumir a *Plumage Bill* para Ray? Mas depois desta semana não farei mais nada.[68] Quanto ao tempo, o sol brilha de maneira diferente no momento; de modo que não direi mais nada, exceto que creio que não irá durar, nem fará mais do que secar a camada mais superficial de terra que recobre o que deve ser um pântano. No entanto o que penso? Que Ka se estabeleceu no Ninho da Águia & eu gostaria que ele fosse meu.[69]

RODMELL

Segunda,
2 de agosto

Feriado bancário. Estou assando um bolo & voo até esta página em busca de refúgio, para preencher os momentos em que está assando antes de eu colocar meu pão no forno. Pobre livro desgraçado! É assim que eu te trato! – como a um escravo! Apesar de tudo, é um consolo pensar que o trouxe lá de Londres para deixar de escrevinhar em folhas soltas que acabam se perdendo. A temporada terminou inesperadamente; a cortina caiu quando a luz ainda brilhava no céu. Se meu egoísmo não me envergonhasse, eu explicaria o sentido literal da minha metáfora – uma vez que tive de abandonar a grande festa de Nessa às 11h a fim de chegar em casa, não incomodar L. & me preparar para fazer as malas & partir na manhã seguinte. (agora, o bolo.) Sim, mas o bolo & o pão entre uma coisa & outra me impediram de escrever qualquer coisa por dois dias – hoje é quarta

Quarta,
4 de agosto

dia 4, & aqui estamos depois de colher cogumelos em Asheham – & eu tenho tanto para escrever (& preciso ficar de olho na janela para impedir que Mrs. Dedman encontre L. tomando banho na cozinha) que nem consigo começar. Bem, à grande festa: para mim o tempo passava dando piruetas na ponta do pé; eu vigiava cada minuto & alguns deles, ai de mim, se perdiam. Sentei ali num canto com Lady S.[trachey] & conversamos sobre meus dois avôs & o motim indiano.[70] Ela avança pela sala como um desajeitado navio de três andares, benigna, contudo capaz de morosidade fácil, & cheia de ressentimentos com sua família, como a maioria dos velhos, por não lerem em voz alta para ela, porém gentil com os desconhecidos. Depois Mr. Parker o americano – ai de mim, quando se descobre a fonte dos elogios, na maioria das vezes eles provam ser salobros – como os dele. Nunca tinha ouvido falar de mim a não ser pela Potboilers:[71] mas minha principal pirueta foi com Mary cuja mão tomei, segurei & beijei, no sofá com Clive sentado do outro lado. Ela disse que me odiava & tinha medo de mim. Eu a cortejei como uma criança caprichosa. Alguém diz a verdade nessas ocasiões, alcança-a na ponta dos pés ali onde ela pende inacessível nos momentos menos exaltados? Depois Nina Turton, corada, lasciva, imbecil, com sua voz idiota & pesada, como sempre, & no entanto interessante também, como as mulheres impuras o são para as puras – eu a enxergo como alguém no meio do oceano, debatendo-se, submergindo, enquanto eu alcanço minha margem. Porém podemos nos consolar com a estupidez desse exercício. Basta um mergulhinho de nada. Maynard disse que ela teve mais vida sexual do que todos nós juntos – isso se via no rosto dela. (Mrs. Thomsett chegou – & L. completamente nu na cozinha!) O pobre L., completamente esgotado por um mês de Tolstói & Morgan, terminou confessando que estava cansado, & de fato estava à beira de um colapso. Como passatempo, a Hogarth Press é claramente vigorosa & viva demais para continuar sendo levada desse modo privado por muito mais tempo. Ademais, não podemos dividir a parte administrativa, devido à minha incompetência. O futuro, portanto, requer reflexão. Sendo assim, fugimos uma semana antes do pretendido, deixamos que Nelly se recuperasse de suas extravagâncias & trouxe[mos] Lottie para cá. Na segunda fui a Londres, para me despedir de K.M.; fui aliciada para passar a noite no 46 & poderia escrever páginas & mais páginas sobre minhas reflexões a respeito de voltar a dormir em Londres – & ainda por cima na cama de Maynard. Quebrei a cabeça para lembrar quem dormia nesse quarto quando morávamos aqui – quantos anos atrás? A comodidade & a agilidade da vida em Londres me impressionaram muitíssimo – tudo ao alcance da mão, a ser resolvido entre o almoço & o chá, sem ter de viajar & transformar tudo em um trabalho. Roger, Duncan, Nessa, Clive & todos os demais; eu enxergava tudo muito mais organizado & em perspectiva graças ao meu olhar de fora. K.M. pediu que eu resenhasse seu livro: objetei com o argumento de que criticar estraga a leitura. Ela, rápida como sempre em entender. Eles irão a Eastbourne, de modo que minha despedida foi adiada. Infame que sou, fico feliz em ouvir C.[live] & N.[essa] subestimando-a, mas protesto como escritora; & por fim alimento uma ou duas dúvidas, dúvidas genuínas, quanto ao mérito dos contos dela, pois os dois que foram publicados recentemente na A.[*thenaeum*] não eram bons.

E agora não consigo escrever minhas opiniões sobre *Dom Quixote* como tencionava, pois gastei meu verbo & não consigo mais pensar.

Quinta, 5 de agosto

Vou tentar dizer o que penso enquanto leio *Dom Quixote* após o jantar – Principalmente que naquela época literatura era apenas uma contação de histórias para entreter as pessoas sentadas ao redor do fogo, sem nenhum dos nossos artifícios para dar prazer. Ali se sentam elas, as mulheres fiando, os homens contemplativos, enquanto a história alegre, imaginativa & deliciosa é contada, como se para crianças crescidas – Tenho a impressão de que este é o mote do *D.Q.*, manter-nos entretidos a qualquer custo. Tanto quanto posso avaliar, a beleza & as ideias surgem sem querer; Cervantes mal tem consciência de algum significado sério, & mal enxerga D.Q. como nós. De fato é esta a minha dificuldade – a tristeza, a sátira, até que ponto são nossas, não são intencionais – ou terão essas grandes personagens a capacidade de mudar de acordo com a geração que as observa? Muita coisa, admito, da contação de histórias é tediosa – não muita, apenas um pouco no final do primeiro volume, que é obviamente narrado como uma história para nos manter satisfeitos. Tão pouco é dito, tanto fica por dizer, como se ele não tivesse desejado desenvolver aquele lado da questão – a cena dos escravos das galés marchando é um exemplo do que quero dizer –Terá C. sentido a totalidade da beleza & da tristeza daquilo como eu sinto? Duas vezes falei em "tristeza". Será ela necessária ao ponto de vista moderno? Contudo que esplêndido é desfraldar nossas velas & deixar-se soprar adiante, ao vento de uma grande história, como acontece durante toda a primeira parte. Desconfio que a história de Fernando-Cardino-Lucinda era um episódio cortês ao gosto da época, mas seja como for, é tedioso para mim. Também estou lendo *Ghoa le Simple*[72] – luminoso, eficiente, interessante, porém ao mesmo tempo tão árido & limpo & arrumado. Com Cervantes está tudo ali; por resolver, digamos; mas profundo, atmosférico, com pessoas vivas lançando sombras sólidas, pintadas como na vida. Os egípcios, tal como a maioria dos escritores franceses, dão-nos uma pitada do pó essencial, muito mais pungente & eficaz, mas nem de longe tão abrangente & ampla. Por Deus! – o que estou escrevendo! sempre essas imagens. Escrevo *Jacob* todas as manhãs agora, sentindo cada dia de trabalho como um obstáculo em cuja direção preciso cavalgar, com o coração na boca até terminar & eu haver saltado ou derrubado a trave. (Outra imagem, impensada. Preciso dar um jeito de pôr as mãos nos *Ensaios* de Hume & me purgar.)

Passei a tarde inteira pintando de amarelo a privada. Agora posso fazer um apanhado dos meus trabalhos: sala de jantar pintada a têmpera & limpa; corrimões pintados de azul; as escadas de branco; & agora a privada. Logo será a hora do chá; o correio (com sorte) chegará no meio do chá; depois um descanso no jardim; depois Mrs. Thomsett chega com os pratos; acende-se o abajur verde & sob sua luz nos sentamos ostensivamente para ler até as 10h30: quando então as velas são recolhidas, & nos arrastamos escada acima bocejando. Nossas camas têm mossas & saliências, mas dormimos até Mrs. Thomsett nos chamar. Ela é uma das pessoas mais pontuais. Mas por outro lado Mr. Thomsett sai com o gado às 5h. Talvez sejam as suas botas que por vezes me despertam – O gado desce até os riachos. O carro de Mr. Arblaster ofega embaixo da janela.

Na volta de Rat Farm no domingo, um dia quente & abafado, Leonard criou um plano para o futuro da editora. Vamos oferecer a Partridge uma cota & engordar esse talvez minúsculo petisco com o bocado mais suculento do cargo de secretário de L. Mais ou menos no meio do jantar L. foi além: por que não instalar Partridge em Suffield & comprar um maquinário tipográfico completo? Por que não? E abrir ali uma livraria também, quem sabe. As ramificações brotam incessantemente a partir desse centro. Tudo, porém, depende de Partridge, que convidamos para vir aqui. É agradável fazer planos, quando chega o outono. Nelly ainda misteriosamente doente, & sendo assim imploramos que continue afastada –

Ainda lendo *Dom Q.* – ou melhor, confesso que afundando na areia – seguindo muito suavemente – desde que as histórias não tratem dele – mas tem a vitalidade solta, difusa, dos grandes livros, o que me faz seguir em frente...

Potterism – de R. Macaulay, um livro para professores universitários, pé no chão, masculino, com a atmosfera de uma sala de leitura, nada interessante para mim –

Catherine Wilmot, que fez uma viagem em 1802 – & escreveu um diário; mas ainda não cheguei nela – um processo necessário. Agora, apanhar ervilhas-de-cheiro.

Terça, 17 de agosto

Pela primeira vez que me recordo, sento-me diante desta página, & não daquela mais rigorosa do dever & do lucro, alguns minutos depois das dez da manhã. Malditos sejam esses aristocratas! Maldita seja eu por ser tão esnobe – incapaz de me concentrar em *O quarto de Jacob* porque "por volta do meio-dia" Nelly Cecil chegará em seu automóvel. "Estou levando Bob para Newhaven – posso comer um pouco de queijo & pão com você?" Além disso, uma manhã enfadonha & lânguida, meio abafada dentro de casa, porém talvez fria sob as acácias; & nem uma faísca de cor. Meus preparativos para a aristocracia – mas me engano – Molly Hamilton, ou Molly MacCarthy ou qualquer outra Molly – causariam a mesma agitação – consistem em pregar com alfinetes o estofado de uma cadeira & encher os vasos com ervilhas-de-cheiro & rosas. Não me agradam essas interrupções na vida rural. Não me agradaram os Clutton-Brock em Charleston. Londres ontem eu odiei. Para ser mais verdadeira, não foi Londres mas uma certa jarda no limite entre Richmond & Mortlake onde ficamos parados por uma hora & meia – eu que devia estar no dentista com a alegria de um passeio sem pressa por minhas ruas preferidas depois. Queria comprar alguma porcelana de cor viva para a prateleira da lareira. Mas acabei percorrendo a cidade dentro de táxis, esbanjando florins, acumulando pacotes, engolindo o chá, encontrando Kot, & depois passando vinte minutos na Victoria – porém L. estava lá, & pudemos conversar. Mas à medida que o trem sacudia rumo à vida rural a céu aberto, a vida parecia mais fresca, doce, sã. Um dia preciso pagar um tributo à humanidade dos dentistas. Melhor para a alma que o jornalismo, falei para L. – mas também, tenho uma vendeta com Massingham, em quem atirei minha flecha. Mas é verdade: ando cada vez mais desinteressada pelo jornalismo. Só escrevi meia página desde que cheguei aqui – três semanas atrás; recusei 3 artigos (resumindo Jane, Charlotte & Thackeray) & me sinto como um bêbado que resistiu vitoriosamente a três convites para beber. Caminhando com Clive no promontório do farol de Firle na outra noite, conversamos sobre tudo isso; ele me aconselhou seriamente para o meu próprio bem a me aproximar da América; sendo ele, como sempre achei, um admirável homem de negócios, que se sai muito bem. E falamos sobre o futuro da editora & do romance; ele perspicaz em ambos os assuntos, embora talvez eu acabe um dia encontrando minhas opiniões faturando alto sob o nome dele na América. Viemos pelo bosque dos faisões, & pelos trigais; & criei uma frase sobre pintura revestida de um brilho amarelo para expressar as cores quentes profundas, tão espessamente espalhadas sobre campo & colina, & recobertas com uma espécie de verniz de tal maneira que cintilavam, não com crueza, mas sob uma habilidosa conservação.[73] Lá estavam Maynard, Duncan, Nessa; & abrimos pela primeira vez o novo ateliê,[74] onde fiquei sentada com os pintores durante toda a manhã seguinte – conversando sem parar – até que, como eu disse, vieram os Brock, & voltamos a ficar inteligentes & cultos. Voltei de bicicleta pelos campos – um dos poucos dias que são, como afirmo, dias: o habitual clima chuvoso com vento é a variação & o desvio. Tudo preparado, sentamos diante da galinha & da língua; é *claro* que Molly H. não apareceu – sua mãe aproveitou a ocasião para cair de uma escada.

Ao abrir a porta do jardim eu o amplio até o monte Caburn. Ali caminho ao pôr do sol; quando a cidadezinha, colina acima, assume uma aparência solene & abrigada, patética, de certa maneira, emblemática, seja como for, muito tranquila & humana, como se as pessoas buscassem a companhia umas das outras à noite & vivessem sob as colinas com confiança. As velhas de cabelo branco ficam sentadas nos degraus das casas até as 9h mais ou menos, depois entram; & a luz se acende na janela superior & tudo se escurece por volta das dez. Tive motivo para observar os hábitos noturnos na noite passada, pois depois de tomar meu xarope recuperativo Lottie ainda não tinha voltado para casa; & quando bateram as 10 L. resolveu sair à sua procura. Andando sozinha de bicicleta por uma estrada esburacada no escuro ela poderia muito bem ter caído – &c. Fui a pé até o cruzamento; portanto passei pelos homens que retornavam da taberna & disse mais "Boas noites" do que numa semana inteira de luz do dia – provando o que eu já falei sobre a sociabilidade do anoitecer. Depois também a cerveja de Mr. Malthouse havia ajudado a acender seus candeeiros. Ao que parece, todos os homens locais passam a noite na taberna, é claro; & eu gostaria de um dia desses ouvir sua conversa. (George Sturgeon, que veio com Flora no domingo, me desiludiu com sua conversa do interior – a dele é toda sobre críquete & tênis – formas grosseiras de humanidade aparecem em meio à névoa, todas marcadas de acordo com a sua posição na sociedade de Lewes – acho que a *intelligentsia* não tem que temer, nem na Terra nem no Céu, a competição com esses simplórios – pois a estupidez, apoiada em tudo o que é convenção & preconceito, não é nem de longe tão humana quanto nós, livres-pensadores.) Depois o cravo cheirava tão doce ali no canto; & Lewes faiscava, sinceramente, com um brilho de diamantes, & o céu todo polvilhado (?) de estrelas, cinzento, pois a lua não havia saído. L. encontrou Lottie na passagem de nível, com o pneu da bicicleta furado & as luzes apagadas, mas brincalhona & falante como um gaio ao sol.

Quinta, 19 de agosto

Levanto a cabeça da minha colcha de *patchwork*. É o dia do mês em que cuido do cerzido & outros trabalhos de costura, & faço na verdade coisas mais úteis do que nos dias de inteligência livre. Como a mente de uma pessoa se altera & vacila! Ontem contemplativa & sonolenta o dia inteiro, escrevendo com facilidade, mas sem uma rígida consciência, como se fluísse sob o efeito das drogas: hoje aparentemente clara, mas incapaz de encadear uma frase atrás da outra – fiquei sentada por uma hora, riscando, escrevendo, riscando; & depois li *As Traquínias* [de Sófocles] com comparativa facilidade – sempre comparativa – pobre de mim! Recebemos Nelly Cecil aqui das 12 às 4h30; & como ela fez nossos aparatos parecerem toscos & até mesmo descuidados! Os cômodos encolhidos, a prataria manchada, o frango seco & as louças sem graça. Foi uma tarefa dura; um de nós sempre perto de sua orelha,[75] & ela, coitada, recebendo palavras incessantemente de um dos dois. Começamos nas margens da intimidade & avançamos até o centro. Para começar, ela é tímida, pedia desculpas pela visita: "Ficarei uma hora – ah, estou interrompendo – como vocês devem me odiar por vir aqui incomodá-los!". Porém isso passou, & a mente dela, treinada para lidar com a situação política, a manteve alerta. Também fofocamos muito, principalmente de Mrs. Asquith & suas imprecisões, de como os Tennant romperam com o antigo mundo aristocrático.[76] Depois, à religião. "Não tenho mais tanta fé quanto costumava ter. Quando jovens, desejávamos a imortalidade. E a guerra tornou isso difícil – ah sim, ainda frequento a igreja. Bob leva uma vida boa, honesta, & ainda tem fé." Bob está em Deauville passando um mês com [Oswald] Mosley. Sim; adivinha-se um isolamento indizível; jamais houve um olhar de tamanha solidão em nenhum rosto humano como no dela; como se sempre distante da vida, sozinha, obrigada a suportar & a sentir gratidão por qualquer ajuda. Seu corpo incrivelmente pequeno & murcho; os olhos ligeiramente desbotados, as faces encovadas...

Sexta,
20 de agosto

Mrs. Dedman nos convenceu a ir dizendo ser um funeral típico de Sussex & prometendo que os carregadores do caixão estariam usando batas tradicionais.[77] Mas só encontraram seis na cidade; de modo que o plano foi abandonado; Mr. Stacey foi baixado na sepultura por camponeses de preto, dois dos quais conseguiram cair dentro da sepultura ao fazê-lo. Mas os camisões de trabalho de fato existem, como ela provou mostrando o de seu avô, & que belo exemplo de bordado, com um padrão próprio de Rodmell, distinto do das demais cidades. Ele, que agora se senta no banco do passeio do cemitério, usava-o aos domingos. Toda a população masculina da cidade de Kingston saiu da igreja atrás do caixão; os rostos morenos, os cabelos brancos, assomavam dos casacos negros como carvão. Quatro ou cinco garotas magrelas munidas de lenços brancos, que usavam automaticamente, caminhavam na frente – uma pobre coitada levava uma faixa de veludo preto em torno da garganta. Os padres oficiaram com um pesar tão portentoso que eu diria que mesmo agora não devem se sentir à vontade. Ainda com o cenho franzido como uma gárgula, um deles sentou-se em seu táxi, aguardando para retornar a Lewes. O dia estava frio; com uma tempestade ameaçando no céu púrpura. Como de costume, a cerimônia pareceu fria, estranha, insuportável; todos escondendo seus sentimentos naturais & parecendo encenar um papel porque os demais assim o faziam. O caixão era cinza-claro, com coroas de flores presas por cordões. Se a versão católica é mais cálida, não sei; que estranha convenção, essa. Vi um homem atirar um punhado de terra no momento certo. Ficamos sob um teixo, junto a uma grande sepultura. Mas o espírito cerimonioso era completamente ausente. Em nenhum momento nos emocionamos. Depois, a estranheza dos velhos casacos & chapéus domingueiros. Kingston é uma bela cidade, com casas antigas de janelas salientes, & um caminho que levava ao coração da colina. Sinto o domingo agarrado às minhas roupas como o cheiro de cânfora. – Não consigo escrever, como constato envergonhada, ou melhor, divertida.

Quarta, 25 de agosto

Pela terceira vez neste verão, diferente de qualquer outro verão, fui a Londres na segunda, paguei 5/- por um prato de presunto & me despedi de Katherine. Disse um eufemismo ao me despedir: que voltaria mais uma vez antes de ela partir; mas é inútil prolongar essas visitas de despedida. Elas têm qualquer coisa de atropelo & de calma artificial, também, & afinal, visitas não podem anular o fato de que ela ficará fora dois anos, está doente & Deus sabe quando nos encontraremos novamente. Essas despedidas fazem uma pessoa se beliscar como se para ter certeza de que sente algo. Sinto tanto quanto deveria? Serei uma sem-coração? Será que ela também sentirá minha falta? E então, ao perceber minha própria insensibilidade, de repente vem o vazio de não poder mais conversar com ela. De maneira que da minha parte o sentimento é genuíno. Uma mulher que ama a escrita tanto quanto eu é algo raro o bastante, eu acho, para me causar a sensação estranhíssima de ouvir um eco vir da mente dela um segundo depois que eu falo. Depois, existe certa verdade quando ela diz que nesse momento somos as únicas mulheres (devo com modéstia limitar isso ao nosso círculo) com talento o suficiente para tornar interessante uma conversa sobre escrita. Quantas vezes imponho aos outros minha opinião! Quantas vezes, também, fico em silêncio, porque considero inútil falar. Eu disse que a minha personalidade parecia desenhar uma forma como uma sombra na minha frente. Ela entendeu (é um exemplo que dou da sua compreensão) & como prova me disse que achava isso ruim: era preciso se fundir às coisas. Seus sentidos são surpreendentemente perspicazes – fez uma longa descrição de como regar as plantas – coloca-se a mangueira nas árvores altas, depois nos arbustos, depois na reseda. E Murry falou lentamente, "Você está errada, Katherine. A juventude não era assim. Pelo menos estou certo de que a minha não era". Murry jogando tênis o dia inteiro; um casal estranhamente desunido. Ela quer morar numa cidade italiana & tomar chá com o médico. De repente me dou conta enquanto escrevo que eu gostaria de perguntar-lhe que certeza ela tem do valor do seu trabalho. – Mas propomos escrever uma para a outra. – Ela irá me enviar seu diário. Escreveremos? Ela o enviará? Se dependesse de mim, eu o faria, sendo eu a mais simples, a mais direta das duas. Não consigo entender as pessoas que não fazem as coisas óbvias nessas ocasiões. Voltei atrás quanto ao seu livro; irei resenhá-lo; mas se ela de fato desejava isso, Deus sabe. Estranho quão pouco conhecemos nossos amigos. De modo que perdi meu trem; & o que eu mais queria no mundo era apanhá-lo & voltar com L.

Nelly agora irá tratar dos dentes. Nenhuma conversa sobre sua volta ainda. Fui abandonada como resenhista – com certeza pelo *Times*, acredito – & avanço com *Jacob*, que, aposto, termino até o Natal.

Terça
31 de agosto

Último dia de agosto – & que dia! Novembro na cidade sem luzes. Depois, as crianças da escola cantando, & enquanto escrevo, Lottie tagarela sem parar – de modo que não estou no humor. Um céu cinzento detestável – a vida tem muito poucos dias para desperdiçá-los assim. Preciso caminhar para desanuviar nas colinas. Mas antes tenho de me ocupar de Partridge & Carrington. Outro passo foi dado na vida: temos um sócio & uma secretária ao custo de £100. Arriscado, eu sei, mas que sentido tem a vida se não arriscamos? Enfim, demos um passo ousado, & se queremos que a editora sobreviva, melhor que corra um risco ou dois. O rapaz, de 26 anos, acaba de sair de Oxford & tem um corpo soberbo – ombros de carvalho maciço; saúde por todos os poros. Alegres olhos sagazes. Desde George Sturgeon[78] evito os rapazes estúpidos; mas, enfim, P. não tem essa estupidez. Já foi religioso; agora é socialista; a literatura, imagino, não pesa muito: escreveu um ensaio sobre Milton que não impressionou C. Por sorte tivemos tempo bom; sentamos no prado & assistimos Squire & Sassoon jogarem críquete – as últimas pessoas que eu desejaria ver – De alguma maneira a ideia que as colinas sejam vistas por olhos cultos, olhos conscientes, as estraga aos meus olhos. Gostaria que no mundo só houvesse Dedman, Botten & Stacey; pois somente eles povoam os cemitérios. Carrington é ardente, robusta, distraída, agradecida, uma discípula humilíssima, mas com personalidade o suficiente para não ser insípida. Sentia um pouco de vergonha de P., achei. Mas que ombros! que espessura de ossos! É um admirador de L. Bem, que sairá disso? O que devemos publicar? [H. G.] Wells nos pediu para ficar. Que outras notícias haverão? O tempo parece correr à frente, partido em dois pela chegada do correio; & a pilha de livros que tenho para ler! – embora nenhum para resenhar. Um verão frio, desapontador. Terminei Sófocles de manhã – li a maior parte em Asheham.

Quarta, 8 de setembro

Talvez um pouco de egoísmo autoral seja necessário – simplesmente me arrisquei a recusar livros do *Times* & estabeleci condições para o futuro – apenas artigos principais, ou os que eu mesma sugerir. Nenhuma resposta de Richmond, portanto não sei a sua opinião. Mas, claro, longe de ser rejeitada, ele estava respeitando minhas férias, & sugeriu uma lista de vítimas, entre elas Murry & Lawrence, ideia que me causou tremores & calafrios, & me levou finalmente a correr o risco. Nesse momento sinto um risco maior do que anteontem, pois Lytton, Mary, Clive, vieram para cá ontem, discutiram a imortalidade; & acho que minha melhor aposta é como autora de cartas. Mas e o pobre *Jacob*? & não seria melhor fazer minha pena correr por páginas que pagam o trabalho de uma manhã, nos intervalos entre uma carta & outra? Ah, a vaidade, a vaidade! como cresce dentro de mim – como é detestável – como juro esmagá-la – Aprender francês é a única coisa em que consigo pensar. Depois Mary não me agradou; perfumada, pintada, os lábios obscenos & os olhos turvos; & a consciência de que é o meu lado cruel que se banqueteia desse lixo; & o ressentimento por ela obrigar-me a me alimentar de lixo; & ela dizendo coisas fortes & depois duras, & eu incapaz de dizer em voz alta "Muito bem, então por que você vem se sentar em meu jardim?". Por que ela vem? E sempre me interrompo "pobre coitada" – porém no caso dela de maneira não muito magnânima. L. durante o chá me esclareceu: M.H. é uma das únicas pessoas de que não gosto, falei. Não: respondeu ele: uma das muitas que você não gosta & gosta alternadamente – O pão não tinha crescido – eu estava preocupada esta manhã com as crianças da escola; & odeio que as pessoas comparem isso para desvantagem de Asheham – M.H., de novo. Lytton me deu uma lição de simplicidade. Se alguém tem o direito de falar de imortalidade é ele, com suas nove edições & por aí afora. Mas quando L. lhe disse severamente que quanto a isso ele não tinha a menor chance, ele não estreitou os olhos, remexeu as mãos ou nada do tipo, apenas permaneceu calmo & animado. Foi uma conversa divertida. Até que ponto nosso grupo faz jus à sua promessa? Lytton afirma que nós somos tão notáveis quanto o grupo de Johnson, embora nossas obras possam perecer – porém estamos ainda apenas começando nossa obra. Então veio aquela sobre Madame de Sevigné: então Duncan teve sua chance; comparei *E.[minent] V.[ictorians]* com Macaulay, & achei que Lytton talvez não estivesse tão certo quanto ao *Victoria*. Maynard disse, entretanto, que deverá se sair ainda melhor; & de fato é mesmo melhor. Muita conversa sobre a *Athenaeum*; Lady Blessington; o que planejamos editar; antes que fossem embora. Lytton vem na sexta. Afinal, não é ele o mais destacado de nós? E agora posso sair & olhar os *downs* – onde?

Quarta,
15 de setembro

Falando nisso, suponho que já examinaram todos os órgãos de Nelly & que a declararam saudável à exceção dos dentes. De modo que aquele meu palpite parece ser o certo; – mas confesso que não estou ansiando pelo inverno. O fato é que as classes baixas *são mesmo* detestáveis.

Parte dessa reflexão devo a Lytton que esteve conosco de sexta a terça, & agora que veio a chuva, observo maldosamente, está com os Hutches [St. John e Mary Hutchinson] em Wittering (que jamais Mary torne a escurecer a minha porta ou lançar uma sombra no meu jardim, observo) – Isso também veio de Lytton – é resultado de caminhar pelas planícies com ele, num fim de tarde brilhante, depois subir pela fazenda de Northease até os *downs*. Sua admiração por esse lugar compensou todas as depreciações. Mas veja quantos pequenos fatos, frases, pontos de vista recolhi dele – que Mary não gosta de mim "muito feminina", que Clive é um bufão, que as classes baixas são vulgares & estúpidas, que os Selby Bigg são uns inúteis & pretensiosos, que só nós nos salvamos – mas que o mundo é muito divertido & prazeroso, no geral a alta sociedade é agradável, "as mulheres essenciais"; & acredito que exista nele uma ou duas dúvidas quanto ao valor das suas obras em relação às que criam um mundo próprio. Então "A vida é muito complexa" – isso murmurado, como se fosse algo íntimo, referindo-se às dificuldades dele mesmo, que eu tinha explicado na Estrada Romana.[79] Uma repetição de Nick & Barbara. C.[arrington] vai morar com P.[artridge] até o Natal, depois tomará uma decisão. E caminhamos até Kensington, conversando, & voltamos pelas planícies, conversando. Tirando as sombras que o atravessam & o irritam, agora ele é uniformemente afável & se esforça à mesa – de modo que algo está sempre à espreita. À noite tivemos os primeiros dois ou três capítulos de *Victoria* – Desgraçadamente duas vezes fui dominada pelo sono, graças à nossa lareira; mas a vivacidade do texto é tamanha que nos faz esquecer se é bom ou não. Não sei que qualidades possui. Desconfio que dependa demais das citações divertidas & receie demais o tédio para dizer qualquer coisa fora do padrão. Não é absolutamente um livro reflexivo ou profundo; por outro lado, é um livro com uma composição & homogeneidade notáveis. Duvido que aqueles retratos sejam verdadeiros – se esse não é em larga medida o modo convencional de se tratar a história – Mas creio que estou influenciada pelos meus próprios desejos & espírito experimental. Um milagre em termos de condensação & composição, suponho. Mas o leremos quando estiver pronto. Abençoada pelo bom tempo, pude olhar pela minha janela, através das folhas das videiras, & ver Lytton sentado numa cadeira de jardim lendo Alfieri num lindo exemplar de pergaminho, procurando as palavras obedientemente. Estava com seu chapéu branco de feltro & os trajes cinzentos de sempre; comprido & afunilado como sempre; parecendo tão suave & tão irônico, a barba recém-cortada curta. Como sempre, tive várias impressões: de suavidade, de uma honestidade gentil mas inflexível; de velocidade como de um raio; de qualquer coisa de rabugento & minucioso; de algo incessantemente vivo, sofrendo, refletindo humores. Ainda é capaz de se recolher daquela maneira arrogante que costumava me irritar; ainda de se mostrar superior a mim, desdenhar de mim – da minha moralidade, quero dizer, não do meu intelecto. Para meu encorajamento, devo dizer que elogiou *A viagem* espontaneamente, "*extremamente* bom" assim lhe pareceu ao relê-lo, principalmente a sátira dos Dalloway. *Noite & dia* considera melhor, no geral. Bem, sou capaz de caminhar & falar com ele por horas.

Deveria ter aproveitado melhor o meu desligamento das resenhas. Quando enviei minha carta a Richmond, senti-me como alguém solto ao ar livre. Agora escrevi outra no mesmo espírito para Murry, devolvendo Mallock; & acredito que seja o último livro que um editor irá me enviar. Ter me libertado aos 38 anos de idade me parece um belo golpe de sorte – que chegou bem a tempo, & graças é claro a L., sem cujo jornalismo eu não poderia me livrar do meu. Mas acalmo minha consciência com a crença de que um artigo ou outro por semana vale muito mais, dá menos trabalho & rende mais do que meu trabalho; & com sorte, se eu conseguir produzir meus livros, um dia seremos bem remunerados. E, encarando os fatos, o público leitor é um suplício bem maior que o público dos jornais, de modo que não estou fugindo da responsabilidade. Agora, é claro, mal posso acreditar que um dia escrevi resenhas semanalmente; & que os suplementos literários perderam todo o interesse para mim. Graças a Deus, me afastei do mundo da *Athenaeum*, com suas resenhas, edições, almoços & papo-furado – gostaria de nunca mais conhecer nenhum escritor. A proximidade de Mr. Addison, renomado editor de *The Field*, para mim é suficiente. Gostaria de conhecer montes de pessoas imaginativas, desinibidas, não literárias, que nunca leram um livro na vida – Agora, embaixo de chuva, vou até [Christopher] Dean, para falar da porta do depósito de carvão.

Sexta,
17 de setembro

Ah, ainda essa chuva – o verde que vejo pela janela tem um tom sulfuroso – talvez o sol da tarde esteja se pondo atrás de Falmer – mas a chuva chove tanto que bate os ásteres contra o chão & encharcam L., quando vem & vai do banheiro. Mesmo assim fomos a Lewes – de trem, & voltamos a pé com mochilas. Comprei dois pares novos de meias-calças, L. uma escova de cabelo. Encontramos Mr. Thomas na parada do trem.

Um tempo daqueles! disse Leonard.

"Realmente! Com toda a certeza. Mas veja o senhor, estamos no outono. E o mar fica a apenas três milhas & meia de distância daqui." Isso ele disse com nervosismo & precipitação, como uma criança; & então veio com suas medições, cuja fama já alcançou Rodmell: caíram 250 toneladas de chuva na outra noite. Mas a colheita está recolhida. Que outras notícias? L. apanhou um morcego em nosso quarto & o matou com uma toalha. Achei que o limoeiro estivesse caindo sobre nós na noite passada. Fomos despertados por um trovão. Lottie passou a noite em Charleston. Escrevo isso como se fosse minha última chance. Eliot chega amanhã. Não estamos ansiosos: mas é interessante, & isso é sempre alguma coisa. Cheguei na festa em *Jacob* & escrevo com grande prazer.[80]

Domingo,
19 de setembro

Apenas o piso me separa de Eliot. Nada mais que tenha forma de homem ou mulher é capaz de me perturbar. O estranho em Eliot é que seus olhos são juvenis & cheios de vida enquanto o formato do rosto & a forma de suas frases são formais & até mesmo pesados. Muito à semelhança de um rosto esculpido – sem lábio superior: formidável, poderoso; pálido. Mas aqueles olhos cor de avelã parecem escapar do resto dele. Conversamos – sobre a América, Ottoline, a aristocracia, o trabalho editorial, Squire, Murry, a crítica.

"E eu me comportei como um boçalzinho pomposo & pedante" foi um de seus comentários sobre suas maneiras em Garsington. Ele decididamente pertence à geração depois da nossa – eu diria superior – ainda que mais jovem.

Segunda, 20 de setembro

Continuando com Eliot, como se isso fosse uma observação científica – ele partiu ontem à noite logo após o jantar. Melhorou à medida que o dia avançava; riu mais abertamente; tornou-se mais simpático. L., cuja opinião nesse assunto eu respeito, achou-o decepcionante em termos de intelecto – menos poderoso do que esperava, & com pouco jogo de cintura mental. Consegui não ir a pique, embora tenha sentido as águas subirem uma ou duas vezes. Com isso quero dizer que ele renegou completamente minhas pretensões a escritora, & se eu fosse fraca, suponho que teria afundado – senti tanto ele quanto suas opiniões dominantes & subversivas. Ele é um espécime consistente do seu tipo, que é o oposto do nosso. Infelizmente os autores vivos que ele admira são Wyndham Lewis & Pound – Joyce também, mas sobre esse há mais o que dizer. Conversamos um pouco depois do chá (deixarei os Mayor para depois) sobre sua escrita. Desconfio que há nele muito de vaidade oculta & até mesmo de ansiedade nessa questão). Eu o acusei de esconder propositadamente suas transições. Ele disse que as explicações são desnecessárias. Se as incluímos, diluímos os fatos. Devemos senti-los sem quaisquer explicações. Minha outra acusação foi que é necessário um espírito rico & original para que essa escrita psicológica tenha algum valor. Ele me disse que se interessava mais pelas pessoas do que qualquer outra coisa. Não consegue ler Wordsworth quando Wordsworth trata da natureza. Tem uma queda pela caricatura. Ao tentar definir o que ele queria dizer ("não estou falando de sátira"), naufragamos. Quer escrever uma peça em versos em que atuem aos quatro personagens de Sween[e]y. Sofreu alguma espécie de transtorno pessoal depois de "Prufrock",[81] que o afastou da sua inclinação – desenvolver-se à maneira de Henry James. Agora deseja descrever externalidades. Joyce trata da interioridade. Seu romance *Ulysses* apresenta a vida de um homem em dezesseis incidentes, todos transcorridos (creio eu) em um único dia. É, até onde ele pôde ler, extremamente brilhante, segundo disse. Talvez tentemos publicá-lo. Ulisses, de acordo com Joyce, é o maior personagem da história. O próprio Joyce é um homem insignificante, com óculos muito grossos, meio parecido com Shaw na aparência, enfadonho, autocentrado & totalmente confiante. Há muito o que se dizer de Eliot em diferentes aspectos – por exemplo, a dificuldade de se relacionar com pessoas inteligentes – & por aí vai – a anemia, a inibição; mas por outro lado seu espírito ainda não está nem embotado nem indistinto. Deseja escrever em um inglês preciso; mas se apanha cometendo deslizes; & se alguém lhe perguntasse se realmente estava falando algo a sério, seria obrigado a dizer que não, com grande frequência. Ora, em tudo isso L. se saiu muito melhor que eu; mas não me importei muito.

Domingo,
26 de setembro

Mas creio que me importei mais do que deixei transparecer; pois, não sei como, Jacob parou, & ainda por cima no meio daquela festa que vinha me agradando tanto. A chegada de Eliot nos calcanhares de um longo período escrevendo ficção (dois meses sem intervalos) me deixou apática; uma sombra caiu sobre mim; & o espírito quando envolvido na ficção deseja toda a audácia & toda a confiança que tem. Ele não disse nada – mas pensei que o que estou fazendo provavelmente está sendo melhor feito por Mr. Joyce. Então comecei a me perguntar o que estou fazendo: a desconfiar, como de costume nesses casos, de que não tracei meu plano com clareza suficiente – daí esse definhar, queixar-se, hesitar – sinal de que estamos perdidos. Mas acredito que a causa disso são esses meus dois meses de trabalho, uma vez que agora estou dando voltas em torno de [John] Evelyn,[82] & até mesmo escrevendo um ensaio sobre as mulheres, para contrapor a visão negativa de Mr. Bennett noticiada nos jornais.[83] Duas semanas atrás compunha *Jacob* incessantemente em minhas caminhadas. Que coisa estranha, a mente humana! Tão caprichosa, sem fé, assustando-se infinitamente com as sombras. Talvez no fundo sinta que estou sendo superada por L. em todos os aspectos.

Passei a noite em Charleston; & tive uma visão vívida de Maynard à luz do lampião – parecia uma foca empanturrada, o queixo duplo, o lábio vermelho protuberante, os olhinhos pequenos, sensual, brutal, sem imaginação: uma dessas visões que vêm de uma postura ao acaso, & desapareceu assim que ele virou a cabeça. Mas suponho que ilustra algo que sinto a seu respeito. Depois, ele não leu nenhum dos meus livros – Apesar disso me diverti: L. chegou no dia seguinte & não me encontrou com ânimo suicida nem homicida. De bicicleta voltamos para casa depois de um inconveniente chá antecipado – no horário de Charleston, inventado por Maynard, ou seja, uma hora antes do horário de verão. O horário de verão, aliás, foi prolongado por um mês, devido à ameaça de uma greve que não acho que acontecerá. Mas que sei eu? – não consigo entender os editoriais do *Times*. Eliot me enviou seus poemas & espera que mantenhamos contato durante o inverno. Esse foi um tema de muita discussão em Charleston; & a sós, com N.[essa] & D.[uncan], quero dizer, revelei minha intenção de não tratar mais com M.[ary] H.[utchinson] Eles concordaram, acho. N. expôs mais motivos pelos quais eu deveria me afastar.

Um dia quente de verão; quente demais para arrancar ervas-daninhas ao sol. L. está limpando o grande canteiro. Lottie parte amanhã. Nelly supostamente está recuperada. Sem dúvida Richmond tem alguma coisa a ver com isso.

Sexta,
1 de outubro

Aqui estamos nós no último dia; as caixas com maçãs abertas – este livro deixado de fora por engano, de modo que aproveito a oportunidade – Sim; sem dúvida o melhor verão até agora, apesar do tempo execrável, da falta de banheira, de uma só criada & um banheiro ao ar livre, no fim de uma trilha tortuosa. Com esse veredito nós dois concordamos. Esse lugar é encantador, & apesar de eu em meus momentos de inveja haver patrulhado & analisado cada uma das outras casas, decidi que no geral esta é a melhor. Até as vozes das crianças da escola, se imaginarmos que são como gritos de andorinhões & martinetes nos beirais, alegram em vez de irritar. Agora nós lhes damos maçãs, recusamos seus *pence* & pedimos que em troca respeitem o pomar. Elas já limparam diversas árvores. Como eu digo, o tempo voou, & estamos de volta antes mesmo de termos chegado. Nelly, falando nisso, voltou. Devo me esforçar para não dizer nada desagradável, ainda que seja minha tendência. Afinal, não tem educação... existem desculpas.

Não escrevi nem li nada desde segunda, graças à ameaça de uma dor de cabeça. Foi isso, & não Eliot imagino, que interrompeu *Jacob*. Muito devagar o poço, tão seco semana passada, parece voltar a se encher.

Eu poderia inventar novamente – Mas antes preciso escrever "Evelyn", depois, talvez, as "Mulheres". Creio que Richmond aceitará tantos artigos meus quanto forem necessários – Murry, reparo, não respondeu nada; nem publicou nem devolveu meu conto.[84] São essas as maneiras do submundo – o que eu chamo de "exibir-se"? Não tem muita importância. Recebi o balancete de Gerald esta manhã – um pouco frustrante, achei – vendi quinhentos desde janeiro – totalizando 1.600; isto é, em oito meses. Agora irá arrefecer & se arrastar bem devagar até os 2 mil. Não me importo muito – mas cada vez mais tenho minhas dúvidas se ganharei o suficiente com isso um dia. Rowntree brigou com a *Contemporary* & comprou o suplemento de L., encerrando-o. Perdemos £250 por ano – & esta é a pior parte da questão, pois o suplemento não valia muito na forma que tinha. Apesar disso nos sentimos livres – & portanto especulamos sobre viajar – Itália, Grécia, França – Enfim, reviramos o cérebro – Por que não instalamos Partridge, deixamos a Hogarth & vagamos por aí? Nessa – eu já falei? – inventou de instalar o Major Grant & seu equipamento no sótão & assim se livrou das cozinheiras.[85] Todas as casas serão administradas assim daqui a alguns anos. E agora está abrindo: céu azul com pingentes de gelo. Preciso ir ver Mr. Botten para que envie a manteiga. Um dos encantos de Rodmell é a vida humana: todos fazem as mesmas coisas nas mesmas horas: quando o velho vigário toca os sinos por engano depois do serviço religioso para as mulheres, todos escutam, & sabem o que está acontecendo. Todos estão em seus jardins & as lâmpadas estão acesas, mas as pessoas gostam da última luz do dia, que na noite passada foi castanho-arroxeada, carregada com toda essa chuva. O que quero dizer é que somos uma comunidade.

RICHMOND

Segunda, 18 de outubro

Foi um longo intervalo, & talvez eu não o preenchesse caso não tivesse acabado de voltar do Club & não conseguisse fazer mais nada. Porém voltamos há dezessete dias, vimos muita gente, & pensamos em mais coisas do que existem palavras em minha mente para nomear: L. entrou agora & me contou que Rowntree quer repensar a morte do *Suplemento*; quase com certeza irá mantê-lo, com uma equipe reduzida. Temo que não fiquei feliz; pois aqui estamos nós amarrados mais uma vez, & L. aceitou £200 em vez de £250; & não há nenhuma possibilidade da Itália. Discutimos, & ouvi que meus temores são tolos; & eu diria que são mesmo. É que às vezes me assusta pensar na facilidade com que L. é capaz de se dedicar a uma causa. Faço o máximo para arruinar sua carreira.

Quem vimos? Os de sempre, Nessa & Duncan, os Strachey, os Stephen, Ka, os Arnold Foster, – Kot também, que veio nos entregar Tchékov & ficou tão empolgado com esse & outros projetos que sua voz tinia como uma rabeca, em vez de ressoar solenemente como de costume como um barril cheio de cerveja. Nós nos lançamos à toda no trabalho da editora. Partridge – devo chamá-lo de Ralph – está fazendo girar a roda com seu ombro de boi & pretende fazer um trabalho "arrasador". Vamos publicar *Three Stories* de L.: meu livro (impresso como um experimento por McDermott);[86] & temos em vista Tchékhov, Eliot, Roger, provavelmente os ensaios de Lytton; & agora o pedantezinho do Mervyn A.F. quer nos contratar para editarmos suas "rimas" – que devem ser ruins, mas é divertido vender nossas habilidades.

Segunda, 25 de outubro (primeiro dia do horário de inverno)

Por que a vida é tão trágica; tão parecida com uma pequena faixa pavimentada sobre um abismo? Olho para baixo; sinto vertigem; não sei se um dia conseguirei andar até o final. Mas por que sinto isso? Agora que disse, não sinto mais. A lareira está acesa; vamos ouvir a *Ópera do mendigo*.[87] Só que isso paira a meu redor; não consigo manter os olhos fechados. É uma sensação de impotência: de não realizar nada. Aqui estou sentada em Richmond, & como uma lanterna no meio de um campo, minha luz se eleva na escuridão. A melancolia diminui à medida que escrevo. Por que então não escrevo sobre isso com mais frequência? Bem, a vaidade impede. Quero parecer um sucesso até para mim mesma. No entanto não é esse o fundo da questão. É não ter filhos, morar longe dos amigos, não conseguir escrever bem, gastar demais com comida, envelhecer – penso demais nos porquês & nos quês: demais em mim mesma. Não gosto que o tempo bata as asas ao meu redor. Bem, então, ao trabalho. Sim, mas logo me canso do trabalho – não consigo ler mais do que apenas um pouco, uma hora de escrita é o bastante para mim. Ninguém vem para cá passar o tempo de bom grado. Se o fazem, me irrito. O esforço de ir a Londres é grande demais. Os filhos de Nessa crescem, & não posso recebê-los para o chá, ou ir ao zoológico. Os trocados não permitem grande coisa. Porém estou convencida de que essas coisas são todas triviais: é a vida em si, assim penso às vezes, que para nós da nossa geração é tão trágica – nenhuma manchete de jornal chega sem o grito de agonia de alguém. McSwiney esta tarde & a violência na Irlanda;[88] ou então será a greve. A infelicidade está em toda parte; logo além da porta; ou a estupidez, o que é pior. Mesmo assim não arranco esse espinho de mim. Escrever *O quarto de Jacob* reanimará meus nervos, sinto isso. "Evelyn" está terminado: mas não gosto do que escrevo agora. E apesar de tudo, como estou feliz – não fosse a sensação de estar numa faixa pavimentada pairando sobre um abismo.

Quarta,
10 de novembro

Fui um pouco mais longe na faixa pavimentada sem cair. O trabalho me fez apressar o passo, & depois, fazendo um esforço, comprei um casaco & uma saia, & comecei minha temporada social do inverno na Mrs. Samuel Bruce, mais uma vez entre Katie & Elena, mais uma vez ouvindo as mesmas coisas & dizendo as mesmas coisas. Nelly Cecil passou a noite conosco, honesta, humilde, desmazelada, distinta. As únicas pessoas de quem gosta são os escritores; despreza um pouco seus próprios amigos. De la Mare & Mary Coleridge ela respeita. A sala de Nessa na Gordon Square está se tornando o que a sala de estar no 46 era cinco ou seis anos atrás. Vou até lá & encontro aquele brilho surpreendente no coração das trevas. Julian entra com sua lição de francês; Angelica com um colar de contas, de cavalinho no pé de Roger; Clive cor de clarete & amarelo como um canário; Duncan vago ao fundo, sentado de pernas abertas numa cadeira, observando com olhos desfocados um tanto indistintamente. Depois jantamos com Roger, & os Sturgeon, & no geral às vezes sinto que não ter um refúgio aqui seria algo ruim – não sei. Ralph acena com o plano de dividir uma casa em Londres conosco – o que é tentador para mim, em certos dias. Nós três compusemos o conto de L. esta tarde. Ando escrevendo para terminar meu livro; & nem uma palavra de *Jacob* foi composta ainda; & preciso preparar um capítulo para o Clube de Memórias; & assim, apesar de não resenhar, não faço o que planejo. Em casa agora tudo corre muito bem;

melodiosamente até. Não tomei o chá com a manteiga de Nelly? os dias voam como sempre; & estou escrevendo um conto para perguntar por quê...

L. trabalhando num livro para Snowden: resenhando sem parar além disso; nenhuma notícia ainda de Rowntree em relação ao supl. o que me faz lembrar a confusão em que me meti por causa do Evelyn na semana passada. Quatro erros em quatro colunas.[89]

Sábado, 13 de novembro

Mais uma vez este livro anda maltratado; & esqueço quais são minhas desculpas – nenhuma vontade de escrevê-lo é a principal, imagino. Agora que terminei *O banquete* [de Platão] talvez melhore. Os Waterlow jantaram aqui ontem à noite – Dawks era o retrato de um extraordinário pinto, guinchante, sem cintura, de preto, prestes a parir um filho.[90] É uma mulher persistente & pertinaz, que se mantém de pé por força de vontade. A beleza não sorriu para ela. Mais tarde queixou-se comigo de sua insatisfação – de como se sente pequena insignificante sem sentido. Esbocei um plano de sua vida que não corresponde aos fatos. Sydney trovejou ao fundo que ele também se sentia infeliz – "claro que estou infeliz – não estamos todos infelizes? – não é inevitável, ao ver que nenhum de nós tem um projeto de vida satisfatório?" Essa busca por um projeto veio de morar com Murry, que busca um com grande esforço, caçando-o nas colunas da *Athenaeum*, motivo pelo qual Roger rompeu relações com ele – & isso nós também discutimos, & de como ele expulsou Dawks da casa. Ri muito, & me alegrei com a insatisfação deles. Molly & Desmond parecem estar mais seriamente endividados do que eu imaginava; & deram um jeito de manter os credores longe hipotecando a vida da velha Mrs. MacCarthy. A pobre Dawks, que conta mais ou menos com

£1.600 por ano, reclama do comportamento de John, que estraga seu dia completamente. De modo que eles levam as crianças ao zoológico nos domingos – Um casal envelhecido – o tipo errado de união. Sem romantismo – terrivelmente sem romantismo.

L. agora está traduzindo Tchékhov, & eu devo começar a fazer minha parte, suponho.[91] Ralph vem duas vezes por semana mais ou menos, um rapaz indomável, talvez um tanto dominador; adora dançar; na flor da saúde; um cérebro saudável. Descreveu um bordel na outra noite – que, depois do fato, ele & a garota se sentaram diante da lareira & conversaram sobre a greve dos mineiros. As garotas desfilaram à sua frente – foi o que o agradou – a sensação de poder.

Terça,
23 de novembro

Estamos vendo gente demais para eu descrever, se tivesse tempo para isso. Vivi as duas últimas semanas metodicamente, imprimindo até o anoitecer, permitindo-me um dia de folga, organizando bem as coisas; de modo que a minha faixa pavimentada (guardo essa frase para *Jacob*) se alarga. Ah, mas briguei com Nessa & Duncan! Finco o pé na minha dignidade. Eles escolheram me contar mentiras – muito bem, só me aproximo se me convidarem. Será que irão perceber? Não naquela algazarra de crianças &c.: mas estou alegre & inteira, & consciente do imenso valor das minhas visitas. Hope veio passar o fim de semana – as roupas exageradas, demasiado arrumada, perfumada demais, extravagante, mas com um nariz grosso, tornozelos grossos; pouco sofisticada, enfim. Isto é, gosto muito dela & a considero muito inteligente; mas não gosto de mulheres ao mesmo tempo vaidosas & pouco confiantes. Isso se explica facilmente – o pai rico & inculto, o irmão um militar empertigado; riqueza; saúde; Jane dominando;[92] & a avidez, como uma avidez por pasta de amêndoa, pela fama. Apesar disso conversamos muito bem juntas; & apesar disso escrevi (uma resenha de Lawrence me chegou num sobressalto). Por que me desagrada tanto a crítica desequilibrada – as tolices sobre Edith Sitwell & Fredegond? Como quando Ottoline enche a prateleira da lareira com quinquilharias. A velha Gumbo com seu sobretudo marrom, espontânea & enérgica, destacava-se muito ao lado dela. Mas estou exagerando seus defeitos. Ela é inteligente e sutil, & ainda que talvez não tenha muita generosidade, não estou certa de que as pessoas inteligentes a tenham. Depois ontem Bob veio tomar o chá, inquieto como um cachorro que foi espancado depois de roubar um açougue, por ter vindo sem ser convidado, & a cada dez minutos oferecia-se para ir embora & nos deixar trabalhando. Depois passamos ao drama poético & ele admitiu ter começado a escrever uma nova obra três dias atrás. Seus argumentos sobre a necessidade de escrever teatro clássico, & não moderno, claramente andam sendo usados há muito tempo; & sem pensar pedi que escrevesse prosa. "Antes eu lhe pedir para escrever poesia!" disse ele. Sim, não foi gentil. Apesar disso parecia menos anguloso & mais atencioso & relaxado do que de hábito, embora L. tenha detectado uma dor em seus olhos – herança de Gladys Deacon, quem sabe. Gosto dele por elogiar outros escritores de maneira tão espontânea – sem considerar a sua própria posição. Elogiou a crítica literária de Eliot, que, segundo ele, arrancara toda a confiança que tinha no drama poético.[93] Não duvido que sob as cotovias de Leith Hill ela logo voltará a florescer. O seu bordão mais divertido era sobre Norton. Ao escutar Bob suspirar & pisar com a delicadeza de um hipopótamo segurando a respiração poderíamos pensar que Norton é um maníaco suicida. A verdade parece ser que "mas você precisa dar um desconto no que digo – é muito difícil saber a impressão que estou causando – mas precisamos dizer algo aos amigos, & eu *acho* que tudo ficará bem agora; se conseguirmos atravessar as próximas semanas...". A verdade é que ele desistiu da matemática claramente por causa do conselho de Craig, sente-se humilhado, o pobre diabo, & não ousa encarar os amigos, quero dizer, Gordon Square.[94] Acho que consigo achar a origem dessa crise lá atrás; sua capacidade não se provou exatamente a que ele achou ser; preocupações; pressão; depressão; antever o fracasso; a ideia de vanglória; o medo do ridículo – tudo isso, & depois sua aparência que não o ajuda com as moças, a morbidez em relação ao sexo, que obviamente não é seu ponto forte, culminaram em uma espécie de colapso ante os joelhos maternais de criada da boa Bessy. Lá se agarra ele ainda, com medo de se mostrar, sem perspectivas, um homem que confiou inteiramente no intelecto & se guiou por ele, dado a desprezar, rejeitar, & clamar tacitamente para si em virtude da matemática uma elevada posição que não pôde alcançar, & jamais poderá, suponho. (Cito Maynard.) Além disso, que egoísta; incapaz de enxergar outro rosto que não o seu próprio; & sempre criando uns relacionamentos tão árduos entre ele & os outros. Bem, que pobre criatura, pois tenho pena dele & conheço seu caso a partir do meu próprio passado; traduz contos do francês & dizem que Posonby lhe encomendou um livro. Posso imaginar o tipo de humilhação que deve estar sentindo, & como deve estar buscando nesse inverno algum método possível para o futuro. Aqui chega L. & não posso continuar & falar sobre o Clube de Memórias!

Domingo,
5 de dezembro

O Clube de Memórias foi assustadoramente brilhante – quero dizer, eu fui; & Leonard muito mais impressionante & com muito menos esforço; & Morgan muito profissional; & Mary não riu nem uma única vez das minhas piadas. Bem, vou gargalhar das dela na quarta-feira que vem para compensar. Pois aqui estou eu depois de um salto já em dezembro, & só escrevo agora, receio, porque meu cérebro se cansou de ler Coleridge. Por que leio Coleridge? Em parte por causa de Eliot, que não li; mas L. sim, & o resenhou & elogiou ainda por cima. Eliot & Goldie jantaram aqui na outra noite – uma reunião formidável. Um resfriado me deixou desesperada por vinho – nada parecia ter importância. Ri naquela cara de mármore severa & recebi de volta uma piscadela. Como é grande & branca a cara dele ao lado da morena & mutável de macaco de Goldie! A boca retorcida & fechada; nem um único traço relaxado & à vontade; tudo preso, pressionado, inibido; mas uma enorme potência motriz nalgum lugar – & palavra, que concentração no olhar quando discute! Conversamos sobre crítica, & descobri que ele se considera um poeta. Uma risadinha humana lhe cai muito bem, eu acho, & penso que ele deixaria de lado suas maneiras formais de bom grado. Seus detalhes sobre a apendicite do sogro foram bastante precisos. Minha hipótese é que deseja se dissociar dos grupos & nós somos o escape bem-vindo. Depois – o quê? Gerald Duckworth está noivo de Miss Chad – isso conta como novidade? Jantar nos Toynbee, mas não vou falar sobre isso. Do que quero falar? De como estamos dando duro – isso é o que me impressiona neste inverno: todos os compartimentos lotados, graças principalmente à editora. Se vamos conseguir manter o ritmo, não sei. Depois, ambos tão populares, tão conhecidos, tão respeitados – & Leonard aos quarenta, & eu quase, portanto não existe muito de que se vangloriar. No meu coração prefiro os dias anônimos & anódinos da juventude. Gosto dos espíritos jovens; & a sensação de que ninguém ainda é alguém. Isso se refere, com descuido chocante – mas o que você quer? Não posso escrever 2 mil palavras por hora com atenção – ao chá com Miss Hussey na Clifford's Inn. Não sei por que enxerguei minha juventude ali: ela sozinha, uma jornalista, pobre, desmazelada, entusiasmada; & um irmão mais novo entra, para tomar o chá; não muito inteligente, pelo menos não está lançado na vida ainda; estranho; ah, mas tão jovem! Ambos estavam indo ao teatro, como eu & Adrian fazíamos, anos atrás; mas talvez ela seja mais feliz do que eu era. Imagine uma sala assolada pela pobreza; o aquecimento a gás quebrado; margarina; uma mesa; livros, a maioria baratos; uma escrivaninha; nenhum enfeite ou poltrona – (talvez eu tivesse uma) um dia escuro de novembro; no alto de diversos lances de escadas; banheiro, cozinha atrás de uma cortina encardida, compartilhada com outra mulher. Conversamos sobre a necessidade de educação. "Certamente alguma coisa a educação deve conquistar", o irmão gaguejou. Ela não queria saber de nada daquilo – inteligente, & paradoxal, & caprichosa – avançada; mas tudo isso eu perdoo em nome da juventude.

Domingo,
12 de dezembro

Quase fim do ano. Tudo envolto em neve & quebradiço com gelo; as ruas com saliências & escorregadias; as mãos sujas como sempre ficam no frio por algum motivo. Aqui estamos sentados diante da lareira, esperando Roger – cujo livro acabou de sair; como o livro de todo mundo acabou de sair – o de Katherine, o de Murry, o de Eliot. Ainda não li nenhum. Fiquei feliz de ouvir K. ser criticada na outra noite. Mas por quê? Em parte por alguma sensação obscura de que ela faz propaganda de si mesma; ou Murry o faz por ela; & depois que horríveis os contos da *Athenaeum*; porém no fundo do meu coração devo considerá-la boa, pois fico feliz ao ouvir falarem mal dela.

Cenas agora me vêm à mente. Gordon Square na hora do chá – Todos aqueles galhos se retorcendo com tanta fluidez, como o Laocoonte; assim eu os vi do andar de cima no Ralph.[95] Depois Lytton chegando para o chá. No mesmo instante mergulhamos na literatura, mesmo na rua fria. O livro de Eliot – muito "sério" mas muito melhor do que dizem os jornalistas – uma resenha horrorosa de Lynd. "Apesar disso ele é claro & definido – *podado* – não gosta de Milton." – Irá Lytton escrever para o *Nation*? E a Vic?[96] Assim nos apressamos até a porta de Nessa. E Ralph? Bem, eu não me casaria com Ralph – Um déspota. Verdade. Mas o que será de C.? Ela não pode viver comigo indefinidamente – Talvez com ele? A porta se abre, eu entro; as crianças estão ali; sento perto do fogão; Nessa faz desenhos para Angelica. E de volta para casa.

A próxima é Molly Hamilton. Estou ampliando meu círculo, não muito, mas me esforço para aceitar o que é oferecido. Quando aceito, sinto que devo tirar o máximo. Não é por nada que saio para tomar o chá. De modo que ali nos sentamos & tentamos acender um fósforo. "Sou editora assistente da *Review of Reviews* – com um salário de £750!", ela exclamou. E assim a mãe dela pode viver em Londres; & ela está lançada na vida; a pobre Molly pode fazer tudo isso acorrentando-se à escrivaninha. Ali estava a escrivaninha & os livros dispostos como a gente vê numa livraria. O fósforo se acendeu? Sim, creio que sim, em relação à felicidade & aos seres humanos. Tento não pensar se gostam de mim por dizer coisas, nem na impressão que causo; só se as coisas que digo eu realmente penso. Mas com outro ser humano isso é dificílimo – tão suscetível que sou, tão vaidosa. A poetisa entrou – pobre ovo cozido, ovo de pato; ia jantar no Club, estava de saída. Esqueci a primeira vez que vi Molly caminhando pela Strand na noite do Cenotáfio; que cena mais horripilante, como se passada no inferno. Uma rua sem sons; sem trânsito; mas as pessoas marchavam. Claro, frio, sem vento. Uma luz brilhante na Strand; as mulheres gritando Recordem os Mortos Gloriosos & levando crisântemos. O som constante dos pés no pavimento. Rostos que brilhavam, horripilantes – a pobre M. desfavorecida com aquela iluminação. Toquei seu braço; & ela se assustou, como alguém que acorda. Uma procissão fantasmal de gente adormecida.[97]

Domingo, 19 de dezembro

Já vejo que esta será a última página do ano, pois vou à Janet amanhã à noite; janto em Londres numa festa na terça à noite; & viajo para Rodmell na quarta. Não levarei este livro comigo, mas caso tenha vontade talvez escrevinhe uma página & a traga para cá. Preciso dizer o quanto estou feliz, pois numa dessas páginas disse o quanto estava infeliz. Não vejo motivo para isso. Minha única hipótese é que tenha a ver com trabalhar continuamente; escrever o que me vem à cabeça; & jamais deixar nenhum compartimento vazio. Isso não significa que eu não encha os cantos com momentos de ócio. Contemplo o fogo. Formo frases – bem, isso tudo já se sabe. Não posso evitar a desconfiança de que a fama tanto de Mr. quanto de Mrs. Woolf aos poucos aumenta. Isso ajuda a encher compartimentos. Não admira que eu goste de receber cartas de editores: & até ser convidada para me encarregar de Mr. Beresford me agrada um pouco. Ano que vem estarei acima de tudo isso. Arranquei meu ciúme de Katherine escrevendo-lhe uma carta insincera-sincera. Seu livro sendo elogiado em uma coluna no *Lit Sup* – prelúdio dos louvores por vir. Prevejo edições; depois o prêmio Hawthornden no próximo verão. Então eu tinha mesmo meu espinhozinho crescendo dentro de mim, & o arranquei, como disse. Reavivei meu carinho por ela, de alguma maneira; & não me importa, na verdade até gosto. Mas não li o seu livro. O meu livro me parece bastante bom. O de L. parece-lhe (é a minha interpretação) bastante bom. Imploraram para que escreva para o *T.L.S.* Verdade; não fui convidada a escrever para o *Dial*. Lytton foi. Lytton jantou aqui na outra noite; cansado, exausto, com C. & P. desconfio, indo toda noite a Gordon Square & fingindo ter dúvidas quanto a *Vic*. Discutimos o caso de Norton. L., muito leal aos Apóstolos em dificuldades, recusou minha análise irreverente. Falamos de ir juntos para a Itália. Depois teve Roger, numa noite extremamente fria, mas nos empolgamos, & ganhei seu livro [*Vision and Design*] – um livro suntuoso – em troca de escrever 200 endereços. Creio que parece rudimentar em comparação com Coleridge. Imagine a reforma da poesia mediante a descoberta de qualquer coisa científica sobre a composição da luz! Então, de modo característico, ele depositou uma cama, estantes de livros & janelas de vitrais no nosso corredor; o vidro, claro, estava quebrado. Observo que logo serei amordaçada; & meus estragos no rebanho instantaneamente punidos. Sim, Nessa não me deixaria morar ao seu lado por nada no mundo. Sim, & minha resposta é, eu não moraria ali. Agora me vejo tomando meu próprio caminho separado do deles. Um dia desses não reconhecerei Clive se o encontrar. Quero conhecer todo tipo de gente – & conservar apenas Nessa & Duncan, acho. Os Oliver jantaram aqui; Ray sentou-se impassível na poltrona, rotunda, imensa, um pouco rabugenta, ao estilo da Viúva Creighton.[98] Oliver conversou sobre música. Ela é contra questões abstratas num mundo onde existem tantas questões concretas. Quando janta fora, ela relaxa. Uma vida estranha, essa – de acreditar nessa separação entre a realidade & a irrealidade. E assim chegamos ao fim do ano; que para nós é feliz, eu acho. Primeiro porque queremos ir a Rodmell; ver como está o jardim. Adorarei fazer um passeio suave & cinzento. Depois o correio. Depois ler. Depois sentar no canto da chaminé. Caminharei pelas planícies. Levaremos as criadas & garantiremos o conforto, pois, depois de criarmos um plano para elas, ficamos em bons termos. Se me deixar levar, irei convidar gente para ir até lá – depois provavelmente vou me arrepender. Mas isso tudo é embromação & rodeio – não importa – este pobre livro deve aceitar o que lhe vem & agradecer. (Estou usando pela primeira vez meu novo mata-borrão, que L. acabou de me dar.)

Terça,
21 de dezembro

Acrescento um *postscriptum* para observar que este é o dia mais curto do ano, &, anuncia L., o primeiro do inverno. Mas quero anotar essas coisas. Fui a Farnham ontem. Gente suburbana partia de ônibus. Um jovem rapaz voltava da cidade. Uma moça tinha ido às compras. "Teve um dia bom? Deixe-me apanhar seus embrulhos." "Não; pois você poderia sair correndo com eles." Brincadeiras maliciosas. Ah, país terrível! Parece um gigantesco galinheiro. Casas semiconstruídas por toda parte. As estradas estragadas. A urze amarelada & suja. Jantar com as Case. A luz vermelha nas curvas – me leva a dizer "Que romântica a vida dos outros!". De repente começam as canções natalinas. A cena se inunda, claro: Janet só come seu macarrão depois que todos terminam. Depois do jantar sentamos à lareira, com a porta semifechada como de costume. Saiu um camundongo – "Um belo camundongo cavalheiresco", eu falei. Consternação da parte de Emphie. "Mas o que vamos fazer? Estou pensando naquele camundongo. Dá para montar ratoeiras para ratos, mas não para camundongos. Parece uma ruindade." "Ora essa, então arrumem um gato"– "Sim, assim é na natureza, afinal" – "Ou deixe-o em paz" – "Oh céus não. Os camundongos roem livros; além do mais, são tão sujos. Minha nossa, Janet, como queria que não tivéssemos um camundongo!" Perguntam por que K. M. é indecente – "Que besteira, acho", diz Emphie. "O mesmo se poderia falar de lavar as mãos." Biscoitos & chocolate ao lado da minha cama, num paninho branco, & coisas assim. Que mais? ah sim: vizinhos. Veio Miss Leonard. "Um sobrenome que não se ouve com frequência. Mas tem um artesão de botas em Oxford chamado Leonard. Meu irmão mandou fazer um par por lá. A esposa dele não gostou muito oh eh ha ho!" (risadinhas como notas de uma flauta.) "Mr. Minchin escreve resenhas para a *Spectator*"; disse com grande admiração. Parrot é fantástico – Parrot é um embromador. Ah, Parrot – Parrot instalou uma pia na cozinha da frente – Todos criticam Parrot. Emphie encontrou mel no Bat's Corner, algo desconhecido do residente mais antigo.

Deveríamos estar jantando com Nessa &c.: mas isso foi adiado; &, ai ai, estou feliz de estar sentada junto ao fogo – & como poderia fazer isso se morasse em Londres?

1921

Domingo, 2 de janeiro de 1921[1]

(Primeira vez que escrevo 1921. E não deveria fazer isso aqui – deveria ser na primeira página de um caderno novo – mas acabamos de chegar de Monk's, & não consigo me aquietar para nada – preciso tomar um banho e lavar a cabeça instantaneamente.) Quero rabiscar umas anotações sobre a vida social de Rodmell. Conversa com Mrs. Hawkesford.[2] Mulher alegre com uma espinha na ponta do nariz, metida num casaco de arminho sujo. Nós da aristocracia rural nos sentamos juntos; os camponeses iam & vinham pelo salão (da escola) trombando em mim; tudo solene; sem graça – ah como são infinitamente patéticas as "festas" dos pobres! Mas enfim, não tanto quanto as mulheres dos párocos. A primeira coisa que ela me contou, toda inflamada, é que a Russell's tinha enviado um bolo simples em vez de um com frutas. "É assim que tratam você no interior. Não posso viajar 7 milhas só para reclamar. Ninguém em casa gosta de bolo simples, portanto vai ficar intocado. Tive de fazer outro bolo hoje. E às vezes mandam as coisas tão mal-embaladas – & com papel sujo ainda por cima – que tudo se despedaça quando abrimos o embrulho..." Então, sem prefácio, às agruras da vida familiar. Olive em Londres, membro do Forum,[3] não se assenta em nada, ora essa, dá aulas de dança com Miss Barker "*usando* o nome de Miss Barker, é claro. Lady Portarlington vai participar. Mas enfim, não quer se casar, as garotas que seguem esse caminho nunca querem – & como será na meia-idade? É o que eu digo." Depois Bowen. Tem quase dezoito anos mas não quer usar o cabelo preso no alto da cabeça – "O que posso fazer? Não existe vida social para uma garota aqui – nenhuma amiga – Ela ouve Olive falar de Londres. Será a próxima a ir. Se me abandonar, creio que não suportarei. Nunca a enviei à escola para que não ficasse inquieta. Vamos a Brighton. Ela gosta de palestras. Gosta de química. Olive diz que ela precisa ler o *Times*. Não compramos o *Times* – Mr. Allinson [Allison] tampouco. Ele nos empresta as histórias em quadrinhos. Mas ela precisa ler os artigos de opinião, assim poderia conversar com as pessoas. Ora essa, eu mal consigo conversar com as pessoas cultas agora! Ficamos desatualizados. Não vemos ninguém. As coisas acontecem sem que seja do nosso conhecimento." Tinha ido a Londres & se hospedado na casa de amigos em W. Kensington (onde passou a infância) & a casa dava de frente para o Queens [Club Athletic Ground]. "Tinha sempre uma partida acontecendo – ideal, diria eu." Obrigara Bowen a ter aulas de tênis em Tonbridge. "Mas só ficamos lá por quinze dias – não foi o bastante para ela aprender. É tão tímida – As pessoas são tão fechadas em Lewes. Nunca organizam nada. Nenhum campeonato de tênis. Mr. Babington (você sabe, da família de Lord Monk Bretton) tinha uma quadra em Rodmell Place onde Mr. Duberly levava seu pônei para passear. Agora está completamente abandonada."[4] Ofereci livros, tênis & o *Times*. É uma verdadeira desgraça obviamente – & num isolamento desses ainda por cima; uma crueldade para os animais manter uma mulher sem interesses sozinha no interior, exagerando a importância dos bolos. Apesar disso não pode ir a Londres, porque em Londres um pároco depende dos aluguéis dos bancos de igreja.[5] "Eu seria obrigada a fazer visitas. Seria obrigada a ficar apresentável para as pessoas. E só conseguiríamos uma paroquiazinha pobre. Ah nada contra isso – nem contra as pessoas mas é que em sete anos não conseguimos que construíssem uma estrada – é uma pena..."

**Hogarth House
Richmond**

JAN. 1921[6]

Terça,
25 de janeiro

Esperei 25 dias até começar o ano novo; & infelizmente este dia 25 não é o meu 25º, mas o meu 39º aniversário; & tomamos o chá, & fizemos os cálculos dos custos de impressão de Tchékhov; agora L. está dobrando as folhas do seu livro, & Ralph já foi embora, & como acabei de retirar isto [este caderno] da prensa, me disponho a roubar uns minutos para batizá-lo. Preciso ajudar L. & não consigo pensar num início solene. Estou em crise com *Jacob*: quero que termine com 20 mil palavras, escritas num frenesi. E preciso me compor para isso. Amanhã ini[ci]amos o Cock Club;[7] Sanger, Pippa, Molly Hamilton & Sidney [Waterlow] jantarão "ao nosso lado". Lytton pediu para me dedicar *Victoria*, o que me deixa feliz, & solicitei, por vaidade, que coloque o meu nome completo.[8] Depois, caso tivesse tempo, eu poderia escrever um novo capítulo da vida de Clive. A primavera se renovou maravilhosamente. As flores rosadas de amendoeira estão em botão. Os passarinhos inexperientes gorjeiam. Em resumo, ele se desapaixonou & se apaixonou; pensou em fugir com uma espanhola de carro.[9] "Mas, no fim das contas, eu disse a mim mesmo ao recuar, gosto de pensar no meu livro & na minha poltrona. É terrível, terrível. No fim das contas, não consigo renunciar aos velhos amigos." A morena mora no Chelsea, tem carro, não tem marido nem filhos & é bela como uma noite meridional. Ninguém a viu ainda, &, para seu crédito, ela jamais ouviu falar em Maynard Keynes. Especulamos sobre a reação de Mary [Hutchinson]. Pobre periquita – caiu do poleiro ou foi abandonada, para se embonecar & se empetecar na solidão. Depois, estamos justamente na crista de uma onda de Sidney: & que onda solene & pesada; o pobre coração do homem está nublado & túrgido por causa de Murry; que fica em Hampstead promulgando doutrinas sem se importar em absoluto se S. está pensando seriamente em abandonar a mulher & os filhos. "Não tenho um centro sólido. Sou diferente dos outros, & provavelmente mais infeliz."[10] Sim, os olhos de cão de caça dele desfaleceram & quase verteram lágrimas. Colocamos um pouco de juízo em sua cabeça & o tumor inchado estourou. Ele desceu um pouco mais alegre para o café da manhã; & um pouco menos certo do valor da bondade de Murry. No que consiste a bondade de Murry, eu não saberia dizer muito bem. K.M. (como a chamam os jornais) flutua de triunfo em triunfo nas resenhas; porém Squire duvida de seu talento – assim como eu, sinto dizer. Acho que esses pequenos acontecimentos, tão ordenadamente reunidos, não chegam a grande coisa. Eu a li no Club ontem à noite; depois fui com L. ver o Grand Guignol.

Segunda, 31 de janeiro

Acabo de voltar de Tidmarsh, do Club, de Harrison [o dentista], & de perder dois livros no ônibus. Lytton mantém seus livros numa organização impressionante, como livros num palco. Dormimos no Philip noite passada, na fazenda; choveu, é claro; mas dentro estava seco & confortável.[11] Um banho quente, lençóis de linho (ah e que dona de casa estou me tornando!) Pobre Philip – é a impressão que tenho dele – exausto & tenaz, mas sem muita vida por dentro. Está perpetuamente trabalhando, ora paga os trabalhadores, ora cuida de uma vaca com porrigem. Depois do café da manhã caminhamos para ir pagar os lenhadores através das finas árvores verdes, que esmaeciam um tanto misteriosamente, listrando a paisagem com seu verdor. Os lenhadores tinham acendido uma fogueira numa vala & bebiam chá. Depois de volta para a fazenda. As vacas mandam no touro & não permitem seus avanços. Philip nos levou de carro [até Tidmarsh] & nos sentamos na sala de estar, tão sem vida como um aposento vazio. L., bastante deprimido no domingo de manhã & calculando quantas horas ainda restavam, antes do café. Realmente, a noite de sábado foi difícil de suportar. Lytton deslizou para uma indiferença gentil, cansado, deprimido talvez. Acho que Carrington está ficando velha & se comporta de acordo com essa idade. L. contou a história de Murry & nós o rotulamos como uma dessas pessoas que já nascem estranhas. Carrington tinha outras versões das maquinações dele com outros coelhinhos hipnotizados. Porém nem mesmo isso ajudou muito; & a meia-idade – então não tenho 39 anos? – traz, eu receio, essa dependência do conforto & dos livros & das poltronas. Dia seguinte foi melhor, embora é claro que ninguém tem uma [trecho ilegível] em uma casa estranha, & por volta das 11h30 sentia meus olhos ardendo & doloridos de tanto mirar o fogo. Mas foi melhor, sem dúvida. C.[arrington] & R.[alph] diplomaticamente fizeram listas de flores de verão na sala de jantar.

"Você devia ter dedicado *Vic*. a C.", eu falei.

Ah não – não estamos nesses termos, de modo algum.

"Ottoline ficará furiosa."

Sim, ele acreditava que era bem possível.

O original já tinha chegado aqui, & quando comecei a lê-lo não consegui mais parar; ou melhor, tive de me obrigar a parar. Conversa de irmos à Itália na Páscoa com o grupo, mas... Um dos "mas" é a editora. Às vezes penso que L. & eu estamos envolvidos demais nela. E agora, devo aprender russo com ele & Kot? Se ele for capaz de ler em russo para se consolar na velhice, eu ficarei furiosa. Conversa sobre Keats &

Wordsworth & C. & P.[artridge]. Lytton pretende viver permanentemente em Gordon Square; & ele não tem um tostão; & P. é possessivo – Talvez no fim das contas, disse Lytton, fosse melhor não se permitir essas relações. Talvez nossos pais tivessem razão. & assim conversamos sobre nossos pais, & de como Ly [Lady] S. & (o lorde) Lytton & Fitzj. ficavam conversando até as 2 da manhã – mas sobre o quê?[12] Tantas coisas jamais puderam ser ditas, & as restantes foram tingidas pela contenção. Mas estou esquentando a cabeça escrevendo, & não consigo me concentrar em nada, & odeio ter de sair, & juro nunca mais o fazer & só trabalhar, trabalhar, trabalhar...

Sábado, 5 de fevereiro

No fim venceram o ciúme ou a ambição; acabo de ter minha primeira aula de russo & de hipotecar meu tempo ao compromisso de fazer três aulas por semana. L. está murmurando palavras em russo enquanto escrevo. Fiz grande coisa para cumprir minha promessa? Os livros começam a chegar, & se eu conseguir resenhá-los a cada quinze dias será um alívio de *Jacob*. Estou no início da reta final; & é essa corrida em alta velocidade até o fim que se torna difícil de sustentar.

Na quarta tivemos o Clube de Memórias. Clive & Maynard leram textos; ambos elaborados & bem-construídos, Clive sentimental & nostálgico em relação a Mrs. Raven Hill (ele teve um relacionamento com ela dois anos depois de se casar, & pela última vez em 1914. Hoje ela é retardada. Foi uma surpresa para mim. O afeto dela por ele coincidiu com o meu, portanto. Mas ela era hedonista. Ele não estava "apaixonado").[13] Maynard, claro, foi o texto sólido da noite, mas tão extenso que tivemos de ir embora antes do final.[14] Fiquei um pouco entediada com a política & muitíssimo impressionada com o método de construção de personagens. Rosy Wemyss,[15] descendente ilegítimo de William IV, ficou ótimo – assistindo num desespero fingido à conferência que presidia, incapaz de responder pergunta alguma sem que Maynard a rabiscasse para ele. Então Melchior; & sua sala, onde três funcionários recusavam-se a parar de tocar piano. "Fumar só é permitido após as 5", disseram; "Esta é a revolução alemã", foi o comentário de Melchior. "Me apaixonei por ele", disse Maynard, & acho que falava sério, mas rimos. Depois L.G. à mesa, assoberbado pela sua própria eloquência – denunciando a mania de ganhar "ooro" de Klotz, que gesticulava como um sovina recolhendo sacos de dinheiro.[16] Tudo isso foi brilhantemente narrado. Mary estava lá; & observo que é possível gostar mais dela, em parte por ter mostrado que não foge à luta, em parte, talvez, por já não ser mais a amante. Estou em apuros por ter contado isso a Sydney [Waterlow], coisa que fiz deliberadamente, sem malícia, em uma conversa, pensando que não havia problemas. Ah mas que pato é Sydney! Que ideia tem na cabeça, indo parabenizar Clive na frente de todo mundo?

Quarta,
16 de fevereiro

O russo está roubando todo o tempo que eu reservava para este livro [o diário]. Só consigo acompanhar o ritmo de L. correndo o máximo possível. Todos profetizam um final precoce, mas eu sinto como se estivesse presa a um trem expresso. Com Kot & Leonard me arrastando, de alguma maneira preciso seguir adiante. Seis meses nesse ritmo – russo das 12h15 às 12h45, & das 5h30–6, de 9h30–10, & a caminho de Waterloo ida e volta, devem dar algum resultado. Até agora o principal, como já disse, é que deixei de escrever aqui. Vejamos quantas ocasiões deixei passar em branco.

Jantamos duas vezes no Cock, & depois fomos à casa de Hussey – não, Hussey casou-se com o homem mais insosso da Inglaterra – à de Niemeyer; o aquecimento a gás estava quebrado.[17] Nós nos equilibramos em cadeiras duras. Mas a atmosfera era leve & agradável; o jantar modesto, sólido, de certa maneira condizia com nossas roupas. Cada vez mais meu estado de desalinho se acentua. Acredito que isso afete minha escrita – ou vice-versa. O pálido & marmóreo Eliot estava lá semana passada, resfriado, parecendo um contínuo ressequido, encarapitado num tamborete, até se aquecer um pouco. Voltamos a pé pela Strand. "Os críticos dizem que sou culto & frio", disse ele. "A verdade é que não sou nem uma coisa nem outra". Quando disse isso, tive a impressão de que pelo menos a frieza deve ser uma questão para ele.

Depois teve o jantar de despedida de Murry, no n. 46.[18] Clive resoluto & aos berros; Lytton observador & mudo. O resto tal como de costume. Sentei-me ao lado de Murry & deixei-me levar pelos meus preconceitos na primeira metade do jantar. Fazia pose, achei; parecia um mártir angustiado. Contudo, o jantar foi solicitado por ele. Fiquei pensando em como ele nos analisava & nos considerava sem valor. Depois, no final, perguntei de Katherine. Pobre homem!, abriu seu coração. Ficamos conversando depois que todos saíram.

"Mas me faltou imaginação", disse ele. "Não percebi nada. Devia ter entendido. Sempre acreditei que as pessoas fossem livres para fazer o que bem quisessem. Mas ela estava doente, & isso fez toda a diferença. E aquilo não significou nada – absolutamente nada."

Aquilo se referia, claro, sem citar nomes, ao Escândalo Bibesco, de que, segundo dizem, toda a Londres comenta.

"E eu sou louco por Katherine – ela é absolutamente a pessoa mais fascinante do mundo – sou completamente apaixonado por ela."

Pelo visto ela piorou... estará morrendo? Deus sabe. Esse caso parece ter desencadeado uma crise. Ela está desesperadamente deprimida, acha que seu livro é ruim, não consegue escrever; acusa a si mesma; imagino que esteja louca de ciúme. Murry me pediu que escrevesse para ela. Ela se sente isolada, sozinha, esquecida. Com que grande emoção ele falava,, & parecia muito infeliz & ansioso para pedir perdão (teria sido por isso que pediu para nos ver – para provar que aquilo não tinha sido nada?). Gostei dele, senti junto com ele, & creio que não há dúvidas que pelo menos seu amor por Katherine é sincero. Todo o resto não parece ter grande importância, comparado a isso. A versão de Sydney é logicamente bastante exagerada. Fomos para cima & contamos histórias de Ottoline. Desmond foi o ator principal. Seus perfis são muito confusos para o meu gosto. A humanidade talvez se deva tanto à preguiça quanto à bondade. Recusa-se a pensar – parece confiar na sua gentileza natural para navegar pelos seus assuntos pessoais – pelo menos foi essa a minha sensação; & portanto não diz nada que seja muito perspicaz ou empolgante. Em todo caso, quando Lytton & Roger passaram aos fatos, pintaram uma imagem muito mais [esplêndida] vívida. Graças a Leonard, talvez, ou ao meu bom gosto inato, sempre acho o 46 um pouco barulhento & devasso, & não me importei em ter de pegar o último trem de volta para casa. Lytton saiu conosco & foi murmurando seu horror & repulsão pelo corredor. *Nunca mais* jantaria ali de novo. Clive era pavoroso *demais*. L. concordou. Eu também. Pois a verdade é que ninguém consegue falar num tom natural. Clive ficou no telefone com Gavrillana (ou seja lá como ela se chama) por vinte minutos. Havia um envelope endereçado a ela no corredor. Ele se gaba desse caso, que poderia estar se passando na Lua, pelo que acredito. Eu a imagino tão burra quanto uma pérola em um alfinete de gravata.

Deixei de fora montes de pessoas, montes de coisas. Agora estamos pensando em ir à Cornualha na Páscoa, com a trupe de Lytton. Meu livro é uma monstruosidade & eu acordo no meio da noite me contorcendo de horror só de pensar nele. Agora à Dorothy Wordsworth – uma noite calma, para variar. Por algum motivo decidimos jantar fora.

Sexta,
18 de fevereiro

Faz tempo que desejo escrever um estudo histórico do regresso da paz; pois a velha Virginia terá vergonha de pensar que era uma tagarela, sempre falando das pessoas & nunca da política. Além disso, dirá ela, os tempos em que você viveu foram tão extraordinários! Devem ter parecido mesmo extraordinários, até para as mulheres tranquilas que moravam nos subúrbios. Mas na verdade as coisas não acontecem mais em um momento do que em outro. Os livros de história darão a isso muito mais exatidão do que realmente existe. O sinal mais significativo da presença da paz este ano são as liquidações; acabaram agora; as lojas andaram inundadas de roupa barata. Um casaco & uma saia que custavam £14 em novembro agora eram 7, talvez 5. As pessoas tinham parado de comprar, & as lojas tiveram de encontrar uma maneira de se livrar das coisas. Margery Strachey, que está dando aula na Debenham, prevê que a maioria dos lojistas vai pedir falência ainda este mês.[19] Apesar disso continuam vendendo barato. Preço de antes da guerra, dizem. E encontrei um mercado de rua no Soho onde posso comprar meias-calças por 1 xelim o par: o de seda (com pequenos defeitos) por 1 xelim e 10 pence. A cem metros dali cobram de 5 xelins e 6 pence a 10 xelins e 6 pence por produtos iguais, ou parecidos. A comida baixou um centavo aqui, outro ali, mas nossos livros basicamente continuam na mesma. O leite está caro, 11 d o litro. A manteiga baixou para 3 xelins – mas é dinamarquesa. Os ovos – nem sei mais o que são ovos. As criadas de vinte anos ganham salário de £45. E o *Times* me paga 3 guinéus por coluna em vez de £2,2. Mas acredito que você verá todas essas coisas escritas com maior exatidão em outros livros, minha cara Virginia: por exemplo, nos diários de Mrs. Gosse ou de Mrs. Webb.[20] Creio poder afirmar com verdade que ao longo dos últimos dois meses nós empobrecemos perceptivelmente – mas *só* perceptivelmente. Também é perceptível a quase ausência de soldados mutilados de uniforme azul no exterior, apesar de ser bastante comum ver pernas rígidas, pernetas, bastões com ponteira de borracha & mangas vazias. Além disso, na Waterloo [Station] às vezes vejo umas aranhas de aparência terrível se arrastando pela plataforma – homens que são puro tronco – as pernas cortadas rente ao corpo. Não se veem muitos soldados.

Mudando de assunto, Rose Macaulay jantou aqui na semana passada – parecia uma espécie de *sheepdog* magro – destrambelhada – humilde – uma profissional dos pés à cabeça, mas uma intelectual limítrofe. Talvez seja religiosa: talvez mística. Nem um pouco dominante ou imponente: eu diria que observa mais do que imaginamos. Pele clara, olhos místicos. Uma beleza que é como uma lua desbotada: ah & malvestida. Creio que não voltaremos a nos encontrar pois ela mora com Royd[e] Smith, & de certa maneira não se entenderia conosco.[21]

Segunda,
21 de fevereiro

Para preencher um intervalo estranho entre o russo e o jantar, apanho este livro. Preciso comentar sobre a prolongada tarde de primavera – o chá tranquilo à luz do dia – Ralph ainda conseguiu compor oito linhas depois. O livro de Leonard vai para a gráfica no fim desta semana, talvez. Massignham gostaria que eu resenhasse D. Richardson para ele.[22] Isso me diverte & me gratifica um pouco – principalmente porque irei recusar. Jantamos com Roger na outra noite; & vimos que Sydney continua um neófito mesquinho rebelde – ainda recorda seu mestre, em vez de seu pai ou o de Roger. Depois do jantar fomos olhar esboços no ateliê – não é a ocupação mais prazerosa para uma noite fria. No entanto o velho Roger tem um tipo de imaginação que me atrai – espontânea & cálida & autêntica, em contraste com a rigidez judicial de Sydney, que buscava todo o tempo encontrar defeito em nós. Sydney parece melancólico; está ficando grisalho, o que lhe dá um ar distinto. Eu diria que seu rosto já deve ter sido um de seus pesadelos. O espelho, sempre confirmando os Apóstolos.[23] Depois recebemos Quentin & Julian aqui no domingo, levamos Julian de volta para casa com febre, & eu o coloquei na cama. Quentin entrou correndo para ver Angelica; voltou dizendo que ela estava melhor mas muito pálida. Gostei de pensar em todos eles como integrantes da nova geração.

Saxon & Matthew para o jantar: uma combinação de sucesso. Mais uma vez, uma velha mãe tirânica destrói a vida de uma filha.[24] Vejo com que facilidade dizem, logicamente, que a filha precisa cuidar dela – claro que sim, & desistir de seu sonho – só que Genebra... enfim era só um sonho; & agora ela precisa ensinar música em Maida Vale até a velha tirana morrer.

Terça,
1 de março

Não estou satisfeita com o estado de saúde deste livro. E se uma das minhas diversas mudanças de estilo for hostil ao material de que trata? – ou será que meu estilo permanece o mesmo? Na minha cabeça, ele muda constantemente. Mas ninguém percebe. Tampouco sou capaz de dar-lhe um nome. A verdade é que tenho uma escala interna & automática de valores, que decide o que é melhor eu fazer com meu tempo. "Essa meia hora deve ser dedicada ao russo." "Essa, a Wordsworth" ou "agora é melhor eu remendar minha meia marrom".[25] Como cheguei a esse código de valores eu não sei. Talvez seja herança dos meus avôs puritanos. Desconfio ligeiramente do prazer, Deus sabe. E a verdade é que escrever, mesmo aqui, exige que se esprema o cérebro – não tanto quanto o russo, mas enfim, metade da aula de russo passo olhando para o fogo & pensando no que vou escrever amanhã. Mrs. Flanders está no pomar. Se eu estivesse em Rodmell resolveria toda a cena passeando pelas planícies & estaria em ótima forma no que se refere à escrita.[26] Tal como são as coisas, nesse momento Ralph Carrington & [Dorothy] Brett já saíram; estou relaxada; jantamos & vamos até a Guilda. Não consigo me focar como devia para pensar em Mrs. Flanders no pomar. Brett é alegre, rosada, morena, vivaz. Por que a imagino como uma figura abatida junto ao canto da chaminé? Devem ser a insinuações de Ott, suponho. Ela me contou que tem uma visão íntima de Ottoline que nós nem podemos imaginar. A surdez, diz ela, transforma a pessoa em um juiz da verdade, um especialista em rostos.[27] Voltamos ontem de Rodmell; & Rodmell estava toda dourada & ensolarada. O único elemento sombrio era dado pela raça humana. Fomos tomar o chá no presbitério, & encontramos, ai de nós, um salão cheio de mulheres vestidas para a ocasião, entre elas Mrs. Allinson, & Mr. Fisher, & Mr. & Mrs. Shanks. Esse poeta carrancudo, assim nos pareceu (& sua poesia é a poesia de Squire), propõe-se a morar ali na cidadezinha. Nós o encontraremos. Passará por nossa casa. Ai, ai – acabaram meus sonhos & passeios – sempre o risco de que me recordem de edições & direitos autorais, & do que Sylvia Lynd pensa de Tomlinson. Nosso jardim se converte em um jardim suburbano.[28] Qualquer coisa seria melhor do que um poeta – do que um dos poetas de Squire. Eu preferiria o próprio Gerald Ducksworth em pessoa – que se casará amanhã. Está decidido que vamos a Zennor com a turma de Lytton no dia 23, & antes iremos a Manchester. Assim, o verão está aí, & já sinto que me falta tempo. Preciso comprar roupas. & observo com orgulho que acabo de receber £45 da América pelas vendas de V.O. [*A viagem*]. Depois, Violet Dickinson veio aqui para o chá – cresceu uns quinze centímetros, mas de resto continua a mesma; os punhos um pouco ásperos & até sujos; pérolas & esmeraldas ao redor do pescoço; faz perguntas, nunca escuta, rápida, intuitiva, engraçada à sua maneira impulsiva; manobrando entre festas de casamento & a cabeceira de enfermos, & mantendo suas conexões com loucos & instituições, como qualquer mulher da década de 1890. Uma dessas irmãs laicas que saem por aí fazendo caridade & fofocando, quase extintas hoje em dia, suponho; uma remanescente da caridade individual típica do século XIX. Meu livro chegou da gráfica, que acrescentou o toque final de monstruosidade – uma capa marrom. Aqui está ele, aos montes, & não consigo lê-lo por medo de erros, tanto do tipógrafo quanto da escritora. Os contos de L. estarão terminados hoje, salvo uma ou duas linhas. Agora Clive propõe que publiquemos seus poemas.[29]

Morgan vai para a Índia, creio que para sempre. Há de se tornar um místico, ficar sentado à beira da estrada & se esquecer da Europa, que acredito que despreze um pouco. Daqui a trinta anos, talvez apareça novamente, nos lance um olhar divertido & retorne ao Oriente, depois de ter escrito uns poemas ininteligíveis. Aqui ele não tem raízes. E essa notícia me deixou melancólica. Gosto dele, & gosto de tê-lo por perto. Mas provavelmente não o veremos mais. Zarpa na sexta.[30]

Domingo, 6 de março

Mas talvez minha visão de Morgan esteja matizada pela cor das lentes com que o observo. Seja como for, ontem à noite Bob, no Cock, fez tudo parecer bastante razoável & desejável – "uma viagem à Índia é exatamente do que ele precisa – um alívio depois de... bem, sua mãe pode ser difícil às vezes – o adora, claro, dedicada a ele, & ele..." Isso tudo dito no estilo habitual de Bob, insinuando pequenos defeitos & mistérios com um dos cantos da boca & elogiando com o outro.

Tivemos uma noite no Cock na sexta – talvez não muito agradável, apesar de vociferante & ruidosa. Imagino que Marjorie raramente jante fora, & goste da vida social; atira-se de cabeça nisso & vai vestida de rosa-salmão, com saia curta & meias brancas: como todos os Strachey, anula seu esmero premeditado com uns acessos imprevistos – abraça as próprias pernas até vermos... bem, tudo o que há para ser visto. Depois fiquei presa ao lado de Bob; com suas mãos calosas & metódicas ele espremeu meu cérebro até ficar seco. Ele começa tão bem; suas intenções são tão boas; é um homem tão sério & íntegro – o cabelo grisalho nas têmporas lhe empresta um ar de dignidade, além disso – de modo que, no início, me agrada & o admiro.

Ah sim: no final também; & contudo quando vejo o rolo compressor já passou por cima de mim – ele apanha a crítica, digamos, ou o teatro em versos, & ao concluir está tudo bem amarradinho; nada termina iluminado. Tem um modo astuto; mas por que foi se dedicar a uma arte que pede criatividade, abandono & originalidade, eu realmente não sei. A pobre Bobo parecia meio estúpida, em suas próprias palavras: burra seria a palavra certa; ruminava ineficientemente sobre as agruras do mundo. Pobre Betty... pobre sei lá quem, abandonada com um filho bastardo. Depois, não consegue, como diz ela, "encontrar minha forma", se é o realismo, o romance, a comédia, a tragédia. Eu me interessei mais pela pobre Betty, que se tornou um grande fracasso & que, como expliquei, é o que se quer que aconteça com as pessoas.[31] Ela perdeu £200 nas suas peças outro dia (Wilde, Bottomley & Fielding: nenhuma repercussão); não receberam nenhuma resenha, nem elogios; ela não consegue arrumar trabalho, gastou todo o seu dinheiro; está sendo financiada pelos Mayor, mas eles não conseguem transformá-la em uma grande atriz, providenciar-lhe um queixo ou reduzir-lhe o nariz. Ela arde com a mais melodramática das ambições. Não se contentará com nada menos que um grande papel, uma grande plateia & um grande sucesso. Recusa-se a aceitar qualquer outra coisa, deixa bilhetes terríveis na mesinha do vestíbulo para Bobo – que por sua vez escreve peças de teatro, não consegue encontrar sua forma & foi rejeitada por dois produtores teatrais. Não é muito difícil ver por que esse tipo é invendável. Tudo é por demais meloso & sentimental. Ora, na escrita ou em qualquer outra coisa acredito que devemos ser capazes de condensar tudo em uma bola & atirá-la bem na cara das pessoas. Mas elas vagulam & se dissipam.

Nós nos separamos numa ilha de Kingsway: com ela me dizendo, mirando com seus grandes olhos escuros, os cabelos caídos, meio despenteados, porém infinitamente macios – até mesmo sedosos, "Esta noite percebi que devo deixar de escrever", ou algo do gênero. O que ela quis dizer com isso, não sei. Terá sido um elogio para mim? Como me agradaria pensar. Que agradável destroçar a vida inteira de uma pessoa em uma única noite! Mas ela é daquelas que flutuam muito pouco tempo em desespero: está ancorada na amabilidade & na confusão generalizada. Assim como Betty, eu diria, a quem acabo de escrever.

Nessa gostou de *Segunda ou terça* – felizmente; & portanto de alguma maneira o redimiu diante dos meus olhos. Mas agora me pergunto o que os críticos dirão a respeito – daqui a um mês. Tentarei prever. Bem, o *Times* será gentil, um pouco cauteloso. Mrs. Woolf, dirão, deve tomar cuidado com o virtuosismo. Deve tomar cuidado com a obscuridade... seus grandes talentos naturais &c... Exibe o seu melhor na lírica simples, como em *Kew Gardens*. Mal se pode chamar "Um romance não escrito" de um sucesso. Quanto a "Uma sociedade", embora tenha humor, é parcial demais. Apesar disso, ler Mrs. Woolf é sempre um prazer. Depois no *Westminster,* no *Pall Mall,* & em outros jornais vespertinos sérios, serei tratada de forma curta & grossa, com sarcasmo. As linhas gerais serão de que estou me apaixonando demais pelo som da minha própria voz: que o que escrevo não tem muita substância, que sou afetada pela indecência; uma mulher desagradável. A verdade é, espero, que não receberei muita atenção de ninguém. Apesar disso, começo a me tornar conhecida. Agora, L. talvez alcance um sucesso considerável.

Quinta,
10 de março

Mr. Chancellor esteve aqui para tentar nos deixar insatisfeitos com nossa oferta para Suffield – não que seja exatamente uma oferta: estipulamos nossas condições; nós a venderemos por £1400. Agora os Chancellor dizem que num leilão podemos conseguir £1700 ou £1800. Mas isso é questionável; & um exemplo divertido do cabo-de-guerra entre os homens de negócios & das manobras suspeitas que utilizam para se meterem no assunto alheio.

De resto, o que mais? Almocei com Nessa & Duncan outro dia, mas o prazer do momento se estilhaçou quando perdi meu broche romano. Duncan agora tem um grande ateliê como se deve, com uma galeria, um local deserto, muito silencioso, perto de Haverstock Hill, um lugar onde se poderia matar alguém ou se encontrar um cadáver. Eles, porém, estavam muito contentes, tinham ido a Cambridge, assistido à peça grega, visto a palestra de Roger & seus olhos tinham sido presenteados com diversas belezas – pois agora há belezas, & não buscadores da verdade, como na minha época.

Norton está abatido. Bob, é claro, o enredou. Seja como for, Norton pode ir almoçar no 46, & propõe ir morar ali; contudo está desesperado; beirando o suicídio; não consegue falar de mais nada a não ser de si mesmo; & Nessa acha que ficará dando voltas em torno deles como um velho albatroz em decomposição. Sugeriram que veja um doutor[32] que é capaz de horrorizar uma pessoa, mas também de desfazer todos os nós do seu sistema nervoso criados de vinte anos para cá – porém ninguém consegue convencer Norton a ir vê-lo. De modo que Craig segue insistindo que Norton não está apto a trabalhar; & de fato não está mesmo; & agora propõe arrumar um emprego com os Webb. Que mais?

Estranhamente pouco, no que se refere às cartas esta semana, não que eu tenha escrito alguma.

Domingo, 13 de março

Bem, as nossas condições para Suffield foram aceitas, claro; & claro que nos sentimos, ou pelo menos eu me sinto, ligeiramente enganados – um grande absurdo, pois dessa maneira temos garantia de receber o dinheiro, & suponho que num leilão o máximo que teríamos conseguido seria mais £150, imagino. Apesar disso o que me agradou foi a ideia de tentar a sorte na jogatina. Umas pessoas chamadas Turner a compraram, velhas & surdas, algo que parece necessário caso se deseje morar em Suffield.

Jantamos com os Sanger 3AHYEPOB na sexta.[33] Ninguém estava lá, nem chegou ninguém depois do jantar, a não ser Molly [MacCarthy]; & as nossas cabeças grisalhas em torno da lareira me fizeram sentir um tanto envelhecida. Falamos sobre a morte, um assunto delicado para Dora, suponho; uma das morbidezes dela. Não consegue encará-la. Porém, como eu mesma cheguei a essa conclusão aos doze anos de idade, a morte quando chega ao fim de uma doença é completamente diferente da morte que chega quando se está sentado à lareira. Charlie um pouco calado durante essa conversa, como ficam os maridos na maioria das vezes diante da exibição dos complexos das mulheres. Molly estava muito surda, resignada, mas surda só às vezes. Charlie não foi lá muito encorajador quanto ao russo – segundo ele, pelo menos pela literatura dificilmente vale o esforço. Não há mais nada além dos grandes romances, & esses já foram adequadamente traduzidos. Mas eu duvido que um aluno inglês seja capaz de julgar isso. Uma pessoa com o meu gosto literário trancada em uma biblioteca poderia desenterrar tesouros. Em todo caso decidiremos isso quando formos velhos. Falou-se ainda de ir à Rússia no ano que vem – a língua também ajuda a entender a atmosfera dos escritores, tal como ver seu país. E depois Kot será nosso guia; & a vaidade urge. O pobre Kot, tão sincero, & de certo modo ferido, deixou escapar por acaso que Katherine perdeu três livros em manuscrito que ele [falta palavra] das cartas de Tchékhov.[34] Pacientemente ele se dedicou a reescrevê-los mais uma vez. A menos que ela tenha uma excelente desculpa isso me parece uma crueldade injustificável da sua parte. Ela é uma mulher organizada & metódica. Como poderia perder 3 livros emprestados por um homem que ganha o pão escrevendo? Mas ela jamais falou mal de Kot, como ele fala deles.

Agora o ritmo se viu bastante interrompido pela viagem a Manchester na próxima quarta-feira. Voltamos na sexta, depois vamos à Cornualha na quarta. Então o que escrever? O que ler? Rabisquei um artigo para Desmond; amanhã pinto a cozinha de rosa & verde-folha. Não consigo começar Dorothy Wordsworth, nem as viagens de Jacob para o Oriente. Apesar disso, em geral molho a caneta & apanho qualquer coisa.

No que se refere à história, os alemães retornaram à Alemanha. As pessoas seguem sendo fuziladas & enforcadas na Irlanda. Dora descreveu uma missa que durou um dia inteiro em Dublin para algum rapaz infeliz que foi morto na segunda-feira de manhã cedo. O pior é que a tela entre nossos olhos & essas forcas é muito espessa. Com que facilidade esquecemos – ou pelo menos eu. Por exemplo, por que não observar que tocaram fogo na loja das *"maids of honor"* na outra noite?[35] Será uma prova de civilização contemplar o sofrimento à distância – & o que importa é a faculdade de ver que as leis têm importância – a constituição da Tchecoslováquia por exemplo? De todo modo, pouco possuo dessa capacidade.

Eliot vem jantar aqui esta noite, uma vez que sua mulher está numa casa de repouso, o que não lamentamos muito. Mas e Eliot? Será que ele se tornará "Tom"? O que acontece com amizades iniciadas aos quarenta? Será que florescem & têm vida longa? Suponho que uma boa inteligência resista, & que uma pessoa se sinta atraída por ela & a ela se aferre, visto que eu mesma tenho uma boa inteligência. Não que o Tom admire o que escrevo, maldito seja.

Nessa está com uma gripe, leve, & fico feliz em ver o quanto o querido Duncan é solícito, cuidando dela & preocupando-se com ela, como Clive jamais foi. Aquele homenzinho adiou seus poemas para o outono, desejando, eu diria, acrescentar um ou dois em homenagem à sua dama morena. Disseram que a coitada da Moll Hutch. achou a separação insuportável & voltou a ter com ele uma relação platônica; estritamente platônica. Como essa formiga consegue sobreviver a tamanho cabo-de-guerra, & se ele se compraz nessa situação, eu já não sei. Seja como for, ele janta fora todas as noites, "não passei nenhuma noite em casa, suponho eu, desde a noite em que vocês jantaram conosco", gaba-se; & convive com a alta sociedade "que, graças a Deus, ele não traz aqui", diz Nessa. Farejo nela uma certa apreensão com o bem-estar dele. Talvez não seja agradável ver o pai dos seus filhos dissolver-se em pura luxúria & gula & prazer & vaidade. Ela espera, de todo modo, que ele volte a Charleston este verão & escreva seu livro sobre a civilização. As opiniões dele sobre esse assunto estarão alinhadas com a vida que ela leva agora, eu imagino. Será que essa dama lhe ensinou uma nova versão da mesma história? Imagino que quando ele começou a escrever esse livro, quinze anos atrás, era adepto de Moore. Bem, suponho que haja mouros na Espanha.[36] Agora a luz está enfraquecendo (embora só agora eu esteja começando a ficar brilhante) & preciso enfrentar os aspectos [dos verbos russos] & o programa do partido Trabalhista – um dos triunfos de L.

Sexta,
18 de março

Acabo de voltar de dois dias em Manchester. Imaginei-me escrevendo esse relato, como seria bom; quantas coisas eu teria a dizer; mas agora minha pluma me traz apenas o vazio. Bem, não preguei o olho por causa de homens de negócios que conversavam num tom baixo & quase constante no quarto acima do meu até 1h30: acordamos cedo, tomamos o café da manhã & pegamos um trem; então, para casa, atravessando as grandes charnecas rochosas de Derbyshire – charnecas desnudas; o mais estranho dos lugares. Tão solitárias que devem pertencer à Inglaterra do século 18, os vales cortados por um fio d'água que despenca grosseiramente das alturas; grandes trechos de terreno ensolarados & sombrios com rochas nuas contra o céu; & depois uma fileira de casas miseráveis como as de East End,[37] com uma faixa de pavimento & duas chaminés de fábrica incrustadas bem no meio. As casas são todas de pedra, desoladoras, manchadas de fuligem, diferentes das nossas; nem sequer são casas, mas ruas. De repente, no meio de um amplo vale, aparece uma cidade completa – com fábrica de gás, mais fábricas & riachinhos que foram obrigados a correr sobre degraus de pedra para mover as máquinas, suponho. Aqui & ali somem as casas & só se veem as charnecas selvagens, um fio de estrada & fazendas plantadas na terra, irredutíveis, pois nada semelhante a flores, grama ou sebes cresce ao seu redor.

"Sim", eu disse a Mrs. Unwin, "Derbyshire é uma região belíssima." Estávamos de pé num anfiteatro da universidade; mais abaixo havia uma mesa sob uma luz & uma fila de cadeiras onde estavam sentados os professores Unwin, Findlay, Goldman (um financista) & Weiss.[38] Então Leonard se levantou & deu sua palestra, bastante potente. Nós ficamos sentados nos bancos duros com tinteiros, ou com os buracos onde colocá-los, à nossa frente.

Todas as ruas de Manchester são iguais & sulcadas por linhas de bonde que se seguem umas às outras a poucos metros de distância, tornando as vias mecânicas & antissociais. Sinos tocam todo o tempo. Depois, não há casas de chá, & sim grandes cafés; nem lojinhas, apenas grandes tecelagens. Nós nos hospedamos (ao preço de 18 xelins cada, só para dormir) no Queen's Hotel, localizado numa grande praça; mas o que é uma praça quando os bondes se concentram ali? Ali estão também a Rainha Victoria, parecendo uma gigantesca capa de bule de chá, & Wellington, esguio como um mastim de pata estendida;[39] nada daquilo parecia muito inglês, ou pelo menos londrino. O povo era de classe média baixa, nem sinal das classes altas.

Mas minha observação do protótipo do professor universitário foi mais profunda. Mr. & Mrs. Weiss ofereceram um jantar no refeitório antes da segunda palestra de L.; & ali estavam todos eles – os professores & suas mulheres, gente de idade, de aspecto deprimido, como o escalão mais baixo de uma profissão, com os modos dos catedráticos, mas não a excentricidade extremamente confiante das mentes de primeira classe. Que arrogante eu me senti; &,

em última análise, quanto mérito eles aparentavam ter sob uma camada finíssima de decoro. Ah sim, as mulheres não tinham estilo, mas também elas tinham lutado pelo que é certo – uma expressão de que desconfio, mas qual outra usar para descrever quem luta com tanta decência por umas poucas libras ao ano & se sacrifica pelas suas convicções? O prof. Unwin me disse que foi preso 3 vezes por comparecer a reuniões sediciosas durante a guerra. Mrs. Weiss disse que seu marido pediu demissão porque a universidade se recusou a aceitar um objetor de consciência, pois mudou de opinião sobre esse assunto. E no entanto não há o menor brilhantismo aparente; nem uma só gota de romantismo. É uma sociedade de profissionais, pequena & familiar, tentando manter o padrão, que eu imagino (talvez erroneamente) deva ser difícil em Manchester, ou estarei sendo simplesmente esnobe ao pensar que é mais difícil dizer coisas inteligentes & escrever obras inteligentes em Manchester do que em Cambridge? Eu os submeti ao teste do nome de meu pai duas vezes; porém nem Unwin nem Weiss tinham ouvido falar dele. As mulheres tinham suas atividades, não tão destacadas quanto em Cambridge, mais agradáveis, talvez: esforços comunitários para organizar bazares; pesquisas sobre a saúde; roupas domingueiras puídas. A velha Mrs. ~~Findlay~~ Herford (associo erroneamente os maridos & as mulheres) & o professor Findlay permaneciam sentados pacientemente olhando para a toalha de mesa sem saber o que dizer, como dois cavalos velhos que trabalharam juntos no campo o dia inteiro.

Após o jantar, no salão, L. esteve decididamente de primeira linha; não falo de suas roupas; nem mesmo de sua fala; é uma questão de ser um mestre.

Ora, todos aqueles professores sabem que não são mestres. Creio que o comentário de L. de que não deseja ser eleito os deixou atônitos; & imagino que mais tarde devem ter se perguntado por que os Woolf tinham se dado ao trabalho de ir até lá – "A senhora é política?", me perguntaram. "Realiza muitos trabalhos em organizações?" Respondi que me limitava a escutar. Mrs. Findlay balançou a cabeça. Então por que eu estava lá? Ah pela diversão de gastar £10 em Manchester & conhecer o zoológico. Meu Deus! Que cabecinha de vento que sou! Mas nenhum deles tinha lido meus livros. De modo que fomos ao zoológico; & creio que poderia escrever algo interessante a respeito – um deserto de pedras claras entregue às faxineiras & aos decoradores: uns poucos ursos, um mandril & uma ou duas raposas – tudo em meio à desolação do desânimo.

Terça, 22 de março

Aqui estamos, prestes a ir à Cornualha. A essa hora amanhã – agora são 5h20 – estaremos pisando na plataforma de Penzance, aspirando o ar, procurando nossa bagagem, & depois – Bom Deus! – dirigindo pelas charnecas até Zennor – Por que sou tão incrivelmente & tão incuravelmente romântica em relação à Cornualha? É o passado, suponho: vejo crianças correndo pelo jardim.[40] Um dia de primavera. A vida tão nova. As pessoas tão encantadoras. O som do mar à noite. E agora regresso "com minha braçada" – bem, Leonard, & quase quarenta anos de vida, baseados ali, impregnados dali: tanto que eu jamais poderei explicar. E na verdade é mesmo lindo. Vou descer até Treveal & olhar o mar – as ondas antigas que ao longo de milhares de anos vêm quebrando com precisão. Mas vejo que jamais conseguirei expressar isso, & Lottie está tagarelando.

Eliot jantou aqui no domingo & fomos ver *Love for Love*, ele & eu na plateia; L. no balcão com uma entrada da *New Statesman*.[41] Eliot & eu tivemos de ir até Hammersmith de táxi porque perdemos o trem. Atravessamos hortas escuras. "Perder o trem é terrível" eu disse. "Sim. Mas a humilhação é a pior coisa na vida" respondeu ele. "Você é cheio de vícios como eu?" perguntei. "Cheio. Repleto deles." "Não somos tão bons quanto Keats" eu disse. "Claro que somos" contestou ele. "Não: não escrevemos clássicos num impulso, como as pessoas magnânimas." "Estamos tentando algo mais difícil" disse ele. "Não importa, nossa obra está abarrotada de trechos ruins" eu disse. "Comparada à deles, a minha é fútil. Insignificante. Só continuamos porque há uma ilusão." Ele disse que eu não estava falando sério. Mas eu estava. Creio que seria possível ter bastante intimidade com Eliot porque nós dois temos uma maldita suscetibilidade à inibição: mas mergulho mais fundo que ele: talvez eu venha a descobrir que ele é um sapo. Sobre mim, ele tem a vantagem de rir de si mesmo. Riu em *Love for Love*: mas sabendo que eu deveria escrever sobre a peça fiquei um pouco tensa. Vimos George Moore conversando com Eddie Marsh nos degraus; um pouco obeso, olhos baços, fraco, insignificante.[42] Fiquei desapontada. Não havia nenhum devasso à vista. Quanto a Clive, ele se veste tão eficientemente quanto qualquer beldade & posa como alguém numa noite de estreia. Mary estava lá. "Tom", disse ela, "você precisa vir assistir à regata." Ora, as emoções dessas mulheres, que nem me dou ao trabalho de anotar, são divertidas; mas não muito sérias, na minha opinião. Então encontramos Nessa & Duncan, tão esfarrapados quanto duas mariposas velhas, voltando para casa juntos.

Comprei um par de botas ontem por 33/6, que tinham sido feitas sob medida para outra pessoa & me serviram com perfeição. A verdade é que meu pé tem o formato de uma cobra. Venho me arrastando esses últimos três dias no tocante à escrita, & não pretendo escrever nada na Cornualha; apenas ler os clássicos. *Cândido*; Shakespeare – as peças históricas; *Adolphe*; as cartas de Keats; Thomas Hardy; & talvez o *Hudibrás*.[43] Hei de achar uma velha biografia ou romance de décima categoria & só ler isso. Não importa.

Leonard é um homem impulsivo. Alugou Monk's House para Mrs. Martin.[44] Ela vai para lá amanhã. Como ela é uma pateta completa, não tem marido, nem controle de nada, & segue com a correnteza, não vejo por que um dia sairia de Monk's House. Como vamos botá-la para fora? E de alguma forma eu já a vejo pondo ovos sem parar pelo jardim – uma mulher gelatinosa & amorfa, & ainda por cima alemã.

Tomei o chá com Nessa ontem & ouvi uma série de problemas. A pobre Ann herdou a doença do ouvido de Karin & precisa ser operada.[45] Eles receberam uma notificação para deixar Charleston. E Clive, segundo ela, não será de grande ajuda na Páscoa. Adrian veio me dizer que Desmond estava atrás de mim, exigindo o meu artigo imediatamente. Adrian está usando um bigode curto castanho arruivado, que me lembrou horrivelmente dos cabelos que crescem nos mortos. Sempre o considerei tão elegante, mas (para mim) parece muito repressor. Quanto a outras novidades, creio que já disse que Lytton está passando uma temporada na casa de Lady Strachey, que agora deu para cair desmaiada no chão.

Quarta,
28 de março[46]

Esta é a última noite, & L. está fazendo as malas, & não sinto vontade de escrever, mas tenho a superstição de que gostaria de ler algo escrito na Cornualha. Se olho por cima do ombro esquerdo, vejo o amarelo do tojo contra o azul do Atlântico, que sobe, um pouco agitado, até o céu, hoje de um tom azul nebuloso. E estivemos deitados na Gurnard's Head, sobre um leito de funcho-marítimo entre rochas cinzentas salpicadas de botões de líquen amarelo. Como descrever a cena? Você olha para baixo para a água semitransparente – as ondas ainda misturadas num turbilhão branco ao redor das pedras – as gaivotas equilibrando-se em pedacinhos de algas – as rochas ora secas ora inundadas de cachoeiras brancas que escorrem pelas fendas. Ninguém por perto, a não ser um guarda-costeiro sentado em frente à casa.

Rodeamos o penhasco por uma trilha de coelhos & me vejo um pouco mais trêmula que antigamente. No entanto ainda sustento a convicção espontânea de que este é o lugar mais bonito do mundo. É tão solitário. De vez em quando um campo pequeníssimo é lavrado, & os homens conduzem o arado ao redor das rochas cinzentas de granito. Mas os morros & penhascos não são cultivados, é inútil. Ali repousam graciosos apesar de todas as suas rochas & asperezas, os braços compridos estendendo-se até o mar; de tons tão sutis; de cinza, todos variados, com reflexos, que ficam transparentes ao anoitecer; & os verdes suaves da grama; & uma noite queimaram urzes em Tregerthen, a fumaça subiu enovelando-se pelo alto do morro, as chamas cintilando. Isso vimos da casa de Ka. O Ninho da Águia se destaca, parecido demais com uma mistura de castelo com casa de pensão para ser um objeto agradável; mas, considerando-se os ventos, é necessário raízes sólidas. Ali se pode ver variedades infinitas de velhinhos simpáticos, que vêm praticar alpinismo.

Sexta,
8 de abril
Dez para as onze da manhã.

E eu deveria estar escrevendo *O quarto de Jacob* – & não consigo, & em vez disso vou escrever por que não consigo – já que este diário é uma espécie de velha confidente bondosa & de expressão neutra. Bem, sabe, sou um fracasso como escritora. Estou fora de moda; sou velha; não serei capaz de fazer melhor, não tenho capacidade; a primavera está em toda parte; meu livro [*Segunda ou terça*] saiu (prematuramente) & já foi cortado pela raiz, um fogo de artifício que deu chabu. Agora o fato incontestável é que Ralph enviou meu livro para o *Times* para ser resenhado sem informar a data de publicação. Portanto deram uma pequena nota, "a ser lançado no mais tardar na segunda-feira", num lugar obscuro, um tanto solta, elogiosa mas pouco inteligente. Com isso entendo que não acreditam que eu esteja perseguindo nada de interessante. O que me leva a desconfiar que têm razão. E portanto não consigo continuar *Jacob*. Ah & o livro de Lytton saiu & recebeu três colunas: elogiosas, suponho. Não vou me dar ao trabalho de rascunhar isso com ordem; nem de dizer como meu ânimo afundou tanto que durante meia hora fiquei mais deprimida que de costume. Quero dizer, pensei em nunca mais escrever nada – salvo resenhas. Para piorar, tivemos uma festa no 41 [da Gordon Square]: para dar os parabéns a Lytton; como tinha de ser; mas depois ele não falou nada do meu livro, & imagino que o leu; & pela primeira vez não pude contar com seus elogios. Bem, se eu tivesse sido saudada pelo *Lit. Sup.* como um mistério & um enigma, não me importaria; pois Lytton não gostaria desse tipo de coisa, mas ser insossa & insignificante?

Bem, essa questão dos elogios & da fama precisa ser enfrentada. (Esqueci de dizer que a Doran recusou o livro na América.)[47] Que diferença faz a popularidade? (Vejo claramente, devo acrescentar após uma pausa na qual Lottie me trouxe o leite & o sol deixou de eclipsar,[48] que estou escrevendo uma bela quantidade de disparates.) Deseja-se, como disse Roger coberto de razão ontem, manter-se num certo nível, despertar o interesse das pessoas pelo seu trabalho, suscitar a atenção. O que me deprime é pensar que deixei de interessar as pessoas – justamente quando, com a ajuda da editora, acreditava estar me tornando mais eu mesma. E o que *não* se deseja é uma reputação estabelecida, como eu acredito que vinha conquistando, como uma de nossas principais romancistas. Ainda preciso, é claro, reunir todas as críticas privadas, que representam o verdadeiro teste. Só depois de pesar tudo isso serei capaz de dizer se sou "interessante" ou obsoleta. Em todo caso, sinto que sou perspicaz o bastante para saber parar, se for obsoleta. Não vou me tornar uma máquina, a não ser uma máquina de moer artigos. Enquanto escrevo, sobe em algum lugar da minha cabeça essa sensação estranha, & muito agradável, de algo que desejo escrever: meu próprio ponto de vista. Eu me pergunto, porém, se sentir que escrevo para meia dúzia de pessoas em vez de para 1500 o deturpará – se fará de mim uma excêntrica – não, creio que não. Mas, como eu disse, é preciso enfrentar a vaidade desprezível que está na base de todas essas queixas & ninharias. Creio que o único remédio para mim é ter mil interesses – se um deles soçobrar, ser instantaneamente capaz de deixar a energia fluir para o russo, ou o grego, ou a editora, ou o jardim, ou as pessoas, ou qualquer atividade que não tenha relação com a minha própria escrita.

Mas, sinceramente, ainda não preciso acreditar que tudo está perdido. Roger ficará por aqui. Acho que dentre todos nós é quem tem a melhor índole – tão aberto, sincero & completamente isento de maldade; sempre generoso, eu acho, & de certa maneira energético? Solta uma tremenda gargalhada. Fomos ao Bedford Music Hall ontem à noite & assistimos à Miss Marie Lloyd, uma matéria em decomposição – compridos dentes da frente – um modo devasso de dizer "desejo", & no entanto uma artista nata – mal conseguia andar, bamboleante, envelhecida, descarada. Uma risadaria estrondosa ergueu-se da plateia quando ela falou do seu casamento.[49] O marido a espanca todas as noites. Senti que a plateia estava muito mais próxima da bebedeira & das surras & da prisão do que qualquer um de nós. A guerra do carvão começou.[50] Se eu não estivesse tão apressada & com tão pouco tempo & tão distraída, atualizaria minhas fofocas de Gordon Square. Viram Juana Ganderillas – uma senhora ao estilo continental, linda, tranquila, simples, analfabeta, emocional, dada a rompantes.

Domingo, 10 de abril

Preciso observar os sintomas da doença, para reconhecê-la da próxima vez. No primeiro dia ficamos num estado miserável: no segundo, felizes. Houve um Falcão Amável na *New Statesman* sobre mim que ao menos me fez sentir importante (& é isso o que se quer), & Simpkin & Marshall telefonaram pedindo outros cinquenta exemplares.[51] De modo que deve estar vendendo. Agora preciso suportar todas as provocações & aguilhoadas das críticas privadas, que não me agradarão. Amanhã vem Roger. Que aborrecimento tudo isso! – & depois começamos a nos arrepender de não termos incluído outros contos – ou deixado "A casa assombrada" de fora, que talvez seja sentimental.

Enfim, na semana que vem haverá Tchékhov & Leonard, além de mim. E imagine que todos (eu me refiro às 6 pessoas que importam) elogiem Leonard, será que sentirei ciúmes? – mas, palavra de honra, tudo isso estará esquecido daqui a seis semanas.

Pernel jantou aqui: eles se vestem mal, como acredito já ter comentado antes. Creio que ela está se tornando um pouco reflexiva; mas não sou boa em julgar o humor dos meus amigos. Depois chegou Roger – absolutamente incansável, apesar de ter passado 8 horas numa escada restaurando Mantegnas.[52] Ele atrai cardumes de pessoas para cá – ontem, logo depois de Kot sair, chegou Mr. & Mrs. Reece, & amanhã será a vez de Pippa – sempre vem um ou outro escravo para cá, & como estamos no meio do turbilhão, nos vemos esmagados, & não consigo escrever nada, quer tenha sentido ou não, & preciso dedicar toda esta semana às resenhas – quero ler Victoria & Swift.

Terça,
12 de abril

Preciso observar apressadamente mais sintomas da doença, de modo que possa voltar aqui & me medicar da próxima vez. Bem; eu já tinha passado pelo estágio agudo & entrado na fase filosófica, semideprimida & indiferente, & passei a tarde levando pacotes às livrarias & indo à Scotland Yard para saber da minha bolsa, quando L. me encontrou para o chá & me segredou que Lytton tinha achado "O quarteto de cordas" "maravilhoso". Isso veio pelo Ralph, que não costuma exagerar, a quem Lytton não precisa mentir; & por um momento aquilo inundou cada um dos meus nervos com tanto prazer, que esqueci de pagar meu café & caminhei até a Hungerford Bridge, tremendo & vibrando. Um lindo fim de tarde, aliás, o rio tinha a cor do céu. E depois teve Roger, que acredita que estou no caminho de verdadeiras descobertas, & que com certeza não sou uma fraude. E quebramos o recorde das vendas até agora. E mesmo não estando nem de perto tão feliz quanto estava deprimida, sinto-me segura; o destino não pode me tocar; os críticos podem vociferar; & as vendas cair. O que eu temia era ser ignorada, considerada insignificante. Roger outra vez na noite passada, talhando suas xilogravuras enquanto eu costurava; o som parecia o de uma ratazana obstinada.[53] Vivemos tempos agitados. Ralph chegou para dizer que Michael Davies se alistou para proteger o país contra os mineiros, & o governo ofereceu £1 a McIver para cobrir as despesas pessoais e as do seu carro, & ele irá aceitar.[54] No entanto ninguém – até onde eu sei – realmente acredita que a coisa é séria. Tudo arrefecerá. Nossos depósitos ficarão cheios; nossas despensas também. Nada irá nos perturbar. Daqui a um século as pessoas comentarão como foi terrível. E passei pela Downing St. ontem & vi homens em táxis, alguns com pastas de despacho, vigilância pública ordeira, guirlandas sendo colocadas no Cenotáfio. O livro de Lytton já vendeu 5 mil exemplares, & o tempo está perfeito.

Quarta,
13 de abril

Agora observo o mais recente sintoma – a completa ausência de inveja. Quero dizer que vou sentir carinho & alegria imediatamente (& não apenas dali a uma hora & uma pontada intensa) se aparecer uma resenha longa & elogiosa para L. no *Lit. Sup.* amanhã. Acho que isso é a pura verdade. A maioria das pessoas, porém, não teriam escrito isso. Imagino que eu tenha tido um ou outro escrúpulo. Não há tempo para mais do que essa afirmação interessante & importante. Muito para nosso alívio, Roger vai passar a noite fora depois de uma boa farra ontem – Ray Pippa Saxon todos juntos – & preciso ler meu livro. Uma greve foi convocada agora para a sexta, & nós que tínhamos acabado de planejar ir a Monk's.

Sexta,
15 de abril

Passei o dia inteiro deitada lendo Carlyle, & agora Macaulay, primeiro para ver se Carlyle escrevia melhor que Lytton, depois para ver se Macaulay vende melhor. Carlyle (reminiscências) é mais coloquial & desconexo do que eu me recordava, mas tem lá os seus méritos – há mais impacto na sua frase que na de Lytton. Porém não confio que meu veredito seja esse, pois eu estava quase dormindo & ainda não li mais que a metade de *Vic*. Lytton telefonou esta manhã procurando Roger, & eu perguntei do seu livro. "Você está sufocando nos seus louros?" "Bem, um tanto deprimido", disse ele, & era o que parecia mesmo. "Estou no meio, depois lhe escrevo para dizer o que achei". "E eu estou escrevendo para lhe contar o que achei do seu", respondeu ele. "Seremos cândidos", eu disse. "Quando nos veremos? Nunca, pelo visto." Qualquer dia da semana que vem funcionaria, disse ele – virá na quarta para o chá & o jantar. Então a fama não lhe fez tanto mal. Já vendeu, dizem, 5 mil cópias esta semana, & outra edição está na gráfica. Eu só vendi 300. Bem, mas isso não prova a minha imortalidade, como insinuei. A verdade é que não tenho ideia nem da minha posição, nem da de Lytton. Seria preciso escrever mais sobre esse momento, pois imagino que daqui a vinte anos a publicação de *Queen Victoria* será considerada um fato importante; mas essas coisas não têm importância para nós agora. Dizem que um curador lhe presenteou com um busto do príncipe Albert & uma foto da rainha. E Max Beerbohm está fazendo uma caricatura dele, & de modo geral, ele é agora uma celebridade, um dos nossos principais escritores, não simplesmente o herói de um único livro que talvez não se repita. Ralph parece disposto a continuar na editora, embora mais uma vez os pedidos tenham caído. Nenhuma resenha nem de Tchékhov nem de L. ainda; apenas uma breve menção do burro do Dalton, eu acho, no Lit. Sup.[55] É a primeira vez que tenho tempo livre para ler em um século – vou aproveitá-lo com Q.V., & agora preciso ir apanhá-la, pois logicamente Roger a pega emprestado para ler à noite.

Uma espécie estranha de quietude parece já estar descendo sobre nós, desde domingo. É o prenúncio da Greve Geral. Adiamos a ida para Rodmell. A festa de Marjorie foi adiada. L. acaba de chegar com um jornal que diz que nada foi feito para evitar a greve. De modo que às 10 da noite de hoje, a menos que algo aconteça nesse ínterim, todos os trens, bondes, ônibus, minas & talvez até mesmo o fornecimento de energia elétrica sejam interrompidos. As criadas foram até a Coops [cooperativa] & trouxeram mantimentos para uma semana. Temos um feixe de velas. Nossa falta mais séria é de carvão, pois Nelly se esqueceu de fazer o pedido. Queimamos carvão na lareira da sala de estar & cozinhamos com gás. Mesmo assim, sabe-se lá o motivo, não creio que teremos greve.

Domingo, 17 de abril

E eu estava absolutamente certa. A greve não aconteceu. Por volta das 7 da noite L. telefonou para Margaret & soube que a Tripla Aliança se dividiu: os ferroviários & trabalhadores do transporte se recusaram a prosseguir, deixando os mineiros na mão. Não se sabe de nada ao certo ainda. Presume-se que os mineiros terão de ceder, & eu terei meu banho quente, & voltarei a assar pão em casa; no entanto de certa

* Ainda não cederam. 9 de maio

maneira parece ser uma lástima – se eles de fato forem obrigados a dar para trás & os proprietários das minas saírem triunfantes. Acho que este é meu sentimento genuíno, porém não muito profundo. É bastante evidente que os trabalhadores estão satisfeitos o suficiente para preferirem voltar ao trabalho; lembro o prazer dos ferroviários quando voltaram a correr pelas plataformas & a inclinar o corpo para fora das locomotivas.

Ontem demos um passeio na avenida – o primeiro depois de um longo tempo; & L. explicou a ideia de seu novo livro – uma versão revisada do *Wandering Jew* [*O judeu errante*]. Muito original & sólido, ao que me pareceu; & como um bom homem de negócios, eu o pressionei a editá-lo conosco. É verdade que as vendas & as resenhas fraquejam, & duvido muito que S. ou T. [*Segunda ou terça*] chegue a vender 500 ou cubra as despesas. Mas mesmo assim desejo continuar; & um livro grande & sólido como o de L. é essencial. Conversamos sobre tudo isso enquanto caminhávamos pela avenida; espiando por entre os portões de ferro da Ham House; & depois para casa, para o chá & uma aula de russo com Kot, & agora preciso escrever para Lytton & retocar uma resenha. Esses últimos parágrafos sempre acabam comigo.

Segunda, 18 de abril

Acabamos de almoçar com um ministro do governo. Estou falando, obviamente, de Herbert Fisher. Achamos que ele pediu para nos ver para se desculpar por… tudo. Ele disse que não tinha nem forças físicas nem combatividade para levar as coisas adiante. Disse que odiava o Parlamento. A vida política é maçante & só faz a pessoa perder seu tempo; fica-se constantemente ouvindo discursos maçantes, desperdiçando tempo. Ele sai de casa às 10h, volta às 11 da noite & depois tem uma pilha de documentos para analisar. O resultado de tudo isso é que não se podia culpá-lo por sua conduta em relação à Irlanda.[56] E depois ele teve o cuidado de explicar que as pessoas estão ridiculamente no escuro em relação a tudo. Somente o governo conhece a verdadeira origem & motivo das coisas, ele disse. É o único consolo desse trabalho. Uma maré de assuntos flui incessantemente de todos os cantos do mundo até a Downing Street; & há uns poucos desgraçados tentando desesperadamente resolvê-los. Precisam tomar tremendas decisões baseadas em evidências insuficientes, no calor do momento. Depois ele se recompôs, & declarou, solenemente, que vai a Genebra iniciar as conversas sobre a paz: sobre o desarmamento. "Você é a maior autoridade nesse assunto, pelo que sei", ele disse a Leonard. Enfim, confesso que sentada em frente a Leonard, ali naquela sala marrom feiosa com suas reproduções de quadros holandeses & tia Mary montada num burrico,[57] que Leonard era uma autoridade & Herbert um homem de papel picado, cujo cérebro tinha sido submetido a um ancinho & transformado em filetes cor de areia, tal como seu cabelo. Nunca existiu espécime mais insubstancial, pensei: as palavras não tinham corpo, & a cabeça se inclinava num ângulo estranho, as mãos gesticulando, os olhos tão azuis, mas quase vazios, & as palavras alegres, sem cor, ligeiramente amaneiradas & polidas de acordo com certo padrão oficial de cultura – eu diria que Mr. [Arthur James] Balfour fala de forma parecida. Mas uma vez que formulou seu propósito, atenção, este voou como uma lanugem, & pareceu que aquele ministro do governo & representante da Grã-Bretanha, em cujas mãos encontram-se exércitos & marinhas, mais uma vez se tornava seco & vazio – perguntou-me coloquialmente se eu me lembrava da Tia Mary no burrico, & respondi que sim. "O burrico é pequeno demais", falei. "E o cavalo não tem orelhas", acrescentou ele. "Watts caiu nos critérios gerais", falei, sentindo-me espantosamente jovem & interessante ao lado dele.

"Sim, disse ele. Eu diria: Mas tenho a impressão de que o homem que pintou aquele quadro foi um grande homem – não um grande pintor, talvez, mas um grande homem." Depois disso ele se lançou como sempre às piadinhas com as artes; & elogiou um certo Mr. Munnings: lindos quadros de cavalos; com paisagens ao estilo setecentista ao fundo. "É disso que eu gosto – do estilo setecentista – os velhos Crome & Cotman. Bem, Munnings tem esse estilo – vale a pena ir até a Royal Academy para conferir – um rapaz bastante jovem – lutou na guerra".[58] Mas não gostava de arte moderna; & caminhamos pela Victoria Street até a Casa dos Comuns; & ele disse que estava lendo as cartas de Southey – "leitura de primeira linha. Há uma linda descrição do inverno. E quem são os nossos escritores mais promissores hoje?". Eu respondi que Joyce. Nunca tinha ouvido falar em Joyce. Então nos despedimos, Herbert bastante simpático, grisalho & distinto com seu *peacoat*, ia enfrentar o projeto de lei sobre bebidas alcoólicas & nos invejava muitíssimo, disse, por estarmos escrevendo livros em Richmond. E então topamos por acaso com Will Vaughan na London Library, corpulento & veemente, com uma gargalhada semelhante à de um velho lobo do mar durante todo o tempo em que falou. Realmente, não tínhamos nada a dizer.

Sexta,
29 de abril

Muito o que dizer, suponho: uma bela quantidade de perfis para esboçar; conversas para anotar; & reflexões em que trabalhar – se eu tivesse tempo para isso, coisa que não tenho (& essa frase me faz lembrar que pretendo ler Marvell). Mas durante uma semana fui todas as tardes até o Aeolian Hall; ocupei meu assento nos fundos; pousei minha bolsa no chão & escutei os quartetos de Beethoven. Ouso mesmo dizer que escutei? Bem, mas se obtemos muito prazer, prazer realmente divino, & conhecemos as melodias, & apenas ocasionalmente pensamos em outras coisas – certamente pode-se dizer isso. Acabamos de voltar da 5ª: & Lady Cromer segurou-me pela mão na rua: tomamos o chá com Lytton, Carrington & Ralph.

Preciso dizer uma coisa sobre Lytton. Eu o tenho visto com mais constância nesses últimos dias do que em um ano inteiro, quem sabe. Falamos sobre seu livro & o meu. Essa conversa específica teve lugar no Verreys: penas douradas: espelhos: paredes azuis & Lytton & eu tomando nosso chá & comendo brioche num canto: devemos ter ficado ali por bem mais que uma hora.

"E acordei na noite passada sem saber onde colocar você", eu disse. "Tem St. Simon & La Bruyère."

"Ah meu Deus", gemeu ele.

"E Macaulay", eu acrescentei.

"Sim, Macaulay" ele disse. "Um pouco melhor que Macaulay."

"Mas não com a quantidade dele", insisti. "Há mais civilização é claro. E depois você só escreveu livros curtos."

"O próximo que vou fazer é George IV", disse ele.

"Bem, mas o seu lugar", insisti.

"E o seu", ele perguntou.

"Sou 'a mais competente das mulheres romancistas vivas'", falei. – É o que diz a *British Weekly*.

"Você me influencia", disse ele. E disse que sempre conseguia reconhecer o que escrevo embora eu escrevesse em tantos estilos diferentes, "o que é resultado de trabalho duro", insisti. E depois conversamos sobre os historiadores: Gibbon:[59] uma espécie de Henry James, eu ofereci. Ah minha cara, não, de jeito nenhum, ele disse.

"Ele tem uma opinião & a sustenta", eu disse. "Você também. Eu vacilo." Mas o que é Gibbon?

Ah, ele está nesse meio com certeza; disse Lytton. Forster diz que ele é um [palavra ilegível]. Mas não tinha muitas opiniões. Acreditava na "virtude", talvez.

Uma bela palavra, eu disse.

Mas leia o trecho descrevendo como as hordas de bárbaros destruíram Roma. É maravilhoso. É verdade que ele desconfiava dos primeiros cristãos – não via nada de mais neles. Mas leia-o. Vou fazer isso em outubro. E irei a Florença, onde passarei noites muito solitárias.

Os franceses o influenciaram mais que os ingleses, eu suponho, falei.

Sim. Tenho a convicção deles. Estou conformado.

Comparei você com Carlyle outro dia, eu falei. Li as *Reminiscências*. Bem, não passam do falatório de um velho coveiro desdentado, comparado com você: a única coisa é que ele tem boas frases.

Ah, com certeza, se tem, disse Lytton. Mas eu o li para Norton & James outro dia, & eles gritaram que não o suportavam. Estou um pouco ansioso, porém, com essa questão do "volume". Será esse o risco que corro, então?

Sim: talvez você enxugue demais, eu disse. Mas o tema é maravilhoso – George IV – & que divertido, poder trabalhar com isso.

E seu romance?

Ah, enfio a mão na cabeça & remexo os miolos. Isso é que é tão maravilhoso. E tudo é diferente.

Sim. Sou vinte pessoas.

Mas é de fora que enxergamos o todo.

O pior de George IV é que ninguém menciona os fatos que quero tratar. A história precisa ser reescrita. É tudo moralidade...

E batalhas, acrescentei.

Depois saímos juntos pelas ruas, pois eu precisava comprar café.

Terça, 3 de maio

Hamilton Fyfe no *Daily Mail* diz que o conto "P.[earls] & S.[wines]" de Leonard figurará como um dos melhores contos do mundo. Estarei com ciúmes? Apenas momentaneamente. Mas o mais estranho – o mais idiota – é que eu logo me vejo como um fracasso – imagino que me faltem especialmente as qualidades que L. tem. Sinto que sou tênue, nebulosa, atenuada, inumana, anêmica & que perco tempo com ninharias que não comovem as pessoas. O "limbo" é a minha esfera; é o que diz o *Daily News*.[60] Depois Romer Wilson publicou um romance – ao qual Squire com certeza dará o prêmio Hawthornden, tirando-o de Katherine: de modo que tenho algum motivo para me comprazer.[61] Escrevo isso de propósito, para com a vergonha limpar essa sensação de dentro de mim. Parada completa de *Jacob*, em parte por conta da depressão. Mas preciso me recompor & terminá-lo. Não consigo lê-lo como está. Oliver & Saxon vieram jantar aqui no domingo; fui tomar o chá com Nessa no sábado; & ontem estivemos em Londres no escritório da *New Statesman*: & comprei o ensaio sobre prosa de Eliot;[62] & Romer Wilson – escrevo tudo isso aqui para adiar o russo, eu suponho: pois já estou vendo que não direi nada de razoável nem inteligente ou profundo. E contudo eu me consolo pensando que não há como saber o que interessará a velha Virginia um dia desses.

Segunda, 9 de maio

Bem, mas garanto a você que, quando Virginia for velha, ninguém estará falando em Romer Wilson. Que livro! Que exemplo perfeito de *faux bon*: cada atitude, cena & palavra correspondem, eu diria, ao velho ofício dos poetas menores: nunca há nada que seja originalmente dela nem nenhuma ousadia; & no entanto, valendo-se de todo o cenário & fornecendo as palavras certas, fez cair a seus pés Squire, Lynd & Turner: mais uma prova de que as pessoas têm medo é de sentir alguma coisa: um certo tipo de exaltação as faz sentir-se desenfreadas & atrevidas, & então deduzem que aquilo é paixão & poesia – de tão agradecidas que se sentem por não terem de confrontar o que é genuíno.

Ontem tomei o chá com Lady Cromer, & observo que ela é mais Lady Cromer na sua própria sala de estar do que quando a encontramos ao acaso na rua. Com o apoio de seus belos *chintzes*, seus cômodos amplos & arejados, os retratos de família pintados por Watts & Sargent – a madeira tingida de verde, os pisos de parquete & aquele deus dragão grego de filho, ela volta a ser a condessa inglesa: & portanto um tédio, penso agora. Será que viajo até a Fichley Rd num domingo & abro mão do meu bolo de chocolate apenas para trocar impressões com Lady Cromer sobre a amabilidade dos Bruce Richmond, o encanto de St. John's Wood, as boas qualidades dos franceses – para ouvir que Mr. Keynes é "muito inteligente" & Lytton Strachey é "muito inteligente" & eu sou muito bondosa de ter ido até lá? Não consigo entender, porém. Houve um tempo em que eu considerava esse berço & essa personalidade tão distintos & de certa maneira tão celestiais que minimizavam os inconvenientes. Agora sou mais exigente: afinal de contas ela é meio classe média: & depois essa atitude de bondade pessoal me reprime. Ser bondosa com as cozinheiras quando se é Lady Cromer me parece um modo fácil de desperdiçar o tempo agradavelmente. Barbara no clube hoje, assombrada com o problema da vida, completamente absorvida por ele, & pouco capaz de enfrentá-lo, pareceu-me mais interessante – talvez seja isso – do que Lady Cromer nadando por cima das ondas. Mas é uma mulher simpática: uma personagem: linda também: tão ereta, firme, dona de si – & depois tem aquele estranho jeito antiquado de inclinar a cabeça para o lado & deixar-se levar pela distração ao falar, olhando pela janela; com um sotaque tão charmoso, os olhos semicerrados. Quando cheguei em casa encontrei Mr. Brenton de Barnes; & segundo seu código de conduta é preciso perguntar aos outros gentilmente pela sua saúde, & retornar para cumprimentá-los com um aperto de mãos, muito meticulosamente; o pobre coitado tem as faces chupadas, manchadas, é feio: insosso: porém L. o considera interessante; & deve mesmo achar, pois passou 3 horas com ele! Um pedido de 25 *Stories of the East* hoje da S.[impkin] & M.[arshall].

Domingo,
15 de maio

Domingo de Pentecostes – enfadonho, chuvoso & frio; de modo que no geral nem culpamos a greve do carvão por nos obrigar a ficar aqui em frente à lareira em vez de em Monk's House. Ademais, L. está mal do estômago & fica sentado abatidíssimo com a cabeça apoiada na mão, pobre coitado, sem poder tomar nem chá nem café. É isso o que deveria me incomodar – todo o romantismo do dia amortecido.

A essa hora creio que Carrington deve ter chegado a uma decisão, seja esta qual for. Deve ter tido um domingo horroroso. Mesmo assim *tem* de chegar a uma decisão. Foi o que eu disse a Ralph na sexta, ao abordar o assunto depois de todos esses meses de silêncio. Na verdade ele é que abordou, ao me contar da sua tristeza na noite anterior: da sua solidão. "Quis estar com minha mãe", disse ele. "Embora ela me irrite, & eu não possa lhe contar nada." Foi muito perspicaz & amargo em relação a C. "Ela se considera amiguinha de todo mundo", disse ele. Depois falou que era egoísta, insincera & indiferente ao sofrimento dele. Assim, as pessoas apaixonadas sempre modificam & estraçalham quem amam, & com uma lucidez considerável, além de tudo. Ele falava basicamente a verdade. Mas acredito que estivesse enviesado; & também acredito – & cheguei mesmo a dizer-lhe – que ele seja um tanto ogro & tirano. Deseja mais controle do que eu daria – & por controle quero dizer do corpo & da mente & do tempo & dos pensamentos da amada. Aí mora o perigo dele & o risco dela; de modo que não invejo exatamente a decisão que ela deve tomar neste domingo chuvoso de Pentecostes.

Li quatro páginas de sarcasmo & elogios condescendentes a mim na *Dial* outro dia. Estranhamente, arranquei-lhes o ferrão resolvendo imprimi-los entre as críticas publicadas sobre mim, onde ficará magnífico.[63] A *Dial* é absolutamente honesta vigorosa & avançada, de modo que eu deveria me sentir péssima. L. continuou vendendo na semana passada. Eu pingo muito lentamente. Tchékhov anda na mesma. Mas ouvimos dizer que nunca houve uma temporada de vendas como esta, & a prova é que há dois dias nenhum quadro do London Group é vendido, embora haja muitos que valha a pena comprar.⁶⁴ E já falei? – fizemos uma proposta de gastar £1000 por ano em uma casa de chá, livraria & galeria em Bond Street. Afinal, por que não? Gosto de remexer os miolos, como já falei antes: assim, antes de mais nada afastamos a meia-idade, & depois, de lá saem uns espécimes tão estranhos. Esteve aqui Mr. Reginald Morris no tapete da nossa lareira outro dia – um poeta horroroso de Hounslow.

Segunda, 23 de maio

Então Carrington decidiu tornar-se Partridge – não, isso é exatamente o que ela está resolvida a não fazer; quer assinar seu nome como Carrington para sempre. Se as pessoas seguissem os conselhos que recebem eu me sentiria um pouco responsável por ter influenciado Ralph. Quer dizer, não estou muito segura de que esse casamento seja mais arriscado que a maioria dos casamentos. Apaixonada com certeza ela não está; & ele tem algo do anglo-indiano empedernido dentro de si. Mas enfim, se ela não era capaz de enfrentar a perspectiva de uma separação num fim de semana, ou de uma viagem sozinha à Itália, não tinha outra alternativa. De modo que os dois se casaram no sábado. Na véspera Michael Davies afogou-se quando tomava banho no Oxford.⁶⁵ A vida faz esse tipo de coisa com demasiada frequência – começo a me sentir entediada, como um passageiro que é atirado de um lado para o outro num navio. Não descrevo o que sinto: algo semelhante à raiva contra o que existe de absurdo nisso; & também algo de – não exatamente indiferença, não: mas como se a essa altura soubéssemos como funcionam as coisas: primeiro esses casamentos, ao mesmo tempo mortes. Só porque não sabia nadar arrastou outro rapaz consigo, & agora aos 21 anos tudo se acabou para os dois. E ainda por cima nesse tempo tão bom. Fomos a Rodmell, & como de costume voltei deprimida – sem razão. Simplesmente uma variação do estado de ânimo. Será que os outros têm tantas quanto eu? Isso nunca saberei. E às vezes imagino que, mesmo que eu chegue ao fim da minha busca incessante do que as pessoas são & sentem, ainda assim não saberei nada. Quero dizer, sigo acreditando que se pensarmos a respeito o bastante, chegaremos a alguma conclusão. E disso começo a duvidar. Estava pensando sobre isso na Strand hoje – sem saber se estou perseguindo uma peça ou romance, enquanto sigo na minha procura. Mas sou avoada demais para explicar isso muito bem. Fui até a Strand com doze cópias de *Segunda ou terça*; de modo que está vendendo um pouco; & 2 gansos, para enviar a Lewes; & minha resenha de Patmore para o *Times*; & depois peguei o trem para casa, coloquei meus grandes tremoceiros & peônias na água, & agora devo me concentrar no meu livro. Mas qual livro? Estou com a ideia de só ler obras-primas; pois faz muito tempo que só leio literatura a rodo. Agora acho que chegou a hora de ler como especialista. Depois, não sei que forma dar ao meu livro sobre leitura;[66] quanto mais leio as críticas alheias, mais as menosprezo; não consigo me decidir; mas também não preciso, por enquanto. Mas como me agrada exercitar a inteligência pensando em literatura – lendo-a *como* literatura. E creio que posso fazer isso melhor agora, por ter lido uma quantidade tão grande de biografias, de críticas, de todo tipo de coisa.

Jantamos noite dessas para registrar a conversa de Desmond. Ele falou admiravelmente com esse objetivo, mas com menos intimidade, o que é natural; & contudo eu odeio as pessoas que falam admiravelmente, como se estivessem jantando fora. Lá estavam Roger, & Molly & a boa Miss Green. É minha condescendência m-----a[67] – não consigo deixar de ser condescendente com as mulheres muito sem-graça, pobres & prestativas, & depois elas revelam ser animadíssimas & duas vezes mais capazes do que eu.[68]

Quinta, 26 de maio

Como sempre, Gravé arruinou minha noite – quero dizer, a ausência de Gravé – quero dizer, ela disse que viria às 6h & agora são 6h30 – é normal que eu perca a paciência & anote minhas inquietações neste livro. A constituição do meu cérebro é tal que não consigo me concentrar em nada se estou à espera. Para escrever isso aqui não preciso de concentração nenhuma. Então não eduquei bem o meu diário? Ele recebe o que pode & agradece.

Ontem passei uma hora & meia conversando com Maynard em Gordon Square. Às vezes desejaria anotar o que as pessoas dizem, em lugar de descrevê-las. A dificuldade é que elas dizem tão pouco. Maynard disse que gostava dos elogios; & que sempre desejava se gabar. Disse que muitos homens se casam para ter uma mulher a quem se gabar. Mas, falei, é estranho alguém se gabar quando isso nunca convence ninguém. Você & Lytton estão além da necessidade de se gabar – o que é o triunfo supremo. Você fica aí sentado sem dizer nada. Adoro os elogios, disse ele. Quero recebê-los pelas coisas de que não estou seguro. Então falamos sobre publicações; & a Hogarth Press; & romances. Por que eles precisam explicar que ônibus a pessoa tomou?, perguntou ele. E por que Mrs. Hilbery não poderia às vezes ser a filha de Katherine?[69] Ah é um livro enfadonho, sei disso, falei; mas não vê que é preciso colocar tudo antes de poder excluir? A melhor coisa que você já escreveu, disse ele, foram suas memórias sobre George.[70] Você devia fingir que está escrevendo sobre pessoas reais & inventar tudo – fiquei arrasada, claro. (& ai ai que loucura – pois se George é meu clímax, não passo de uma mera escrevinhadora.) Do que mais conversamos? Ele estava indo a algum jantar oficial. Recebe £120 por artigo...

*Quinta,
2 de junho*

Mas isso foi escrito uma semana atrás, sendo hoje o dia depois do Dia de Derby, & o ápice da temporada, imagino: pelo menos a das flores & folhas.

As pessoas aparecem por aqui regularmente, porém sem que o planejemos. Madge [Vaughan] na sexta; Kot no sábado; Roger; Fredegond; Mr. Reginald Morris. Será que esses nomes daqui a 10 anos serão capazes de fazer relembrar alguma coisa do que foi a última semana de maio de 1921? Gostaria de ter o mesmo registro de 10 anos atrás, quando eu era jovem – só que na época não se conseguia escrevinhar. Pensava-se demais. Era-se literal em demasia.[71]

Madge pediu para vir; portanto a recebemos. Está curiosamente mudada. Tornou-se comum. A meia idade espessou seus traços, & aprofundou sua cor. Mentalmente, tornou-se alegre & trivial. Noto agora que sua testa tem uma ruga estranha no alto. Ela disse que se sentia atrofiada – isso exprime bem. Jamais cresceu, sempre viveu de certo modo protegida, sem repreensões, falando muito sobre a vida, mas sem a enfrentar. Ah, ela falou muito sobre a vida – sempre referindo-se a si mesma, o que faz a cabeça ficar vesga. Não enxerga nada em si mesmo. De modo que oscilamos entre "a vida" & Will: "minha vida": "minha estranha natureza", "não tenho cérebro", "sou muito psicológica". Mas enfim, eu devia ter me separado, &c.; mas é bastante óbvio que ela é rica, bem-sucedida & feliz; falta substância nessas queixas que formam o núcleo da sua fala; & ela desliza facilmente para a fofoca & a repetição. Sim, não se consegue fazer com que se fixe em poesia, culinária, amor, arte ou filhos por mais que um minuto. No entanto ela tem lá sua alegria & sua vitalidade, que nos poupam do pior do tédio. Porém não para Leonard & Roger. Os dois estavam fora de si de tanta agonia. E pensar que esta era a mulher que eu adorava! Vejo-me agora de pé no quarto das crianças em Hyde Park Gate, lavando as mãos & dizendo a mim mesma, "Neste momento ela está sob esse teto". Fredegond veio, toda de preto (& malvestida). Tio Hervey morreu, disse ela. E estava a caminho do enterro, mas não conseguia encontrar um trem (a greve, veja você, continua). Hervey Fisher[72] foi o gênio da nossa juventude, & o único fruto que deixou foi um volume de contos que não são nem melhores nem piores do que os que lemos na *Red Magazine* quando estamos viajando. Dizem que sua babá o deixou cair; & por 52 anos, o pobre homem viu-se assolado pelas doenças; enlouqueceu; nunca fez nada que lhe agradasse, imagino; até mesmo seu casamento foi cancelado pela Tia Mary.

Domingo, 5 de junho

Faz uma semana que o pobre Hervey Fisher foi enterrado, & é como se nunca tivesse existido, suponho: mas se eu quisesse poderia imaginar uns sentimentos da parte de Adeline. Fredegond nos contou que certa vez ela perdeu a paciência com Herbert, aproximou-se dele & lambeu-lhe os cílios!

Fomos à festa de Miss Royde Smith na quinta discutir a Irlanda. Jamais vi uma mulher menos atraente do que Naomi. Seu rosto bem poderia ter sido recortado de um papelão com uma tesoura cega. Eu mirei fixo seu olho. Ela mirou fixo o meu. Mas eu mergulhei até o fundo do dela & num segundo saltei sobre uma rocha. Ela é ligeiramente peluda, além do mais; vestia-se à moda de 1860; brincos pendurados, saia em balão; & um corpo inflado mas perfeitamente firme. Ficou ali sentada em total domínio. Ali tinha seu mundo ao redor. Era uma mistura estranha de inteligência & respeitabilidade. Estavam dois párocos. Eles fizeram piadas, dentro dos limites da decência. Minha tradução da atitude deles seria "Veja como somos livres & brincalhões – & contudo não deixamos de ser gentis. Somos pessoas do mundo. De cabeça muito aberta. Não meros intelectuais – não – olhe como nos vestimos bem". Já Lady Rhondda[73] era mais comezinha; um buldogue, de estilo meio semelhante ao de Ray. Detesto a mistura de ideias & South Kensington. Então Rose [Macaulay] interveio com seu humor inteligente, bem-adequado, ao que um dos párocos, Duncan Jones, disse, "Oh Rose!", & todos gargalharam, como se Rose tivesse feito exatamente o que eles esperavam. Sim, aquilo não me agradou nem um pouco – & os móveis, & os quadros – um casamento de convencionalismo & Westminster no domingo. Conversei com Robert Lynd – & não gostei muito dele. É um típico jornalista – todo dedicado às palavras inteligentes, alongado, exausto, volúvel, com um olhar nublado & furtivo que vem de estar eternamente atento ao *Daily News*. Posso imaginar que seja adoradíssimo. Não existe agudeza nessas pessoas. Tentei parecer idosa & de cabeça aberta. Pensei em Bloomsbury. Mas por outro lado em Bloomsbury você bateria de frente com algo duro – um Maynard, ou um Lytton, ou mesmo um Clive.

Murry escreveu contra nosso Tchékhov no *Nation*.[74] Quanto a Kot, ontem não conseguia se aguentar na cadeira de tanta fúria. Apelou para o tom & a linguagem da taberna – Disse o tipo de coisa que só ouvi os homens dizerem antes de começarem a trocar patadas. Será que Murry é mesmo um "maldito patife"? Supondo que admirássemos a escrita de Murry – ele mudaria seu tom? Minha teoria é que ele está seco atrás de elogios – & essa falta o deixou louco. Porém vai contra minha psicologia achar que as pessoas são canalhas. Ademais, elas são mais interessantes quando damos um jeito de não entornar o caldo. Acho que ele é feito de uma combinação mais complexa que a nossa. Não sei – neste momento tendo a achar que ele seja um maldito patife – porém um patife tão plausível que ainda se tornará professor de literatura inglesa da Universidade de Oxford.

Terça,
7 de junho

Cerca de uma hora depois de eu ter escrito isso chegou Eliot, & a primeira ou terceira coisa que Eliot disse foi "Murry esteve tomando chá comigo – na verdade ficou por um tempo imenso, enrolando outro cigarro & tentando dizer algo, mas não disse". Então L. explodiu & lhe contou sobre o artigo de Tchékhov; mas isso não era novidade para Eliot, que disse "Quando nos conhecemos, parecia que seríamos muito amigos, mas depois percebemos que somos fundamentalmente antagônicos – Não tínhamos nada a dizer um ao outro hoje. Parecia não haver nada a dizer".

"E você disse o quê?", perguntei.

"Ele basicamente falou de si mesmo. Disse que a *Athenaeum* quase acabou com ele. A única coisa que ganhou ao formar uma sociedade foi o esgotamento – 'Não vou fazer nada até os 50 ou 60 anos', disse ele". Aqui Eliot revirou a cabeça e os olhos imitando Murry. "Ele não consegue se controlar na frente das pessoas. Por isso é que não gosta de sair." Repeti minha frase, "Ele está seco de vaidade"; "Ele terá muito sucesso", disse Eliot. "Está dando 6 palestras sobre estilo em Oxford – como se fosse um dever. Tira a coroa da cabeça assim que a oferecem. Mas isso não o satisfaz."

"Não, ele quer que a gente & você & Lytton elogiem a poesia dele."

"Conversei com ele sobre sua escrita: nunca consegui elogiá-la."

A literatura é o diabo, eu falei (querendo dizer, porque afeta o caráter).

Ele concordou.

Leonard comentou que nunca conheceu um homem pior que Murry. Foi mais ou menos o teor do que Eliot disse; na verdade creio até que sua opinião é negra em todos os sentidos; & ele o conhece, & conhece seus métodos, melhor do que nós. Estranho, conhecer um homem ruim!

O problema é que ele está sempre tentando se predispor contra a sua própria ruindade – daí suas confissões, suas poses, & também, segundo Eliot, aquelas admirações histéricas pelos grandes homens que possuem o que falta a ele.

"Mas jamais pelos seus contemporâneos..." eu disse.

"Ele costumava lamentar a decadência de D.H. Lawrence" disse Eliot.

"Ele é um porco maldito" disse L., & nesse teor L. escreveu um cartão-postal para Sydney convidando-o para jogar xadrez & conversarem sobre Murry.

Eliot, a propósito, não enxergou nenhuma verdade no artigo de Murry.

"Ele é extremamente esperto" disse.

"Mas não no bom sentido, você quer dizer" falei.

"Ah não; de jeito nenhum."

Agora, creio que é verdade que Eliot desejou abrir nossos olhos sobre Murry. Certamente concordou com todas as críticas, & tive a impressão de que seria capaz de enfatizá-las & acrescentar fatos caso o desejasse. Acho que é possível que uma das artimanhas de Murry tenha sido colocar Eliot contra nós dois, à sua maneira indireta; & insinuar que o que escrevo é trivial, & coisas do tipo.

"Ninguém tem alcance" – essa era uma de suas frases típicas.

Vai ser interessante observar sua carreira rumo ao alto escalão da autoridade. A menos que, como diz L., ele cometa um crime. Provavelmente em uma palavra Eliot o considera desonesto até a medula.

E Eliot me surpreendeu ao elogiar *Segunda & terça*! Isso realmente me deliciou. Escolheu "O quarteto de cordas", principalmente o final. "Excelente", disse, & estava falando sério, eu acho. Achou que "Um romance não escrito" não funcionou muito bem: "A casa assombrada", "extremamente interessante". Agrada-me pensar que poderia discutir o que escrevo abertamente com ele. E que sou estoica; & escrevo sem me encolher (permita-me essas palavras de louvor!) *Ulysses*, diz ele, é prodigioso.

Monk's House, Rodmell

Segunda,
8 de agosto

Que lacuna! Como eu teria me espantado se me dissessem quando escrevi a última palavra aqui, no dia 7 de junho, que dali a uma semana eu ficaria de cama, & dela só sairia em 6 de agosto – dois meses inteiros apagados – Estas, esta manhã, são as primeiras palavras que escrevo – se é que se pode chamar de escrever – em 60 dias; dias que foram passados com dor de cabeça exaustiva, pulso acelerado, dor nas costas, temores, inquietações, insônia, soníferos, sedativos, digitalina, pequenos passeios & em seguida cama outra vez – todos os horrores do escuro armário das doenças novamente expostos para minha distração. Deixe-me jurar que isso nunca, nunca mais irá acontecer; & *depois* confessar que existem certas compensações. É agradável receber autorização para ficar na cama quando se sente cansaço; depois, para quem escrevinha os 365 dias do ano como eu, simplesmente receber as coisas sem que minha mão direita tenha de se agitar para fazer um registro já é salutar. Sinto que posso refletir sobre as coisas de forma descompromissada. Depois, o sombrio submundo tem tanto seus encantos quanto seus terrores; & depois às vezes comparo a segurança fundamental da minha vida em todas as (Mrs. Dedman me interrompeu aqui por 15 minutos) tempestades (talvez fosse isso que eu queria dizer), com sua velha & temível natureza aleatória...

Mais tarde tive minhas visitas, uma por dia; de modo que acabei vendo até mais gente do que o normal. Talvez no futuro eu adote esse método mais vezes. Roger, Lytton, Nessa, Duncan, Dorothy Bussy, Pippa, Carrington, James & Alix – todos eles vieram; & pareciam retratos isolados – recortados, destacados, vistos assim separadamente, em comparação com a maneira costumeira de vê-los em meio aos grupos. Lytton, observo, está mais carinhoso que nunca. É preciso ser, quando se é famoso. É preciso dizer aos velhos amigos "Toda a minha celebridade não é nada – nada – comparada a isso". E foi exatamente o que ele disse, aliás. Estávamos falando de amor. Ele disse que sofreu torturas de D.[uncan] & H.[enry] L.[amb] quis se casar com eles & se aquietar, foi recusado; & agora já não consegue amar. "É loucura..." disse ele. "Não se pode tratar os amantes como pessoas racionais", isso foi dito a respeito dos caprichos de Ralph. "Não vai mais acontecer conosco." "Porém o amor ainda é o que importa – pois olhe só para você, você tem fama suficiente – às vezes vejo meu nome nos jornais – porém isso não é nada." "Você quer dizer isso – disse ele – apontando para nós três sentados junto à janela – Ah sim, é isso o que importa – os amigos."

Terça,
9 de agosto

Depois, como eu ia dizendo, teve Roger, com 20 obturações por fazer nos dentes; & pensei que seus dentes eram de osso inerte, tais como são alguns dos meus; & agora soube que ele sofre de envenenamento por mercúrio de ter feito aquelas obturações em Paris. Não há dúvida de que somos um grupo de pessoas de constituição fraca; mas por outro lado eles, isto é, Nessa &c, tiveram um verão esplêndido de descontração. Não o invejo: não o quero; parece muito muito distante; não quero nada a não ser a tranquilidade & uma cabeça ativa. E de fato estou lendo Hardy para meu famoso artigo – aquele de que sempre estou falando. Vasculho as bibliotecas públicas & descubro que estão repletas de tesouros. Contudo tenho um bichinho de incerteza que se agita nas bases dessa vida agradável – Allison, quando lhe pedimos para cortar um galho no campo, respondeu que vendeu o campo para um amigo, para exploração imobiliária. De modo que terei Jack Squire numa poética casa de campo a cem metros de distância. Já posso até ver o jornal de Shanks na janela da casa dele, ao passar pela trilha do meu jardim; & vozes cultas & um cachorro culto latindo para nos acordar nas manhãs de domingo. A verdade é que Rodmell é uma colônia de poetas georgianos, & embora eu seja totalmente a favor da liberdade alheia, & de não ler as obras deles, é difícil, na verdade intolerável, ser obrigada a conviver com a liberdade deles de morar aqui na casa ao lado. Inclusive respondemos ao anúncio de uma casa perto de Arundel; & caminhamos por um prado com uma linda vista, & ali imaginamos uma casa. Mas L. diz que somos velhos demais para construir uma casa.

Se aprofundamos esse assunto & consideramos o bem da maioria, o pouso de Allison em Rodmell provavelmente representa um benefício. Ele instala portões & sebes, conserta casas, lavra os campos, tem um telefone, oferece chás no celeiro, & imagino que encontre trabalho & faça melhorias, ao passo que o velho Stacey teria sido muquirana & rústico demais para imaginar um estado melhor das coisas. O velho Stacey, dizem, bebeu até morrer, & tiveram de enterrá-lo imediatamente – coisa que não vai acontecer com Allison. Contudo, para meus propósitos, fazendeiros que bebem & ficam por aí como Mr. Smith, enlameado & corado & obsoleto, são de longe preferíveis a Allison, cujas roupas parecem ter saído de um dos anunciantes da sua Field.[75]

Quarta,
10 de agosto

Mas como se chega à verdade? Troquei o *Daily News* pelo *Morning Post*. As proporções do mundo no mesmo instante se tornam absolutamente diferentes. O M.P. dedica as letras maiores & duas colunas ao assassinato de Mrs. Lindsay;[76] anglo-indianos, anglo-escoceses, velhos aposentados & velhas patrióticas escrevem cartas & mais cartas para deplorar o estado do país; aplaudem o M.P., o único baluarte que ainda resta. Lamentam a decadência da Inglaterra, que segue florescendo como de costume no D.N.; & quase impecável no D.H. Os heróis do momento no *Herald* são os desempregados que se rebelaram.[77] O M.P. os ignora completamente. Mas o D.N. transformou-se em uma alegre colcha de retalhos. As notícias são recortadas em fragmentos agradáveis & escritas de modo muito simples. Posso bem perguntar, o que é a verdade? E não posso fazer essa pergunta com meu tom natural, pois meus lábios estão úmidos de Edmund Gosse.[78] Quantas vezes já disse que não leria ninguém antes de começar a escrever? O livro chegou durante o café da manhã, & cedi à tentação. Ele é um dos respeitáveis. Se Shelley o procurasse agora, G. ficaria em apuros, apesar de interessar-se por rapazes de berço. Mas como o tom de tudo é fraco – ronronado junto às lareiras das viúvas ricas. Isso não é exatamente verdade, visto que ele tem certa robustez, certa independência, & certo amor pelas letras. A combinação peculiar de suavidade, gravidade, malignidade & senso comum sempre me causa repulsa. Uma vez ele se sentou ao meu lado & só começou a falar quando teve plateia. Lytton, que o encontra nas reuniões ducais, diz que ele é divertidíssimo. Quanto às notícias íntimas, tenho poucas, porém mil pequenos eventos parecem estar em andamento. O tempo voa. Olho para meu relógio & descubro que são onze horas. Perdi 30 minutos fofocando com Mrs. Dedman. L. está com a alergia dele no braço por ter limpado aquele arquinho terrível de hera. Compramos os frangos dos Dedman. Para mim os ovos são uma comoção de [palavra ilegível] – mornos, suaves, com uma pena colada. As criadas, ou melhor, a dupla angelical de companheiras, retornam amanhã; & pela primeira vez são bem-vindas. Allison (pois o nome dele não é nem Addison nem Allinson) não está. Rezo todos os dias pela falência dele, ou que sua mulher desonre seu nome.

Quinta, 11 de agosto

Já se passou uma quinzena. Passa tão depressa – depressa demais. Se pudéssemos beber lentamente & saborear cada instante de cada hora! Pois, para dizer a verdade, pela primeira vez nessas últimas semanas pensei em escrever meu testamento. Às vezes parece que nunca irei escrever os livros que tenho na cabeça, por causa do esforço. O diabólico da escrita é que ela exige que todos os nervos se mantenham retesados. Isso é exatamente o que não consigo fazer – Mas se a questão fosse pintura ou rabiscar música ou fazer colchas de *patchwork* ou tortas de lama, não teria importância.

A primeira coisa que aconteceu quando chegamos aqui foi que o vento derrubou um galho da árvore de Allison. Está caído com os ramos para cima, numa encosta do prado, & as crianças das casas se reúnem todas as manhãs & se balançam com uma corda ou rodopiam sem parar, até anoitecer. Uma menina de 12 anos cuida delas, & eu a vejo em ação balançando as crianças pequenas hora após hora. Às vezes elas choram; às vezes brigam; mas a diversão continua. Imagino que Julian & Quentin logo se cansariam daquilo. Nenhuma babá aceitaria ficar ali balançando-os.

À noite por vezes há uma partida de *stoolball*.[79] Eu as vi jogando quando passava pela estrada mais abaixo, os vestidos cor-de-rosa & azuis & vermelhos & amarelos elevando-se acima de mim, & atrás delas somente as vastas colinas de Asheham – uma visão bela demais para um par de olhos. Instintivamente desejo que alguém apanhe minha onda de prazer transbordante.

Sábado, 13 de agosto

"Coleridge estava tão pouco dotado para a ação quanto Lamb, mas por razões distintas. Tinha boa altura, mas era tão lento & sólido quanto o outro era leve & frágil. Tinha, talvez, envelhecido antes do tempo, por falta de exercícios. Seu cabelo estava branco aos 50; & como geralmente se vestia de preto & tinha maneiras bastante tranquilas, sua aparência era senhorial & já parecia majestoso muitos anos antes de sua morte. No entanto havia algo de invencível & jovem no seu rosto. Era redondo & rosado, com traços agradáveis, & uma boca aberta, indolente, de boa índole. Essa expressão de menino era muito apropriada para alguém que, como ele, sonhava & especulava quando ainda não passava de um garoto, & que passou a vida afastado do resto do mundo, entre os livros & as flores. Sua testa era prodigiosa – uma grande peça de plácido mármore – & seus belos olhos, nos quais toda a sua atividade mental parecia se concentrar, moviam-se sob ela com uma serenidade alegre, como se para eles carregar tanto pensamento não passasse de um passatempo.

"E era um passatempo. Hazlit disse que o talento de Coleridge lhe surgia como um espírito, todo cabeça & asas, eternamente flutuando no etéreo. Ele me transmitiu uma impressão diferente. Imaginava-o como um feiticeiro de boa índole, que amava a terra, & apesar da consciência de que repousava com bastante peso em sua poltrona, era capaz de conjurar o etéreo ao seu redor num piscar de olhos. Era também capaz de mudar esse ambiente milhares de vezes & prescindir dele facilmente quando lhe serviam seu jantar. Tratava-se de um intelecto poderoso metido num corpo sensorial; & o motivo pelo qual ele fazia pouco mais do que falar & sonhar é que para um corpo assim fazer pouco mais que isso é agradável. Não quero dizer com isso que C. era um sensorialista, no mau sentido..." isso é tudo que posso me dar ao trabalho de citar das memórias de Leigh Hunt vol. 2 página 223, supondo que eu queira reutilizar o trecho em outro lugar. L.H. foi o nosso avô espiritual, um homem livre. Seria possível conversar com ele como se conversa com Desmond. Um homem leve, eu diria, mas civilizado, muito mais do que meu avô de sangue. Tais espíritos livres & vigorosos fazem avançar o mundo, & quando lançamos luzes sobre eles na estranha imensidão do passado, dizemos, Ah você é como eu – um grande elogio. A maioria das pessoas que morreram 100 anos atrás nos parece estranha. Nós nos sentimos respeitosos & pouco à vontade com elas. Shelley morreu com uma cópia de de *Lamia* [de Keats] nas mãos, que era de H.[unt]. H. não queria que ninguém mais a devolvesse para ele, & portanto a queimou na pira. Voltando para casa depois do funeral, H. & Byron riram até se dobrarem ao meio. Esta é a natureza humana, & H. não se importava de fazer parte dela. Depois, gosto das suas curiosas simpatias humanas: a história é tão enfadonha por causa de todas as batalhas & leis; & as viagens marítimas nos livros são tão enfadonhas porque o viajante se põe a descrever as belezas em vez de entrar nas cabines & dizer como os marinheiros eram, o que vestiam, comiam, diziam; como agiam.[80]

 Lady Carlisle morreu. Gostamos muito mais das pessoas quando caem depois de um prodigioso ataque de desventura do que quando triunfam. Ela começou a vida com um imenso estoque de esperança

& talentos, mas perdeu tudo (é o que dizem) & morreu da doença do sono, depois de enterrar os 5 filhos & a guerra esmagar suas esperanças na humanidade.[81]

Quarta,
17 de agosto

Para passar o tempo até L. chegar, de Londres, de Fergusson, do escritório &c, posso escrevinhar um pouco. Eu realmente acho que minha escrevinhação está retornando. Passei aqui o dia inteiro, dando voltas para escrever um artigo – para Squire talvez, pois ele quer um conto, & porque Mrs. Hawkesford contou a Mrs. Thomsett que sou uma das mulheres mais inteligentes da Inglaterra, senão a mais inteligente. Talvez o que mais me tenha feito falta não seja o estímulo nervoso & sim os elogios. Ontem tive uma hemorragia, um fluxo, como diz a Bíblia, & mandaram chamar Dr. Vallence, que chegou depois do jantar para me examinar. Gostaria de anotar essa conversa – Um homenzinho de idade, afável, de pálpebras pesadas, filho de um médico de Lewes; sempre morou aqui & vive à base de alguns conhecimentos médicos gerais adquiridos há anos, & que ele põe em prática conscienciosamente; sabe falar francês, isto é, palavras simples. Como tanto L. quanto eu sabíamos muito mais do que ele, tratamos de assuntos gerais – do velho Verrall, & como ele se matou de fome de propósito.[82] "Eu poderia tê-lo internado", disse o Dr. V. pensativamente. "Ele já tinha sido internado uma vez. Sua irmã está internada até hoje – bastante louca, acredito – Uma família ruim – muito ruim. Estive com ele nesta sala. Tivemos de nos sentar perto da lareira para nos aquecer. Tentei despertar seu interesse pelo xadrez. Não. Ele não parecia ter nenhum interesse por nada. Mas era velho demais – fraco demais. Não pude mandar interná-lo." De maneira que se matou de fome, enquanto cuidava do jardim.

Cruzando as pernas, & de vez em quando tocando o bigodinho, imerso em reflexões, V. então me perguntou se eu tinha alguma ocupação. (Ele achou que eu fosse uma inválida crônica & uma dama refinada.) Respondi que escrevia – "O que, romances? – Coisas leves?" Sim, romances. "Uma outra paciente também é romancista – Mrs. Dudedny. Tive que animá-la – para cumprir um contrato, o contrato de um novo romance – Ela acha Lewes barulhenta demais. E depois tem Marion Crawford... Mas Mr. Dudedny é o rei dos enigmas. Pode lhe dar qualquer enigma – ele dirá a resposta. Ele cria o tipo de enigmas que as lojas imprimem nos cardápios. Escreve colunas no jornal sobre o assunto".[83]

"Ele ajudou a resolver enigmas durante a guerra?" perguntei.

"Bom isso eu já não sei. Mas muitos soldados escreviam para ele – o rei dos enigmas." Nesse ponto ele cruzou as pernas para o outro lado. Por fim foi embora, & convidou L. a participar do clube de xadrez de Lewes, de que eu mesma adoraria frequentar; esses vislumbres de grupos diferentes sempre me fascinam de modo intolerável, uma vez que jamais me juntarei ao time do Dr. Vallence & do rei dos enigmas.

Jamais... isso tem uma espécie de significado, ai de mim. Porque L. foi ver Allison, & não há dúvida de que nosso destino é o pior possível. Ted Hunter irá construir sua casa, até onde sabemos, colada à parede do nosso pomar. Irá construir uma estrada como se deve, & até onde posso ver, as planícies ficarão insustentáveis. Não conseguimos decidir o que fazer. Isso tudo justamente quando estávamos começando a nos instalar ao nosso gosto – & com a amargura extra de que por duas vezes poderíamos ter comprado o terreno & o socalco & colocado a mais linda das vistas a salvo para sempre.[84]

Quinta,
18 de agosto

Nada a registrar; apenas um ataque insuportável de vontade de escrever. Aqui estou eu, acorrentada à minha rocha: obrigada a não fazer nada; condenada a deixar que cada preocupação, despeito, irritação & obsessão arranhe & dilacere & retorne. Ou seja, não posso caminhar & nem devo trabalhar. Qualquer livro que leio borbulha na minha mente & se transforma em parte de um artigo que desejo escrever. Ninguém em toda Sussex é tão infeliz quanto eu; nem tão consciente de uma capacidade infinita de desfrute acumulada dentro de mim, se eu pudesse utilizá-la. O sol banha (não: não banha nunca, ele inunda) os campos amarelos & os compridos celeiros baixos; & o que eu não daria para voltar pelos bosques de Firle, cheia de pó & calor, com o nariz na direção de casa, os músculos cansados, & o cérebro repousando em doce lavanda, tão sadio & tão fresco, & pronto para as tarefas de amanhã! Como eu haveria de notar tudo – a frase surgindo um instante depois & encaixando-se como uma luva; & depois pela estrada poeirenta, pedalando, minha história se narraria a si mesma; & então o sol se poria, & então casa, & um pouco de poesia após o jantar, meio lida, meio vivida, como se a carne se dissolvesse & através dela as flores irrompessem vermelhas & brancas. Pronto! Metade da minha irritação foi-se escrevendo. Escuto o pobre do L. conduzindo o cortador de grama para baixo & para cima, pois uma esposa como eu deveria exibir um aviso em sua jaula: ela morde! E ontem ele passou o dia inteiro percorrendo Londres por minha causa. Ainda assim, quando se é Prometeu, quando a rocha é dura & os moscardos mordazes, a gratidão, o afeto, nenhum dos sentimentos nobres tem lugar. E assim é desperdiçado este agosto.

A única coisa que me consola é a ideia de que outras pessoas sofrem mais do que eu; o que é uma aberração de egoísmo, suponho. Agora farei um cronograma, se puder, para atravessar esses dias odiosos. A pobre Mlle. Lenglen, ao ser derrotada por Mrs. Mallory, atirou a raquete no chão & irrompeu em lágrimas. Imagino que sua vaidade seja colossal. Eu diria que ela pensou que ser Mlle. Lenglen era a melhor coisa do mundo; invencível, como Napoleão.[85] Armstrong,[86] numa partida de críquete estilo Test, posicionou-se junto aos portões & não se mexeu, deixando os arremessadores marcarem, & o jogo inteiro tornou-se uma farsa, pois não houve tempo de jogá-lo até o final. Mas ~~Aquiles~~ Ájax, na peça grega, era do mesmo temperamento – que, em seu caso, todos concordamos em chamar de heroico. Mas enfim, nos gregos tudo é perdoado. E não leio um verso em grego desde o ano passado, faz um ano agora; mas hei de retomá-lo, nem que seja apenas por esnobismo; lerei grego quando for velha; velha como a mulher da casa ao lado, cujo cabelo mais parece uma peruca numa peça de teatro, de tão branco, de tão espesso. Sendo eu tão raramente inundada por amor pela humanidade, às vezes sinto pena dos coitados que não leem Shakespeare; & de fato senti certa falsa generosidade democrática no Old Vic, quando encenaram *Otelo* & todos os pobres, homens & mulheres & crianças, tiveram acesso a ele. Tanto esplendor, & tanta pobreza. Escrevo para que passe a vontade, portanto não importa se escrevo absurdos. Realmente, qualquer interferência nas proporções normais das coisas me incomoda. Conheço esse cômodo bem demais – essa paisagem, bem demais – tudo está saindo do foco, pois não consigo passear por ela.

Domingo, 11 de setembro

Minha caligrafia está ficando detestável. Mas me livrei das vontades há muito tempo, & sentei sob o sol em Bishopstone, & em Chalvington, & nos rochedos de Telcombe. Eu me recuperei & começamos a ver casas – sem o menor sucesso, mas as idas & vindas foram boas. Minha única queixa é que se passa do encantador ao horroroso rápido demais. Newhaven é uma mancha, uma erupção, uma espinha & uma bolha; os carros incessantes parecem piolhos em atividade. Muito mais importante (para mim) do que qualquer coisa foi recuperar o uso da minha pena; & assim o regato escondido ganhou vazão, & eu me senti renascer. Comecei um artigo sobre os obscuros,[87] & o teria terminado hoje, segundo meus cálculos, se Lytton não tivesse vindo para cá; escrever é impossível quando se molesta o cérebro com mais do que a rotina usual. No entanto saí ganhando com a troca. Conversamos sem parar; & sempre desenterrávamos alguma nova pepita, quanto mais fundo íamos. É claro que as amizades são para ele, tal como para mim, assustadoramente importantes – & no caso dele mais ainda porque, como creio já ter dito, a fama lhe ofereceu todos os penduricalhos brilhantes que substituem a amizade – damas & cavalheiros aos montes. Mas de que falamos? (por mais estranho que pareça eu conseguiria escrever com maior liberdade depois do chá: esta é a hora insípida da manhã, a névoa cobre as planícies, & a chuva por fim chega com o vento súbito.) Primeiro discutimos um pouco por causa de banalidades; depois estabelecemos em que pé estamos; reconhecemos que nossa posição é firme; depois começamos a tratar da *nossa* escrita; depois de livros – mas tudo com muita tranquilidade & pausas. Ele irá escrever uma peça, "vou encontrar meu Waterloo" – ou seja, vai se arriscar no lado criativo. Se fracassar, se condenará a escrever sobre história para sempre – talvez uma história da literatura inglesa. Escrever é um sofrimento, nós dois concordamos.

Mas vivemos disso. Prendemo-nos ao sopro da vida através da nossa pena. Começa a ilusão emocionante. Segundo Clive, servimos brandy & assim criamos fabulações, que não existem. Clive surgiu aqui de repente ontem, de calças brancas de flanela & camisa aberta de flanela, que parecia a ponto de arrebentar as costuras; o pescoço uma série de anéis de gordura, parecendo o corpo da Rainha do Xadrez.[88] Uma viúva rica esconderia aquilo com uma gola larga. Como o calor lhe tinha empapado o cabelo, parecia um homem debochado & exausto de tanta devassidão. Obviamente estava nervoso, mas em vez de se gabar de seus triunfos, como fez alguns meses atrás, quase os depreciava. "Lytton achou um tédio a alta roda da sociedade? Ia abandoná-la? Bem, talvez seja mesmo um grande tédio – melhor morar no interior & trabalhar." Me alegro em dizer que aquele tom arrependido se esgotou & então seu humor costumeiro tornou a borbulhar. *The New Republic* – a América – dinheiro – &c &c &c. Percebo que estou evitando falar da conversa com Lytton – primeiro porque não me agrada escrever algo que irá interessar Mr. Gosse ou Mrs. Asquith daqui a 50 anos. Depois porque seria necessário espremer o cérebro. Devo observar, no entanto, para meu próprio bem, que preciso deixar de me incomodar com o que os outros dizem do que escrevo. Sou célebre por isso. Gera desconforto. Por exemplo, quando Lytton me falou dos gostos literários de Max [Beerbohm], achou necessário explicar que Max não tinha lido nada meu – o que foi incômodo. Minha antipatia por M.H. [Mary Hutchinson] se deve à má opinião que ela tem da minha literatura. De modo que preciso deixar de chamar a atenção para "minha literatura". Basta deslizar um pouco para esse caminho que o pequeno deslize logo se torna imenso.

Mas esse foi o único momento esquisito. Nos velhos tempos teriam sido milhares.

Segunda, 12 de setembro

É verdade que estamos sozinhos mais uma vez, mas não consigo apanhar minha pena, em parte devido à superstição, eu acho. Eu me despedi de James & Alix às 9 da manhã; de modo que o dia inteiro ficou contaminado. Freud com certeza destacou os traços de Alix.[89] Até fisicamente, os ossos estão mais proeminentes. Somente seus olhos estão curiosamente vagos. Ela tem determinação & segurança; mas isso pode ser simplesmente pelo casamento. James continua exatamente na mesma – o único ser humano, diz Alix, dotado para a vida contemplativa, que é a mais elevada. Olhar & compreender, diz ela, é melhor do que criar. Mas James não reivindica tal eminência. É o homem menos ambicioso que existe – não ambiciona sequer ser uma personalidade – discreto, quieto, gentil, modesto. Desconfio que suas características se mostrem na sombra – que Alix certamente fornece. Posso imaginar que seja bastante atencioso – egoísta, claro, mas não de maneira cega, nem um pouco possessivo, masculino ou dominador. O pior, na minha opinião, é a apatia; não vale a pena fazer nada; & sua cabeça é muito capaz de argumentar com razões a favor ou contra qualquer coisa. Eu diria que a monotonia dele se deve em parte a nós. Imagino que na intimidade seja tão alegre quanto um garotinho; talvez eles tenham uma linguagem íntima. Talvez se lancem a seus prazeres. Talvez ele seja a mais tranquila & alegre das companhias. Agora saltou para a minha cama, assim que eu a abandonei, & ficou ali deitado lendo a brochura de Jane.[90] Lá está Noel também, ao fundo. Noel, para James, assim como para Adrian, representa o amor inatingível, ainda que tenha se casado com um tal de Jones ou Richards & já não seja mais romântica. Olhei Noel de perfil & a enxerguei velha, magistral, avançada; sempre com o mesmo casaco & a mesma saia, que se renovam como se fossem sua pele natural.

Lytton, a propósito, falou sobre a s-----ia, & concordou que as b.[91] são todas umas afetadas & sentimentalistas. Ele mesmo é assim, disse. Para ser b. é necessário ser antiviril, pouco possessivo, muito amável, na verdade, mas com uma tendência ao sentimentalismo. Porém os gostos delas se degradam tanto.

Terminei *As asas da pomba*, & faço o seguinte comentário. As manipulações dele [de Henry James] tornam-se tão elaboradas próximo ao final que em vez de perceber o artista, percebe-se apenas o homem que expõe o tema. E também acredito que ele perde a capacidade de fazer sentir o conflito. Torna-se apenas excessivamente engenhoso. Assim é que se faz, parece até que o ouvimos dizer. Mas justamente quando se espera o conflito, o verdadeiro artista o evita. Se nunca é narrado, ele se torna mais impressionante. Por fim, depois de todos esses malabarismos & jogos com lenços de seda, deixamos de sentir qualquer coisa pela figura que está por detrás. Milly, assim manipulada, desaparece. Ele vai longe demais, & perdemos a vontade de relê-lo. A percepção psicológica & seu alcance são magníficos. Nem uma só frase é frouxa ou fraca, mas acabam sempre castradas por uma espécie de timidez ou vergonha ou coisa que o valha. Extremamente americano, eu diria, na determinação de ser altamente distinto, mas com uma ligeira obtusidade quanto ao que significa tal distinção.

Charleston

12 de setembro de 21

Minha cara Virginia,

Lamentaria muito se Jack Squire viesse a imaginar que me derrotou; mas não posso jurar que a frase foi "mostrar-lhes o que é certo", apesar de ter certeza de que foi algo tão impertinente quanto; & portanto espero que você não comente nada a respeito desse assunto. Não pode imaginar o quanto desfrutei da minha visita a Monk's, nem o quanto me agrada a sua companhia e a de seu marido. Vocês criaram uma atmosfera diferente, & talvez melhor, do que qualquer outra que conheço. Parece estranho, considerando que de diversas maneiras todos nós começamos mais ou menos da mesma forma; mas suponho que à medida que envelhecem, as peculiaridades das pessoas se tornam cada vez mais distintas. Enfim, o que quero dizer é que o prazer de ver os dois, além de ser imenso, é particular. Sinto-me meio tentado a sugerir alguma espécie de reunião, seja aqui ou nos *downs* (caso o tempo permita) na sexta-feira – meu aniversário – porém Mary estará conosco e, devido a algum mal-entendido absurdo, deduzo que ela está na lista negra de vocês. Então talvez seja melhor aguardarmos até a semana seguinte.

Seu,
Clive

PS: Quando o assunto é balé, Murry é ignorante & néscio.[92]

Quarta,
14 de setembro

Ah, agora temos um capítulo digno de um romance! Primeiro: desconfio que Jack Squire rejeitou o artigo: depois desconfio que Clive, em uma de suas mudanças violentas & adoráveis – & contudo ele também é um esnobe – pôs-se contra Coalbox, Jacks & Lavatory,[93] & deseja garantir sua posição na alta sociedade intelectual; & por fim, em parte pelos mesmos motivos, está decidido a dar um jeito para que nós & Mary estejamos em bons termos para visitas. Esse homenzinho é cheio de artimanhas, fez uma confusão; & eu bem podia ter previsto a coisa toda, que já vinha fermentando, acredito, desde que recusei ser uma das pessoas presentes em seu chá; & as capacidades de Leonard se tornaram notórias, sua estrela está ascendendo; & quando uma estrela ascende, pode contar que Clive irá correndo atrás desesperadamente. Mas digo que boa parte disso é digna de elogio. Leonard não concorda. Acha que ele é um desses cachorros que se encolhem. Enfim, continuando meu comentário sobre o texto, está claro que acabarão colocando Mary & eu juntas. Não é possível perder-se suavemente na névoa. Mas por quê? Respondo que irei vê-la & resolver essa indisposição se ela quiser; pois já ouvi diversas versões.

Tivemos uma grande tempestade três noites atrás – no domingo dia 11 de setembro para ser exata. Tive de acender minha vela pedindo apoio. Na manhã seguinte nossa ameixeira estava derrubada, & uma enorme árvore cortada quase na altura da raiz no cemitério. Diversas sepulturas foram enterradas sob as folhas; & uma guirlanda de sempre-vivas jaz intocada atrás do vidro. Os moradores andam ocupados recolhendo os ramos; os galhos maiores pertencem, talvez, ao presbitério. Caiu mais chuva naquela noite do que nos 3 meses anteriores, porém L. não está satisfeito. Nosso jardim é um estampado perfeito de flores variadas: ásteres, flores de ameixa, zínias, fumaças-do-campo, capuchinhas & por aí vai: todas brilhantes, recortadas de papel colorido, retesadas, eretas como as flores devem ser. Ando plantando goivos para junho que vem.

Quinta,
15 de setembro

Está uma noite belíssima – tranquila; a fumaça sobe reto na pedreira; o cavalo branco & outro cor de morango comem lado a lado; as mulheres saem das casas sem motivo & ficam paradas olhando; ou tricotando; o galo bica no meio das suas galinhas na campina; há estorninhos nas duas árvores;[94] os campos de Asheham foram ceifados até a cor do cotelê branco; Leonard estoca maçãs no andar de cima. & o sol entra por uma vidraça de vidro perolado; de modo que as maçãs que ainda estão nas árvores têm um tom pálido de vermelho ou verde; a torre da igreja é um extintor prateado que se ergue entre as árvores. Isso irá evocar alguma coisa? Eu me sinto tão ansiosa para guardar cada pedacinho, sabe.

Tenho me aventurado nos contos de K.M. & preciso limpar a mente – em Dryden? Enfim, se ela não fosse tão inteligente, não conseguiria ser tão desagradável.

Uma carta de Morgan, esta manhã. Ele parece tão crítico do Oriente quanto de Bloomsbury, & fica sentado de turbante olhando seu príncipe dançar, pouco impressionado. Também não se impressionou com *Q. Vict.* Fraco, diz ele, comparado com Macaulay, o que talvez tenha sido o que eu quis dizer.

Há uma mulher de talento entre as vacas. Ela decidiu abandonar o rebanho & comer os galhos da árvore caída. Tem agora um discípulo. O resto condena completamente. É uma Roger Fry. Roger me contou outro dia, em meio ao burburinho sobre o artigo irritante & desdenhoso de Murry.[95] Está tão furioso que não consegue falar de mais nada (a vaca tem 2 discípulos). Precisamos continuar fazendo o que gostamos no deserto, diz Roger, & deixar que Murry escale as alturas, como certamente fará. Os pássaros estão agitados como redes cheias de peixes; viram de lado & somem; outra vez para o outro lado & se transformam numa massa de pontos negros.

Segunda, 19 de setembro

Miss Green passou aqui o fim de semana, & hóspede mais tranquila não há. Não é preciso se incomodar com ela, mas, nas refeições, ela se mostra enérgica & fresca. Seu pai era um catedrático, ou professor, de geologia em Oxford. Sua mãe, membro da Igreja Unitária & liberal, nutria grande admiração por Gladstone. Quando Minna tinha 9 anos seu pai morreu. Foi secretária de Lady St. Davids.

"Eu te considero como uma filha", dizia Lady St. D., & assim lhe pagava menos. Depois ela esteve com Beerbohm Tree por 3 semanas. Ele caminhava pela sala, comportava-se como Malvólio,[96] & discursava sobre a vida para uma plateia invisível. Minna achava isso penoso, principalmente porque acontecia de madrugada no domo de Sua Majestade. Ele costumava dizer, "Devo dar esse autógrafo?" – Depois ela esteve com Heinemann. Mas a falta de coragem dele a irritava; tinha medo de publicar Norman Angell; &, sem ter nenhum centavo nesse mundo, Minna era pacifista demais para seguir trabalhando com ele – De modo que foi para a UDC [Union of Democratic Control]. De modo que acabou morando por toda a Inglaterra; & é assustadoramente independente – marcha por aí sem ser molestada ou notada, protegida pela sua feiúra extrema; contudo tem uma forte vontade própria; &

observa; & não se deixa dominar. Faz parte do regimento da república das mulheres assalariadas. Come tudo o que tem em seu prato, com apetite; não mantém registros; não gasta dinheiro com vestidos, & eu arriscaria que contribui com o Fundo de Combate à Fome na Rússia. Agora irá passar quinze dias na Alemanha – um país que considera muito bonito. Eu disse que havia demasiados postes de avisos & estátuas de gesso. Ela não fez nenhum caso. Mas enfim, suas pernas grossas, botas com cadarços, cara de madeira, cabelo loiro-claro (ralo) & faces rosadas devem ser respeitáveis por lá; & ridículos na Itália ou na França.

Quarta, 28 de setembro

A visita de Eliot transcorreu satisfatoriamente, porém me sinto desapontada ao perceber que já não tenho mais medo dele...

Esta foi a última coisa que escrevi em Rodmell – ou assim suponho. E hoje é dia 2 de novembro; quarta-feira para ser mais exata; 10 para as 7; & Dorothea acabou de deixar sua casa para passar 5 anos & meio fora. Mas gosto da velha Kate; que não enxerga bem & por isso apanha a manteiga em vez do pão.[97] Dorothea com certeza é uma sobrevivente do período glacial. Para mim seu grande nariz parece uma serra; ela tem mandíbulas poderosíssimas & olhinhos de porco. Creio que em breve teríamos conseguido nos comunicar. Senti que a antiga aversão me invadia. Ela insiste; cutuca; pisoteia brutalmente; & fala com uma espécie de doçura comedida, como a que se usa para falar com os criados nas casas de pensão. Bem, não tivemos tempo de brigar; pois elas demoraram duas horas para chegar; & tinham de pegar um trem. Ela me saudou com uma reverência. Disse que sua estadia na Índia poderia resultar em outro livro. Disse "Meu livro recebeu uma longa resenha no *Times*". "Ah, é?", eu disse. "Não sabia que você tinha escrito um livro." "Foi uma resenha das mais estúpidas", começou ela, com um egoísmo furioso, rangendo os dentes; & começou a citar trechos cheia de ansiedade. E assim nossos minutos se passaram.[98] Mas eu deveria me apressar para narrar as cerca de 5 semanas que ficaram de fora; porém na verdade não consigo; pois vi tanta gente de todos os tipos & tanta coisa aconteceu; apesar de continuarmos onde estamos. Uma impressora está à nossa espera na estação de Richmond & será entregue às 8 da manhã amanhã.[99] Ralph está dando duro, muito duro. Alguns de nossos almoços têm sido tempestuosos, ou um tanto quietos, com repentinas críticas por parte do terceiro sócio. Creio que ele precisa enfiar o pé bem fundo para causar alguma impressão em comparação com a flexibilidade superior de L. Mas até agora temos nos dado bem; & cedemos, não sem relutância, em relação às cartas de Tchékhov[100]. Daqui a dois dias – esta semana, em todo caso – espero terminar *Jacob*. Pedi livros ao *Times* para me pressionar a terminá-lo. E um desses dias terei de lê-lo. Vamos para Rodmell na sexta. Estou vendo que não consigo pensar em nada que valha a pena dizer. Foi um dia típico de novembro: suave, escuro, chuvoso como os trópicos, com um grandioso funeral (do Dr. [Matthew H.] Gardiner) passando pela janela...

Clive espera me ver com mais frequência. Vai jantar com Gandarilla; & Betsy Bibesco quer que eu resenhe seu livro [*I Have Only Myself to Blame*].

Terça,
15 de novembro

Realmente, realmente – que vergonha – 15 dias de novembro se passaram & meu diário na mesma. Mas quando nada é escrito pode-se supor com segurança que foi porque estive costurando livros; ou tivemos o chá às 4h & depois fui dar meu passeio; ou tive de ler alguma coisa para o texto do dia seguinte, ou cheguei em casa tarde, com materiais de estêncil, & me sentei na maior empolgação para testar um deles. Fomos para Rodmell, & a ventania soprava o dia inteiro, vinda das planícies do Ártico; de modo que passamos o tempo cuidando da lareira. No dia anterior tinha escrito as últimas palavras de *Jacob* – sexta, dia 4 de novembro, para ser exata; & o comecei no dia 16 de abril de 1920: dando um desconto de 6 meses devido à doença & a *Segunda ou terça*, isso perfaz cerca de um ano. Ainda não o olhei. Estou sofrendo com as histórias de fantasma de Henry James para o *Times*; então não acabei de pousá-las com uma sensação de fartura? – Depois será a vez de [Thomas] Hardy; depois quero escrever uma biografia de Newnes;[101] depois terei de polir *Jacob*; & um desses dias, se conseguir reunir forças para enfrentar as cartas dos Paston, começarei o *Leitura*:[102] assim que começar o *Leitura* vou pensar em outro romance, arrisco dizer. De maneira que a única questão parece ser: será que meus dedos aguentarão tamanha escrevinhação?[103] Jantamos com Clive na sexta. Aldous & Mary & Maynard estavam lá. Senti Mary solícita o tempo inteiro, até mesmo carinhosa; & dito & feito, quando eu estava saindo, ela segurou minha mão, disse "Não me agrada essa história de andarmos zangadas" & me convidou para ir visitá-la. Até agora nada aconteceu – pois seria eu que deveria telefonar-lhe, ou ela a mim? – & o que vai sair de tudo isso? Molly veio para o chá. Lilian veio para o almoço. Pobre Lilian – pobre Margaret. Velam o cadáver da Women's Guild; as persianas estão cerradas; elas tristes & brancas, corajosas, os olhos sem uma única lágrima, mas infinitamente pesarosas.[104] Eu percebo o que aconteceu.

Quando se deixa o trabalho de uma vida inteira aos 60, morre-se. A morte pelo menos parece estar ali, visível, expectante. É preciso trabalhar – nunca erguer os olhos do trabalho; & então, se a morte vier interromper, bem, é meramente uma questão de ter de se levantar & deixar a costura de lado – não se terá desperdiçado nenhum pensamento com a morte. Margaret diz que no seu trabalho aposentam a pessoa. Você tem de abandonar o trabalho. É um trabalho muito cruel, então; & ela terminou ficando sem marido ou filhos. De modo que arrastamos Lilian até Richmond; mas ela não tirou os olhos do chão. Disse que se sentia muito triste. E Janet quer vender aquela sua casa horrorosa & mudar-se para New Forest. Não se pode dizer que esse grupo de idosas teve o destino que merecia. Molly estava vestida com os veludos de Mrs. Freshfield [sua tia]. Uma saia é o bastante para um vestido comum, eu diria. "Brigamos com Desmond?", perguntamos. Ah não de jeito nenhum. Parecemos rabugentos & ríspidos? Ah não sejam ridículos. Ah então está tudo bem – Desmond está simplesmente preguiçoso. Anda muito pouco comunicativo no momento. Não me conta nada. Vocês devem ter ouvido sobre os Waterlow? Sydney se tornou intolerável. Planta flores vermelhas & elas nascem azuis. Ela não é capaz de fazer *nada* nada direito. Ele resmunga o fim de semana inteiro. De modo que ela acabou por proibi-lo de ir até lá. Mas ele não seria capaz de suportar outra Alice saindo de casa. Há 6 semanas estão no exterior. Ela caiu em lágrimas & me contou a história toda. Precisamos apenas continuar nos odiando mutuamente, então, como fazem os outros casais, disse.[105]

Quarta,
16 de novembro

Será que consigo entender a tragédia dos Waterlow a partir desse fragmento telegráfico? Vejo que rabisquei depressa demais & não inseri as aspas. Enfim foi isso que Molly disse no outro dia, & como tenho uma coleção de histórias sobre Sydney acrescento mais essa. Eu estava prestes a sair para o Wigmore Hall para ouvir Bach: mas a natureza interveio; &, com minha economia habitual, pergunto a mim mesma como obter o máximo possível de prazer da minha noite, que passarei sozinha, pois L. vai jantar com os Webb, para encontrar os Fabianos. Devo ler o *Rei Lear*? Desejo tal esforço emocional? Creio que sim. Está chovendo a cântaros; mas dizemos Graças a Deus que está mais quente agora. Durante uma semana fez muito frio. Vamos dormir com cobertores vermelhos, colchas, casacos de pele, & só consigo me levantar quando escuto o relógio bater o quarto de hora. Mas agora, como eu disse, chove. Apanho a *Westminster Gazette*. Pois começo a me interessar por um pouco de política, do mesmo modo como suponho que interesse os homens da City – como se fosse uma partida de futebol. É possível que nos tornemos uma socialista virulenta – ou uma conservadora? Não passa de um jogo. Com isso quero dizer que não penso nos fins (ninguém pensa), mas nos meios. A oferta americana sobre a Marinha que me levou a essa reflexão.[106] Não recebo carta nenhuma ultimamente, de modo que leio o jornal. Os poemas de Clive seguiram hoje para os revisores; pois nossa data de publicação é 10 de dezembro. Já descrevi a chegada da impressora? Nelly teve um ataque de pânico pensando que ela atravessaria o chão da cozinha. Como você inventa esses medos? eu perguntei a ela. Realmente, se ela fosse tão habilidosa assim na cozinha passaríamos bem. "Não tirem a tela metálica das janelas da despensa, pelo amor de Deus" disse ela, "senão vão entrar ladrões."

Mas nunca tivemos tanta paz doméstica & por tanto tempo.

Que outras notícias? Deixei todos de lado – tudo – por um mês. Não contei que Lady Cromer veio para o chá, com um chapeuzinho de faxineira, & serviu-se de grandes nacos de pão. "Minha cara Virginia, quando somos velhas, vemos como é absurdo pensar esse tipo de coisa – sei que as minhas sobrinhas me acusam disso – & nunca penso no assunto." Isso foi quando eu lhe disse que Kitty [Maxse] era uma mulher sofisticada & que desejava que eu tivesse me casado com alguém de South Kensington. Falou com aquela sua velha & melosa afabilidade sofisticada, como se todos os seus pensamentos fossem naturais & gastos & soltos, o que eu acho encantador. Gosto mais dela na minha casa do que na dela. Está tentando evitar que o filho se torne um esnobe: "Mas ele vai se movimentar no meio desse tipo de gente", disse ela. Os Baring ficaram horrorizados quando ela o mandou para Winchester. "Você envia um menino à escola para que faça amizades", disseram. "As do tipo certo."

Sexta,
25 de novembro

Aniversário de 41 anos de L.; & ele acabou de apanhar um camundongo com as mãos nuas. Minha desculpa por não escrever aqui é, com muita sinceridade, a Hogarth Press. As xilogravuras de Roger, 150 exemplares, foram engolidas em 2 dias. Acabo de terminar de costurar os últimos exemplares – todos menos seis. L. foi dispensado & readmitido noutro cargo, tudo pela mesma carta; & agora, esta tarde, começou a desenhar um plano para Green, que ficou encalhada, para que se torne a nossa secretária.[107] Veja que a Hogarth Press começa a deixar seus pais para trás.

Passamos o fim de semana anterior em Tidmarsh. Devemos ter conversado todas as 12 horas que passamos ali, acho – & eu me recordo de tão pouco: pois com os velhos, enrugados, gastos, maltrapilhos & íntimos amigos, a coisa flui com tanta facilidade; não há corredeiras nem quedas d'água; há lugar para tudo; & não é necessário o maldito brilho. Rimos com a carta da negra louca,[108] eu me lembro. E foi tudo muito caloroso & os detalhes – tais como as xícaras & os copos – fabulosos. Carrington & Ralph têm uma gigantesca cama de dossel. Os gansos gritam de manhã cedo. Veja que não consigo me lembrar de nada – a não ser que fui muito calorosa & comunicativa. Porém na segunda tive uma dor de cabeça. Pensei em como tinha sido tola por pedir livros para Richmond: pois agora tenho 4 artigos para escrever, & meu cérebro está recuperado, & me sinto capaz de despachar todos eles, em três tempos. Mas acordo no meio da madrugada & penso que ainda não escrevi Hardy; que vou abrir o jornal & descobrir que ele morreu – E assim seguimos.

Ontem à noite Saxon jantou aqui, & veja só, recebo um cartão-postal, "Mr. & Mrs. Patteson em 1831", que me conta muitas coisas. Os dois morreram afogados. & Lord Houghton escreveu um poema sobre eles, & Saxon achou que eram Prinsep,[109] & isso veio depois que conversamos sobre o rio Wye, & Barbara, & a Suécia & os finlandeses, & Sydney & Desmond, & como daqui a 100 anos nenhum de nós será lido, exceto Shaw; de quem, Ralph me disse hoje durante o chá, você não gosta muito. Essa é uma sutileza insólita da parte dele; apesar de que quando é mais severo, consegue ser mais sutil. Ontem fez 27 anos.

Sábado,
26 de novembro

Kot acaba de sair depois de dar uma aula de russo para Leonard; portanto tenho meia hora livre para preencher & apanho este livro. Andei interrogando Kot sobre a briga entre Dostoiévski & Turguêniev, & descobri que ele está repleto de informações, & que logicamente é apaixonado severo & inflexível. Uma vez na vida terei certa dose de verdade para inserir num artigo meu.[110] Passamos a maior parte do dia dentro de casa, etiquetando o livro de Roger esta tarde. Dia amarelado, do tipo irritante, com o silêncio que a névoa traz & que se acentua, talvez, como é o caso, pelo fato de a estrada estar construída. Dizem que teremos pavimento de madeira. Hoje aumentamos o salário das criadas em £2 cada; & Nelly, para fazer piada, fingiu que só tínhamos aumentado o dela & não o de Lottie, & eu creio que isso acabou com o prazer de Lottie. Acho que ela desconfia que essa talvez fosse nossa intenção inicial, ou que preferimos Nelly. Seja qual for o caso, ninguém nos agradeceu.

Quanto a Mary, estou jogando um elegante jogo diplomático. Não tenho tempo – aproximam-se já as 7h30 – para detalhar os estágios. Mas meu objetivo é não vê-la; ser simpática; planejar constantemente um encontro; & nunca nunca nunca fazer com que aconteça. Como se para enfatizar isso, a ponta da minha caneta caiu no tinteiro & se entupiu de tinta negra. Não consigo evitar a suspeita de que esse é o jogo dela também. O que poderíamos dizer uma à outra a sós?

Sábado,
3 de dezembro

O jogo diplomático se desenvolve com elegância extraordinária, & imagino que não me encontrarei com Mary cara a cara (isso veio, eu acho, de *Crossing the Bar*).[111] Não cruzarei essa margem. Por mais estranho que pareça, sinto-me cética & desiludida com Clive &

suas manobras. Já o disse demasiadas vezes por puro rancor; mas agora parece normal & verdadeiro. Seu pobre & velho cérebro se esgotou; & é o que bem pode acontecer aos 40, se você bebe coquetéis demais & passa tempo demais com a linda Mrs. Jowett. "Será culpa de Mrs. Jowett, madame?", me disse Gravé na outra noite. Mas não tenho como exprimir nenhum julgamento sobre a potência de Mr. Jowett.[112]

Jantei com os Sanger ontem à noite & desfrutei da sua companhia. Usei meu novo vestido preto, &, eu me atreveria a dizer, estava bastante bonita. Essa é uma sensação que raramente tenho; & que gostaria de desfrutar mais amiúde. Gosto de roupas, se eu mesma as desenho. Bem, Bertie Russell[113] estava atencioso, & nos lançamos como nadadores que conhecem bem suas águas. Temos idade o bastante para cortar os rapapés & ir direto ao assunto. Bertie é um egoísta fervoroso – o que facilita as coisas. E depois, que prazer: essa mente sobre molas. Extraí dele o máximo que podia.

"Pois logo eu deixarei de me sentir à vontade", eu disse. Quer dizer, eu disse, "Tudo isso", & fiz um gesto englobando a sala, que àquela altura reunia Mr. [Maurice Sheldon Amos] & Miss [Bonté] Amos, Rosalind Toynbee, uma alemã, & Mrs. [Helen Mary] Lucas – "Tudo isso não passa de afetação; basta levar um telescópio ao olho & enxergar através."

"Se a senhora tivesse meu cérebro, acharia o mundo um lugar muito frágil & sem cor", disse ele.

Mas minhas cores são demasiado tolas, respondi.

Precisa delas para escrever, disse ele. A senhora alguma vez enxerga as coisas com impessoalidade?

Sim. É assim que enxergo a literatura; quer dizer, Milton.

"Os coros de Samson são pura arte",[114] disse ele.

Mas eu tenho a impressão de que os assuntos humanos são impuros.

Deus faz matemática. Minha impressão é essa. É a forma mais elevada de arte.

Arte? eu disse.

Bem, existe estilo na matemática tal como na literatura, ele disse. Eu experimento o mais extremo prazer estético quando leio matemática bem-escrita. O estilo de Lord Kelvin [William Thomson] era abominável. Meu cérebro já não é mais o que era. Minha melhor fase ficou para trás – & portanto, obviamente, agora sou famoso. No Japão me trataram como se eu fosse Charlie Chaplin – uma vergonha. Não escreverei mais matemáticas. Talvez escreva filosofia. O cérebro se torna rígido aos 50 – & eu farei 50 anos em um ou dois meses. Preciso ganhar dinheiro.

Com certeza existe dinheiro para os Russell no interior, eu disse.

Doei o meu anos atrás, para ajudar jovens promissores que desejavam escrever poesia.[115] Dos 28 aos 38 morei & trabalhei num porão. Depois minhas paixões levaram a melhor sobre mim. Agora cheguei a bons termos comigo mesmo: já não me surpreendo com o que acontece. Não espero experiências emocionais. Já não acredito que vai acontecer alguma coisa quando conheço uma pessoa nova.

Eu disse que discordava de boa parte daquilo. Mas talvez eu não tivesse esperança que alguma coisa acontecesse por causa daquela conversa com Bertie. Tive a impressão de que ele já havia conversado com gente demais, por isso não o convidei a vir para cá – mas desfrutei muito; voltei para casa & tomei chocolate quente na cozinha; & às 7h30 da manhã senti um cheiro de tabaco & encontrei L. fumando seu cachimbo ao lado da chaminé da cozinha; tinha voltado para casa são & salvo. Não houve reunião em Newcastle; uma minúscula em Manchester; outra um pouco maior em Durham; mas foi um esforço tremendo para tais resultados & L. falou severamente com Miss Green sobre esse assunto.

Domingo, 11 de dezembro

Sim, eu devia estar fazendo as camas; mas Leonard teima em fazê-las. Será que isso é Lottie nas escadas? Devo ir até lá & repreendê-la por não ficar na cama? A água quente está no fogo? Bem, logo chegará a hora de sair & comer um prato de carne no restaurante aqui na rua. Em outras palavras, as duas criadas apanharam rubéola & por 3 dias temos sido criados em vez de patrões.

Portanto desculpe esses rabiscos... certeza que é Lottie lavando a louça, não?

Bem, que notícias posso trazer?

Fomos ver *Heartbreak House*[116] com os P.[artridge] & Lytton. Lytton acabou de comprar um manuscrito de Mde. Du Deffand. Lytton está maduro como um pêssego ao sol. Carrington veste o velho casaco dele, que cortou. Partridge ri das piadas erradas. Estavam lá John & Mrs. John[117] ligeiramente repulsivos & idosos: o vinho espessava as feições dele; & tornava o rosto dela mais substancial.

Kot jantou aqui. Por que fui dormir arrepiada depois de ouvir o discurso de Sullivan Gertler & Sydney Waterlow? Tinham uma textura oleosa. E desprezam as mulheres. E de vez em quando Kot fala como um homem do submundo. Não – não consigo entender nada disso, ora é uma coisa, ora outra. Observo apenas que talvez pela 50ª vez estou frustrada, sem conseguir escrever o coitado do Hardy. Rezo para que ele esteja são & salvo ao lado da sua lareira neste exato momento. Que todas as bicicletas, bronquites & gripes se mantenham bem longe dele.[118]

Domingo, 18 de dezembro

Aqui estamos, praticamente no fim do ano, & há mais páginas deixadas em branco do que me parece salutar. Mas, perversamente, meu diário mingua quanto mais material existe para ele. Roger esteve aqui para o chá & o jantar ontem; no dia anterior tive de pilhar as lojas atrás de presentes após o chá (tomamos o chá às 4h agora por causa de Ralph). No dia anterior, quinta, tive de acrescentar as semivírgulas no meu artigo sobre Henry James enquanto conversava com Ralph por cima do ombro & depois sair correndo para pegar o trem até Hampstead para jantar com [Dorothy] Brett & Gertler. Amanhã jantamos com Adrian. Mas ao acumular os fatos dessa maneira, evito a tarefa de descrevê-los. Bem, o salão de Brett não causa arrepios em ninguém. Pensei comigo mesma, ali sentada com meu vestido preto junto ao fogão de antracita no ateliê, que se Sydney, Kot, Gertler, Brett, Miln & Sullivan decidissem me denunciar todos de uma vez, eu dormiria mais tranquila. Trata-se de um grupo sem dentes ou garras. Primeiro, não confiam uns nos outros. Na minha época os grupos eram formidáveis porque permaneciam unidos. Mas lá estava Gertler rechaçando Sydney por ser um velho chato (mas não na frente dele) & Kot detectando defeitos, "pois é, defeitos bastante graves – não, você está interpretando errado o meu caráter – não encontro defeitos nas pessoas de quem gosto de verdade – jamais os discuto –" & Miln é um zero à esquerda com cara redonda – o que se costuma chamar, com justiça, de um homem tranquilo – & Sullivan faz muito o típico homem genial de Hampstead para o meu gosto, com cara borrachenta, lábios inquietos, barba por fazer, despenteado, inflexível, desconfiado & poderoso. Enfim, as horas se passaram com toda a lentidão, & Gertler era o principal estímulo. Está gordo; o cabelo espetado; com a mesma cara extremamente contraída de sempre – os olhinhos miúdos – as faces duras – há qualquer coisa de pequeno & concentrado nele que me faz repetir, por mais insensato que possa parecer, que não acredito que ele seja capaz de pintar um quadro – apesar disso, sua pertinácia seria capaz de abrir buracos no granito, se isso lhe servisse de alguma coisa. Porém, para compensar, devo acrescentar que ele é mais espontâneo que a maioria das pessoas: tem a mente alerta, & eu diria que desafia Ralph; tem algo de puritano. Sydney o escandaliza. Sydney diz, "Bem, o que você acha da companhia das mulheres? Você copula com suas modelos?". E depois: "Acha que Marg fez um maldito papel de ridículo na outra noite?"

Brett é suave, dócil & miúda. Ela dançou para a Rainha Victoria.

A visita de Roger saiu-se especialmente bem. Quer dizer, acabamos nos tornando bastante íntimos & conversamos com gosto – sobre praticamente tudo. Isso não era assim há um ano. Em parte se deve ao fato benéfico de termos amigos em comum – em vez de, como antigamente, eu ir visitar Roger sozinha enquanto Leonard ficava em casa. Nisso vejo um dos muitos bons efeitos da maturidade. Roger trazia *Benda*[119] no bolso & leu um trecho em voz alta que nos deu o pontapé inicial; Leonard o fez fincar o pé & depois seguimos com o habitual. Roger agora se lamenta a todo minuto por não estar pintando. Assim, ficamos pensando sobre todos esses estranhos, & em geral misericordiosos desígnios, pelos quais Roger sempre enxerga as obras-primas à sua frente & eu enxergo os grandes romances – Criamos uma atmosfera de ilusão, sem a qual a vida seria tão mais enfadonha do que é.

Cá estou eu finalmente começando o Hardy, & dizendo a mim mesma, não pela primeira vez, Pelo menos isto vai ficar um artigo de primeira linha. Discutimos Proust, & Clive, pois gosto de traçar o rastro desse tipo de coisa; estava interessada em saber o quanto Roger & Clive estão afastados agora, em comparação com antes – Roger desconfia das amizades de Clive: ainda não foi vê-lo.[120]

E antes disso, Rosalind & Arnold T.[oynbee] apareceram com um gatinho & o original do novo romance dela. É um fiapo de mulher, com olhos do tipo bondoso, sensível, pensativos, que não são capazes, temo eu, de produzir nada semelhante à arte. Não é absolutamente capaz de escrever um livro muito longo, disse ela; & só ganhou £10 com o último; & no geral parece bastante desprotegida & indefesa, apesar de ser filha de Gilbert Murray. Sinto-me feliz de pelo menos não ser assim, com esse quê aristocrático para refinar ainda mais.

Nossa sorte parece finalmente nos ter sorrido mais uma vez. Pelo menos todos os sinais são bons. Allison cansou-se da vida de fazendeiro: os americanos querem os artigos da *Contemporary* de L.; recebemos um pedido de 37 exemplares de Tchékhov ontem; & o *Labour Monthly* quer que L. escreva outro artigo. Se cada uma dessas cartas tivessem escrito o contrário, estaríamos arrasados, de modo que precisamos nos sentir felicíssimos. Com sorte talvez ganhemos £400 em vez de £250; & quem sabe poderemos comprar um carro; & o terreno; & construir outro aposento, & aumentar o jardim. &c &c &c.

Segunda,
19 de dezembro

Acrescentarei um *postscriptum*, enquanto espero que meus pacotes sejam embrulhados, sobre a natureza das resenhas.

"Mrs. Woolf? Gostaria de fazer-lhe uma ou duas perguntas a respeito de seu artigo sobre Henry James..."

A primeira (apenas algo sobre o nome correto de uma das histórias). Bem, a senhora usou a palavra "lascivo". Claro que não espero que a senhora o modifique, mas certamente se trata de um termo bastante forte para tratar de qualquer coisa relacionada a Henry James. Faz tempo que li essa história, claro, mas ainda assim minha impressão é que...

Bem, foi o que eu pensei quando eu a li: precisamos ser fiéis às nossas impressões do momento.

Mas a senhora conhece o significado costumeiro desse termo? Quer dizer... hã... "indecente". Agora, o pobre velho Henry James... Bem, pense um pouco, & me telefone daqui a 20 minutos.

Então pensei um pouco & cheguei à conclusão solicitada em doze minutos & meio. Mas o que se deveria fazer a respeito? Ele [Bruce Richmond] deixou suficientemente claro que não toleraria "lascivo", mas nada mais lhe agradou muito. Sinto que isso vem se repetindo com cada vez mais frequência, & não sei se devo abandonar tudo & dar uma explicação, ou bajular, ou continuar escrevendo contra a corrente. Essa última opção provavelmente é a correta, mas de alguma maneira o pudor de fazer isso nos tolhe. Escrevemos com rigidez, sem espontaneidade. De toda maneira, por enquanto deixarei a coisa como está & receberei meu castigo resignada. As pessoas irão reclamar, tenho certeza; & o pobre Bruce, que mima seu jornal como se fosse um filho único, morre de medo das críticas do público & é duro comigo, não tanto por eu desrespeitar o pobre velho Henry, mas por colocar essa carga sobre o *Supplement*. E quanto tempo desperdicei!

Jantamos com Adrian & lá estava Hope; & ficamos sentados na sala fria cheia de correntes de ar &

espaços vazios, gritando uns com os outros – até que senti a luz nos meus olhos, no meu cérebro – eu exposta & desolada por inteiro. Essas mulheres surdas tornam a convivência social impossível. É como gritar em plena ventania no meio do desfile de Brighton.

Temos comprado presentes & sentado no Club entre Kot & Bob. Kot insiste, reforça, enfatiza, analisa, insiste – que vamos publicar livros russos – que L. abandonará a *Contemporary* – não, a senhora não está me entendendo bem – eu não disse que considero a sua vida sem valor – Bob, por outro lado, estranhamente calmo & inclusive sensível. Vai tratar as artérias para poder concluir sua peça de teatro. Resmungou amargamente que não estava conseguindo escrever. Desmond lhe diz que ele não é um dramaturgo. Ora, com a duquesa & Desmond, ele tem mesmo que parar:[121] & disse que se sentia um velho quadrado, & o disse de modo tão sincero que senti pena dele; apesar disso, parece acreditar nas suas artérias, & que quando elas começarem a fluir, nos surpreenderá a todos – Eu, pelo menos, não insisto na produção de mais peças.

Mais troféus a acrescentar para Leonard: os Webb o convidaram para editar um livro; a Liga das Nações se ofereceu para reimprimir Inl. Government [*International Government*] & *The Village in the Jungle* foi vendido junto com outras raras primeiras edições por 6 xelins. Tudo excelente.

1922

Diário XI

Terça,
3 de janeiro

Uma boa resolução é o que me traz tão cedo a esta página – acabei de voltar de Rodmell, ontem à noite – mas é a parcimônia – uma previsão sombria, que me leva a utilizar as folhas restantes do final do pobre *Jacob*. Crescem páginas brancas no final dos meus diários.

 Chegamos, como eu disse, ontem à noite, depois de 10 ou 11 dias em Monk's House – dias em que o vento soprava de todos os cantos a plenos pulmões, & junto com ele vinham rajadas de chuva, & o granizo cuspia na nossa lareira, & o gramado viu-se repleto de galhinhos, & o sol se punha incandescente sobre os *downs*, & certa noite tivemos cores tão intensas que os nossos olhos deixaram de enxergar qualquer coisa durante os 10 segundos seguintes. Mr. Shanks estava com pneumonia dupla, & rezaram por ele na igreja, o que de fato achei prudente quando vi o rosto do Dr. Vallance à janela. Tomamos o chá no presbitério & a força da emoção crua que aquele festival sempre traz consigo me deixou estupefata. De manhã eu escrevia o meu artigo póstumo sobre Hardy com estoicismo incansável. Nada de resenhas para mim, agora que Richmond reescreve minhas frases para que se adequem aos estômagos sensíveis de Belgravia[1] (um exagero, confesso), & é estranha a rigidez com que se leva a pena ao papel quando não se tem certeza da aprovação editorial. Isso – o fato de eu depender do Printing House Square[2] – é o verdadeiro motivo da minha desistência; junto com o motivo econômico de que ganho com ela tanto quanto com outras ocupações. Leonard plantou, podou & fumigou, apesar de o frio & a chuva & a agrestia tornarem sua atividade um ato de heroísmo digno de admiração, mas difícil de compreender. E ontem à noite, assim que chegamos, Peter & Topsy[3] vieram jantar.

O rosto dela é naturalmente alongado, como se o tivessem prendido numa porta quando ela era criança. Por que, nos perguntamos, ele casou-se com ela? – mas não perguntamos com tanta surpresa quanto os irmãos dele. É um romântico: um inocente; um rapaz determinado; & ela, suponho, possui uma experiência mais aprofundada da vida, & de alguma maneira arvorava todo tipo de coisas que ele, com sua inocência & ingenuidade de acadêmico, estava disposto de olhos fechados a considerar como certo. Fundamentalmente, acredito que ela seja mais triste & mais crispada que ele; mas também muito menos desinteressada & sincera. Assim a noite passou; & eu oscilava entre gostar & desgostar dela, tendo plena certeza que jamais lhe teria carinho, porém recebendo de braços abertos aquela mente brilhante & requintada. Com Peter seria possível ter intimidade, ainda que ele seja jovem demais, inexperiente demais: &, no fim das contas, não seja um escritor nato. Conversamos sobre a obsessão religiosa de Fredegond; sobre Cambridge; juventude; nosso grupo; o deles; o passado; Romer Wilson (que critiquei, ao que em parte eles concordaram comigo) & por fim os gregos & os romanos, ao que Lucas, que é capaz de responder qualquer pergunta nesse sentido sem pestanejar & de forma clara & precisa, em vez de simplesmente modesta & gentil, disse que eles precisavam voltar a Blackheath. No saguão, Topsy (Posso chamá-la de Topsy? perguntei no saguão) explicou de modo volúvel demais para o meu gosto por que precisavam retornar a Blackheath. Mas acaba de bater as 6 horas, & esta é a noite que passarei com os Paston. Hoje começa o meu *Leitura*.

Domingo, 22 de janeiro

"Hoje começa o meu *Leitura*", foi isso mesmo o que eu disse? Duas noites depois eu tremia diante da lareira & fui obrigada a me enfiar na cama com gripe. Como descrever esse intervalo de quinze dias? Por sorte foi um intervalo mitigado – & não completo, como no verão. Mais uma vez tenho uma galeria de retratinhos coloridos pendurados na parede da minha cabeça – Nessa – Bobo [Mayor] – Bob [Trevelyan] – Kot – Pippa – para ser exata; Nessa, recém-chegada da França, aterrissou aqui por quinze dias & já partiu de novo, para Paris, sem as crianças, que nesse meio tempo pegaram a gripe. Mas que dizer dela? Muito vistosa com suas botas, chapéu & saia xadrez francesas; com aquela estranha simplicidade antiga & superficial que eu comparo às faces de mármore de uma estátua grega. Eu me refiro à atitude dela em relação a Clive.

"É uma pena", disse ela. "Mary é uma mulherzinha estúpida. Foi lá na estação nos encontrar. Os dois agora estão definitivamente juntos. Nunca achei que isso seria possível depois da Guano. Ela é uma mulher ótima – bastante simples & direta."

"Isso está acabando com ele", falei. "Agora fala em escrever como um homem elegante. E quando Mary está por perto, ele fica intolerável."

"Sim", disse Nessa. A aceitação dela disso tudo é completa; perfeitamente aberta, sem ressentimentos, filosófica. Mas serei capaz de me obrigar a suportar minha provação – Bob & Bobo & os demais?

Em vez disso tentarei fazer um "balanço geral dos meus amigos" para comparar com aquele que fiz há uns dois ou três anos.[4]

Suponhamos que eu os visualize como um grupo de bolas de gude, comigo no meio – em que ora um se aproxima mais, enquanto outro rola para o canto? Desta vez foi Desmond que rolou para o canto. Não sei como isso aconteceu. Basicamente por um acaso; eu estava doente, & ele na Irlanda, & depois ele sai para jantar & tem de ir ao escritório & por aí vai. Porém existem temporadas inteiras em que ele enfrenta esses obstáculos com persistência, & precisa inclusive ser afastado (por Leonard, é claro, pois nunca consigo fazer isso); ao passo que agora, nos últimos oito meses, desde o jantar em que escondemos Miss Green atrás de um biombo, não o vimos sequer uma vez.[5] Oito meses – & de quantos meses consiste a vida? É o que começo a dizer a mim mesma, à medida que me aproximo do meu 40º aniversário. O esquema de ver os amigos é por demais primitivo: deveria ser possível vê-los pelo telefone – ligar para eles & estar no mesmo cômodo. Porém há que se considerar também a solidão – esse cérebro exigente – esse espírito que não se acomoda completamente quando em convívio. Uma pessoa nós precisamos ter, tal como o ar que respiramos; mas... e quanto às demais? Seja como for, não gosto de sentir saudades de Desmond; & me culpo um pouco por ter escrito um texto tão ríspido na N.S. sobre as mulheres (ainda que eu estivesse certa);[6] & me pego condenando-o por ser um jornalistazinho que sempre precisa estar em bons termos com seu público.

 A bola de gude Lytton está bastante próxima. Creio que ele decidiu, em parte devido à sua fama, agarrar-se firme a uma ou duas rochas, & os amigos são uma delas. De modo que fomos convidados a ir a Tidmarsh, & os encontros, quando acontecem, são desfrutados com todo o cuidado. A chama dele arde puríssima. Nenhum excesso de coisas supérfluas se interpõe. Já queimamos todas elas há muito tempo. (Nesse ponto misericordiosamente sou obrigada a parar para traçar mais linhas azuis.⁷ Ou ainda escrevo sob a influência da gripe, ou me vejo inibida pela proibição do [dr.] Fergusson. Nada de trabalho por 2 ou 3 semanas, disse ele. Mas imagino que terminarei Hardy amanhã.) E só consegui encontrar um lápis preto. Mas a verdade é que quando se vê as pessoas com demasiada frequência & intimidade não se consegue dizer grande coisa a respeito. Não vejo Lytton com a distância adequada para obter uma visão clara dele. Por outro lado, Sydney andou quase desaparecido na neblina. Ontem emergiu por aqui de novo – pela primeira vez desde…? – Faz uns nove meses que não vem para cá. Quer voltar. Mas como durante sua ausência recebi relatos de sua infidelidade, vou hesitar um pouco. Duvido que seja fiel ou infiel. Além disso, mora na pocilga – ou seja, com os Murry & os Sullivan & os Gertler.

Não tenho nenhum desentendimento a registrar. Pensando bem, estou em ótimas relações com Clive, Maynard, Mary, até onde eu sei. Nós nos daríamos bem de forma admirável numa ilha deserta, se Mary se escondesse atrás de uma rocha; mas Londres, neste janeiro de 1922, não é uma ilha deserta, & apesar de nos encontrarmos de vez em quando na rua, não há condições para muita intimidade. Tem Saxon – do outro lado do telefone. Estava infinitamente cansado, entediado & irritável, chegou a bocejar audivelmente ao falar, ontem à noite – ressentindo-se dos outros, foi a minha impressão, inclusive das suas gripes. O que se inveja mais do que qualquer outra coisa é simplesmente a vida. Todos nós vivemos, de uma maneira ou de outra: Saxon nunca pegou o jeito da coisa – nem tampouco Adrian, eu acho, embora Karin ofusque Adrian com eficiência considerável. Jantamos por lá, talvez eu tenha me esquecido de registrar, & berrávamos como os rapazes de Margate. O papa está em seu leito de morte hoje; & os irlandeses chegaram a um acordo.[8] Os sinos da igreja estão tocando, & embora sejam 10 para as onze não consigo ver o relógio; nem mesmo as árvores no jardim. Os pássaros nos despertam com seus chilreios por volta das 7; o que interpreto como um sinal da chegada da primavera, mas sou sempre otimista. Uma névoa espessa, cor de fumaça, obscurece até mesmo os ramos, quanto mais Towers Place.[9] Por que me dou ao trabalho de ser tão detalhista com os fatos? Creio que é como percebo o passar do tempo: muito em breve já não haverá mais Towers Place; nem ramos; nem eu que escrevo. Sinto o tempo correr como um filme no cinema. Tento detê-lo. Cutuco-o com minha pena. Tento imobilizá-lo onde está.

Sábado, 4 de fevereiro

Mais uma quinzena de cama. De fato, praticamente assim que pousei a pena fui acometida por uma segunda crise, fiquei acamada como um pedaço de madeira, & continuo de cama, sentada, olhando a lareira, os ramos das árvores pesados com gotas de água-marinha, & com a temperatura um pouco acima do normal. Creio que essa segunda crise foi mais exaustiva do que a primeira, & tenho visto pouquíssima gente. Nessa apareceu de novo. Como são dolorosos esses encontros! Vou tentar analisar. Talvez seja pelo fato de sentirmos que podemos viver sem a outra. A porta se fecha entre nós & a vida volta a fluir, removendo completamente os vestígios. Trata-se de um exagero absurdo. Na verdade estava meio deprimida, aparentemente porque ninguém falou em pintura com ela durante três semanas. "Encontrei as pessoas mais inteligentes que se possa imaginar, disse ela, & nenhuma me perguntou do

Sul da França. Ninguém falou em pintura. Pendurei dois de nossos quadros mais recentes no quarto de Maynard & ele nem percebeu."

"Clive com certeza notou... não?"

"Ah, Clive não sabe absolutamente nada desse assunto", respondeu ela. Tudo isso tende a fazer com que ela pense em morar em Paris. Mas tem as crianças, Julian na escola, Quentin que volta para casa todas as noites.[10] E tem também Duncan. "E afinal não existe nenhum compromisso no nosso relacionamento", disse ela. "É bem diferente do seu."

E portanto isso me perturbou: burra que sou – suscetível ao mais ligeiro acorde dissonante a doze campos de distância. Determinei-me a provar que por não ter filhos eu era menos normal do que ela. Ela se ofendeu (as palavras são por demais fortes). Disse que eu não gostaria da vida nos cafés de Paris. Disse que eu gostava demais da minha lareira & dos meus livros & das visitas dos amigos; insinuou que eu era acomodada & pouco aventureira. Insinuou que eu gastava demais com confortos. Como só tínhamos 2 horas juntas, & ela partia para Paris na manhã seguinte, & talvez eu só a veja novamente em maio, ou pelo menos não a verei seguido, senti uma espécie de descontentamento quando a porta se fechou. Minha vida, suponho, não irrompeu muito vigorosamente.

Sim, neste momento estamos mais uma vez um pouco estremecidos. Que fazer em relação a Ralph? – à editora? Mrs. Manning Sanders segue adiante.[11] Ela atingiu a fase da impressão, o que significa que Ralph está trabalhando no porão & larga a máquina suja. Tomamos o chá às 4h ontem, & fiz um esforço para ser agradável. "Os tipos estarão secos para eu usá-los amanhã?", perguntei, depois de ter passado a tarde inteira retirando tipos entintados das ramas.

"Não, eles não estão lavados ainda", disse ele. Depois sumiu.

L. estava lutando com a lareira. Quando a porta fechou, entendi – L. ficou lívido de raiva – que R. tinha saído de fininho, deixando para L. o trabalho de descer & limpar tudo. Já teria sido péssimo se ele tivesse pedido desculpas; mas esgueirar-se, como um colegial envergonhado, era ultrajante, & fiquei furiosa. L. tinha trabalhado o dia inteiro, & agora teria de passar mais uma hora no frio.

Isso desatou todas as nossas antigas queixas – Elas se resumem ao fato de que ele é preguiçoso, não confiável, ora dedicado, ora desleixado, convencional, completamente corroído por Lytton, & incapaz de um elogio, embora não tenha nenhuma opinião própria – é a velha história, que já ouvimos com tanta frequência das vítimas da velha serpente,[12] mas que constituem aqui uma detração grave dos méritos dele, como sócio de uma empresa. Será que a empresa deve passar por alterações? Será que devemos desfazer a sociedade? Será que devemos contratar uma funcionária? Suspeito que esse trabalho não seja adequado para um jovem rapaz culto & vigoroso: mas estou sendo caridosa.

Segunda,
6 de fevereiro

Que jornalista enérgico é Clive! Acabo de lê-lo, & percebo como teria de cortar as minhas frases para marchar no mesmo ritmo que as dele.[13]

Mrs. Manning Sanders é uma mulher de cabelo chanel & boca ampla, trajando um vestido de veludo, rechonchuda, de cabelo castanho-claro e olhos caninos, castanhos, bastante separados. Gostamos dela. Mas para Ralph a sua origem, na Fitzroy St., depunha contra ela – essa é a régua dele – pois Deus sabe que ele não disse nada, & que é duro & anguloso como um bloco de madeira. Contudo, Mrs. M.S. ficou aqui das 5 às 7h15.

Terça,
14 de fevereiro

Assim que acabei de escrever o que escrevi naquela segunda-feira, Fergusson chegou & declarou que meu pulso excêntrico tinha passado dos limites do razoável, & ficou absolutamente fora de si. De modo que fui mandada de novo para a cama, onde agora escrevo sentada, perto da lareira, com a temperatura um pouco abaixo do normal, & um coração que se tornou naturalmente anormal, para que talvez a essa altura na semana que vem eu possa me levantar & me arrastar por aí. Estou lendo *Moby Dick*; *Princesse de Clèves*; Lord Salisbury; *Old Mortality*; *Small Talk at Wreyland*; dando uma mordida de vez em quando na biografia de Lord Tennyson, de Johnson;[14] & em qualquer outra coisa que me caia nas mãos. Mas tudo isso é um desperdício & uma espécie de invalidez. A única coisa que espero é que, como folhas mortas, possam fertilizar o meu cérebro. Se não, que 12 meses de escrita foram esses! – & eu na flor da vida, levando criaturinhas na minha cabeça que não chegarão a existir se eu não as libertar. K.M. irrompe gloriosa para o mundo na semana que vem;[15] preciso segurar *O quarto de Jacob* até outubro; & temo que até lá ele me pareça uma série de acrobacias estéreis. No entanto assim é a vida, & me entretenho bastante toleravelmente; vejo bastante gente, Elena [Richmond], Kot, Adrian, Lytton hoje; & cochilo com conforto. É estar doente em seu melhor aspecto. Jantamos perto da lareira. L. apoia sua bandeja num banquinho. Estamos tão acomodados quanto a gente interiorana (vista pela janela) & esta manhã caiu do céu (sim, um céu azul, com geada nos telhados, & Ralph patinando em Tidmarsh; & Mrs. Sanders ainda não nos enviou suas provas) £114,18, um pagamento inesperado de Mitchells, com quem pensei ter perdido £600.[16] Foi de fato uma bênção porque, depois de comprarmos tipos, estávamos em baixa no banco & seríamos obrigados a liquidar para poder pagar nossas viagens & as contas das gráficas. Deus, no fim, de fato existe; pois o vento sempre derruba uma maçã no momento mais difícil.

Elena ficou sólida com o tempo, como um tronco de árvore. Guarda segredos seus. Uma foca performática – não se sabe o que é instinto & o que é intelecto. Eu a considero simpática – tão maternal, quieta, gentil; gosta de literatura como uma dama; & diz coisas inesperadas a respeito, como uma dama. Não lhe agrada a representação na ficção; não suporta Wells & Bennett; tenta ler Dorothy Richardson; fica intrigada; volta a Scott; nunca ouviu falar de Joyce; rechaça a indecência com a maior tranquilidade; eu diria que representa a camada superior do público geral da [Mudie's] com bastante precisão. É modesta, até reservada, sobre o que faz; o que lhe dá charme. Gostaria de uma vida no campo – com cachorros, um jardim, atividades beneficentes na cidade, comitês de condado, Gunby & Stephen Massingberd suponho, acima de tudo;[17] & odeia Londres, onde entretanto alcançou seus grandes êxitos. Tal como meu pai, eu me sinto atraída pelo que é simples & afetuoso & feminino. Não que agora ela se vista com encanto ou tenha muito de que se vangloriar. É uma bela matrona ao estilo de du Maurier,[18] com queixo duplo, semblante bem-composto; num vestido sal-e-pimenta sob medida, que usa polainas & tem qualquer coisa semelhante a um busto americano. Gosto de tagarelar com ela sobre literatura. No sábado, quando ela vier de novo, tentarei conversar sobre os Lushington.

E Adrian anda tão feliz & simpático que estou verdadeiramente encantada. Nem mesmo quero considerá-lo um fracasso. Um homem sem ambição, com inteligência, dinheiro, esposa & filhos é, eu diria, o mais felizardo de todos nós. Não necessita de ilusões para se proteger. Vê as coisas como são. É divertido, satisfeito; livre para desfrutar sem invejas ou inquietações. "Ah, sim", disse, a respeito da sua carreira médica, "é algo com que se entreter." "É mais fácil seguir em frente do que parar", disse. Tem seu iate, & com os anos, amadurecerá & se transformará num pai encantador. Ademais, tal como toda a família, tem um ponto de vista distinto, sereno, que sempre o converte numa boa companhia & faz com que seja aceito em qualquer grupo – isso se ele quisesse fazer parte de algum grupo, coisa que, desnecessário dizer, não quer.

O pai de Saxon morreu; & Saxon agora administra duas casas de loucos, alguns com pernas quebradas, outros com a gripe; o que fará dele um homem, de modo que é tudo para o melhor no melhor dos mundos possíveis.[19]

Não me agradou a visita de Molly [MacCarthy]. Está tão surda; tão divagante; gorda como uma perdiz; mais inconclusa que nunca; dada a fazer pausas vazias repentinas, de cabeça baixa; porém bastante carinhosa à sua maneira de morcego; com aquela sua crueldade encantadora & irresponsável que sempre me diverte. Desperta de uma pausa & dispara qualquer coisa bastante pertinente & até prosaica. Disse-me que tinha amado o governador de Madras, & por ele recusara Desmond, mas que agora se sentia muito feliz de ter se casado com Desmond, que combina perfeitamente com ela, segundo disse. Por que então não me agradou a visita de Molly? Bem, porque ela nunca se concentra em mim, suponho.

Queria fazer anotações para o meu *Leitura* (que aliás deverá incluir Peacock), mas a fofoca interminável de Lottie com a velha bruxa que vende lenha me irrita. Blá – blá – blá – expressão de espanto – gargalhada – concordância – a voz da vendedora de lenha [palavra ilegível; golpeia?] com cada vez mais ênfase – Nelly está lá também – conversar, para elas, é uma espécie de atividade muscular eu acho; porque nunca dizem muito: apenas repetem a mesma coisa sem parar.

Até mais até mais – não se esqueça.

Ah! até que enfim! Mas agora Lottie tem de trocar suas impressões com as de Nelly lá embaixo.

Quarta, 15 de fevereiro

Pensei, enquanto Lytton conversava, Agora vou me lembrar de tudo & anotar no meu diário amanhã. Mas ao pensar isso, tudo se dissolveu numa névoa. As pessoas não dizem nada, exceto nas biografias. Verdade, Lytton estava mais tranquilo & gentil & melancólico que de costume; mas com as pessoas íntimas, quando a conversa é interessante, uma frase se dissolve na outra; pés e cabeças se fundem; nunca se percebe a fera completa. Estas são as opiniões de que recordo: a biografia de Salisbury por Lady Gs. é extremamente boa: Salisbury foi um típico aristocrata. Mas o crucial a seu respeito é que foi um homem de ação, única & exclusivamente. Lady S. era arrogante & atrevida; eles conversavam sobre viagens de segunda classe. E do que mais me recordo? Quase nada? "O mais recente Racine" ele leu nos cartazes na Waterloo, apesar de se referirem a Masefield; depois releu Racing.[20] Mas ele tinha voltado ao mesmo abatimento anterior ao *Eminent Victorians*, em parte, supus, porque os editores não estão animados com seus ensaios; & em parte porque ele não consegue pensar numa trama para uma peça. Quando lhe disse que a história de George IV era boa o bastante, creio que ficou feliz. Como os escritores vivem pelas suas obras – Como a ambição os consome! Em Lytton tudo se irradia daí; & imagino que a solidão vaza pelas fissuras. Ele me deu a primeira edição de um livro de Beckford [não localizado]; um presente bastante característico, & o primeiro que ganhei dele, ou que lhe dei. Discordamos violentamente a respeito do livro de Percy Lubbock;[21] & segui o rastro da percepção rápida & infalível do pobre Ralph até sua fonte original. Isso me irrita – como se Lottie tivesse pegado meu relógio de ouro & o esfregado com polidor Bluebell (essa imagem absolutamente inapropriada vem da irritação que ela está me causando neste exato momento, enquanto esfrega as placas das portas & acende a luz). Todas as sutilezas & alusões de Lytton vêm sopradas de instrumentos de metal de modo limpo & organizado.

Sobre minhas leituras tentarei agora fazer algumas anotações. Primeiro Peacock; *Nightmare Abbey* & *Crochet Castle*. Ambos são muito melhores do que me recordo. Sem dúvida, Peacock é um gosto adquirido na maturidade. Eu me lembro de lê-lo quando jovem, num vagão de trem na Grécia sentada diante de Thoby, & de como me senti feliz quando ele aprovou meu comentário de que Meredith tinha tomado emprestado suas mulheres de Peacock, & que eram mulheres cheias de encantos; naquela época, devo dizer que era preciso atiçar meu entusiasmo. Thoby gostou dele de imediato. Eu queria mistério, romance, psicologia, acho. E hoje quero acima de qualquer coisa uma prosa bela. Gosto disso cada vez mais intensamente. E aprecio mais a sátira. Gosto mais do ceticismo do espírito dele. Aprecio a intelectualidade. Ademais, o fantástico se sai muitíssimo melhor que a psicologia fingida. Ele não dá mais que uma pincelada de vermelho nas faces, mas eu sou capaz de fazer o resto. E depois são tão curtos; eu os leio em pequeninas primeiras edições amarelentas, perfeitamente apropriadas.[22]

A maestria de Scott me agarra mais uma vez. *Old Mortality*. Estou no meio; & tenho de suportar uns sermões enfadonhos; ainda que eu duvide que ele consiga ser enfadonho, porque tudo é tão bem pensado – até suas estranhas paisagens monocromáticas, com delicadas pinceladas de aquarela em tons de sépia & siena-queimado. Edith & Henry também poderiam ser figuras típicas pintadas por um velho mestre, colocadas exatamente no lugar certo. E Cuddie & Mause, marchando para a frente todo o tempo, são tão cheios de vida como de costume. Mas arrisco dizer que as lutas & o negócio de contar uma história o impedem de seguir adiante com suas diversões como no Antiquário;

Quinta, 16 de fevereiro

continuando – com certeza os últimos capítulos são despidos & cinzentos: polidos de maneira palpável demais: a voz autoral, eu diria, interfere no fluxo original. E Morton é um pedante; & Edith um pedaço de pau; & Evandale um tijolo; & da chatice dos pregadores nem se fala. Ainda assim – ainda assim – quero saber o que traz o capítulo seguinte; pode-se perdoar esses velhos cavalheiros galantes por praticamente tudo.

Até que ponto é possível confiar nos nossos pintores históricos, vendo a dificuldade que sinto em retratar o rosto de Violet Dickinson, que vi por 2 horas ontem à tarde? Nós a ouvimos conversando de maneira cadenciada & distraída com Lottie no saguão, ao entrar. "Cadê minha *marmalade*?[23] – Como está Mrs. Woolf? Melhor, hein? Onde ela está?", enquanto deixa o casaco & o guarda-chuva & não escuta nenhuma palavra. Depois, quando entrou, pareceu-me gigantescamente alta: com um traje sob medida; um golfinho de pérolas com a língua vermelha pendendo de uma fita preta; bem mais corpulenta; com seu rosto branco; os olhos azuis proeminentes; o nariz com a ponta desgastada; lindas mãozinhas aristocráticas. Muito que bem: mas e a sua conversa? Uma vez que a natureza em si seria incapaz de fazer um relato – pois a natureza deixou um parafuso propositadamente de fora – que chance tenho eu? O assunto toca Mr. Bevan; salta para Wild Dayrell & a enfermeira que cortou um pedaço da cortina que, trezentos anos depois, descobriu-se que era da cortina de Littlecote: Mrs. Bevan tinha rebanhos de cabras. Mr. Bevan fugiu com uma francesa. O táxi dele – um Daimler – foi & voltou de Victoria para o Emporium: depois foi de novo – & depois, até o aeroporto.[24] E absurdos, como colocar em confronto os velhos [Lord] Ribblesdale & [John] Horner – Ly.[Lady] R.[ibblesdale] era uma Astor & se recusava a permitir que um único centavo seu fosse investido... Sua amiga Miss Shreiner[25] foi para Bangcoc. Não se lembra das botas e sapatos dela em Eaton Square? Para falar a verdade eu não me lembrava nem de Shreiner, nem de suas botas, nem de Eaton Square. Então, Herman Norman está de volta & diz que as coisas estão uma confusão daquelas em Teerã.

"Ele é meu primo", eu disse.

"Ora veja." E partimos para os Norman. Nesse meio tempo Leonard & Ralph estavam tomando o chá & às vezes interceptavam o zumbido das balas. Enfim, isso tudo, se bem-amarrado, daria um esboço bastante divertido ao estilo de Jane Austen. Mas a velha Jane, caso estivesse com ânimo para tanto, teria entregado todo o resto – não, creio que não; pois Jane não era dada a reflexões generalizadas; não se pode ver as sombras que a circundam [Violet] & lhe dão uma espécie de beleza. Quando silencia – apesar de acreditar na antiga doutrina de que o falatório precisa ser incessante – ela se torna humana, generosa; mostra a simpatia divertida que coloca tudo na perspectiva dela – naturalmente, com uma pitada de sal & de realidade; tem a amplitude de um bom romancista, banhando as coisas com atmosfera própria, ainda que de maneira bastante fragmentária & entrecortada. Ela me disse que não tinha vontade de viver. "Sou muito feliz" disse ela, Ah sim, muito feliz – Mas por que deveria desejar seguir vivendo? Viver para quê? Para os amigos? – Meus amigos estão todos mortos. Ozzie? Ah, ele se arranjaria muito bem sem mim. Gostaria de organizar minhas coisas & sumir.

Mas você acredita em imortalidade?

"Não: não acho que acredito – É pó & cinzas, eu diria."

Ela riu, é claro; & contudo, como eu costumo dizer, de certa maneira ela tem essa visão imaginativa redonda que leva alguém a acreditar nela. Certamente me agrada... será amor a palavra para essas estranhas afeições antigas & profundas, que nascem na mocidade & se misturam com tantas coisas importantes? Eu me punha a olhar seus grandes olhos azuis agradáveis, tão cândidos & generosos, & cordiais, & voltava para Fritham & Hyde Park Gate.[26]

Mas isso não forma um retrato, seja como for. Sinto que de certa maneira ela é o esboço de uma mulher de talento. Contém todos os talentos fluidos, mas não os de estrutura óssea.

Sexta,
17 de fevereiro

Acabei de tomar minha dose de fenacetina – ou seja, uma resenha ligeiramente desfavorável de *Segunda ou terça* publicada no *Dial*, a respeito da qual Leonard me informou & que me deprime mais ainda porque eu tinha vagas esperanças de receber a aprovação desse augusto periódico trimestral. Parece que não alcanço êxito em nada. Contudo fico feliz em descobrir que adquiri uma pequena filosofia, que diz respeito a uma sensação de liberdade. Escrevo o que me agrada escrever & nisso existe um propósito. Além disso, Deus sabe que obtenho reconhecimento o suficiente.

Hoje é Molly Hamilton que posa para seu retrato. Seu retrato, com certeza, ficou um pouco obscurecido pelo fato de que, não fosse por ela, eu teria sentado Lytton na cadeira & ganhado mais pelo meu dinheiro. Ela é uma obra grosseira em comparação. É uma das lutadoras; & portanto consome boa parte do tempo com fatos – de que ela vai encontrar um emprego – do que vai viver &c. Além disso, as lutadoras são extenuadas & vigorosas de tanto lutar. Ela é amarga com as pessoas – tenho a impressão de que morde, como um cão que tem um espinho preso na pata. E parte do seu prazer em me ver é o mesmo prazer da faxineira ao falar da perna ruim ao lado de uma grelha que ela não precisa polir & das louças para o chá que ela não precisa lavar. Porém, para lhe fazer justiça, é uma mulher simpática, corajosa & efervescente; & gosto do seu espírito & dos troféus que ela me traz em relação aos golpes & à rejeição – à vida "real", se quisermos. Nunca houve ninguém mais autônoma; & creio que fala sério quando diz que gostaria que o ônibus se desviasse na sua direção, mas não consegue se dar ao trabalho de ir até ele. "E depois fico tão brava comigo mesma. Dou um grande uivo & começo da estaca zero." Eu não gostaria de voltar para casa da Strand, ressentida com a direção do ônibus, encontrar a lareira apagada, & ninguém ali, ou talvez uma carta comercial de uma firma ou editora – algo severo & impessoal. Um homem aborrecido quer se casar com ela. Por que não se casar com um homem agradável? eu perguntei. "Depois de passar oito anos sozinha é impossível se casar com alguém", ela respondeu. "A pessoa se acostuma a ser livre para fazer o que quiser." Ela tinha passado algum tempo como hóspede de Lady Rhondda no sul da França; & Lady R., que é uma mulher competente & superficial, psicologizou o divórcio dela o tempo inteiro, o que era chato, disse Molly; & Lady R. é feminista, & Molly não. Mas as Ladys Rs. precisam ser feministas, eu disse; & você deve encorajá-las, pois se as mulheres ricas o forem, não precisaremos ser; & são as feministas que secarão esse sangue da amargura negra que anda nos envenenando a todos. Assim conversamos, enquanto o fogo morria; nas sombras, que é a melhor iluminação para os nervos de uma mulher depois dos 40. Noto que minhas convidadas dessa idade – Molly & Elena – colocam-se de costas para a janela, oferecendo uma desculpa ou outra. A velha Violet, que já passou desse estágio, encara a luz com dignidade.

Queria escrever sobre a morte, mas a vida chegou irrompendo como de costume. Gosto, eu percebo, de questionar as pessoas sobre a morte. Coloquei na cabeça que não viverei até os 70. Imagine, eu disse a mim mesma outro dia, que essa dor no meu coração de repente me retorcesse como a um pano de prato & eu caísse morta? – Eu me sentia sonolenta, indiferente & calma; & portanto achei que nada disso teria grande importância, exceto para L. Então um pássaro, ou a luz, eu diria, ou o despertar mais dilatado, me fez desejar viver sozinha – desejar sobretudo caminhar ao longo do rio & olhar para as coisas.

Sábado,
18 de fevereiro

Três dúzias de ovos no preço atual somam 10/6. Três dúzias = 36. Quatro ovos no café da manhã somam 28 por semana. Sobram 8 para cozinhar. Agora como um ovo todas as noites no jantar. Faço esses cálculos tendo em vista não um ensaio sobre a economia nacional, embora isso viesse a propósito. Meus livros semanais – são esses que tenho em mente – a camada de cima, serão transferidos para cá por conveniência. Pois segundo os jornais, o custo de vida agora é não sei quanto menor que o do ano passado; enquanto na minha contabilidade continua mais ou menos igual. Não se pode questionar Nelly [sobre isso] sem tocar numa ferida. Ela imediatamente ameaça servir uma refeição barata "& Mr. Woolf não iria gostar". Pronto! Não doeu muito; & a dor foi mitigada com a visão das novas cartas de Byron que acabaram de chegar da Muddie's.[27] Mais uma vez o meu espírito é distraído da ideia da morte. Ontem eu desejava contar alguma coisa sobre a fama – ah, acho que era o fato de eu ter colocado na cabeça que não serei popular, & portanto que genuinamente encaro o desprezo & as críticas como parte do pacote. Vou escrever o que quero; & eles vão dizer o que quiserem. Meu único interesse como escritora, começo a perceber, está numa estranha individualidade: não na força, nem na paixão, nem em nada surpreendente; mas então digo a mim mesma, "uma estranha individualidade" não é exatamente a qualidade que eu respeito? Peacock, por exemplo: Borrow; Donne; Douglas, em *Alone*, tem um quê disso. Quem mais me vem à cabeça imediatamente? As cartas de Fitzgerald.[28] As pessoas com esse dom seguem ressoando muito depois que a música melodiosa & vigorosa se torna banal. A prova é que li que um garotinho, depois de ganhar um livro de Marie Corelli como prêmio na escola dominical, matou-se no mesmo instante; & o legista comentou que um livro dela não era o que ele mesmo chamaria "de modo algum de um livro bom". De modo que talvez The Might Atom[29] esteja caindo em declínio, & *Noite & dia* ascendendo – apesar de que é *A viagem* que parece no momento estar em alta. Isso me encoraja. Depois de 7 anos, em abril, a *Dial* fala de sua maestria soberba.[30] Se disserem o mesmo sobre *N&D* daqui a 7 anos ficarei satisfeita; mas terei de esperar 14 até alguém levar *Segunda ou terça* a sério. Quero ler as cartas de Byron, mas preciso continuar *La Princesse de Clèves*.[31] Essa obra-prima há tempos pesa na minha consciência. Eu falando de ficção sem ter lido esse clássico! Mas ler os clássicos em geral é difícil. Especialmente clássicos como esse, que são clássicos por causa de seu gosto impecável, sua forma elegante, sua composição, sua qualidade artística. Nem um fio de cabelo desalinhado. Acho que a beleza é imensa, mas difícil de apreciar. Todos os personagens são nobres. O movimento é majestoso. Os mecanismos um pouco desajeitados. Deve-se contar histórias. Deve-se enviar as cartas. É a ação do coração humano, & não do músculo nem do destino, que contemplamos. Mas as histórias dos nobres corações humanos têm momentos que em outras circunstâncias são inacessíveis. Há uma profundidade silenciosa & tranquila nas relações entre Madame de Clèves & sua mãe, por exemplo. Se eu resenhasse esse livro, creio que no meu texto destacaria o aspecto da beleza no personagem. Graças a Deus que não o estou resenhando. Nos últimos minutos passei os olhos pelas resenhas da *New Statesman*; entre o café & o cigarro li o *Nation*: ora, os melhores cérebros da Inglaterra (metaforicamente falando) suaram por não sei quantas horas para me entregar essa espécie de entretenimento breve & condescendente. Quando leio resenhas espremo as colunas para que restem uma ou duas frases; o livro é bom ou ruim? E depois desconto dessas 2 frases o que sei do livro & do resenhista. Mas quando escrevo uma resenha, escrevo cada frase como se ela fosse ser julgada por 3 juízes do Supremo: não posso crer que serei espremida & descontada assim. As resenhas me parecem cada vez mais frívolas. Por outro lado, a crítica literária me absorve cada vez mais. Mas depois de 6 semanas de gripe, meu espírito não jorra fontes matutinas. Meu caderno fica ao lado da cama, intocado. De início eu mal conseguia ler, devido ao enxame de ideias que surgiam involuntariamente. Tinha de anotá-las no mesmo instante. E isso é muito divertido. Um pouco de ar, ver os ônibus passarem, descansar em frente ao rio, tudo isso bastará, Deus queira, para acender as faíscas de novo. Estou suspensa entre a vida & a morte, de uma estranha maneira. Onde está minha faca para cortar papéis? Preciso cortar Lord Byron.[32]

Segunda,
6 de março

O gato deixa mais uma vez que o rato corra alguns passos. Caminhei por apenas 10 minutos, segundo as orientações do Dr. Sainsbury, que depois de me examinar por uma hora, disse – muitas coisas; entre elas que não podemos viajar para o exterior.[33] Mas voltei, hoje faz 2 meses exatos, à minha cadeira depois do chá, a escrever; & escrevi *Jacob* esta manhã, & embora minha temperatura não esteja normal, meus hábitos estão: & só isso me importa. Chega de descansar & cochilar & de visitas de médicos pela manhã, espero. Porém já não me sinto muito confiante. E Ralph a qualquer momento poderá chegar & interromper essas reflexões.

Domingo, 12 de março

Este livro definha, agora que esgoto meu fôlego de manhã. Se não fosse a irritação do suspense – Nelly & Lottie: o hospital; a operação, & minha própria dor de dente infernal –, é assim que designo meu desejo de estar escrevendo o prefácio de *Leitura*, eu deixaria esta página em branco.[34] Contudo devo muitos retratos a ele [ao diário] – Tenho visto gente – & mais gente. Eliot, Clive, Violet – pelo menos. Deles, Eliot é quem mais me diverte – tornou-se flexível como uma enguia; sim, certamente tornou-se familiar & brincalhão & amável; embora ainda conserve eu espero alguns rasgos de autoridade. Não devo remover toda a tinta dos meus Deuses. Ele vai criar uma revista – que terá 20 colaboradores; eu & Leonard estamos entre eles![35] Então que importa se K.M. é incensada nos jornais & tem vendas astronômicas? Ah, encontrei uma ótima maneira de colocá-la em seu lugar. Quanto mais é elogiada, mais me convenço de que ela é ruim. Afinal, nisso existe certa verdade. Ela toca o ponto de maneira universal demais para que esse ponto tenha o mais azul dos sangues.

"Deixei sequer de pensar sobre Murry. Eu me esqueci dele completamente" disse Tom. Do que então conversamos? Ele escreveu um poema de 40 páginas, que vamos imprimir no outono.[36] É sua melhor obra, disse. Está satisfeito com ela; a ideia de que está bem guardado no cofre da sua mesa o enche de coragem, creio. Clive, segundo Mary, diz que ele usa pó de violeta para ficar com uma aparência cadavérica. Por aí entendo que Mary não anda em bons termos com Tom; & que ando vendo Clive bastante amiúde. Ele vem às quartas-feiras; jovial, rosado & gorducho: um homem mundano, que ainda se parece o bastante com meu velho amigo, & o bastante com meu velho amante, para encher as tardes de ânimo. Uma vez por semana provavelmente basta. Suas cartas levantam dúvidas. Mas, minha nossa, depois de 9 semanas de clausura, quero saltar o muro & ir apanhar umas flores. O código ético de Bloomsbury permite a caça ilegal & me divirto ao ver o quanto essa ética não passa de teoria. Além do mais, & falando mais a sério, uma mudança no relacionamento, num relacionamento da meia-idade, oferece novas experiências.

Então atingi Morgan na asa. Ele tinha chegado em Londres naquele mesmo dia, & portanto veio até aqui, &, achamos, estava deprimido quase ao ponto da inanição.[37] Voltar para Weybridge, voltar para uma casa feiosa a uma milha da estação, para uma mãe velha, implicante, difícil, voltar depois de ter perdido seu Rajá, sem um romance & sem forças para escrever um – deve ser deprimente, imagino, aos 43 anos de idade. Não se pode contemplar sem horror a meia-idade para as b-----s.[38] Mas ele estava encantador, transparente; & nos contou tudo o que dele conseguimos arrancar. Um ano de ausência preenche tanto uma pessoa que não é possível caírem muitas gotas quando se emborca a garrafa. Contou dos pardais que sobrevoam o Palácio – Ninguém lhes dá a mínima. "Eu gritava com eles de vez em quando. Um ficou preso no fio elétrico. Ficou lá pendurado, até que soltou a pata com um puxão & voou para longe. Os esquilos se sentavam no piano. Há uma grande desavença entre o grupo dos mais velhos & o dos mais novos. O grupo dos mais novos foi ao festival do Deus. Ele me tratou muito bem, & disse que esperava me ver mais vezes." "Se eu achasse que o tratariam com uma delicadeza decente, eu ficaria felicíssimo de vê-lo partir", disse o Rajá. "Eu costumava remar no lago, o que era agradável. Os indianos eram pesados demais para remar. Havia morros negros. Um clima muito agradável, porém monótono. Só havia pardais. Em outras regiões os pássaros eram tão lindos – lembrei de você, Virginia (isso me deixou feliz). Não acredito mais nos estados nativos. Ali não existem agitadores. Se chegam, desaparecem. É uma vida muito agradável, mas a pessoa sente vontade de ter com quem conversar. É muito mais agradável que aqui. Não senti o menor entusiasmo em rever as colinas da minha terra natal." Isso era óbvio. Lá se foi ele, carregando um prato de metal pesadíssimo, para jantar com sua tia Rosalie [Alford] em Putney.[39]

Sexta, 24 de março

Escrevo para afogar a voz do canário – isto é, a máquina de escrever de Leonard. Não consigo ler, mas consigo escrever. Gravé está para chegar. Não tenho nada de especial a acrescentar quanto à minha condição. Ainda inválida; fico sentada & recebo visitas quase que diariamente; & não digo nada a respeito delas aqui. Estou lendo o primeiro capítulo de *Leitura* com o prazer fabuloso de costume. Nunca gostei tanto de escrever alguma coisa. Com que frequência já disse isso? Esse prazer dura? Não lembro – *afirmo* que escreverei esse livro em 6 meses, – até o fim do ano, pelo menos. Por esse motivo, as pessoas acabam sendo negligenciadas, & se acumulam & se acumulam sem parar: não consigo mais vê-las agora – Nessa, Duncan, os Toynbee, Bobo, Goldie, Mason, Roger, Clive, Clive, Clive, Ray. Clive é o mais persistente, outro dia conversamos das 4h30 às 10h15. É evidente que lustro sua inteligência; & que em troca ele enverniza as minhas maneiras.

Escuto histórias de jantares; evocações de bebidas & conversas & acontecimentos. Viola Tree começa a cantar Mozart com um enorme furo na meia-calça: Christabel "um punhadinho de paixão": Mary – em silêncio; Shearman confidencia às 3 da manhã a falta de gosto que sente pela vida.[40] E lá vamos nós – Clive & eu – deleitando-nos com tudo isso. Ele desfruta de *tudo* – até da velha bruxa da entrada. Não existe nenhuma verdade sobre a vida, diz ele, exceto o que sentimos. A vida é boa se você a desfruta, & assim por diante. Obviamente não alcançamos nenhum alto nível de pensamento. Nem nos tornamos absolutamente íntimos. Acrescenta-se um pouco de cor, a gosto. Nos abraçamos; nossa nota sentimental: impossível, como diz Nessa, conversar sem isso. Mas eu noto, principalmente pelas cartas dele, que uma vez a cada quinze dias é a frequência máxima para a nossa relação.

Nelly & Lottie conversaram até o céu parecer apenas uma travessa coberta que ecoa as suas mudanças de opinião. Voltam para passar o fim de semana em casa a fim de acertarem esse assunto, & comer bolos de aniversário, & suponho que ela não irá para o hospital no fim das contas. Seria preciso remeter-se a outras cenas semelhantes para saber quantas horas se desperdiçaram; quantas reflexões sobre as classes baixas se formularam; & com que frequência L. me abordou, antes de eu pedir o jantar, aflito e solícito, implorando-me para que de maneira alguma eu dissesse isso ou aquilo, aconselhando-me seriamente a simplificar as coisas custe o que custar.

Betty Potter me ama; está em desespero; & preciso vê-la ensaiar para que não cometa suicídio. Como alguém pode ser tão tolo a ponto de acreditar nos outros?

Quinta,
30 de março

Decidiram fazer a cirurgia; ou melhor Johnston decidiu por elas; & ninguém pode revogar sua decisão, pois somente ele tem as informações. Agora Emma Gilman está aqui em casa, & acabamos de presenteá-la com um robe de chambre rosa.[41] A atmosfera está um pouco trêmula, as frases triviais têm o tipo de significância que é ao mesmo tempo emocionante & incômodo. Agora está nevando, grandes flocos aquosos & soltos; eles caem reto; não há vento: quatro que se transformaram em grandes gotas pendem no ramo junto à janela; (mas estou planejando o que escreverei amanhã – ou até mesmo em saltar até o final do livro, pensando no que direi sobre Shaw). Há águas turvas no céu da tarde, & como domingo passado começou o horário de verão, o céu da tarde é mais prolongado. As pobres Vaughan[42] terão grande dificuldade em suportar as longas tardes; & Emma dará uma volta em Kensington Gardens, ou dirá, como me disse certa vez, "Sempre se espera que algo aconteça no verão; mas de alguma maneira nunca acontece". Ela me disse isso certa tarde, em 1908, na Russell Square.

Estou me esquivando do ensaio de Bobo, que eu queria descrever.[43] Miss Craig é uma personagem rosada, gorducha, de colete branco, com uma gravata borboleta preta & uma corrente de ouro presa frouxamente.

Pare com essas macaquices, sim, Saunders?, & ilumine aqui.

Miss Craig (Saunders está bem em frente às luzes do palco & berra por entre as mãos em concha): "Tem um curto-circuito nas tábuas de luzes, Miss Craig."

Vamos acender a ribalta então...

Agora, escutem aqui, todos vocês. Quero que ouçam a música *com atenção*. Façam os movimentos que lhes ocorrerem.

Minha linda senhora, vá até o balcão. Pode dar um passinho para a esquerda? Não: não irei correr riscos. Meu jovem Dunlop, caminhe reto – reto, eu disse – reto – Não dá para tirar essa mesa daqui? Não? Bem, então para a direita. Miss Potter (isso com certa aspereza), *a senhorita* não precisa dançar.

A pobre Betty parecia o esqueleto de uma ovelha. Está no meio de uma de suas crises, & corre o risco de abandonar os palcos por causa disso.

Mas, como de costume, é esta a atmosfera que desejo captar. O sentido ágil, cândido, livre & sereno do comportamento teatral, conforme o observei durante o chá. "Meu caro rapaz", disse a pequena Lanchester bebendo da mesma xícara. Quando lhe perguntei se passeava de pijama: "Ah, pare de zombarias" – creio que não se pode usar o cérebro sem receber uma advertência. Mas enfim, pouco importa. Caminhei com Miss Litvinne, mãe de uma criança ilegítima, pela Longacre, & a achei parecida com um terrier bem-articulado – os olhos bastante separados; lustrada para a vida; flexível; com passo decidido, sem a menor profundidade de raciocínio. Vão ao cabaré; bailes a noite inteira; John Goss canta. Estava comunicativa, inclusive veemente, eu achei. Enfim, gosto dos boêmios. Depois fomos ao teatro, & lá estava a luz acesa, o grupo significante (os filhos de Bobo), tecido dourado; tudo estimulante & irreal.

Quinta,
27 de abril

Acabamos de voltar – não do Clube, mas de Lopokova[44] & Rodmell, & meus dedos estão tão gelados que não consigo segurar a caneta. O céu está escurecendo para mais um aguaceiro. É a pior primavera já registrada. 27 dias de vento cortante, chuva cerrada, rajadas de vento, tempestades de neve, tempestades diárias. De modo que Rodmell foi uma alegria mitigada, & a isso se acrescentou a dispensa de Nelly, de maneira que tivemos nós mesmos de carregar o carvão. Ela nos deixou depois de uma semana, incapaz de suportar a viagem duas vezes por semana para ver Lottie no hospital.

 Vimos os Mayor, Nessa & os Cecil. Lady G.[wendolen] Cecil parece mais um cão terrier de casaco & saia: preocupada, desmazelada, insignificante; ardente, masculina na conversação; um terrier na coleira; uma grande dama bastante humilhada & diminuída: de onde, eu pergunto a mim mesma, vêm suas rugas & cáries? Seu auge foi os anos 80, quando ela foi a Glasgow com Ld. [Lady] Salisbury & havia 10 mil pessoas na estação que aclamavam como um só homem – (a crise de Gordon eu acho). Jimmy & Hugh & eu gastamos todo o nosso dinheiro & mais um pouco – Jimmy ficou com dívidas por 3 anos, organizando atos de agitação contra Gordon[45] – alugando salões & contratando conferencistas. Onde está esse espírito hoje? Toda a política agora é dominada por uma personalidade em quem ninguém acredita. Gladstone foi um homem desonesto, até se pode dizer – mas foi um grande homem. Tinha uma política. Já esse homem [Lloyd George] não tem nada. Hugh me disse que não existe política hoje em dia como existia na nossa juventude. Que é diferente. Seu marido diz o mesmo. Tudo são despeitos & personalidades. Péssimo para o país – Estávamos de frente uma para a outra no bosque, imóveis, para expor essas opiniões.

Domingo,
11 de junho

Que vergonha! que vergonha! que vergonha!
 Do dia 27 de abril até hoje, dia 11 de junho, nem uma só palavra foi registrada. E só escrevo agora como desculpa para não copiar uma ou duas páginas de *Jacob* para Miss Green. A depressão ao voltar de Rodmell é sempre intensa. Talvez essa febre que

não cede – perdi 3 dentes em vão outro dia[46] – seja uma espécie de motivo para meus altos & baixos. Porém os 10 dias em Rodmell transcorreram sem complicações. Lá se vive no cérebro: deslizo facilmente do escrever para o ler, com intervalos para caminhadas – caminhadas através da grama alta nas planícies, ou colinas acima; & – bem, nem preciso falar sobre junho. A perfeição é tal que se torna uma espécie de normalidade. Tal é o "tempo"; & a felicidade não é algo estranho, mas normal também – E portanto, é claro, voltar de Rodmell... um espaço em branco – o motivo do espaço em branco esqueci, bem como o que ele continha. Se eu procurar um motivo, desperdiçarei tempo & energia.

Sexta,
23 de junho

Estava contando mentiras para Dorothy Bussy outro dia sobre este exato livro [o diário] – que eu vivia no que escrevo – & escrevia & escrevia pelas ruas – & ao voltar para casa fazia tudo flutuar para cá. Creio que ando trabalhando demais; conversando demais, para abrir este livro. Copiando *Jacob* após o chá. Isso, claro, merece uma página ou duas – meus calafrios premonitórios. Quanto à conversa, tem sido sobre amor & mentiras com Ralph.[47] Nos últimos tempos, tivemos em casa um touro louco – um homem inglês normal apaixonado; & enganado. Meus comentários poderiam preencher um livro inteiro & talvez preencham. Não creio que se possa desculpar tudo, como exige a tradição – & Ralph acha que devia exigir mesmo. Ou seja, não gosto da normalidade quando está funcionando a uma força de 1.000 cavalos de vapor. Sua estupidez, sua cegueira, sua insensibilidade, me impressionaram mais poderosamente do que as virtudes mágicas da paixão. E contudo foi interessante – bastante autêntico, da parte dele; exceto pelo pretexto pouco convincente que usou para tentar se justificar. No início acreditei na sua história – que C. tinha mentido em questões tão relevantes que a relação deles estava agora estragada para sempre. Mas ele escondeu alguns fatos essenciais: de como a tratou, dando margem a mentiras. Ela forneceu uns fatos bastante estranhos; um, que ele teve um ataque de cólera (& os ataques dele são como aqueles dos livros) porque ela ficou nua com V. [alentine] Dobrée. E ele não achou que fez nada de mais. "Ah, é o meu jeito." "Você é um maníaco", eu disse. Ou melhor, gritei, no trem voltando da palestra de Roger.[48] Perdi a paciência. Berramos um com o outro enquanto o trem sacolejava. Ele olha perplexo; fica de um tom rosa intenso; dá a impressão de que está fazendo pontaria para acertar um coelho. Começa a berrar cada vez mais alto. "Eu teria te abandonado se você tivesse me tratado assim." Ele não diz nada. É o que existe a seu favor. Mesmo sendo o antigo latifundiário vitoriano bebedor de xerez que ele é, pode-se atacá-lo, pois é treinado para suportar o fogo cerrado. Já ela é bem mais sutil & mais civilizada; uma mentirosa, eu diria; mas enfim com crianças é preciso mentir. Depois disso, creio que um pouco devido aos meus berros, houve uma reconciliação. Pelo menos hoje ele voltou a bater papo, sem alusões ao ocorrido. Lytton viajou, assim como Valentine. Mas eu traço apenas um esboço disso, em parte por discrição, em parte por pressa, & assim deixo as conexões de fora. O que mais me impressionou foi a estupidez da virilidade – & como, depois de construídas as ferrovias convenientes das convenções, as luxúrias disparam sobre elas, cegamente. Ela não está apaixonada – por ninguém, acredito; apesar de Lytton ser o recipiente de qualquer resto de paixão que ela um dia tenha sentido. & isso torna estranho o chilique de R.

Agora quase não tenho tempo para mais nada. Temos visto uma imensa quantidade de gente. As palestras de Roger fornecem um *rendez-vous*. Eliot jantou aqui domingo passado & leu seu poema. Ele o cantou & o entoou, o ritmou. Tem uma imensa beleza & força frasal; simetria; & tensão. Já o que conecta suas partes, eu não sei. Mas ele o leu até precisar sair correndo – cartas para escrever para a *London Magazine* – de modo que a conversa se abreviou. Fica-se, no entanto, sob uma forte emoção. "Terra desolada", é como se chama; & Mary Hutch., que já o ouviu com mais vagar, interpreta-o como sendo a autobiografia de Tom – de um tipo melancólico. Sim, Mary me beijou nas escadas. Isso foi depois do Clube de Memórias. Lytton & Morgan leram; & o nível do nosso grupo é tamanho que pouco resta para eu supor & deduzir. Eles dizem o que querem dizer, com grande brilhantismo; & deixam na escuridão o que assim já estava antes. Então Mary atravessou a sala & ronronou no meu ouvido. Molly está ficando surdíssima & me censuro por não sentar ao lado dela. Ela apoia o queixo na mão & olha melancolicamente em torno: diz [coisas] aleatórias & um tanto desalentadoras. Morgan, que agora está a toda novamente, graças aos conselhos de Leonard, muito calmo, sereno, como uma chaleira fervendo sobre um fogo íntimo, um fogo de Waybridge, passou a noite aqui após o Jantar [dos Apóstolos], & depois sentamos ao redor da mesa & discutimos seu livro. Nosso catálogo se torna cada vez mais distinto, mas por que Tolstói não estoura? Ninguém compra Karn, nem Fredegond; mas agora Bunin anda vendendo relativamente bem.[49] *Jacob*, como eu disse, está sendo datilografado por Miss

Green, & vai atravessar o Atlântico no dia 14 de julho. Então começará a minha temporada de dúvidas & de altos & baixos. Estou me protegendo da seguinte maneira: me entreter com um conto para Eliot, biografias para Squire & o *Leitura*, de modo que posso variar o lado do travesseiro conforme as inclinações da fortuna. Se disserem que isso não passa de um experimento inteligente, vou lhes mostrar "Mrs. Dalloway em Bond Street" como produto final. Se disserem, sua ficção é impossível, eu direi, que me dizem então de Miss Ormerod, uma fantasia? Se disserem, Você é incapaz de nos fazer gostar de qualquer uma de suas personagens – eu direi, leiam minha crítica literária então.[50] Agora, o *que* dirão sobre *Jacob*? Uma loucura, suponho: uma rapsódia desconexa: não sei. Confiarei meu ponto de vista a este livro [o diário] depois de o reler. "On Re-Reading Novels" ["Sobre reler romances"] é o título de um artigo bastante laborioso, & no entanto um tanto perspicaz, para o [*Times Literary*] *Supt*. E Leonard irá ganhar £300 por ano, via Mr. & Mrs. Holt, um casal incrível, que passou uma tarde incrível conosco em Monk's.[51] "Ele vende tudo – a próxima coisa que venderá será eu", disse ela, com bastante malícia.

Mr. Holt deu uma ligeira piscadela & inclinou a cabeça para o lado.

"Ah, mulherzinha, mulherzinha", disse Mr. Holt.

"Ele é o rapaz mais franco que já existiu", disse Mrs. Holt, emocionada.

"Não não há nada a fazer com livros. Henry não está nem um pouco disposto a que eu tente. Esta manhã Henry faturou £30 com uma única hora de trabalho. Sustenta a mãe, & sua irmã órfã & a criança dela numa casa geminada com duas criadas. Tudo está tão bem quanto poderia estar."

Mr. Holt olhou L. nos olhos – queria falar de negócios a sós – elogiou um pouco demais a casa & o jardim, muito ao estilo de um vendedor de sucesso. Absolutamente irreal, sentimental, & devo dizer não muito franco, apesar do que diz Mrs. Holt.

Segunda, 17 de julho

De volta de Garsington, & perturbada demais para escrever – eu queria dizer ler; mas enfim isso aqui não conta como escrever. Para mim é como rabiscar; ou, quando a coisa sai bem, como tomar um banho – coisa que é claro não fiz em Garsington. Mas esta manhã Julian disse no café da manhã que queria ser rica para tomar banhos quentes. Philip respondeu que agora eles estão conectados à rede de abastecimento. Então Julian disse que queria acrescentar leite na água da banheira, se isso conservasse sua cútis.[52] Não se incomodava em ser uma dama fina. Queria vir para Londres; mas "mamãe só vai para fazer cirurgias & coisas horrendas do tipo. Uma vez eu fiquei na casa de Brett, mas não querem mais deixar que eu vá". O. & P. estavam por ali, com os longos narizes gelados assiduamente enfiados na correspondência.

Mas esses foram os 10 minutos finais da minha visita. Acho que nenhum acontecimento foi intenso naquele dia longo frio & de vento. Gostei das histórias do velho Birrell. Ele é um vinho de colheita que envelheceu bem: o barril redondo & teso & suave; & por dentro o vinho, intenso & doce, sem faltar tanino. Pelo menos pronunciou rapidamente a sentença sobre a personalidade de Logan: "maldoso", – & Lady Colefax – um tédio, "Prefiro Sir Alfred que é quem ganha o dinheiro. Quando cavalheiros velhos & gordos como eu vão àquela casa, os garotos Sitwell valentões se sentam na janela em frente & gritam pelo megafone 'O embaixador da Suécia...'".[53] O relato que pintou do grupo ao qual Logan me apresentou outro dia não era nada cor-de-rosa. Desconfiança generalizada, sátira disfarçada, gente se empanturrando de patê de *fois gras* em público, impropriedades & celebridades incessantes. Birrell faz isso – senta-se ali, imagino, para se distrair; & paga seu chá com sua conversa. Ottoline tem uma saletinha verde de leitura com colunas douradas abarrotada de belos livros amarelos. Lá fiquei, agachada em frente ao fogo, & conversamos, um tanto na defensiva – meio desanimadas, talvez. Ela disse que estava muito desiludida, mas agora indiferente às desilusões. Então falamos do caso de Aldous Huxley – um caso muito infeliz: "eles são meros fantoches, nem de longe como você – meros fantoches – por que meros fantoches conseguiriam destruir uma amizade tão longa & querida? Seu muito afetuosamente, Aldous Huxley."[54] Porém os meros fantoches tinham destruído aquela amizade. Depois tem Murry implorando & choramingando para ser recebido na casa dos Bailiff, de olho nas honrarias de Oxford, foi o que Birrell disse, astuto. Seja como for, falamos em tom baixo – ela não tinha operado a bexiga dois dias antes? Mas a energia corria veloz por ela. O chá foi uma refeição comprida & cheia de digressões – fui obrigada a conversar com Mrs. [Brenda] Seligman; & mergulhei em sua tragédia oculta – um menino um pouco atrasado; & uma menina morta. Seu pobre rosto desgraçado de lebre se iluminou. O menino, me contou, tem uma mente absolutamente extraordinária, ela tem certeza, mas aos 11 anos ainda não sabe ler. Sheppard estava ali com seu lustroso Homero embaixo do braço, deprimido, & O. tratou de animá-lo dizendo-lhe que era o mais feliz dos homens. P. me levou de carro até Oxford esta manhã; & lá estava Miss Margesson,[55] na plataforma do trem. Isso me faz lembrar da semana passada; da minha festa no Logan: na Mary; nos Squire. Sim: vi Lady Colefax & a achei que parecia cerejas vermelhas num chapéu preto barato. E estava lá Lady Lewis,[56] que se lembrava da minha mãe antes de casar-se com meu pai & disse que a achou a mais bela, a mais encantadora das mulheres – "você também é muito bonita, mas não como ela". Nesses lugares, ficamos lisonjeadas & estimuladas; & eu me vi pensando na fama, & vendo as portas serem abertas para mim; mas fui covarde demais para ir até a Kent House no dia seguinte para conhecer a Princesse de Polignac,[57] com Lytton & os outros. Mas sem dúvida um desses dias é o que eu farei. Mas se tem um meio de fazer alguém amar a literatura – é esse. Fui muito sovina ao descrever tudo isso, vergonhosamente, & aqui prometo costurar um novo livro [para o diário] & começar do zero em Rodmell.

O 1917 Club inaugurou suas novas salas, & está infestado de Mayors & Husseys (que escreveu um livro ao estilo do de Lytton).[58]

Leonard recebeu uma oferta para assumir o cargo de Brailsford no *Nation*; & o aceitou, é importante destacar.[59] Em janeiro ele deixa o *The Contemporary*.

Philip voltou, & se instalou em Waddesden.[60]

Estou terminando *O quarto de Jacob*.

Agora somos donos de Grizzel [um cão].

Vi Hope, Logan, Lady Cromer, Hussey, Duncan & não sei mais quem nessa última semana, mas não disse uma palavra.

Jantamos na sala de estar – pois a sala de jantar foi ocupada pela editora & por Ralph (que nos irrita a ambos consideravelmente). Minha temperatura continua na mesma, como de costume, & o Dr. Hamill desconfia que meu pulmão direito seja o motivo. Fergusson disse que não. Talvez eu tenha de ver Sainsbury para decidir a questão.

Quarta, 19 de julho

Vou aproveitar a oportunidade, uma vez que já tomamos o chá, Ralph foi embora & Leonard está escrevendo cartas, para cumprir alguns dos meus deveres para com este livro [o diário]. Escolho Mary, para escrever a respeito. Numa noite muito gelada & chuvosa na semana passada, ou na anterior, ela jantou comigo, sozinha, Leonard estava fora & as criadas também; as ruas nadavam de tanta chuva. Abri a porta, & ali estava ela com sua cara branca de Pierrot, de cetim preto, xale laranja, sapatos de cadarço – todo aquele traje somente para jantar comigo na chuva. É uma mulher impulsiva & generosa, cuja generosidade ainda existe; mas sob a superfície eu acho, recoberta pelo verniz da sua classe social, & só a deixa aflorar entre as pessoas com quem ela não compete. Ela começou pelo tratamento que recebia de Vanessa, & era esse o motivo de sua visita, eu desconfio; quero dizer, fazer de mim sua embaixatriz. Mas, na minha idade, costumo acreditar no momento, mais do que em reflexões póstumas. Foi muito amável comigo, tagarelando sobre seu vestido novo para a festa de Chrissie [McLaren]; &, não sei se eu me iludi ou não, mas parecia ser capaz de opor certa resistência a minhas opiniões literárias. Que ela possa vir a me repelir com os argumentos de Tom é certo, sem dúvida. A única coisa que afirmo (& afirmo isso contra Nessa & Leonard) é que ela se mostrou muito bem naquela ocasião, & eu realmente desconfio que Nessa, sem intenção, a achata mais do que ela suspeita. A situação é contra a natureza. A natureza vem à tona, disfarçada, o que logicamente complica tudo. Sentada na cozinha do n. 50

eu conversei sobre esse assunto; & me lembro de minha felicidade em estar relaxando ali, em vez de seguindo na ponta dos pés no frio para a casa de Lady Colefax – para conhecer a Princesse de Polignac. Não há nada que se possa fazer, disse Nessa. Ademais, não é preciso fazer nada, já que em outubro Clive se instala no n. 50, & poderá entreter Mary ali.[61] Na verdade, disse Nessa, todo esse rebuliço em relação à amizade com N. não passa de um estratagema para melhorar a posição da própria Mary, que, no outono, talvez precise de um reforço. Além disso M. colocou Clive contra Lydia, & portanto também se afastou de Maynard; & depois certa noite ela beijou Roger, & deu margem a todas as costumeiras histórias do contra; em suma, o caráter dela tem buracos demais para que essa última tentativa de consertar as coisas dê certo, & minha intervenção diplomática foi infrutífera. A verdade é que (gosto de começar minhas frases assim) as alianças desse tipo sempre fazem água, de um lado ou de outro – pois são contrárias a qualquer paixão; & não se pode fazer o que Platão & Shakespeare não conseguiram, nem mesmo em 1922. Não há inteligência capaz de sujeitar a natureza – essa bruxa velha – à razão.

A bruxa velha de Ralph está temporariamente controlada. Hoje ele veio com uma história de que Maynard & Lytton vão comprar a *English Review* de Austin Harrison, dar-lhe trabalho como um burro de carga, pagar £10,10 a cada mil palavras para os colaboradores & derrotar todos os concorrentes. Se Ralph quiser, então acho que Lytton irá concordar; não o contrário. Em Garsington estavam fazendo um esquema de contribuição para dar a Tom £300 & assim permitir que ele abandone o jornalismo.[62] Essas duas fofocas parecem combinar uma com a outra; &

houve ainda uma terceira – que os colaboradores do *Nation* assinaram um abaixo-assinado pedindo que Murry seja demitido, o que naturalmente me faz lembrar de Sydney Waterlow na outra noite – Sim, ele jantou aqui, com seu alfinete de gravata com pérola. Eu o achei mais terno, mais razoável, do que de costume. Perdeu os últimos restos de fé em Murry, exceto em Murry enquanto crítico, mas como esse lado também depende de rancores & caprichos, acho que nem mesmo isso se salvará dos destroços. Sydney tem muito orgulho de seu gramado & de suas árvores frutíferas. Gostaria que seus filhos fossem maiores. O menino promete ser inteligente. Os pais e as mães nunca conseguem esconder seu orgulho satisfatoriamente. Que orgulho sentiam Philip & Ottoline de Julian ser capaz de recitar "Prufrock"[63] de memória! Mas a amargura compete com o orgulho em Ottoline. "Meia dúzia de bolas de tênis é o bastante. Você as deixa lá fora tomando chuva." "Eu não as deixo lá fora tomando chuva, mamãe" – assunto típico de muitas conversas no café da manhã, sem dúvida. Mas Sydney anda mais brando, por enquanto, & não estoura nem berra tanto quanto de costume.

Bem, não conversei com Hussey (que é Mrs. Enfield) sobre seu livro, embora ela tenha me abordado no Club com esse intuito, por esses motivos. Ela não elogia minha escrita. Imita Lytton. E desconhece a arte de ler. Nunca, pelo amor de Deus, lance-se a ler Balzac inteiro & venha falar a respeito. Se precisar fazer esse tipo de exercício atlético, que faça no banheiro. De alguma maneira as mulheres devem fazer a relação entre vida & literatura: mas raramente conseguem. Lá estava Hussey me acossando na London Library (apesar de eu desejar ficar sozinha) & deixando cair uns comentários altamente inteligentes sob os focinhos dos cavalos, sobre ver as coisas como Deus & sobre como impor limites, no entanto eu preferiria de longe que ela estivesse falando do seu gato, da sua cozinheira ou das contas semanais. Mas, claro, ela não me elogiou. E casou-se com o homem mais enfadonho de Londres, & irão viajar para a Itália. De que vale isso? A única coisa que vale é sentir as coisas por si – & isso eu não acho que a coitada da Hussey ousa fazer. A pessoa sentiria, por exemplo, que Ralph [Enfield] é um tédio, & que Balzac é às vezes enfadonho. É possível gostar de Balzac quando se gosta de Ralph? É o que pergunto a mim mesma quando converso com Hussey. Ela é filha de um ferreiro, & portanto a corrente de Lytton lhe irrita o pescoço.

Sábado, 22 de julho

Minha consciência me leva mais uma vez a escrever.

"Isso é que é chuva de verdade", diz L. à janela.

"Mrs. Thomsett não terá de subir por aí atrás de baldes de água", diz Lottie.

A chuva cai a cântaros, pesada, compacta. As poças de lama se acumulam no jardim. O céu está carregado, turvo. Uma neblina branca de chuva arranca os telhados. Uma pobre planta está vergada. Acabamos de tomar o chá de sábado, durante o qual lemos os semanários, & falamos mal do pobre patife do Murry. Esta semana bajulou Garnett,[64] o que leva a crer que Garnett o bajulou. Não se pode escrever crítica literária quando não se é um homem bom, é minha opinião. Sempre enxergamos a alma por trás das palavras.

Bajulou mesmo, no Friday Nights

Clive veio ontem para o chá, mas me ofereceu apenas os resquícios desbotados & corroídos da sua mente. Tinha ficado acordado até tarde. Eu também – no cinema. De minha parte, sair à noite causa uma dissonância nas minhas cordas. O desregramento estragaria a minha escrita (aquilo que eu chamo modestamente de escrita). No dia seguinte as palavras dançam desenhos na minha mente. Levo uma semana para me recompor de Lady Colefax – que falando nisso me convidou para ir até lá na sexta. Col-fox = raposa negra. Isso vem das minhas leituras de Chaucer.[65] A questão ontem era em relação a Lytton & a *English Review*. Seria bom ou ruim para a escrita dele? Ralph disse que ele está deprimido; bloqueado com a peça que não consegue escrever – & que jamais conseguirá, eu disse; mas se ele se lubrificasse com jornalismo, talvez conseguisse desembrulhar um pouco de história ou uma biografia, & assim passar pela peça com tranquilidade; & afinal o gênero dele é este, & é um gênero ótimo, eu disse. Mas Leonard acha que meu ponto de vista & o de Ralph são opiniões comprometidas pelo momento, às quais Lytton não deve dar ouvidos. Em parte estou influenciada pelo desejo do prazer que isso me daria – 12 números de uma nova revista escrita pelas pessoas mais brilhantes da nossa época – eu entre elas, recebendo em dobro: o *London Mercury* liquidado &c. &c. Mas James está passando este sábado chuvoso em Tidmarsh; & James há de gorar esse projeto.

Se Lytton assumir, Ralph será o gerente administrativo & nos deixará. E então? Somos educados, mas não suspiramos. E aqui está uma longa carta de Dobrée, aberta por engano, mostrando que R. está aprontando das suas mais uma vez. Ele está desanimado, & até as criadas notam sua rispidez. Pobre jovem! Pois na realidade ele não foi feito para os redemoinhos intelectuais. Não: foi feito para barcas à beira do rio, gramofones, sorvetes, flertes, uma esposa bonita, uma família numerosa & investimentos na City. A natureza está perpetuamente levando-o a transformar Tidmarsh em algo à sua semelhança, & portanto tudo lhe sai errado. Temos azar com nossos aprendizes. Da próxima vez devemos pôr como condição que sejam eunucos. Hamill continua achando que meu pulmão direito está mal. Fergusson não encontrou nada de errado. Descobriram germes de pneumonia. E meu caso será levado a Sainsbury no dia 9 – tudo um imenso aborrecimento.

Quarta, 26 de julho

Acabo de voltar do chá com os Mirrlees; que são vulgares, segundo L.; & acho que concordo. Eles têm amigos vulgares. "Pocky" – era o nome da garota com quem Hope & eu conversamos. Ela & a segunda arrumadeira tinham carregado um salmão por toda a Londres. Contou-nos a história de suas cornalinas. Agora sua mãe guarda as suas joias, porque não se pode confiar nela. Sua mãe a chama de "sua garotinha"; & suas narinas se abriam demais, & ela se mostrava confiante & grosseira & elegante, mas não tinha nada na cabeça, & levava o cabelo cortado *à la garçon*, & ficava sentada fofocando com Hope, que parecia gostar daquilo mais do que eu acho recomendável. Se rasparmos o verniz superficial – a vida, a juventude, a cor, a riqueza (que Pocky tem sem dúvida) – o que resta? Uma velha enfadonha.

No domingo L. leu *O quarto de Jacob* de cabo a rabo. Acha que é meu melhor livro. Mas seu primeiro comentário foi que estava extraordinariamente bem escrito. Discutimos por isso. Ele o considera uma obra de gênio; acha diferente de qualquer outro romance; diz que as pessoas são fantasmas; diz que é muito estranho: eu não tenho uma filosofia de vida, diz ele; minhas personagens são fantoches que o destino lança para um lado & para o outro. Não acredita que seja assim que o destino atue. Acha que eu deveria usar o meu "método" em um ou dois personagens da próxima vez; & considerou muito interessante, & belo, & sem lapsos (exceto talvez a festa), & bastante inteligível. Pocky perturbou tanto a minha cabeça que não consigo escrever isso com a formalidade que merece, pois eu estava ansiosa & empolgada. Mas no geral fiquei satisfeita. Não sabemos o que o público irá pensar. Não tenho a menor dúvida de que descobri como começar (aos 40) a dizer algo com a minha própria voz; & que isso me interessa tanto que sinto que posso seguir em frente sem precisar de elogios.

Sexta, 28 de julho

Os assuntos dos P.[artridge] voltaram a nos absorver por 2 horas mais uma vez; & foi preciso acrescentar um *postscriptum* para Lytton ao telefone. Receio que é um caso sórdido, como disse C.[arrington]. Tampouco me agrada ver as mulheres infelizes. A conduta de P. é a mesma de um Don Juan de aldeia. Mais uma vez ele se comporta como um touro num jardim. E ainda por cima é maldoso. É um brutamontes, como diz L. Isso me lembra os chiliques de Adrian & Clive. Há qualquer coisa de maníaco na vaidade masculina.

Agosto de 1922

Rodmell

Graças à mudança de tinta & à mudança de lugar, começo aqui uma nova página. Faço boas resoluções duas vezes por ano – em agosto & em outubro. Minha boa resolução de agosto é trabalhar com método, mas sem forçar a natureza. Muitas vezes, assim me ensina a sabedoria, as boas resoluções minguam porque as forçamos. E a ciência moderna nos ensina a respeitar o prazer, ou pelo menos é essa a minha leitura.

Um desses dias farei um dos meus balançozinhos dos dias, já que houve um intervalo. No geral, um bom verão; & com isso quero dizer que os prazeres – jantar fora, ver as pessoas – foram bem combinados com ler & escrever & ficar em casa. No geral, L. & eu estamos nos tornando celebridades. L. negaria; mas ele não foi ao chá formal de Logan, nem a Garsington. Porém essa minha observação se baseia em outras fontes. A reputação parece se acumular, apesar de não termos lançado nada este ano. Mrs. Nicolson acha que sou a melhor escritora – & quase já me acostumei à ideia de que Mrs. Nicolson tenha ouvido falar de mim.[66] Mas isso me dá um certo prazer. Bem, minha relação com meu mundinho anda mais livre, & tenho a chance, eu acho, de expandi-lo, só não tenho dinheiro para comprar roupas. Estou terrivelmente em falta com Joyce & Proust no momento, & preciso vender livros assim que voltar para Londres. Encerramos nossa temporada na segunda-feira passada no Commercio, com Clive & Roger. Roger chegou com o cabelo esvoaçante & o casaco esvoaçante carregando telas – a boca aberta, os olhos procurando à sua volta – & tivemos nossa conversa habitual. Clive tinha alguns mexericos a contar; & não é que eu inspirei um deles, com meu mau-olhado? Mrs. Shanks (assim dizem) abandonou o poeta georgiano.[67] Mas Tom, que veio até Gordon Square mais tarde, não tinha certeza nenhuma disso, como eu gostaria. Tom foi sardônico, reservado, preciso, & ligeiramente malévolo, como de hábito. Clive, claro, bem-comportado. Tive a impressão de que iria até Wittering.[68] Nessa estava com caxumba lá embaixo. Duncan chegou, sem rumo, cabelos macios, vago, tão gentil como sempre. E Roger desenrolou suas telas & apoiou dois retratos de Logan no sofá. "Sim, creio que é o melhor retrato que já pintei até agora", ele disse. "Acho que nunca fui tão longe quanto nessa cabeça." Ele tem 55 anos, eu imagino; & ainda acredita que irá começar a pintar como deveria – uma dádiva misericordiosa – uma cenoura a incitá-lo na travessia do deserto. Mas para Roger não é um deserto. Todas as suas faculdades são usadas & polidas, & algumas estão quase a ponto de se esgotar. Sofre, consulta médicos, sente dores & calafrios, mas segue eternamente em frente. O homem perfeito, como eu lhe disse, & como de fato acredito que ele é. Vai passar o verão pintando com Derain. É a obsessão dele agora – pintar, pintar, pintar. Nada mais vale a pena. Pamela irá se casar, ou melhor, não consegue se casar, com seu judeu romeno.[69]

Ontem fui até o alto do monte de Asheham, & descobri no caminho colônias de cogumelos. A casa agora parece um pouco rígida & fixa, com o campo cercado, austera em comparação com esta. Mas o jardim daqui, com as suas casas cobertas de hera, é um lindo trecho – aberto & arejado, com vista para os montes; & até agora Ted Hunter continua mudo. A podridão se instalou, espero, & rezo para que a mulher de Ted Hunter agora fuja com Mr. Beloc. Então Allison perderia sua fortuna, & como Bowen está esperando um filho de Shanks, os Hawksford iriam embora & os Lobos ficariam em paz, em castidade & glória.[70]

Preciso começar uma nova página para anunciar o início, o verdadeiro início & não o falso, de *Leitura*, esta manhã. Escreverei em seguida que nunca gostei tanto de escrever, nem senti maior certeza do sucesso. *O quarto de Jacob* está atravessando o Atlântico.

Quarta, 16 de agosto

Eu devia estar lendo *Ulysses* & preparando meus argumentos contra & a favor. Já li 200 páginas até agora – nem um terço; & os primeiros dois ou três capítulos me divertiram, estimularam, encantaram & interessaram – até o fim da cena do Cemitério; mas então fiquei perdida, entediada, irritada & desiludida, como se diante de um universitário repugnante cutucando suas espinhas. E Tom, o grande Tom, ainda acha que isso é do mesmo nível de *Guerra e paz*! Inculto e vulgar é o que me parece: o livro de um operário autodidata, & todo mundo sabe o quanto essa gente é aflitiva, o quanto são egoístas, insistentes, crus, berrantes & em última análise nauseabundos. Quando se pode comer carne cozida, por que se contentar com a crua? Mas acho que, quando se é anêmico como Tom, existe certa glória no sangue. Como sou mais ou menos normal, logo sinto vontade de voltar aos clássicos. Pode ser que eu mude de ideia depois. Não faço concessões à minha sagacidade crítica. Finco um graveto na terra para marcar a página 200.

Quanto a mim, estou laboriosamente dragando minha mente para "Mrs. Dalloway" & trazendo à superfície baldes leves. Não gosto da sensação de estar escrevendo depressa demais. Tenho de comprimi-lo. Escrevi 4 mil palavras do *Leitura* em tempo recorde, 10 dias; mas era apenas um esboço rápido dos Paston, fornecido pelos livros. Agora o interrompo, segundo a minha teoria da mudança rápida, para escrever

Mrs. D. (que vem acompanhada de uma multidão de outras personagens, começo a perceber) depois faço Chaucer; & termino o primeiro capítulo no início de setembro. Até lá, terei o início do meu Grego,[71] talvez, na cabeça; & portanto o futuro está todo demarcado; & quando *Jacob* for rejeitado na América & ignorado na Inglaterra, estarei conduzindo metaforicamente o meu arado por campos afora. Estão colhendo o trigo em todo o país agora, o que me dá esta metáfora, & talvez a desculpe. Mas não preciso de desculpas, já que não estou escrevendo para o Lit Sup. Será que um dia voltarei a escrever para eles?

Vejo que não disse nada sobre nosso dia em Londres – sobre o Dr. Sainsbury, o Dr. Fergusson, & a discussão semijurídica sobre o meu corpo, que terminou com um frasco de comprimidos de quinino & uma caixa de pastilhas para gripe & uma escova para limpar a minha garganta. São germes da gripe & da pneumonia, talvez, diz Sainsbury, muito suavemente, muito sabiamente, & com extrema ponderação. "Equanimidade – pratique a equanimidade, Mrs. Woolf" disse ele, quando saí; uma consulta desnecessária do meu ponto de vista; mas fomos obrigados a ir por uma circunstância atrás da outra da parte dos bacteriologistas. Não meço minha febre até o dia 1 de out.

Enquanto isso, existe a questão de Ralph. Essa questão – é a velha questão da lentidão, rabugice, desalinho & estupidez dele, versus sua força, simpatia, amabilidade básica & suas amizades – nos foi imposta graças a uma sugestão de Roger – um homem chamado Whittal deseja vir: jovem, inteligente, dono de um automóvel, bem-vestido, sociável & crítico; mora em Londres, & não tem necessidade de dinheiro. Fico um pouco alarmada com os valores sociais de Mr. W., pois não queremos que a editora seja um passatempo da moda, apadrinhado & inspirado pelo Chelsea. Whittal mora a apenas duas portas de distância de Logan.

Terça,
22 de agosto

Neste dia, não sei há quantos anos, em 1897 para ser exata, Jack foi a Hindhead & foi aceito por Stella no jardim enluarado. Vagamos pela casa até ela entrar & nos contar. Thoby achou que eles eram mendigos. Tentei descrever as arvorezinhas ao luar.[72]

1922
1897
25

Jack foi aceito no pequeno gabinete de Tyndall naquela charneca há vinte e cinco anos. Como ela morreu tão pouco tempo depois, de certa maneira ainda parece que isso é algo real, que os anos passados não destruíram. Mas sempre preciso me confessar, quando escrevo o diário de manhã. São apenas 11h30 para ser honesta, & deixei de lado "Mrs. Dalloway em Bond Street"; & realmente por que será? Eu gostaria muito de explicar minha depressão. Sydney Waterlow passou o fim de semana aqui; & ontem fomos dar um passeio em Brighton. Em Brighton vi um lindo vestido azul vitoriano, que L. me aconselhou a não comprar. Sydney reproduziu com sua voz pesada & sem vida as mesmas frases com que Murry despreza minha escrita, "meramente tolo – a pessoa simplesmente não lê – você já passou de moda". Depois Squire recusou o conto de Leoanrd; & talvez não me agrade ver novas casas sendo construídas por toda parte; & eu fique nervosa por causa de nosso campo. Então agora já reuni aí todos os fatos – aos quais acrescento agora o fato de eu ter gastado 10/6 em fotografias, que revelamos ontem à noite no meu armário de vestidos; & nenhuma prestou. Elogios, roupas, construções, fotografias – é por esses motivos que não consigo escrever "Mrs. Dalloway". Sim, é fatal receber visitas no meio de um conto, mesmo que sejam como o Clive, por um dia. Eu tinha acabado de ganhar fôlego. Agora toda aquela agonia terá de começar de novo. E Sydney, por mais que se possa lhe dar um desconto de antemão, é sempre um colchão de penas numa noite quente – bem intencionado, meritório, sufocante. Agora quem fornece o enchimento é Kot & Sullivan, que lhe deram sua nova roupagem. Tudo acaba sendo conscientemente revisado à luz deles, que para mim não é penetrante; & quando esse processo ocorre à nossa frente se torna, não sei por quê, curiosamente enervante, humilhante & deprimente. Alguns cômodos sempre cheiram a mofo – até os cômodos bem construídos. Ninguém jamais sofreu tão intensamente com a atmosfera quanto eu; & minhas folhas murcharam uma a uma, embora Deus saiba que minha raiz é bastante firme. Como L. diz com grande verdade, há ego demais no meu cosmos.[73]

Na verdade, nunca vi Sydney tão suave. Ele tinha feito uma promessa, pois aos 45 ele faz promessas, de não discutir seus assuntos pessoais. Um profundo gemido se anunciava sempre que abordávamos esse deleitoso assunto. Não: ele deve se conter. Passamos pela porta. E ele ficou nu & tomou banho, & fez o rio parecer muitas vezes menor. Ele é uma massa de tom rosado quando nu. Conversamos demais sobre Murry. Mas enfim, teria sido ascético não fazê-lo, considerando a falta de assuntos de valor semelhante. Porém, Sydney acredita que pode conversar sobre literatura. Ele é capaz de apanhar um lápis, sem dúvida; mas é mais provável que apanhe meia dúzia. Estou pensando em Thoreau, cujo toque suave se comprovava no modo como lidava com seus lápis.[74] Quero dizer que Sydney carece totalmente de suavidade no tato. Sua avó era a filha de um exterminador de ratos: seu pai um aprendiz de tipógrafo: ele lamenta profundamente ambas as coisas. E eu idem.

Mais uma vez estou escrevendo com agitação. Mas como fomos divinamente felizes até as 12h30 na quinta, quando Clive embarcou na ilha encantada com notícias do mundo de Mary & Colefax! Jamais fui tão feliz na vida. O dia parecia um armário feito à perfeição – belamente equipado com belos compartimentos. Chovia (creio), as coisas devem ter acontecido da mesma maneira & na mesma ordem que hoje; mas com que diferença! Eu mal conseguia manter a calma enquanto encomendava o jantar esta manhã – & por aí afora. O estranho é que nenhum de nós deseja receber visitas. Claro que elas nos ameaçam de todos os lados – os Partridge, M.[olly] Hamilton, americanos, Lytton, Morgan, Tom, os Sanger – não: me deixem em paz, me deixem em paz, é tudo o que eu digo: para que minha cabeça trabalhe.

Boen [Hawkesford] veio para o chá no domingo – uma peça de louça barata, pois seu nariz me lembra o bico de um bule de chá & sua boca é como uma lasca de porcelana grosseira. Ela está mudando; lendo "Bliss"[75] por ordem de Shanks; quer morar em Londres para trabalhar; não para dançar; & saiu apressada para jogar tênis com ele, imagino. Eu os surpreendi na margem do rio enquanto seu grande *sheepdog* nadava, "Eles o conseguiram com um pastor daqui" diz Boen, com um estranho sotaque ou tremor no "eles", como se "eles" fosse passado, porém ainda não morto; & assim, sob o pretexto de exercitarem o cão, as saídas, que Mrs. Dedman tanto desaprova, continuam; levando, segundo Sydney, a uma vida de tristezas para Shanks, com Boen cravando-lhe as garras, agarrando-se a ele, arrastando-o para o fundo.

"Besteira!", eu disse. Pobre homem. Espero ansiosamente pela sua Collins.[76]

Cont. de terça.

A nuvem lentamente recua. Não que neste momento eu seja capaz de levar a pena ao papel; mas as águas, que aquele imenso golfinho-de-risso deslocou, tornaram a se encontrar. Mais uma vez sou inundada pela correnteza, cálida, envolvente, fertilizante, dos meus próprios pensamentos. Estou fraca demais para analisar a psicologia, que imagino ser interessante. É como se um corpo estranho tivesse dispersado a realidade por um instante; & o corpo estranho fosse feito de algum material bruto, hostil ao pensamento. E se por enquanto eu for capaz simplesmente de proteger isso, conseguirei escrever. De modo que a questão para mim é, até que ponto me recolher da insensível vida social no futuro? Será isso covardia, ou simplesmente bom senso? Por exemplo, aqui está Brett já nos convidando para o coração do campo inimigo – Hampstead nas noites de quinta-feira. Se eu for, terminarei sendo limada, ou no mínimo embotada & apagada, pela presença de Sullivan, Kot & Sydney. Se eu não for, será que amolecerei & apodrecerei na atmosfera suave demais dos meus próprios aliados? Talvez o melhor plano seja morar num território neutro – nem amigável nem inimigo, & com isso levar a pique as demandas rigorosas do egoísmo. Será possível haver uma sociedade assim?

Encomendei o vestido azul de seda, & agora preciso economizar 10/- por semana para pagá-lo – por seis semanas, quero dizer. Mas se economizo aqui, gasto ali, de modo que me impus essa tarefa com certa diversão.

A maneira de voltar a tomar impulso para escrever é esta. Primeiro, exercícios suaves ao ar livre. Segundo, ler boa literatura. É um erro achar que a literatura pode ser produzida do nada. É preciso sair da vida – sim, foi por isso que tanto me desagradou a interrupção de Sydney –, é preciso se tornar exterior; muito, muito concentrado, & num único ponto, sem precisar recorrer às partes esparsas da própria personalidade, viver no pensamento. Quando Sydney chega, eu sou Virginia; quando escrevo sou apenas uma sensibilidade. Às vezes gosto de ser Virginia, mas somente quando estou dispersa & variada & gregária. Agora, enquanto estivermos aqui, gostaria de ser apenas uma sensibilidade. A propósito, Thackeray é uma boa leitura, muito dinâmico, com "toques", como eles dizem do outro lado na casa dos Shanks, de percepção surpreendente. Tenho tantas cartas para escrever: para Jacques [Raverat] (que elogiou muitíssimo *Segunda ou terça*; & adoro agradar Jacques; porém os elogios de Jacques nunca chegam a contrabalançar as críticas daquele burro aborrecido do Sydney), para Ka; para Carrington; para – não sei mais; & não me importa, pois agora devo tomar impulso para a literatura lendo... *Ulysses*!

Quarta, Dor de cabeça: nada de escrever; portanto vou copiar.
23 de agosto

21 de agosto de 1922
Minha cara Virginia,
A atmosfera foi extraordinariamente propícia; com aquela emanação de beleza da paisagem & do ar, aquele toque curador que sempre encontro nessas paragens, mas havia mais do que isso. À medida que as horas passavam, tão poucas & tão rápidas, senti

uma satisfação cada vez mais profunda por ter novamente começado com você a recolher os fragmentos quebrados & a conseguir juntá-los com alguma firmeza. Espero que não seja imaginação; parece bastante sólido, como algo que foi de fato conquistado & *merecido*, um verdadeiro passo adiante nessa peregrinação horrível em que todos estamos envolvidos. Eu poderia facilmente ter ido embora com a sensação de que tudo não passou de um agitar de cinzas; estava bastante preparado para isso; minha cabeça estava aberta. Mas pelo contrário! Eu me sinto enriquecido & vivo, encantado de saber que você está aí & que você é você, & sem dar a mínima se você me considera um perfeito imbecil.

Agora um pequeno escândalo. Eu estava justamente começando a escrever isso quando o telefone tocou. Ruídos desconcertantes, gritos meus de "Não consigo ouvir você", uma voz que parecia conhecida, & a seguir identifiquei um nome: "Katherine?"[77] "Sydney, você é meu inimigo?" "Bom Deus, NÃO!" Ela está na casa de Brett em Hampstead. Foi tudo que consegui entender. Vou vê-la na quarta. A trama se complica.

Sempre seu,
S.W.

Sexta,
25 de agosto

Não tenho tempo para comentários. Sim, é um assunto um pouco batido, de modo que o deixo de lado para divertir um novo olhar. Acho, ainda que hesitantemente, que voltei a começar o conto – Brailsford escreveu pedindo que eu colabore com contos & outras coisas para seu novo *Leader*. *The Times* (semanário) diz que meus romances estão, segundo pensam alguns, entre os melhores da nossa época. Mas, mas, não superei totalmente a depressão de ouvir Sydney repetir o que Murry disse. Cheguei a mencionar uma dor de cabeça? O senso comum me diz que, quando o sangue deixa de correr, qualquer mosca pode pousar. Não se pode afastá-las. Estranhamente, porém, ainda que o sol brilhe, nessas condições mal ilumina.

Sábado, 26 de agosto

Tendo terminado a escrita da manhã às 11h20, & preenchido uma página inteira de uma maneira nada ruim, no fim das contas, posso deixar meu cérebro terminar sua corrida nesse solo mais terreno. É um lindo dia – um entre uma dúzia dos dias deste verão. Creio que não falei o suficiente da desordem estilhaçada de junho, julho & agosto, que me faz lembrar uma cristaleira quebrada – cheia de louças quebradas & tergiversações. Mas hoje está um tempo bom, & ontem fomos a Charleston de ônibus, pela primeira vez. Afinal, é preciso respeitar a civilização. Essa ideia me veio outro dia quando estava parada em uma rua de Brighton de onde se avistam os *downs*. A humanidade estava irritada & impaciente & se empurravam uns aos outros por toda parte; os *downs* eram suavemente sublimes. Mas eu pensei que aquele frenesi da rua era na realidade o melhor dos dois – o mais corajoso. É preciso lutar contra o gramado passivo, onde existe uma ou outra lesma & uma ondulação no terreno que levou 2 mil anos para ser produzida. Mas eu diria que esse pensamento me foi imposto: eu prefiro bem mais os *downs*.

    Charleston está como sempre. Ouve-se Clive gritando no jardim antes mesmo de se chegar lá. Nessa emerge de um grande quilt com uma variedade de ásteres & alcachofras; não muito cordial; meio distraída. Clive, rebentando a camisa, senta-se empertigado na cadeira, borbulhante. Então Duncan entra, sem rumo, também vago, distraído, & incrivelmente embrulhado com coletes amarelos, gravatas de bolinhas & velhos casacos com manchas azuis que ele usa para pintar. Precisa puxar as calças para cima constantemente. Desalinha o cabelo. No entanto, não consigo deixar de pensar que somos cada vez mais cordiais, em vez de nos afastarmos até sumir de vista. E por que não nos aprumar nas próprias pernas & desafiá-los, mesmo em questão de chapéus & forros de cadeiras? De fato, aos quarenta... Nessa, que se concentra em um assunto, & um único assunto, com uma espécie de ferocidade passiva que considero alarmante, levou L. para um canto para conversar principalmente sobre a atitude dela em relação a Mary. Clive & eu somos muito parecidos na nossa maneira desajeitada de lidar com as pessoas. Não nos concentramos; somos facilmente enganados & bajulados; expandimos & contraímos; tagarelamos & fofocamos; há algo de muito mais letal, estável & determinado nas personalidades da minha irmã & do meu marido. Realmente, os dois são capazes de determinar o curso de uma relação & mantê-lo.

Quanto a Duncan, ele precisa, creio, de paz para pintar. Ele gostaria que tudo se arranjasse, não importa como. Vimos um coelho perfeitamente preto, & um gato perfeitamente preto, sentado na estrada, com o rabo esticado como uma correia.

"É o que chamam de um exemplo de melanismo", disse Clive – o que achei muito engraçado, & também me fez gostar dele. Por que essa pequeneza absurda me afeta, quando coisas muito mais sérias não me causam a menor impressão? E seria possível imaginar que isso acontecesse, se fosse com outra pessoa?[78]

Gosto cada vez menos de *Ulysses* – isto é, eu o considero cada vez mais desimportante; & nem me dou ao trabalho de desvendar seus significados conscienciosamente. Graças a Deus que não preciso escrever a respeito. Sim, Murry chegou a fazer desvios hoje só para falar de mim com elogios contidos.[79] Isso deve significar que ele está indo morar em Londres; que precisa de um jantar, ou, no mínimo, de gente que se levante & lhe dê as boas-vindas quando ele entrar em uma sala.

Segunda, 28 de agosto

Estou começando o Grego mais uma vez; & preciso de fato traçar um plano: hoje é dia 28: "Mrs. Dalloway" estará terminada no sábado 2 set.: de domingo dia 3 até sexta dia 8 começo Chaucer: Chaucer – esse capítulo, quero dizer, deverá estar concluído até 22 de set. E depois? Devo escrever o capítulo seguinte de Mrs. D. – se é que ela terá um capítulo seguinte; & será ele O Primeiro Ministro? que se estenderá até uma semana depois de voltarmos – digamos 12 de out. Depois estarei pronta para começar o meu capítulo sobre o grego. De modo que tenho de hoje, dia 28, até dia 12 – pouco mais de 6 semanas – mas preciso dar espaço para interrupções. Agora, o que preciso ler? Algo de Homero: uma peça grega; algo de Platão; Zimmern; Sheppard, como livro didático; a biografia de Bentley. Se feito com rigor, será o bastante. Mas que peça grega? & quanto de Homero, & o que de Platão? Depois tem a Antologia. Tudo deve terminar na *Odisseia* por causa dos elisabetanos. E preciso ler um pouco de Ibsen para comparar com Eurípedes – Racine com Sófocles – talvez Marlowe com Ésquilo. Parece muito erudito; mas realmente pode ser que me divirta. & se não divertir, não há necessidade de continuar.

Domingo, 3 de setembro

Talvez a maior revolução da minha vida seja a troca de ponta de caneta – não consigo mais escrever de modo legível com meu velho toco cego de madeira

– as pessoas reclamavam – Mas depois começam as dificuldades de sempre – & o que o substituirá? No momento estou usando Blackie [uma caneta tinteiro] contra sua natureza, ou seja, molhando-o[80] no tinteiro. Deveria estar lendo o último capítulo imortal de *Ulysses*: mas estou com calor de ter jogado badminton no pomar; L. está pisoteando seu descontentamento na minha cabeça,[81] & jantamos daqui a 35 minutos; & preciso me trocar, & os Sanger virão depois, &... &... &... me sinto incomodada com as pessoas. Todos os dias agora estarão ocupados até terça que vem. Portanto esta é minha última chance no que se refere ao diário, eu diria.

 Enquanto caminhávamos pelo cemitério da igreja na tardinha de sexta, comentei – É algo estranhíssimo como são impressionantes esses cemitérios de igreja das cidadezinhas, & ao mesmo tempo como são comuns... quando então vimos Dora Sanger vindo em nossa direção escoltada por uma camponesa corpulenta. Ao sermos apresentados, descobrimos que era Daphne [Sanger], 16 anos: uma garota de olhos castanhos, simpática, de cabelo liso; vestida com um impermeável. Ora, eu tinha imaginado que ela teria 6 ou 10 anos, uma menina em que Charlie ainda dava banho. Desde então temos nos encontrado diariamente; & como disse, virão aqui esta noite, para sentarem-se aqui no alto & apreciar a paisagem. Dora olhará a paisagem. Charlie prefere um cenário mais espiritual. E nunca parecemos esgotar o assunto. Basta eu dizer, como seria um quarto grego na época de Péricles?, para Charlie nos colocar diante de um.

 Charlie, como eu estava dizendo, nos coloca diante de um. E Daphne é muito bem-informada, & como são adoráveis os jovens – como vassouras novas. Sinto vontade de espiar por cima de seus ombros & vê-los deixando tudo limpo. De fato, eu os prefiro bem mais do que os ilustres, que estão embrulhados suavemente nas suas reputações. Ela está em Bedales, irá a Newnham; depois propõe reformar o mundo, por meio de um tipo moderado de revolução, tanto quanto pude entender – pois só conversamos por um segundo sob a sombra da árvore em frente ao Rest, na noite passada. Começará escrevendo panfletos. E a verdade é que o mundo será reformado pelos panfletos de Daphne Sanger – não há nenhuma dúvida. Na idade dela eu estava disposta a conhecer tudo o que se houvesse para conhecer, & a escrever um livro – um livro – Mas que livro? Essa visão me veio mais claramente em Manorbier aos 21 anos, caminhando pela colina à beira-mar.[82] Nunca decidi me afundar tanto no trabalho quanto naquele verão – não suporto interrupções. Maynard nos convidou a ir até Oare, onde mora com Lydia, & eu gostaria de ir, mas não iremos. Até agora o novo plano de rotacionar as culturas está funcionando bem. Estou sempre em efervescência & estimulada, seja para esclarecer meus pontos de vista sobre Chaucer, ou a Odisseia, seja para esboçar o meu capítulo seguinte. Uma carta educada da Harcourt Brace informa que meu original ainda não chegou – & eles têm grande interesse na minha obra.[83] Tudo isso por não ter registrado o pacote – culpa de L., me alegra dizer. Sigo galopando, agora sobre uma caneta J,[84] de maneira não muito compacta; mas o dia inteiro se foi & agora preciso arrumar o quarto.

Sim, olhando essas páginas, creio que o balanço geral se mostra a favor da ponta de aço. Blackie é macia demais; & os velhos bacamartes por demais mastodônticos. Olhe que limpo isto aqui.

Quarta,
6 de setembro

As visitas deixam a pessoa em frangalhos; mas com um certo gosto pelas palavras. Agora as frases rolam pela minha língua – algo que, sinceramente, não se pode fazer para deleitar minha sogra ou Flora; que neste momento estão no caminho de volta para Lewes; Carrington & Partridge estão a caminho de Chiddingley; os Sanger a caminho do topo do monte Asheham; & Lytton começa a considerar se se colocará a caminho daqui.

 Tivemos nossa entrevista premeditada ontem à noite, com Ralph deitado na cama aqui em cima. Terá seu rosto demonstrado qualquer alteração à medida que Leonard falava – de modo bastante convincente, medido & impessoal? "As coisas não têm andado de maneira satisfatória na minha opinião" & assim por diante. Ralph não ofereceu mais resistência do que um bando de carneiros, o que é desarmante. Tanto quanto descobrir que no íntimo ele se sentia tão entusiasmado com a H.P. que não conseguia se imaginar em nenhuma outra carreira. Creio que existe possibilidade de que ele venha a se tornar nosso tipógrafo; que aceitemos Whittal como sócio; & assim começaremos tudo de novo... para sempre. Ele está disposto a encarar esse para sempre, se também estivermos, & com as dificuldades financeiras dá-se um jeito. Ficou claro que precisa morar em Londres. Carrington irá tolerar suas infidelidades; coisa que faz de boca fechada. Vai pintar. Mas jamais tornará a ser jovem novamente.

 Tivemos uma boa sessão de conversa na segunda – Maynard, Nessa, Duncan, os Sager. Mas como poderia reproduzir os diálogos? Foi um sucesso, no entanto, exceto pelo tempo cinzento & sombrio. Maynard irá construir uma casa: N & D obterão renda com ela durante 10 anos. Será um hotel, perfeitamente projetado, num campo perto de Beanstalk Lane – 8 suítes, com 8 banheiros, cozinhas, lavabos, rodeando um pátio; em suma, um romance de Peacock em forma de pedra; que logo deve ser preenchido com personagens.[85] Sem dúvida reorganizamos nossas vidas quase que completamente. Nossos pais não passaram de meros entusiastas desse jogo – foram para o túmulo com todas as ~~gavetas~~ molas secretas por acionar. Maynard, além de ser nosso maior economista vivo, tem como amante uma bailarina, & agora está preparando-se para encenar um balé de Mozart, com 13 bailarinos ágeis; entrevista o diretor do Coliseum; tornou-se um especialista em contratos; conhece todos os assuntos dos bailarinos & é capaz de te dizer tudo sobre os amores da Academia Imperial de Petersburgo.[86] Ademais, Duncan irá dançar com Lydia. E Roger – mas não preciso ir até o fim da lista; pois meu argumento é o mesmo – todos nós dominamos a arte da vida, & é extremamente fascinante. Acaso não estou prestes a fabricar papéis coloridos? Minhas provas [de *O quarto de Jacob*] chegam dia sim, dia não, & eu poderia me deprimir como deveria se começasse esse assunto. A coisa toda parece fraca & sem sentido; as palavras mal marcam o papel; & já espero que me digam que escrevi uma fantasia graciosa, sem muita relação com a vida real. Dá para perceber? Enfim, a natureza me oferece amavelmente a ilusão de que estou prestes a escrever algo bom: algo rico, & profundo, & fluente & duro como pregos, mas ao mesmo tempo brilhante como diamantes.

 Terminei *Ulysses*, & acho que é um tiro pela culatra. Gênio o livro tem, eu acho, mas de água inferior. Difusa. Salobra. É pretensioso. É vulgar, & não apenas no sentido mais óbvio, mas também no literário.

Quer dizer, um escritor de primeira linha respeita a literatura o suficiente para não se render aos truques; ao chocante; às mirabolâncias. Todo o tempo não me saía da cabeça a imagem de um frangote de internato, digamos como Henry Lamb, inteligente & capaz, mas tão afetado & egoísta que perde a cabeça, abraça a extravagância, os maneirismos, a algazarra, a desmedida, & faz as pessoas gentis sentirem pena & as severas simplesmente irritação; então ficamos torcendo para que ele cresça; mas como Joyce tem 40 anos isso parece pouquíssimo provável. Não li o livro com cuidado; tampouco o reli; & é bastante obscuro; portanto sem dúvida estou atamancando seus méritos mais do que seria justo. É como receber uma miríade de chumbinhos, mas não aquele tiro mortal certeiro na cara que levamos com Tolstói, por exemplo; porém é completamente absurdo compará-lo com Tolstói.[87]

Quinta,
7 de setembro

Depois que escrevi isso, L. colocou em minhas mãos uma resenha bastante inteligente do *Ulysses*, do *Nation* americano;[88] que, pela primeira vez, analisa o significado do livro; & certamente o torna muito mais impressionante do que julguei ser. Seja como for, ainda acho que nas primeiras impressões existe certo mérito & verdade duradoura; & portanto não desconsidero a minha. Preciso reler alguns dos capítulos. Provavelmente a beleza última da literatura jamais pode ser sentida por seus contemporâneos; mas mesmo assim, eu acho, eles precisam sentir que levaram um drible, & isso eu não senti. Mas, enfim, eu estava propositadamente na defensiva; & estimulada demais pelos elogios de Tom.

Tivemos 3 dias bons, & talvez cheguemos a 4 ou 5. O jardim está no ápice: o grande canteiro esparramado de flores brilhantes, as pétalas quase se tocam. Henry Dedman retirou as ervas daninhas das trilhas. Às 7h30 numa noite clara elas têm uma aparência fosforescente, cintilam. Mas está ficando frio demais para passear à noite, & ai de mim, lamento muito ter de compartilhar a lareira & renunciar à minha poltrona esta noite, porque vêm os Sanger. Os três nos acercam: Dora pelo menos pisa forte. E ainda que em princípio eu goste da juventude, a pobre Daphne é meio imbecil, & eles fazem um grande caso em torno dela por nada, & ela nos afasta, confusa, exasperada, mas não é uma companhia das melhores, pobre infeliz.

Sexta, 8 de setembro

Quando Mrs. Woolf esteve aqui, disse que tinham lhe perguntado várias vezes no casamento de Philip o significado da palavra lua de mel – Mr. Sturgeon agora o forneceu. Cada coisa que as pessoas dizem nos casamentos! Ela disse, Mais uma vez me torno uma errante pela terra. Se arranjasse quem fosse comigo, comprava uma caravana. Agora, eu que tive 10 filhos preciso morar em dois cômodos em South Kensington. Leonard não bebe leite com nata. Nem ninguém da família. ""Isso eu vi nos olhos de Mrs. Woolf", disse Lottie – um maravilhoso exemplo de psicologia. Flora me disse que na Suécia eles comem fungos, que crescem em grande quantidade por lá. Comem todos, menos os vermelhos. Ela encontrou um verde & o jogou fora. Era um dos melhores. Mrs. W. disse que a Suécia é um país de bons garfos. Pensam demais em comida, disse ela. Cada uma dessas declarações pareceu-me bastante significativa no momento; embora eu admita que não conseguiria dizer por quê. Os Sanger vieram ontem à noite. As opiniões de Charlie sobre a literatura me parecem estranhamente estereotipadas. Ele discursou sobre as línguas, o latim & o alemão: não sei por que as pessoas que não são escritoras sempre nos deixam na mão um osso seco, por mais conhecimento que tenham. Tem uma opinião péssima de Proust & pensa que não é possível escrever um romance psicológico em francês. Do francês salta para o latim, para o alemão, para o russo: mas suas posições são áridas.

Terça,
12 de setembro

Lytton saiu faz uma hora; & fiquei sentada aqui, incapaz de ler ou me recompor – tal é a destruição deixada por 4 dias de conversa. Recebemos os Sanger uma vez, & Shanks ontem à noite, de modo que exercitamos a língua generosamente. Um vento frio soprava cacos de sol. No domingo choveu a cântaros – como agora começou novamente a chover.

Eu disse que Lytton deveria tentar anotar suas falas – que surgiram a partir de uma conversa sobre Boswell. Mas disse Lytton, eu nunca dou falas. Mas você é muito engenhoso, é o que dizem, eu respondi. Lytton, é claro, tinha lido Mrs. Thrale.[89] E então conversamos sobre Gibbon, cujo método para tratar da invasão dos bárbaros é magnífico. Uma noite ele nos deu um relato completo do sistema prisional, baseado em estudos que tem lido – completo, com domínio, & uma espécie de capacidade política que me impressiona. Ele teria dado um governante admirável em alguma província da Índia. Porém, como de costume, houve mais um tema principal ao qual retornamos – Ralph & Carrington. Existem duas questões a serem resolvidas – R. & V.[alentine] D.[obrée] (que se instalou em Londres) & R. & seus meios de vida. As duas coisas pesam sobre o pobre Lytton, que se sente na posição de pai, está ligeiramente apaixonado, mas ao mesmo tempo enxerga, com sua candura de sempre, todos os defeitos & inconveniências. Ralph também atira muito a responsabilidade sobre ele – pela Hogarth Press, quero dizer – recusa-se a discutir seus casos amorosos, & Lytton enxerga, apreensivo & cuidadoso que ele é, como é fácil adotar uma postura equivocada & romper com toda a comunicação. E portanto discutimos alguns possíveis planos – que eles deveriam comprar Suffield; que deveríamos nos mudar para o número 38 da Brunswick Square;[90] que R. deveria se instalar em uma fazenda; que eles deveriam ir morar em Bolonha, para que Lytton pudesse escrever indecências. Talvez Lytton estivesse deprimido. Mas mal falamos da "nossa escrita". Nem um elogio foi trocado. Eu diria que é uma atmosfera mais saudável que a outra – mas não tão agradável.

Então Shanks veio na noite passada – um homenzinho informe de cara inchada & nariz arrebitado – a quem falta completamente personalidade, segundo Lytton – que se manteve em grande silêncio. Falamos dos assuntos costumeiros dos críticos & não saímos desse terreno. Ele me diz que o *Lit. Sup.* não está pagando nenhum colaborador. Jack Squire, disse, está se tornando rígido com a moral. Basta alguém dizer na rua "Que garota mais linda", & logo Jack fica escarlate. Realmente, Shanks acha que pediu demissão do *London M.*[ercury] porque Squire se recusou a resenhar *Ulysses* (que emprestei a Shanks). Sem dúvida Mrs. Shanks & Miss Hawkesford tiveram algo a ver com o assunto. Mas eu entendi que Shanks não leva Squire tão a sério quanto imaginávamos. Porém, duvido que iremos muito longe com um homem de tão pouca consistência mental. Disse-me que me daria amoras. Ninguém tem como saber o que ele pensou dessa noite.

Terça,
26 de setembro

Muitas coisas ficaram por registrar. Este tem sido o verão mais sociável que já tivemos. Às vezes sinto como se, em vez de passar os meses dormindo num quarto escuro, estive de pé sob a luz a noite inteira. Clive & Mary vieram; Mary com meias de seda cinza; não podia saltar uma valeta; esteve muito afável; disse que gostava de longas caminhadas; sentou no chão; elogiou Clive; & meio que me convidou a ir a Wittering. Morgan veio na sexta; Tom no sábado. Minha conversa com Tom merece ser anotada, mas não o será porque a luz está enfraquecendo; & também porque não se pode anotar conversas, conforme decidimos em Charleston outro dia. Falamos muitíssimo de *Ulysses*. Tom disse "Ele é um escritor puramente literário. Sua base é Walter Pater com um toque de Newman".[91] Eu disse que ele era viril – um bode; mas não esperava que Tom concordasse. Mas ele concordou; & disse que ele tinha deixado de lado muitas coisas importantes. O livro seria um marco, pois destruía todo o século 19. Deixava o próprio Joyce sem mais nada o que escrever depois. Mostrava a futilidade de todos os estilos ingleses. Ele achava alguns fragmentos lindos. Mas não havia uma "grande concepção": essa não era a intenção de Joyce. Achava que Joyce realizou inteiramente o que desejava realizar. Mas não achava que tinha oferecido uma nova percepção sobre a natureza humana – não disse nada de novo como Tolstói. Bloom não nos dizia nada. Realmente, disse ele, esse novo método de retratar a psicologia para mim prova que não funciona. Não diz tanto quanto com frequência diz uma olhadela casual de fora. Eu disse que achei *Pendennis* [de Thackeray] mais esclarecedor neste aspecto. (Os cavalos estão pastando junto à minha janela; a corujinha pia; & por isso escrevo absurdos.)

Então falamos de S. [Sacheverell] Sitwell, que se limita a explorar sua sensibilidade – um dos crimes mortais na opinião de Tom; de Dostoiévski – a ruína da literatura inglesa, nós concordamos; [John Millington] Synge uma farsa: o estado atual das coisas era um desastre, pois a forma não se encaixa; disse que agora era preciso ser um poeta de primeira categoria para sequer ser poeta: na época dos grandes poetas, os pequenos apanhavam parte do seu brilho, & não eram totalmente sem valor. Agora não há nenhum grande poeta. Quando houve o último? perguntei; & ele disse que ninguém mais o interessava desde a época de Johnson. Browning, disse ele, era preguiçoso; todos são preguiçosos, disse ele. E Macaulay estragou a prosa inglesa. Concordamos que as pessoas agora têm medo da língua inglesa. Ele disse que isso era porque as pessoas eram livrescas, mas não liam o suficiente. Uma pessoa deveria ler a fundo todos os estilos. Achava que D.H. Lawrence atingia o alvo de vez em quando, principalmente em *Aaron's Rod*, seu último livro; que tinha grandes momentos; mas era um escritor bastante incompetente. Mas que conseguia se agarrar firme às suas convicções. (A luz falha agora – são 7h30, depois de um horrível dia de chuva.)

Quarta,
27 de setembro

Uma conversa das que marcam época está acontecendo agora ao alcance do meu ouvido. Creio que talvez os Dedman estejam indo embora, & Dedman está dizendo exatamente isso a L. Mas voltando. Enquanto eu & Tom conversávamos na sala de estar, Morgan escrevia um artigo aqui em cima; ou tentava; humilde, depreciativo, gorducho como uma criança; mas bastante observador. A cabeça de Tom é toda amplidão & ossos em comparação com a de Morgan. Ele ainda conserva algo do professor escolar, mas não tenho certeza se não pinta seus lábios. Depois de Joyce, contudo, entramos em assuntos mais delicados – o fundo de auxílio para Eliot; o resultado (& fomos reticentes, diplomáticos, nervosos) é que Tom não deixará o banco por menos de £500, & precisa de garantias – não de promessas. De modo que na manhã seguinte, quando chegaram a carta de Ott. & a circular, almejando £300, com uma promessa de 5 anos, tive de mandar-lhe um telegrama dizendo que parasse, & em seguida rascunhar uma longa carta expondo minhas razões; & outra para Tom, pedindo que confirmasse aquela informação. Acabarei recebendo pedras em duas frentes distintas por causa disso, sem sombra de dúvida. Mas isso pode esperar. O resto do fim de semana foi gelado & tempestuoso. Tivemos uma ventania nos morros. Tom partiu antes do jantar. Depois nos aninhamos lá dentro & Morgan se mostrou muito à vontade; contando anedotas; simples; fofocando sobre amigos & cantarolando suas cançõezinhas. Tom lhe pediu para colaborar com a *Criterion*. Fiquei impressionada com sua absoluta modéstia (talvez baseada em uma considerável autoconfiança). Os elogios mal o afetam. Está feliz com seu romance, mas não quer conversar a respeito. Há algo quase que simples demais nele – para um escritor talvez, algo místico, bobo, mas com a percepção de uma criança: & sim, algo viril & definido também. Esteve hospedado com Hardy, que é dado a vaidades & trata os críticos meticulosamente. Reclamou da *Spectator*, que lhe era hostil, disse, porque ele conhecia Lytton; & os primos tinham brigado. Depois falou do cemitério de seus animais de estimação; & uma história sobre gatos mortos nas ferrovias – O pobre Hardy é perfeitamente comum, simpático, convencional, nunca diz nada de perspicaz; diz lugares-comuns sobre seus livros; toma o chá no presbitério; é muito saudável; faz objeções a visitas dos americanos; & jamais toca no assunto da literatura. Que roupagem darei a isso no seu Obituário?[92]

Quarta,
4 de outubro

Nosso último dia completo. Do ponto de vista do tempo, o verão foi em geral frustrante. Prometia mas não cumpriu. Não tivemos nem 7 dias bons consecutivos. Houve alguns aqui & ali, mas em meio a chuva, vento & céus escuros parecidos com os de Londres. Muitas vezes a Estrada Romana estava tão enlameada que eu não conseguia caminhar. E muitas vezes ouvi o murmúrio do trovão enquanto caminhava. Grizzel ficava com medo & voltava para casa – como se Deus fosse se dar ao trabalho de ferir um fox terrier vira-lata caminhando pelas planícies de Rodmell! Mas sobre essas coisas não há o que discutir: acho que o jardim nunca esteve melhor, & tivemos boas colheitas de maçãs & peras, & ervilhas há apenas 2 dias.

Do ponto de vista espiritual fizemos algum progresso na sociedade de Rodmell. Fiquei impressionada com a falta de vitalidade dos filisteus outro dia no Presbitério. Eles parecem muito menos vivos do que nós intelectuais. Afinal, Mr. Shanks & os Hogg [não identificados] são tão pálidos, tão aguados, tão sem sal. Mrs. Hawkesford continua falando do interior & de Londres; fala, pela 20ª vez, de como está feliz por ter conservado a quadra de tênis, apesar de terem colocado o pônei ali durante a guerra. Boen fica sentada indolentemente, & me passa os cigarros de Shanks. Depois, não gosto dos rapazes grosseiros – como Hogg. Parecem-me um pouco irritadiços & convencionais; & suas gírias encobrem qualquer personalidade que possam ter.

Mas eu sou meio arrogante, & altiva, porque Brace me escreveu ontem: "Achamos que *O quarto de Jacob* é uma bela obra & extraordinariamente brilhante. A senhora tem, é claro, seu próprio método, & não é fácil prever quantos leitores terá; certamente haverá leitores entusiastas, & estamos encantados de publicá-lo" – ou algo do gênero. Como é minha primeira opinião vinda de uma pessoa imparcial, fico feliz. Primeiro porque o livro precisa causar *alguma* impressão, como um todo; não pode ser apenas um espetáculo frígido de fogos de artifício. Estamos pensando em lançá-lo em 27 out. Suponho que Duckworth está um pouco bravo comigo.[93] Farejo minha liberdade. Creio que é certo que seguirei adiante, de modo solene & não artificialmente para o público, sem me preocupar com o que as pessoas dizem. Até que enfim me agrada a minha própria escrita. Tenho a impressão de que se encaixa em mim melhor do que antes. Realizei minha tarefa aqui melhor do que o esperado. "Mrs. Dalloway" & o capítulo de Chaucer estão terminados; li 5 livros da *Odisseia*; *Ulysses*; & agora começo Proust. Também li Chaucer & os Paston. De maneira que é evidente que meu plano de fazer dois livros correrem lado a lado é praticável, & certamente me agrada ler com um propósito. Eu me comprometi com somente um artigo do *Supt*. – sobre os *Ensaios* – & no meu próprio ritmo; de modo que estou livre.[94] Vou ler meus gregos agora com constância & começar *O primeiro-ministro* na sexta de manhã. Vou ler a Trilogia & algo de Sófocles & Eurípedes & um dialogo de Platão: & também as biografias de Bentley & Jebb. Aos quarenta começo a aprender os mecanismos do meu próprio cérebro – como obter a maior quantidade de prazer & trabalhar a partir dela. O segredo é, eu acho, sempre planejar para que o trabalho seja agradável.

Domingo, 8 de outubro

Outra vez de volta, diante da lareira em Hogarth House, depois de ler os primeiros capítulos de Bentley. Grizzel está sentada no joelho de L. Boxall – a gatinha, que ganhou esse nome para agradar Nelly, por sorte não está mais no meu; por enquanto, senão eu não conseguiria escrever.

Mas o dia para mim se estragou – de um modo tão estranho – com a morte de Kitty Maxse; & agora penso nela jazendo numa sepultura em Gunby, & Leo voltando para casa, & tudo o mais. Soube pelo jornal. Não a via, eu acho, desde 1908 – a não ser no funeral do velho Davies, & depois cortei relações com ela, o que agora me perturba – creio que sem motivo.[95] Eu não tinha como manter contato; ela nunca me procurou. No entanto, no entanto – essas velhas amigas que morrem sem termos conhecimento sempre – isso começa a acontecer com mais frequência – me entristece: me faz sentir remorso. Queria tê-la encontrado na rua. Minha cabeça voltava para ela o dia inteiro; como costuma fazer, estranhamente. Primeiro pensando em como ela tinha morrido, subitamente, no 33 da Cromwell Road; ela, que sempre teve medo de cirurgias. Depois visualizando-a – seu cabelo branco – as faces rosadas – como ela se sentava empertigada – sua voz – com suas tonalidades características – seu piso verde-azulado – que ela pintou com as próprias mãos: seus brincos, sua alegria, & ao mesmo tempo sua melancolia; sua inteligência: suas lágrimas, que permaneciam nas faces. Não que eu jamais tenha me sentido à vontade em sua presença. Mas ela era muito encantadora – muito divertida. Ficou noiva em St. Ives, & Thoby achou que fosse Paddy conversando com seu filho. Eles se sentaram no banco perto da estufa no Canto do Amor.[96] No entanto, eu não consigo parar de me lembrar desse dia.

Sábado, 14 de outubro

Fui interrompida, & agora Kitty já foi enterrada & pranteada por metade dos figurões de Londres;[97] & aqui estou eu pensando no meu livro. Kitty caiu, bastante misteriosamente, por cima das balaustradas. Será que um dia voltarei a andar? disse para Leo. E ao Dr.: "Jamais me perdoarei pela minha desatenção". Como isso aconteceu? Alguém seguramente sabe, & uma hora ficarei sabendo. Nessa lamenta sua morte, mas diz que a ruptura veio de Kitty. "É muito triste que tudo termine assim" disse Nessa; mas ela estava colocando Angelica para dormir, & não pudemos escavar nosso passado. Vi Nessa, Maynard, Lydia, Desmond, Saxon, Lytton, Frankie Birrell & Marjorie Fry, todos nessa semana; & recebi duas cartas, de Lytton & de Carrington, sobre *O quarto de Jacob*, & enderecei não sei quantos envelopes; & aqui estamos nós à beira do lançamento. Preciso posar para a *John O'London* para o meu retrato na segunda. Richmond escreve para perguntar que data de lançamento eles podem divulgar, de modo que talvez o anunciem na quinta.[98] Minhas sensações? – estou tranquila. No entanto como Lytton poderia ter me elogiado mais? Ele profetiza que o livro será imortalizado como poesia, tem medo do meu romance; mas a beleza da escrita &c. Lytton me elogia demais para que eu sinta um prazer intenso; ou talvez esse nervo tenha ficado embotado. Quero que passe essa onda de rebuliço & eu volte novamente a nadar em águas tranquilas. Quero escrever sem ser observada. "Mrs. Dalloway" se transformou num livro; & esboço aqui que será um estudo sobre a insanidade & o suicídio: o mundo visto lado a lado pelos sãos & pelos insanos– algo assim. Septimus Smith? – será um bom nome? – & será mais próximo da realidade do que *Jacob*: mas acho que *Jacob* foi um passo necessário, para mim, para trabalhar com liberdade. E agora devo usar esta página benigna para traçar um plano de trabalho.

Preciso continuar lendo para o capítulo grego. Devo terminar *O primeiro-ministro* daqui a mais uma semana – digamos no dia 21. Depois preciso me preparar para começar meu artigo sobre os *Ensaios* para o *Times*: digamos dia 23. Isso me levará até dia 2 nov. Portanto agora devo me concentrar nos *Ensaios*: com um pouco de Ésquilo, & acho que começando Zimmern, & terminando Bentley um tanto apressada, já que não me vem muito a propósito. Creio que isso esclarece a questão – mas *como* ler Ésquilo, não sei ao certo: rápido, é minha vontade, mas isso, já vejo, é uma ilusão.

Nossa grande entrevista com Lytton sobre Ralph aconteceu na quinta. Lytton foi extremamente habilidoso, & deu argumentos que Ralph prontamente rechaçou. Pois Ralph irá ficar, sejam quais forem as condições. Lytton propõe entregarmos o controle administrativo absoluto a Ralph; mas isso vem junto com a decisão dele de não aumentar de modo algum suas horas de trabalho. Sinto vontade de dizer que não entregarei livros sérios a um gerente que não pretende abrir mão de sua criação de galinhas para cuidar deles. E depois até quando L. aguentaria ficar assistindo quieto as gafes de Ralph? E almoçar & tomar o chá com Ralph para sempre? E Whitall? As coisas se acumulam. Devemos ir a Tidmarsh quando passar o alvoroço & refletir melhor. Quanto a minhas opiniões sobre o sucesso de *Jacob*, quais são? Creio que venderemos 500: depois seguirá mais devagar, & chegaremos a 800 em junho. Será extremamente elogiado em alguns lugares pela sua "beleza"; será criticado por gente que deseja ver personagens humanos. A única resenha que me deixa ansiosa é a do *Supt.*:

não porque será a mais inteligente, mas porque será a mais lida, & não consigo suportar que me coloquem para baixo em público. A W.[estminster] G.[azette] será hostil; assim como, muito provavelmente, o *Nation*. Mas falo extremamente sério quando digo que nada irá me afastar da minha determinação de prosseguir, nem alterar o meu prazer, portanto seja lá o que aconteça, embora a superfície possa se agitar, o centro estará firme.

Terça,
17 de outubro

Como este será um registro do meu progresso, escrevo uma passagem apressada aqui; um, uma carta de Desmond que na metade do texto diz, "Você nunca escreveu tão bem... estou maravilhado & intrigado" ou palavras assim. (2) Bunny telefona entusiasmado, diz que é soberbo, de longe o meu melhor, que tem grande vitalidade & relevância: também compra 36 exemplares, & diz que as pessoas já estão "clamando" por ele. Isso não foi confirmado pelas livrarias visitadas por Ralph. Elas venderam menos de cinquenta; mas restam as bibliotecas, & Simpkin Marshall.

Domingo,
29 de outubro

Já que Miss Mary Butts se foi, & minha cabeça está embotada demais para ler, posso muito bem escrever aqui, quem sabe para minha diversão posterior. Quer dizer, estou saturada demais de tanta conversa & perturbada demais com a preocupação costumeira em relação a quem gostou & quem não gostou de *Q.J.* para conseguir me concentrar. Teve a resenha no *Times* na quinta – longa, meio morna eu acho; dizendo que não se pode criar personagens assim; mas elogiosa o bastante. Claro, recebi uma carta de Morgan num sentido totalmente oposto – a carta de que mais gostei.[99] Vendemos 650, eu acho; & já encomendamos uma segunda edição. Minhas sensações?

– como sempre – confusas. Nunca hei de escrever um livro que seja um sucesso absoluto. Agora as resenhas estão contra mim, & as pessoas entusiasmadas. Ou sou uma grande escritora ou uma palerma. "Uma sensualista idosa", assim me chama o *Daily News*. *Pall Mall* me ignora como algo irrelevante. Imagino que serei negligenciada & desdenhada. E qual será o destino de nosso segundo milhar então? Até agora, é claro, o sucesso é bem maior do que esperávamos. Creio que até agora estou mais contente do que jamais estive. Morgan, Lytton, Bunny, Violet, Logan, Philip, todos escreveram cheios de entusiasmo. Mas quero me ver livre de tudo isso. Tudo paira sobre mim como o perfume de Mary Butts. Não quero seguir acumulando elogios & comparando resenhas. Quero refletir sobre *Mrs. Dalloway*. Quero planejar esse livro melhor que os outros, & extrair o máximo dele. Creio que poderia ter tornado *Jacob* mais compacto se tivesse antecipado as coisas; mas eu tive de ir criando meu caminho à medida que seguia. Um dos incentivos de *Jacob* parece ser a alta sociedade. Vou à Ly [Lady] Colefax na terça escutar a palestra de Valery, & também à Miss Sands.[100] As duas estão agora (temporariamente, devido a Logan, eu suponho) do meu lado. E no momento eu me sinto inclinada a um mergulho, porém terá de ser nos meus próprios termos: com minhas próprias roupas, & nas minhas próprias horas. Não posso detalhar minuciosamente a visita a Whitall. Mas nossa posição se torna cada vez mais complicada. Obviamente não podemos continuar publicando seriamente com Ralph agarrado a nós como uma rêmora. Whitall é um americano nervoso que parece um galgo, sério, pragmático, obrigado a ganhar dinheiro. Até que ponto desejamos ganhar dinheiro com ele? Seja como for, o esforço

& a preocupação de publicar um livro extenso me fazem decidir não voltar a fazê-lo no sistema atual. Precisamos ir a Tidmarsh na semana que vem explicar a nossa posição. Carrington diz que Lytton está muito ansioso para que se chegue a um acordo, & a incerteza está acabando com os nervos de Ralph. Porém esse homem nervoso não faz a menor tentativa de nos ajudar com as mais simples das tarefas. L. é que tem de fazer os embrulhos todas as manhãs. Ralph não pega nenhum trem mais cedo ou mais tarde. Passou a manhã de quinta no alfaiate. Mas há o elemento americano de Whitall, em que não podemos confiar – resumindo, isso nos incomoda, & as eleições estão começando a trovejar nos jornais. L. tem a chance de ser eleito. Abocanhamos um grande pedaço da vida – mas por que não? Então não criei uma filosofia há algum tempo atrás que se resume a isso – que é preciso sempre estar em movimento?

Terça,
7 de novembro

Estou, provavelmente, ainda na onda de rebuliço, & devo realmente tentar me acomodar de novo.. Publicamente, não tem sido uma grande onda. As resenhas falaram mais contra mim do que a favor – no geral. Estranho quão pouco isso me preocupa – & estranho quão pouco eu me importo que Clive o considere uma obra-prima. No entanto os elogios das pessoas próximas foram os mais cálidos que já recebi. Elas parecem concordar que alcancei o que nos outros livros só cheguei perto de alcançar. Mas não vendemos quase nada, apesar de já estar nas ruas há 10 dias. Tampouco isso me preocupa tanto – O que me preocupa então? Quero me aferrar ao 10 de junho, ou sei lá como o chamo. Enquanto isso, para me deixar ainda mais desestabilizada, sigo sendo convidada para sair. Semana passada fomos ao Logan, & ali encontrei Percy Lubbock depois de 12 anos. Estava sentada ao lado dele nos Smith na noite em que Lytton me pediu em casamento. Eu me lembro de ver uma fonte de azaleias vermelhas no meio da mesa do jantar; mas de pouca coisa mais. Lady Grose [não identificada] chegou tarde; Percy pálido.[101] Percy continua sendo pálido, mas é agora afável & de idade. Suas botas desgastadas me tranquilizaram. É um homem do tipo lento & melancólico; eu o rodeei, & atirei dardos em seus flancos, & agora vamos convidá-lo para o jantar. Depois tinha Mrs. Hammersley, recordando meu pai & os Duckworth, & vou até sua casa; & à de Ethel Sands; & ao Oriental Club para almoçar com Lytton. Tivemos um fim de semana tempestuoso em Tidmarsh, & receio ter chegado à conclusão de que Ralph precisa sair. Seu ciúme, & sua irracionalidade, combinados com sua determinação fixa de transformar num passatempo permanente o que é para nós uma profissão, torna seu cargo cada vez menos possível. No entanto eu lamento, & gosto dele, & da parceria. Por outro lado, que divertido arriscar-se & fazer um bom trabalho! Imagine se conseguirmos um jovem ou uma jovem inteligente capaz de trabalhar violenta & arrebatadamente. Ontem à noite jantei pela primeira vez com Clive em seus cômodos. Agora preciso fazer um balanço do meu trabalho, pois não tenho tempo para dizer como foi estranho jantar com Nessa & Clive juntos, como fazíamos antes com tanta frequência; agora um pouco mais formal na superfície, mas ainda assim milagrosamente íntimo: todos nós com 40 anos ou mais; todos prósperos; & meu livro (o que de certa maneira me deixou feliz) sendo aclamado por Nessa: "com certeza uma obra de gênio". Lytton chegou mais tarde, o que tornou tudo ainda mais estranho; & lá ficamos nós, com o catálogo da H. Brace que nos chama de o grupo mais brilhante da Gordon Square! É a fama, sabe.

Devo aprimorar meu artigo sobre os *Ensaios* amanhã, quarta, dia 8. Depois creio que irei esboçar Mrs. D. & consultar L. & escrever o capítulo do avião agora, pois novamente devo escrever o que está na minha cabeça. Um artigo a cada 15 dias é minha dose. De modo que se levar uma semana, ou 10 dias, & me levar até dia 18 nov., devo estar preparada para começar o capítulo grego, digamos, no dia 20; porém ainda não li nem metade nem a 20ª parte, graças às interrupções. Portanto me sinto inclinada a escrever esse capítulo em partes. Primeiro a introdução & Bentley: depois a *Odisseia*: daí para Ésquilo, lendo furiosamente nesse meio tempo. É terrivelmente fácil se atrasar na leitura; por isso preciso fazer um esforço para conseguir 2 horas seja antes ou depois do jantar, & agora preciso escrever para Will A.F. [Arnold Foster] recusando ir até lá, já que sairei todos os dias até sábado. Mas ah, a questão de Ralph! & agora recebo apelações urgentes de Carrington.

Segunda,
13 de novembro

E perdi a paciência com Ralph, por causa da oferta da Constable.[102] Pois as coisas estão se movimentando depressa este outono, & Logan me puxou de lado na Ethel Sands (mesmo ambiente, mesma companhia, mesmas declarações, atos & sentimentos) para negociar um arranjo entre nós & a Constable, que tem uma sala para alugar & deseja uma fusão. Ralph está tão ciumento quanto um urso machucado; obstrui cada proposta com argumentos falsos, destinados a proteger sua própria pele, & não a literatura inglesa, como sinaliza apressadamente, & portanto requer correção da minha parte. Não anunciamos essa semana por causa das eleições, & estamos vendendo devagar. As resenhas agora são favoráveis & absolutamente contraditórias, como sempre. Agora sou bastante capaz de escrever sem me incomodar com as inibições, o que demonstra que minha onda acabou. No geral, me sinto perfeitamente satisfeita, porém; mais do que nunca, eu acho. E agora tenho uma multidão de trabalhos agradáveis nas mãos, & estou ocupadíssima, & felicíssima, & só quero dizer, Tempo, pare agora; o que não é algo que muitas mulheres em Richmond poderiam dizer, eu acho. Nessa & eu estamos colaborando na criação de um papel para capas que ela desenhou, & que irei colorir. Fomos ver a *Ópera do mendigo* na outra noite, pois L. estava em Liverpool. É o único deslocamento que ele fará. Mas seu discurso parece ter sido satisfatório & não duvido que ele poderia ser eleito se quisesse – da próxima vez, se não agora. A América deseja que ele escreva um artigo por mês – isto é, o *New York Times*; o que aumenta nossa renda, & prova que ele está no ápice. As pessoas escrevem uns artigozinhos sobre ele, dizendo que é desprendido no seu trabalho público, & o mais brilhante de nossos escritores & líderes da jovem escola. Gosto disso, & perdoarei Massingham pelas suas críticas a mim de agora em diante. L. agora está escrevendo seu artigo mensal, sobre a Turquia, depois de ter ido se encontrar com Massingham & topar com uma sopa de ervilha [neblina] em Londres. Caminhei pelo parque, comprei 2 patos selvagens & 6 narcejas, todos frescos & sangrentos, recém-abatidos em Beaconsfield por 2 caçadores ilegais, eu desconfio. Paguei 8/6, causando, portanto, um grande alvoroço na cozinha de Hogarth House. E agora preciso tentar entender o que Ésquilo escreveu.

Segunda,
27 de novembro

Nem preciso dizer que meu pato selvagem fedia como alga marinha velha & teve de ser enterrado. Mas não posso me alongar nesse incidente, que em dias mais domados poderiam provocar certa diversão, porque tenho uma quantidade enorme de coisas para relatar & preciso roubar tempo de *Agamenon*. Tenho de fazer a crônica da editora. Tivemos de encontrar Whitall no Club, para discutir a oferta de Heinemann, & enquanto esperávamos por lá, ouvimos uma dessas moças desleixadas, desinibidas, de cabeça rapada, cara pequena & olhos brilhantes, que estava reclinada de qualquer jeito no sofá & conversava com Scott enquanto ele tomava chá, dizer que estava cansada de dar aulas & queria se tornar tipógrafa. "Dizem que nunca houve uma mulher tipógrafa, mas eu quero ser uma. Não, eu não sei nada sobre o assunto... &c." Quando entrou na sala de escrita eu fui atrás dela, arranquei-a de lá & revelei que éramos donos da Hogarth Press. Ontem ela & "um amigo" vieram tomar o chá. Chamamos por engano o amigo de Jones; mas é Joad, do 1917 Club; um filósofo; um homem baixo & forte, de olhos muito brilhantes & redondos, o cabelo meio grisalho, autoconfiante, muito apoiado na qualidade genuína de seu intelecto, portanto dispensando as gentilezas & amenidades, como costuma acontecer com os rapazes de inteligência genuína. Inclinou-se nas duas pernas de trás de uma de minhas cadeiras & tomou um enorme chá, sem descuidar dos interesses de Marjorie em nenhum momento. Porque era evidente que ela estava pronta para se amarrar a nós com mãos & pés, & fazer promessas fantásticas. Bem, mas ela é muito instruída, precisa ganhar a vida & segundo Joad escreveu um romance de primeira linha. Bem, ainda não está terminado, ela disse; sendo é claro muito mais modesta & menos autoconfiante & mais inflamada do que Cyril. "Vamos nos casar em fevereiro" ela disse, quando subíamos para cá vindo da área de serviço. E pretendo continuar trabalhando depois de casada. Atualmente ela dá aulas em uma escola para garotas na Gordon Square. E no que resulta tudo isso? Eu diria que ela tem 25 ou 26 anos: rápida, impulsiva, mas com uma fibra de aço que vem do fato de ganhar a vida & estudar; o que é de valor incalculável & dá destaque ao resto. Em suma ela ficará conosco & fará carreira disso. Uma vez que os céus já lançaram a semente dentro dela naturalmente, ela não irá precisar de estímulo, & se agarrará ao trabalho como se à própria carne, já vejo. Joad, que detesta meus livros & adora a obra de Beresford & enfia seus chifrinhos virilmente nos fatos, pode ser um obstáculo; pois talvez tente impor suas opiniões literárias sobre nós; & imagino que seja um desses intelectuais de aço que tratam a literatura como se fosse um quebra-cabeça engenhoso a ser montado com precisão. Mas não sei. Ademais, nós dois gostamos dele, & dela também (mas ela foi menos assertiva, passava o bolo, elogiou a cachorra & avaliou a situação com sensibilidade com as antenas vibrando, como fazem as mulheres). Todos nos mantivemos muito tranquilos, honrados, insistimos em tratar estritamente dos negócios & vamos nos reunir de novo daqui a uma semana, no domingo. Mas então onde entra Ralph nisso tudo? Ele parece meio carrancudo, fala muito pouco. Imagino que nossos chás & almoços andem meio tensos. Amanhã temos uma entrevista com Heinemann no seu escritório, mas acho que disso não deve sair muita coisa. *Jacob* já vendeu 850 exemplares, & a segunda edição não chegará muito antes do necessário, espero.

As pessoas – quero dizer meus amigos – parecem concordar que *é mesmo* minha obra-prima, & o ponto de partida para novas aventuras. Ontem jantamos com Roger & ele me elogiou de coração, pela primeira vez; só desejava que um corpo de bronze pudesse de alguma maneira se solidificar por baixo dos brilhos & das luzes – eu concordo. Ele foi curado, segundo diz, por Coué; mas para mim parecia velho.[103] A proximidade do casamento de Pam, que esgota os sentimentos paternais que ele em geral esconde, o deprime, & destaca um lado dele que é íntimo & difícil, pois, como ele sempre se eximiu das responsabilidades de pai, agora se envergonha delas; não consegue negar o que sente por ela; mas é incapaz de fazer valer seus direitos – de proibir o casamento. Ah, como estava frio no trem de volta para casa!

Domingo,
3 de dezembro

Deveria estar agora com Ésquilo, pois estou preparando uma edição completa, com texto, tradução & notas minhas – a maioria copiada de Verrall, mas cuidadosamente analisada por mim. Mas estes são dias históricos. A Hogarth Press está em trabalho de parto. Os Heinemann nos fizeram uma oferta muitíssimo lisonjeira – devemos dar-lhes[104] nossos cérebros & sangue, & eles cuidam das vendas & da contabilidade. Mas isso nos cheira a mecenato. Se eles ganham, nós perdemos. Nosso nome deveria vir junto com o deles. Na opinião de Desmond, Clive, Roger & creio que Vanessa, isso seria uma capitulação. Nós dois estamos muito inclinados a chegar a essa conclusão, & decidimos pela liberdade & por lutar com uma grande felicidade pessoal. Isso provocou uma discussão com Ralph na sexta passada. Precisamos ter alguém em período integral em janeiro, ou então fechar parcialmente. Depois de algumas objeções, ele propôs um plano que obviamente tinha sido tramado em Tidmarsh, segundo o qual deveríamos nos tornar uma empresa, com Noel C.[arrington][105] como gerente em Londres, Lytton, L. & eu como sócios, & Ralph como está. Lytton deu a entender que poderíamos talvez ficar com todas as suas obras. De início tentador, esse plano nos parece cada vez menos praticável, considerando que teríamos de manter N.C. ocupado, estar preparados para lidar com um enorme sucesso comercial & nos tornarmos aos poucos, é o que suspeitamos, meros leitores & consultores da empresa de Partridge & Carrington, que se tornariam por força das circunstâncias basicamente [uma editora] comercial, com apenas uma fina camada do ouro da Hogarth por cima. Nesse momento nos inclinamos mais a Miss Tomson & à liberdade. Que P. & Carrington abram a própria editora & sigam em frente por conta própria, criando selos editoriais à medida que apareçam as oportunidades. A ideia de um trabalhador entusiasmado é bastante atraente; & para dizer a verdade, Noel não nos deu o desejo de lutar por ele. Por que, no fim das contas, deveríamos aplacar Ralph? E não será melhor terminar essa tensão eterna causada pelo fardo da amizade – & magoar Lytton, quero dizer, por não levarmos em conta a velocidade com que o coração do pobre Ralph bate depois de conversar conosco? Estas são, em suma, as razões mais aparentes; & temos de recusar conversar sobre os assuntos da Hogarth, porque a discussão é interminável. Amanhã, Ralph vai nos apresentar uma proposta definitiva da parte de Lytton.

Mas há sérios motivos, & não mera inquietude, para a nossa necessidade de reorganização. Nós dois vamos ceder todo o nosso tempo livre, & mesmo assim o trabalho é muito maior do que podemos dar conta. *Jacob* já vendeu, acredito, 850; contando os exemplares para resenhas, 950; houve uma diminuição agourenta nos pedidos da Simkin [& Marshall] esta semana, o que demonstra, talvez, que o alvoroço terminou. Mas vamos partir para nossa segunda edição, & não perderemos mais do que £10, mesmo se não vendermos mais nada; portanto estou satisfeita. Mas os livros apertam. Agora há o diário de Miss Hobhouse & as cartas de Stephen Reynolds para ler & analisar, & nesse ritmo temos trabalho não para 3 pessoas & sim 4 ou 5 ou 6.[106]

Este outono foi, quem sabe, o mais agitado de minha vida vagarosa. Gente & livros – canto isso com a melodia de "Woman & Wine", da *Ópera do mendigo*.[107] Jantei com Mary na sexta, encontrei Clive & Aldous; Aldous, muito comprido, um tanto inchado, o rosto gordo, branco, o cabelo muito espesso & meias cor de canário, é o próprio *racounter*;[108] o jovem homem de letras que enxerga a vida. Todos dissemos que desprezamos os resenhistas & contamos historinhas que nos favorecem. Os dois cavalheiros tinham recebido elogios de Max [Beerbohm], mas não a dama. À primeira vista pensa-se que

Sexta,
15 de dezembro

Esqueci o que eu ia dizer, & só escrevo isso agora porque tenho 15 minutos antes de meu jantar solitário, já que L. vai jantar com os Sanger, depois de uma discussão tenebrosa sobre a Hogarth Press que culminou com a saída definitiva de Ralph. A questão era as condições relativas à Tidmarsh Press (ele iria administrar uma editora junto conosco). Ele desejava um terço. Finalmente concordamos; mas a discussão nos deixou de pelo eriçado, & assim – (Nell disse que a laranja está ruim – tudo é analisado – a conversa de Lottie se alonga enquanto escrevo isso). Minha cabeça está confusa demais para entender qualquer coisa. Isso é em parte resultado de ter ido jantar ontem no Clive para conhecer a linda, talentosa & aristocrática Sackville-West. Não faz muito o meu gosto mais austero – vistosa, bigoduda, com as cores de um periquito & toda a desenvoltura flexível da aristocracia, mas sem a sagacidade artística. Escreve 15 páginas por dia – terminou mais um livro – publica pela Heinemann – conhece todo mundo – Mas será que um dia chegarei a conhecê-la? Vou jantar lá na terça. Enquanto espero por L., continuo. Acaba de bater as dez e meia numa dessas belas noites de dezembro, que chegam depois dos dias de sol, & não sei por quê, continuam a me provocar choques vindos da minha infância. Estarei ficando velha & sentimental? Não paro de lembrar dos sons que eu ouvia enquanto criança – basicamente os de St. Ives.[109]

As maneiras das aristocratas são um pouco semelhantes às das atrizes – nenhuma falsa modéstia ou falsa timidez: uma conta [de colar] caiu no prato dela durante o jantar – foi dada para Clive – pede licor – sua mão controla todos os fiozinhos – me faz sentir virgem, tímida, uma garotinha. Porém depois do jantar desatei minhas opiniões. Ela é um granadeiro; rija; linda; viril; com a tendência a ter papada. O querido & velho Desmond ficou acabrunhado como uma coruja bêbada num canto, afetuoso & feliz de conversar comigo, acho. Disse qualquer coisa sobre os franceses terem admirado *Jacob* & desejarem traduzi-lo. Continuo recebendo cartas, & colho mais elogios do que nunca. Porém as vendas fraquejam. Não alcançamos nem os 1.000. Mas não me incomodo.

Quanto a Ralph – essa questão com certeza não pode ser decidida antes de L. chegar. Por que ele me deixou, & também a L., tão furiosa ao dizer, com aquela sua voz de adolescente carrancudo, que se essa crise não tivesse acontecido, ele teria nos dado uma bela surpresa na Páscoa? – alguma coisa de Lytton provavelmente? Acho que o cerne da nossa insatisfação está nessa frase – o brutamontes, o fanfarrão, o suborno que Lytton nos oferece[110] através desse camponês desajeitado & da sua crença rústica & simplista de que os livros de Lytton conseguiriam resolver todas as dificuldades, quando na verdade isso só complica as coisas.

Tanto quanto posso ver, a saída de Ralph nos daria mais liberdade, mas também muito mais trabalho. Teríamos de fazer mais arranjos. Porém a base seria saudável, o que é ótimo. Se continuássemos com Ralph haveria doença constante. Ele deu a entender que gostaria de poder se desligar. Mais uma vez, a questão de emprestar dinheiro de Lytton sempre retorna: sem falar na pressão óbvia deles para consolidarem sua posição. Tudo isso seria perfeito se Ralph não fosse Ralph. Eu o vejo rígido & ossificado na meia-idade; repetindo cada vez mais a lição aprendida com Lytton. E muito embora eu fosse capaz de dar muita coisa para me associar a Lytton & produzir literatura, ele tem bem pouco a oferecer, salvo suas próprias obras. Quero dizer, creio que graças a nossos próprios méritos, hoje quem atrai a juventude somos nós.

1923

Terça,
*2 de janeiro*¹

Se eu fosse hipócrita dataria esta entrada como sendo a do último dia de 1922. Voltamos de Rodmell ontem, & hoje estou num dos meus humores, como as enfermeiras costumavam chamar. E o que é, & por quê? Um desejo de ter filhos, imagino; de ter a vida de Nessa; da sensação de flores se abrindo ao meu redor involuntariamente. Aqui está Angelica – aqui Quentin & Julian. Escutem, crianças, não vão exagerar no pudim de passas hoje & passar mal. Temos visitas para o jantar. Não temos água quente. O gás está escapando no quarto de Quentin – colho o que chamo de flores ao acaso.² Fazem minha vida parecer um pouco nua às vezes; & depois, o meu romantismo inveterado sugere a imagem de seguir em frente, sozinha, através da noite: de sofrer por dentro, estoicamente; de desbravar meu caminho até o fim – & por aí vai. A verdade é que as velas se debatem ao meu redor por um ou dois dias na volta; & por não estarem bem esticadas eu pondero & perco tempo. Mas é tudo passageiro: que isso fique bem claro. Que eu possa ter um único confessionário onde não precise me gabar. Muitos & muitos anos atrás, depois do caso com Lytton, eu disse a mim mesma, subindo a colina em Bayreuth: nunca finja que as coisas que você não tem não valem a pena; um bom conselho, eu acredito.³ Pelo menos um conselho de que me lembro muitas vezes. Nunca finja que os filhos, por exemplo, podem ser substituídos por outras coisas. E depois (esse pensamento vem sempre relacionado a Mrs. Freshfield⁴ – por quê?) eu disse a mim mesma que é preciso ~~colocar todo o nosso peso em cima~~ (como vou expressar isso?) gostar das coisas por si mesmas: ou melhor, retirar o peso que exercem sobre a nossa vida pessoal. É preciso deixá-las; & aventurar-se nas coisas que existem independentemente de nós mesmos. Agora, para as moças isso é algo dificílimo de fazer. Mas senti satisfação ao fazê-lo. E agora, casada com L., eu *nunca* tenho de fazer esse esforço. Talvez eu tenha sido feliz demais para o bem da minha alma? Talvez tenha me tornado covarde & autoindulgente? E que parte do meu descontentamento venha de sentir isso? Não pude ficar no 46 [da Gordon Square] ontem à noite, porque L. ao telefone expressou desagrado. Outra vez até tarde. Uma grande tolice. Você não está bem do coração – & portanto com a minha confiança em mim mesma solapada, não tive coragem para me arriscar contra sua vontade. Daí eu reajo. Claro que é uma questão difícil. Pois sem dúvida minhas dores de cabeça vêm dos sobressaltos do meu coração; & então isso estraga o prazer dele, & quando vivemos com uma pessoa, a pessoa não tem o direito de? – E por aí vai. E tentarei fazer meus relatos do lado espiritual antes de atacar o temporal; só que, como de costume, de modo espasmódico, desconexo, & sem dar mais do que aquela espécie de tapinha que um boticário dá nos frascos da sua botica, nomeando-os brevemente, pois sabe o que contêm. Aos cinquenta, ao reler isso, talvez eu entenda o que eu quis dizer. A meia-idade, então. Que seja este o texto do meu discurso. Receio que estejamos ficando velhos. Somos ocupados & damos importância às horas. Tenho de terminar a minha correspondência, diz L. hoje. Eu não rio. Levo a sério. Mas não podemos deixar que nossos passatempos & prazeres se tornem objetos de adoração fetichista. L., eu acho, sofre de extrema lucidez. Ele enxerga as coisas de modo tão lúcido que não consegue nadar, boiar & especular. E agora temos um tal comboio amarrado a nós que precisamos continuar em frente. É fácil, pelo menos, fingir que existe essa pressão sobre nós. Mas Nessa, que poderia com tanta facilidade alegar laços & circunstâncias, viaja com muito mais liberdade que nós. Passará a Páscoa de viagem com as crianças, por exemplo. Nós precisamos ganhar dinheiro – isso é verdade. Precisamos ter uma casa; 2 casas; 2 criadas; uma editora; uma [Marjorie] Tomson; um Ralph. Porém a maior parte disso é por minha causa; & acaso sou sincera quando desejo que fosse diferente? Acaso não sinto (basicamente) que preciso diminuir a tensão das circunstâncias para poder escrever? – que as interrupções me entediam: que apagam o meu fogo?

Deixo isso por aqui, inconcluso, um ponto de interrogação – indicando um estado de espírito que é recorrente, mas nem sempre expressado. A vida de uma pessoa é feita, superficialmente, desses estados de espírito; mas eles atravessam uma substância sólida, sobre a qual eu tampouco abrirei caminho agora.

Então este é o fim de 1922.[5]

Diário XII

Domingo,
7 de janeiro

Que a cena se abra diante da porta do número 50 na Gordon Square. Ontem à noite fomos até lá, carregando nossas bolsas & uma espada cingalesa. Ali estava Mary Hutch. com calças amarelo-limão com fitas verdes. & então sentamos para jantar; frango frio. Chegaram Roger & Adrian & Karin; & muito lentamente maquiamos os rostos & nos preparamos para ir ao número 46. O momento de maior orgulho na vida de Clive foi sua entrada na sala de estar, que estava cheia, heterogênea & basicamente oriental, levando Mary por um braço & Virginia pelo outro. Vamos supor que o pulso normal de uma pessoa seja 70: em cinco minutos estava 120: & o seu sangue não era mais aquele fluido esbranquiçado & viscoso do dia, mas brilhante & borbulhante como champanhe. Era esse o meu estado, e o da maioria das pessoas. Colidíamos ao nos encontrarmos: desabrochávamos, nos bajulávamos, elogiávamos & pensávamos (ou pelo menos eu pensei) em Shakespeare. Enfim, pensei nele na hora da cantoria – acho que Sh[akespear]e teria gostado de nós esta noite. Apesar de Bobo não ter sido mais que uma coruja molhada, trazendo consigo certa tristeza íntima que era pessoal demais para o meu gosto. Depois teve uma Darwin de rosto inexpressivo – qual? E Hussey, como uma costureira vitoriana, sentada a uma mesa coberta com uma [toalha estampada de] xadrez mohair. Tive sorte, porém, & encontrei um bom lugar ao lado de Frankie & Sheppard & Bunny & Lydia – em resumo, dos meus amigos. Mas do que conversamos nem sei. Bunny me convidou para ser madrinha de sua criança.[6] E um belga quer me traduzir. Arnold Bennett me acha maravilhosa & – & – (essas coisas sem dúvida contribuíram para a minha hilaridade). Gumbo [Marjorie Strachey] deturpou canções infantis; Lydia dançou; houve charadas; Sickert interpretou Hamlet.[7] Estávamos todos à vontade & talentosos & agradáveis, & como boas crianças fomos recompensados com a capacidade de nos divertir daquela maneira. Teriam sido capazes, nossos pais? eu, vestida com as rendas da minha mãe, olhei para o suave rostinho de jerboa de Mary no antigo espelho – & fiquei a imaginar. Eu diria que ninguém disse nada de muito brilhante. Sentei ao lado de Sickert & gostei dele, conversando à sua maneira muito competente, mas nada elegante, sobre pintura e Whistler; & de uma operação que assistiu em Dieppe. Mas será que a vida vale tanta dor, perguntou ele? "*Pour respirer*", disse o médico. É o bastante. Mas durante dois anos "depois da morte da minha mulher, eu não quis mais viver", disse Sickert. Essa conversa despreocupada de artista tem uma espécie de afinidade indescritível comigo; os valores são iguais aos meus & portanto certos; não há impedimentos; a vida é encantadora, boa & interessante; a arte paira calmamente sobre a vida; & não existe nada do apego às coisas mundanas que vejo no Chelsea. Pois Sickert disse, por que deveríamos nos apegar ao nosso corpo & ao nosso café da manhã? Por que não nos contentar em deixar os outros fazerem uso da nossa vida, & vivê-la novamente, se já estamos mortos? Sem misticismo, & portanto com um grande gosto pelas coisas reais – seja lá quais elas forem – peças de teatro antigas, garotas, garotos, Proust, Handel na voz de Oliver [Strachey]; o giro de uma cabeça & assim por diante.

Como costuma acontecer com as festas, essa começou a esvaziar, até restarem apenas uns conversadores persistentes sentados em posições estranhíssimas – Oliver deitado ao lado de Barbara no chão, Ralph com uma perna de cada lado de uma cadeira no meio da sala; Lytton & eu lado a lado no sofá.

"E o que você acha da Tidmarsh Press?", disse Lytton.

E essa foi sua maneira habilidosa de me contar que Ralph está pensando em estabelecer-se por conta própria, ou melhor, estabelecer sua própria editora nos moldes da Hogarth depois da Páscoa. Lytton estava ansioso para me sondar. Acharíamos aquilo um roubo? Pois seria exatamente igual à Hogarth Press. Eu disse que deveria dizer coisas duras, mas que existia bastante trabalho para as duas. No meio da noite obviamente fiquei exaltada & chamei Ralph de batedor de carteira (por dentro, claro). Mas Lytton não foi exatamente um modelo de cortesia. Ele é ciumento. Seu bebê há de ter seu brinquedo & desta vez não o dividirá com ninguém. Bem – que assim seja, então. O efeito imediato é fazer eu & L. – arregaçar as mangas, como diria Nelly – & nos preparar para o futuro. Não nos deixaremos diminuir pelo prestígio & o poder & a pompa, nem que estes venham de todos os agraciados com medalhas Benson da Inglaterra.[8] Na verdade, o conflito é revigorante; apesar de não melhorar nossa opinião daquele asno. Desagrada-me especialmente o efeito que ele tem sobre Lytton. Lytton fica ciumento, & desconfiado, & usa sua inteligência para fazer com que a pior causa pareça a melhor. O amor é o diabo. Não há caráter que lhe seja páreo. Mas isso se passou do nosso jeito trivial, à maneira das borbulhas de champanhe. E assim às três, suponho, voltei ao no. 50, para onde Clive já tinha ido.

Subi &, como encontrei a luz acesa, eu a apaguei. Notei um brilho azulado sob a porta de Clive. "Lendo na cama", pensei, & torci para que não me chamassem para conversar. Mas a casa estava barulhenta demais para que se conseguisse dormir. Parecia haver pessoas andando. Depois uma mulher gritou, como se angustiada, na rua, & pensei em Mrs. Thompson aguardando sua execução.[9] Eu me revirava de um lado a outro. Ouvi passos. Uma porta se abriu. Ouvi vozes. Ninguém pode estar de pé numa hora dessas sem motivo, pensei inocentemente doença ou acidente. Portanto dei um pulo, enfiei [pela porta] o maxilar, & abri a porta.

"Aconteceu alguma coisa?", perguntei para a sombra de Clive em seu quarto, pois a porta estava aberta.

"Espero que eu não tenha acordado você", disse ele.

Obviamente não tinha acontecido nada. O grito era de Mary.

E então tomamos o café juntos de manhã, com os sinos da igreja repicando, & todas as casas repletas de Strachey, Grant, Stephen & Bell & Partridge – uma manhã cinzenta & chuvosa, no coração de Londres, onde tão raramente me encontro a essa hora.

Este é meu frontispício, que, desnecessário dizer, eu desejava tornar mais brilhante, porém como disse Nessa esta manhã, eu não desejo o brilhantismo. A única coisa que me interessa é estar em paz. (estávamos conversando sobre Mary.)

Agora, rapidamente, à minha lista de trabalho.

Vou escrever "Mrs. Dalloway" até segunda que vem, talvez, extraindo dela o máximo, espero. Então vou alinhavar um artigo para Squire sobre memórias?, que me tomará até segunda dia 29. Depois farei o capítulo grego, para o qual terei lido a *Odisseia* (6 livros); *Agamenon*: *Édipo Rei*, Zimmern, o *Homero* de Jebb – a biografia de Jebb, & algum diálogo de Platão? Isso adiará minha escrita um tanto para o fim do dia; mas quero ganhar uma certa quantidade de dinheiro regularmente, nem que seja só uns trocados. Agora, portanto, devo terminar Pilkington;[10] ler os gregos regularmente; & enfrentar, quem sabe, mais um vol.

de Proust. Primeiro, então, preciso dominar *Agamenon* (isso de imediato). & antes devo escrever para a nova aparição, Vita, que me presenteia com um livro dia sim, dia não.

Terça,
16 de janeiro

Katherine morreu há uma semana, & até que ponto obedeço o seu "não se esqueça de Katherine", que li numa de suas antigas cartas?[11] Será que já começo a esquecê-la? É estranho rastrear o progresso dos nossos sentimentos. Nelly disse à sua maneira sensacionalista durante o café da manhã na sexta, "Mrs. Murry morreu! Está no jornal!". Diante disso, sente-se – o quê? Um choque de alívio? – uma rival a menos? Depois confusão por sentir tão pouco – depois, gradualmente, vazio & desapontamento; depois uma depressão da qual não consegui me livrar ao longo de todo aquele dia. Quando comecei a escrever, parecia não fazer mais sentido isso, escrever. Katherine não lerá isto. Katherine, já não mais minha rival. Senti, mais generosamente. Mas apesar de eu fazer isso melhor do que ela, onde ela está?, ela que era capaz de fazer o que eu não posso! Depois, como costuma acontecer comigo, vieram impressões visuais sem parar à minha frente – sempre de Katherine vestindo uma guirlanda branca, & deixando-nos, sendo chamada; dignificada, escolhida. E então sente-se pena dela. E tem-se a impressão de que ela relutou em usar aquela guirlanda, uma guirlanda fria como gelo. E ela tinha apenas 33 anos. E pude vê-la, & o quarto em Portland Villas, com tanta exatidão diante de mim. Subo. Ela se levanta, muito devagar, da mesa onde escreve. Nela há um copo de leite & um frasco de remédio. E também pilhas de romances. Tudo era muito organizado, iluminado, de certa maneira como uma casa de bonecas. Nós logo, ou quase, deixávamos de lado o acanhamento. Ela (era verão) estava semideitada no sofá à janela. Tinha seu olhar de boneca japonesa, com a franja penteada lisa sobre a testa. Às vezes nos olhávamos muito fixamente, como se tivéssemos alcançado através dos olhos uma espécie de relacionamento duradouro, independente das mudanças do corpo. Os dela eram lindos – um pouco caninos, castanhos, muito afastados, com uma expressão fixa lenta um tanto leal & tristonha. Tinha o nariz afilado & um pouco vulgar. Os lábios finos & duros. Usava saias curtas & gostava "de ter uma linha ao seu redor", como dizia. Parecia muito doente – muito retraída, & movia-se languidamente, arrastando-se pelo quarto, como um animal em sofrimento. Imagino que eu tenha anotado algumas das nossas conversas. Na maioria dos dias creio que alcançávamos uma espécie de certeza, ao falar sobre livros, ou nossa escrita, que de certo modo eu pensava ser duradoura. Mas ela era inescrutável. Será que gostava de mim? Às vezes dizia que sim – me beijava – me olhava como se (será isso sentimento?) seus olhos desejassem ser leais para sempre. Prometia que nunca nunca iria se esquecer. Foi o que dissemos no fim de nossa última conversa. Disse que me enviaria seu diário para que eu o lesse, & que me escreveria sempre.[12] Pois nossa amizade era verdadeira, dissemos, olhando-nos fundo. Perduraria sempre, acontecesse o que acontecesse. O que aconteceu foi, imagino, censuras & talvez fofocas. Ela nunca chegou a responder minha carta.[13] Entretanto ainda sinto, de alguma maneira, que a amizade persiste. Ainda há coisas que penso sobre escrita & tenho vontade de contar a Katherine. Se eu tivesse ido a Paris & a procurado, ela se levantaria & em três minutos estaríamos conversando de novo. Só que não fui capaz de dar esse passo. Tudo ao redor – Murry &

o resto – & as pequenas mentiras & traições, os eternos jogos & provocações, ou seja lá o quê, limou boa parte da essência da nossa amizade. Tinha-se incerteza demais. E portanto abriu-se mão de tudo.[14] No entanto sem dúvida eu esperava que nos víssemos de novo no verão, & começássemos da estaca zero. Mas eu tinha inveja de sua escrita – a única da qual jamais tive inveja. Isso tornava mais difícil escrever para ela; & eu via na sua escrita, talvez pelo ciúme, todas as qualidades que me desagradavam nela.

Durante dois dias senti como se tivesse me transformado numa mulher de meia-idade & perdi certo aguilhão para escrever. Essa sensação perdura. Já não mais a vejo com sua guirlanda. Não sinto mais tanta pena. Entretanto tenho a sensação de que pensarei nela de tempos em tempos ao longo de toda a vida. Provavelmente tínhamos algo em comum que nunca mais encontrarei em nenhuma outra pessoa. (Isso eu disse com todas as letras em 1919 muitas & muitas vezes.) Além disso gosto de especular sobre o caráter dela. Creio que nunca lhe dei crédito por todo o seu sofrimento físico, nem ao efeito que ele pode ter provocado, tornando-a amarga.

O *Nation* provavelmente foi vendido, passando por cima de Massingham;[15] L. está com uma gripe fortíssima. Tenho estado de cama, 38,5°, mais uma vez. Fergusson ameaça retirar minhas amídalas.

Domingo, 28 de janeiro

Certa melancolia tem me rondado nos últimos quinze dias. Isso desde a morte de Katherine. É um sentimento que me vem tantas vezes agora – Sim. Sigo escrevendo, claro: mas no vazio. Não há competidora. Sou um galo – um galo solitário cujo cacarejar nada interrompe. Pois nossa amizade tinha tanto que dizia respeito à escrita. Seja como for, tive minha febre, & uma gripe fortíssima, durante uma semana ora estava de cama ora de pé, & ainda não estou normal, acho. Ao fazer um relato, nunca esqueça de sempre começar pelo estado do corpo.

K., informa Ralph via Brett, morreu em 10 minutos de hemorragia, subindo a escada com Murry, que por acaso estava lá. Para Brett foi um "golpe fortíssimo", diz Ralph.[16] Logo não terei mais as frases de Ralph para relatar. Isso me deixa melancólica? Como a maioria dos sentimentos de uma pessoa, os meus são contraditórios em relação a perder Ralph. Joad já veio duas vezes – eu deveria & vou chamá-la de Margery, & amanhã ficará em período integral. Usa um pouco demais de pó & perfume para o meu gosto, & fala arrastado. Em suma, não é da classe alta. Mas tem um olhar honesto & decidido, & leva [o trabalho] a sério, o que, como ela não tem experiência, está ótimo. Meu único receio é que se revele uma cabeça-oca. Sua agilidade, amabilidade & responsabilidade até agora são uma grande vantagem sobre Ralph. Fica ali sentada, grossa como um carvalho & tão angulosa quanto. Não ouvimos mais nada da Tidmarsh Press.

Tenho visto uma grande quantidade de pessoas – que recebi aqui, como corresponde à minha condição de inválida; quadros coloridos, músicas no gramofone – mas não devo insultar a alma humana, pela qual na verdade sinto tanto respeito. Bobo & Betty não têm nada de inteligente ou brilhante. As duas parecem se dissolver numa névoa de novembro; deprimidas, emotivas, mas sem alvo para suas emoções. Bobo anda vagamente se permitindo uma aventura – talvez com um aluno de medicina chamado Stanley – (ela não revela nomes). Ele a leva para sair, faz amor, o que ela gosta mas de certa maneira acha inferior. Gosta dos ambientes. Tinha saído com ele não sei para onde, na noite anterior, & disse que o ambiente era resplandecente. Cedeu à irrealidade; depois arrependeu-se, & lhe disse que aquela era a última vez. Depois se arrepende disso, revira os bolsos atrás de seus princípios, vasculha os meus, & eu, sem saber o que se passava, aconselhei-a a atirar-se na vida, a refletir, mas sem recuar, o que obviamente indicou o caminho que ela secretamente desejava & contudo no íntimo sente ser impuro. E eu também, neste caso. Já Betty não tinha nem sequer um caso para colocar na minha frente. Nunca houve uma criatura tão frouxa nem com tão pouco propósito. Fica ali largada na poltrona em frente, sem lhe ocorrer que deveria falar, ou criar, ou comentar, ou fazer qualquer um dos truques que os seres humanos criaram para manter fresca a água. Estagna-se com suavidade, com gentileza. É uma boa garota, quero dizer, gentil & afetuosa, mas também dependente & egoísta & egotista. Diz que as roupas são uma grande cilada. Diz que mora com gente imprestável. Diz que quer viajar ao exterior & aprender a cantar. Enquanto isso mora em cômodos na Queen's Road [? Richmond], tão longe dos lugares que frequenta que precisa almoçar fora, & todos os dias passa horas vagando pelas ruas, olhando as vitrines, eu suponho, & cobiçando os vestidos.

Quem mais? Roger & Bob: Bob com sua tampa, sem falar nada mas borbulhando por baixo. Teve de ser contido senão teria espumado sobre todos nós. Muita conversa sobre o *Nation*, que, como devo ter registrado, foi vendido para Maynard & seu grupo, & nosso futuro mais uma vez é incerto. Porém não consigo engendrar dúvidas, & portanto registro minha expectativa de que daqui a 2 meses sairemos dessa mais ricos. Massingham vai fundar um novo jornal: Maynard vai manter Leonard a um salário generoso. Que mais? (Corro, antes que seja servido o jantar.) A palestra de Roger, a última.[17] Antes jantei com Noel Olivier (Richards) no clube. Ela me olhou com aqueles seus estranhos olhos nos quais parece ter caído uma gota – uma gota azul clara, com um centro amplo & profundo – olhos românticos, que parecem ainda contemplar Rupert se banhando no rio em Christow; olhos puros & arregalados, & profundos, parece. Ou será que não existe nada atrás deles? eu bem que lhe perguntei: Por que você não se casou com nenhum daqueles rapazes românticos? Por quê? Por quê? Ela não sabia, disse que tinha seus repentes; todos os Olivier são loucos disse ela. E Rupert tinha partido com Cathleen Nesbitt & ela sentira ciúmes, & ele tinha falado mal das mulheres & se metido com os Asquith & mudado.[18] Mas quando ela lia as cartas de amor dele – cartas de amor lindas lindas – cartas de amor de verdade, disse – chorava sem parar. Como são diretas & determinadas essas moças jovens. Mas ela "passou dos 30" – não quis dizer quanto. & eu tenho 41: confesso. De modo que nos despedimos.

E depois? – Morgan, com a roupa abotoada como um cabeleireiro, animado, comunicativo, mas veio falar de negócios & logo foi embora.

Depois Lilian [Harris], com as mãos no colo, enfrentando a velhice & terrivelmente entediada. O egoísmo – gentil & vampirizante – dessas mulheres de idade! Queria trabalho, conselhos & nomes de hotéis. Achei graça ao verificar sua completa absorção por Margaret; seu registro infantil de cada sintoma, refeição & hábito. Mas isso é natural, & na verdade também encantador & patético.

Quarta,
7 de fevereiro

Dia do casamento de Nessa. Reflexões suprimidas. Preciso descrever Cambridge. Saímos a pé da estação, passando por Rattee & Kett;[19] frio, estrelado; lúgubre; depois [por lugares] familiares; a capela de King's College; nos lavamos & nos vestimos depressa, & jantamos com Sheppard. Ele estava de gala. Leva uma bengala com empunhadura. Maynard, Norton & Betty para o jantar. Tivemos que criar uma boa dose de tempo. Eu tinha romanceado tanto sobre Cambridge que estar ali sentada foi um anticlímax. Ninguém mais estava animado. Dali para o ADC [Amateur Dramatic Club] de carro. Creio que fiquei verdadeiramente animada, mais que tocada, por *Édipo Rei*. A trama é tão bem amarrada; o ritmo da história tão rápido. Depois, o rosto dos rapazes; rosados & rechochudos embaixo das perucas, me comoveram. Não sei se a memória derramou um pouquinho de névoa. Na plateia estavam: Lytton, Irene Vanbrugh; Q; Faith;[20] & assim por diante. Depois para a cama; com o sino de King's dando as horas pomposamente durante a noite. Passamos o domingo inteiro felizes & ocupados, primeiro Sheppard, depois Pernel; sentamos no [parque] Backs, caminhamos até Newnham como eu costumava fazer; depois almoçamos com os Shove, & Fredegond é a imagem viva de Christina Rossetti. Sua fé é tolerante. Não tem nada de muito objetivo para dizer. Vai à missa. Está mais feliz & mais cheia de vitalidade do que antes, segundo diz. Gerald, diz ela, levou-a para o crisma, assistiu com interesse &, na saída, lamentou não ter ele mesmo uma fé; disse que havia desejado ser um quacre, mas não dera nenhum passo. Creio que ela aproveita ao máximo as palavras que ele deixa cair ao acaso. Depois aos Moore; encontramos [G. E.] Moore fumando sozinho, & ele nos perguntou de modo direto se íamos subir para ver as crianças ou se devia pedir que as trouxessem. A corpulenta Dorothy estava dando banho em Timothy enquanto fumava – uma mulher truncada, amável, vermelha, com um leve cheiro de cerveja; mas alegre, em todo caso; & segundo disse Moore, muito gentil & carinhosa com o bebê, que chorava com fome, como uma sábia babá idosa. Os dois mais pareciam um casal de castores gordos com sua cria. Belos filhotinhos, aliás, gordos, duros, robustos, que provavelmente apreciarão todos nós quando estivermos mortos. A nota elegíaca se intrometerá aqui, & a justificarei se tiver tempo. Depois ao Maynard: devo dizer que foi a sala de estar mais agradável em que já estive, graças às cores & pinturas, cortinas & decorações de Bell & Grant. Ali jantamos bem. Ramsay, o hóspede desconhecido, era meio parecido com um Darwin, amplo, corpulento, poderoso & um grande matemático, além de desajeitado, para completar. Honesto, eu diria, um verdadeiro Apóstolo. A festa começou depois de alguns brilhantismos da minha parte sobre religião; um capital emocional [?] que eu não sabia como investir, comentei. E Maynard mantinha a velha bola rolando, com inteligência. A verdade é que ficamos um tanto aturdidos com a conversa. E à medida que chegavam as pessoas, imagino que os olhos da pessoa se cansem; que o cérebro pare. Lucas está um pouco surdo, & puro & sincero, mas é preciso um esforço para conversar com ele em grande estilo sobre literatura. Além disso, eu preferia ouvir os elogios de Sprott a *O quarto de Jacob*. Não importa. Apresentaram-nos Mrs. Birch, a honorável Mrs. Birch de Firle; parecia uma raposa branca selvagem, o corpo perfeitamente treinado & uma inteligência selvagem. Uma mistura nada má. Como Vita, ela detesta as honrarias rebuscadoladas[21] dos importantes, diz que sua família é enfadonha & burra, reclama da vida que levam as garotas, de Lowndes Square, Ascot & tias que clamam contra o que chamam de boêmios. Devia ter se casado com um membro da Guarda Real, & agora pertence à alta sociedade de Cambridge, & acredita em Topsy pelo que pude perceber, & em Mrs. Dobrée; tomando humildemente das nossas mãos tudo o que decidimos oferecer.

A depressão que mencionei vem em parte da incerteza sobre o *Nation*. Leonard acredita que ele é um fracasso. E de que adianta contradizer uma depressão que é irracional? Acaso eu também frequentemente não me considero um? É inevitável. Mas Maynard chegou lá, & no entanto é mais novo que nós. A absurda irrealidade disso como padrão me impressiona, mas não é fácil fazer valer essas verdades. É desagradável ter de aguardar dessa maneira dependente para saber o que Massingham irá fazer. Os sinais são favoráveis. Ramsay Muir, o editor de Maynard, é na opinião de todos um cão tedioso; Maynard suplica a Tomlinson para que se junte a ele, para apoiá-lo contra os Wee Frees, seus codiretores.[22] Minha opinião é de que ele irá fazer o *Nation* boiar, mergulhará, depois sairá da água & o deixará à própria sorte em um ano. Acabará definhando & morrendo. Massingham está otimista, mas se demora em Monte Carlo, & só ouvimos falar vagamente que tem uma boa oportunidade de abrir um semanário de três centavos coincidindo com o feriado de 1 de abril. E nossa depressão também vem graças à época do ano, o tempo chuvoso & sombrio, & da voz arrastada de Joad, & da teimosia de Ralph, & da insinuação de Lytton de que ele deseja abrir a Tidmarsh Press a qualquer momento. Aqui, entretanto, tem um mistério, porque Carrington declarou não saber nada desse assunto, & só admitiu uma editora de livros refinados sob encomenda – acho que ter Joad & Ralph todos os dias na mesa do almoço & do chá, & a necessidade de uma conversa animada, também é algo que deprime; ficarei feliz quando chegar dia 15 de março. Suponho que a editora agora vá perder parte do seu encanto & se tornar mais extenuante; adquirindo, assim esperamos, um encanto diferente. Mas gostaria que Joad fosse uma dama, de certo modo. Agora para Wigmore Hall com Saxon para ouvir um severo quinteto de Franck, sem dúvida além do meu entendimento.

Sábado, 10 de fevereiro

Os presságios são, acredito, mais favoráveis. Maynard apresentou um ultimato, acho que com o objetivo, mas isso eu soube ouvindo a conversa ao telefone, de não trabalhar com Ramsay Muir. Da minha parte, com isso & aquilo, creio que seja quase certo que agora o lado de Massingham irá prevalecer, de uma forma ou de outra, pois mesmo que os Rowntree estejam espumando como bois bravos, devem ter olho aberto o bastante para ver que não podem depositar sua confiança com segurança nos Wee Frees sem Maynard. Depois, recebemos £40 de restituição de imposto de renda – parece que vejo uma pena flutuando favoravelmente de lá da região onde vivem os Deuses. Foi o que eu disse enquanto passeávamos pelo cemitério esta tarde. Uma criada plantava jacintos num túmulo molhado. Era inteira de lã cinza empapada; opaca, descorada, como um chacal; & eu também circulei por entre os túmulos para ler os nomes & verificar quem seriam os merecedores daquelas diversas toneladas de crucifixos de granito – os soldados belgas, conforme se verificou.

Continuamos caminhando. A primavera, a primavera, eu canto imitando Wagner, & vi um arbusto de tojo com suaves botões de flor amarelos. Depois entramos no Parque, onde a chuva mandava de volta para casa os cães & os homens, & depois voltamos, ao soar das três badaladas. Agora é nosso plano (faz um dia) caminhar das 2 às 3; imprimir das 3 às 5; atrasar nosso chá; & assim conseguir avançar. Na verdade eu cheguei a compor um pouco do *Leit.[ura]*. Morgan está terminado, salvo pela última impressão.[23] Ralph não arreda pé, desafiador, contestador, fornecendo a pior opinião das virtudes masculinas.

Será Mary um exemplo de feminilidade? Talvez ela seja uma boa atriz. Nós conversamos longamente dois dias atrás, ao crepúsculo, diante do fogo. A conclusão final me parece ser um pouco complexa: será que Vanessa a interpreta mal? Não a acuso nem de brilhantismo nem de engenho. Mas *creio* ter detectado um espírito mais humilde do que imaginava; ela é, segundo disse, tímida. E nunca gosta de quem gosta dela, agarra-se, apesar de toda humilhação, àqueles de quem ela gosta. Isso se refere ao n. 46. Tem caráter. Estoura. Gostaria de morar com montes de pessoas – não apenas vê-las. (Isso me pareceu sincero.) Talvez ela tenha uma dessas índoles impulsivas, afetuosas, desafortunadamente um tanto malfeitas, que me parecem tão interessantes, que estão sempre se arriscando, importunando precipitadamente, & em seguida voltam a ser rechaçadas; cheia de aspirações; melindrosa, vaidosa & tudo o mais, porém impelida por uma espécie de paixão sincera, por Clive, eu imagino. Mas enfim, eu valorizo muitíssimo a sensibilidade & solidariedade de uma mulher, isto é, enquanto doadora de prazer. Tampouco ela deixa de ser crítica: longe disso. Então não me disse que poderia me considerar adorável, se meu desejo de ser admirada por tudo não fosse tão insaciável? Não, eu disse, só quero isso na maioria das coisas para ter certeza de que correspondo ao padrão médio humano. Tenho minhas surpreendentes reviravoltas & excentricidades, tal como você. Pois jamais me passaria pela cabeça que você fosse tímida. No entanto você diz que mal consegue reunir forças para entrar no Ritz! – à sua maneira triunfal, eu devia ter dito. E será que ela é mesmo trêmula? de uma natureza bem mais instintiva que a minha ou a de Nessa, & que portanto provavelmente interpretaremos mal? Nada de novo, disse, aconteceria com ela novamente. Ama os prazeres, notei; & embora não escreva nem pinte, espera com ansiedade pelo verão. Abaixaremos as persianas, disse. Mas suponho que fui eu quem mais falou, & sobre mim mesma. De como ando deprimida desde o dia 3 de janeiro. Creio que identificamos a origem disso ao descobrirmos que foi nesse dia que comecei a escrever para os periódicos. Quinta passada, acho, voltei a escrever ficção, ao alimento instantâneo & ao bem-estar do meu dia inteiro. Será que essa próxima etapa será influenciada por Proust? Creio que a língua francesa, a tradição dele, &c, impedirão isso: contudo seu domínio de cada recurso é tão extravagante que é dificílimo alguém não se beneficiar dele, & não se deve resistir por covardia.

Segunda,
19 de fevereiro

Como seria interessante se este diário um dia se tornasse um verdadeiro diário: algo em que eu pudesse observar mudanças, rastrear o desenvolvimento dos ânimos, mas então eu teria de falar da alma, e acaso não bani a alma logo de início? O que acontece é que, como sempre, quando vou falar da alma, a vida irrompe. Falar de diários me faz lembrar da velha

Kate,[24] na sala de jantar no n. 4 da Rosary Gardens; e como ela abriu o armário (de que me lembro) e lá, em fila numa prateleira, estavam seus diários desde 1 jan. 1877. Alguns eram castanhos; outros vermelhos; todos iguais. E eu a obriguei a ler uma entrada; um dos muitos milhares de dias, como pedrinhas numa praia: manhã, noite, tarde, sem acento. Ah, que estranhamente sem inflexões é ela sentada ali, uniforme, branca, desconjuntada, constante, sagaz, com a sagacidade silenciosa de um elefante ou de uma égua cinzenta! Só uma ou duas vezes consegui despertar uma faísca no único olho azul-claro que lhe resta, que é mais terno do que o de vidro. A solidez metódica marcava cada átomo ali dentro. Os vasos tinham tapetinhos por baixo: cada um provido de um tufo de mimosa & avenca. Os cartões de Natal – 6 – estavam arrumados sobre a prateleira da lareira. Helen, numa foto, emoldurada. Azulejos vermelhos recém-espanados. Paredes verdes. Objetos vindos da Índia; a estante que foi de Nun. Se me lembro! E disse Kate, pretendo viver até 1944, quando terei 84 anos. E no último dia dirá à mulher que a serve, Traga-me os diários, que você encontrará no armário; & agora, jogue-os no fogo. Eu nem tentei perturbar o que tinha a aparência clássica de uma escultura de fruta de alabastro por baixo do vidro.

Ao rabiscar isso, sou arrastada para longe da minha alma, que entretanto me interessa. Minha alma espiou para fora. Pois é a alma, imagino, que comenta sobre as visitas & relata seus comentários & por vezes arma tal rebuliço nos departamentos centrais do meu maquinário que o globo inteiro que eu sou se reduz ao tamanho de um botão. Creio que essa redução muitas vezes é o resultado de conversar com pessoas de segunda categoria. Fazem do mundo uma imitação barata. Ora com meu querido & velho Leo esse barateamento é algo desconhecido. Ah não, ele pode se recusar a inflamar-se, mas jamais menospreza; & assim, quando realmente se inflama, o brilho é do mais puro & ardente vermelho – que vejo no fogo agora, quase branco.

Philip [Morrell] desejava ser ator, & sofre de dupla personalidade. Vê a si mesmo & raramente se unifica – vê a si mesmo como fazendeiro, anfitrião, palestrante, & assim por diante. Mas ao conversar conosco sentia-se solteiro, foi o que disse, & há qualquer coisa de diluída na qualidade de sua emoção. É um homem amoroso, um homem de uma geração & uma tradição diferentes, que veste colete cruzado na frente & joias, meio cidadão do mundo, meio esteta, isto é, que aprecia mobília mas que ao mesmo tempo vive, palavra de honra!, entre charlatães, que tenta nos endossar de forma plausível: Ottoline &c. Camadas de vapores flutuante arrastam-se perpetuamente sobre ele, mantêm-no inquieto, fazem como que tagarele incomodado. Eles confinaram Julian num convento-escola em Roehampton para quebrar o materialismo persistente do caráter dela. Ela entra em conflito com a visão de mundo de Ott. Philip diz que ela corre atrás dos rapazes. E Philip tinha ordenado que a copeira vigiasse a danada. Tudo isso, no fundo, é um pouco obsceno & pululante, apesar de na superfície parecer tão admirável, plausível – sim, plausível é o termo recorrente, & incômodo.

Recebemos uma visita-surpresa dos Nicolson. Ela é uma safista declarada, & talvez, pensa Ethel Sands, esteja de olho em mim, mesmo eu sendo velha. Talvez a natureza tenha aguçado suas faculdades. Eu, esnobe que sou, sigo o rastro das paixões dela até 500 anos atrás, & a mim parecem românticas, como vinho branco velho & amarelado. Suponho que o travo já tenha desaparecido. Harold é pura & simplesmente um blefe; de casaco curto preto & calça xadrez; quer ser escritor, mas não é, assim me dizem & eu bem posso acreditar, adequado por natureza. A alma, veja, está moldando todas essas opiniões, & diz ao se sentar perto da lareira, isso não é do meu agrado, isso é de segunda categoria, isso é vulgar; isso é agradável, sincero, & assim por diante. E como minha alma pode saber? Minha alma diminuía, ai de mim, à medida que se passava a noite; & a contração é quase que fisicamente deprimente. Mas reflito que sou uma pia de 50 milhões de germes de pneumonia com uma temperatura abaixo do normal.[25] De modo que essas contrações são basicamente físicas, não tenho dúvidas. E continuamos em suspense. Massingham está de volta; porém Maynard está em pé de guerra. Massm. [Massingham] diz que agora vai avançar a toda velocidade. Precisa angariar dinheiro. Por mais estranho que pareça, eu com meu telefone estou agindo como intermediadora. Fico sabendo dos planos de Maynard por Nessa; L. transmite-os pelo telefone para Massm. Além disso estou tentando puxar minhas cordinhas para fazer Tom se tornar editor literário do *Nation* & tirar de lá minha inimiga Miss Royde Smith.[26] Se tivesse tempo detalharia minhas atividades & me glorificaria com minha importância. Sim, sou adulta. Dou conselhos. Sou levada a sério; & isso não mais me enche de alvoroço. Na realidade me sinto um pouco entediada, & gostaria que o pobre querido do Tom tivesse mais audácia & sentisse menos necessidade de deixar suas perplexidades agoniadas caírem gota a gota delicadamente através de uma cambraia fina. Esperamos; somos compreensivos, mas é monótono. Ele é como uma pessoa que está prestes a sucumbir – infinitamente escrupuloso, tautológico & cauteloso.

Mal se pode desenhar o retrato da pobre Snow.[27] Mas como senti pena dela! Parece uma velha obrigada a olhar fixamente uma luz desapiedada. A carne & o sumo da vida a abandonaram. Ela é quebradiça, etérea, seria possível soprá-la por uma calha. Suas antigas faíscas & acidezes se dissolveram. Estava nervosa, tinha perdido a confiança, como se vida a tivesse derrubado & ela precisasse continuar cavalgando. Senti que me invejava. Por mais que goste disso, me deprime. Então vacila, pede desculpas, diz, "Ah, você acabaria farta de mim se eu viesse ficar uns dias!" & me olha de um jeito muito perscrutador, sem se deixar enganar. Ela me divertiu ao dizer que as ruas de Chetelham são célebres pela insegurança. Os ciclistas estão sempre matando os transeuntes. É a coisa mais rara andar de carro por lá sem que lhe peçam para transportar um cadáver para os médicos. E houve ainda sua história da velha de 94 anos que foi atiçar o fogo & quase quebrou o próprio corpo com o carvão. Às vezes ela cai, mas pesa tanto quanto uma folha quando é levantada. Fica num quarto com claraboia, & às vezes vê uma árvore tremular, mas nunca sai.

Terça, 6 de março

Sem dúvida esse foi um trimestre bastante desagradável. Registro o início de nossas penas em 3 de jan. A principal queixa é esse negócio do *Nation*, que paira sobre nós, erguendo-se & depois tornando a abaixar, como está agora no momento presente – baixo & negro sobre nossas cabeças. Massm. se vai no dia 7 de abril: nossa renda cessa; Maynard não nos fez nenhuma oferta definitiva – mas isso eu acho está garantido no que se refere a L. Mas isso soma apenas £120 p. a. [por ano] & teremos de raspar o tacho para conseguir o resto penosamente, imagino que escrevendo para periódicos. Dizem que Msm. agora está aguardando o retorno de um cavalheiro do Oriente, que irá, ele tem certeza, financiá-lo. O esquema só se inicia em outubro, porém. Mas o que mais nos preocupa nem é o problema do dinheiro: é algo psicológico. O pessimismo está mais do lado de L. do que do meu. O meu parece uma névoa que vem & vai. Fica-se inquieta. Mergulho em diferentes círculos – por exemplo, o de Mary, o de E. Sands, o do concerto dos Richmond, & volto para casa ora exaltada ora deprimida. Minhas cadeiras têm aparência de sujas. Depois a questão social se levanta entre L. & eu. Estaremos nos tornando "respeitáveis"? Devemos jantar com os Richmond? L. diz que não. Eu me ressinto. Sim, de certa maneira me ressinto profundamente desse cerrar de portas dos [meus] estudos suburbanos. Amo a conversa & a empolgação da casa dos outros. Não acabei de dizer que isso também me deprime? Seja como for, queria encontrar Percy Lubbock & me mostrar como uma mulher que sabe falar coisas sensatas. & assim por diante. Convido as pessoas para virem aqui com frequência demais. Em suma, preciso pegar as rédeas da minha vida social com minhas próprias mãos. O *Leitura*, creio, está de pé, & espero avançar & encontrar consolo aí. Ainda assim, quero tornar a vida cada vez mais plena.

    A pobre Katherine deu para voltar à Terra; foi vista na casa de Brett; pela criada.[28] Sinto que isso de certa maneira é uma espécie de castigo por ela escrever o tipo de coisa que escreveu. Brett me contou a história outro dia & parecia tão à mostra & em carne viva que eu não poderia arrancar dela aquele conforto, ainda que eu quisesse. Tampouco desejo, seriamente, obstruir qualquer investigação decente do cérebro & dos nervos, tendo em vista o quanto eu mesma já sofri da mesma maneira. Mas Brett não é científica, leva logo as velhas fábulas a sério & repete algum jargão que aprendeu com Dunning, mas que sem dúvida se diluiu no caminho, sobre o dia & a noite, o nascimento, & *portanto* a morte, todos eles sendo belos. Ela sente o "contato", diz; teve revelações; & fica ali sentada surda, ferida, solitária, ruminando sobre a morte & ouvindo vozes, que logo se tornarão, imagino, inteiramente fabulosas; & mesmo agora conversar com ela tirou em grande parte a distinção da imagem de KM. Pois ela me veio distintamente ao ler suas cartas. E eu a vi piscar um olho quando me entregaram o bilhete da pobre Brett; & ela disse "essa pessoinha pode esperar", ou algo do gênero. Agora, B. a idolatra, & lhe confere todas as qualidades da mente & da alma. Será que as pessoas sempre recebem o que merecem, & será que KM fez algo para merecer essa vida póstuma barata? & será que eu sinto inveja até mesmo agora?

Não: creio que se pode ser honesta na minha idade.

A velha Elena atravessou a sala para vir falar comigo no domingo. Ah, como eu estava tímida! Como ela parecia uma matrona magnificente com aquele preto espesso & rico! Mas não conseguimos nos olhar nos olhos – eu pelo menos não consegui; & ela me achou desmazelada, envergonhada, suburbana, em dúvida. Estou fazendo anotações para reconstruir mais tarde esse período. Existe, eu acho, uma sensação de frustração & futilidade no ar, nesse momento. Em parte pelo *Nation* de novo, não tenho dúvida, em parte... Não importa, eu digo; basta enterrar as garras na minha escrita & estou salva. Eliot me desilude ligeiramente também; ele é rabugento, queixoso, egoísta; no fim das contas o fato é que a pobreza é pouco atrativa. Ele mordisca as cerejas. Verdade que a oferta de cooperar com Royde-Smith é uma cereja murcha. Mas ele detalha & complica, transmite a impressão de que tem pavor da vida tal como um gato tem pavor da água. Mas se aludo a isso, mostra as garras. Agora, considerando toda a minha atividade em seu favor, sem dúvida guardo alguns dos sentimentos vis & condescendentes dos benfeitores. Ele é americano, diz L.; além disso, neurótico. Consultei Bruce Richmond – mais uma prova da minha importância. Ele disse enfaticamente, "Ele não é o homem certo para esse cargo." Não posso deixar de concordar. Mas vida, vida! Como anseio por te tomar nos braços & te esmagar!

Sábado,
17 de março

Escrito por um milagre às 10 da noite, com L. fazendo Tolstói na mesa branca; o fogo quente demais & meu cérebro saturado com *Silent Woman*.[29] Estou lendo-a porque agora lemos peças de teatro no 46. O 46 se tornou um centro. Por quanto tempo não sabemos, pois se aproxima o casamento de Maynard. Nessa, montada em seu belo [cavalo] árabe, quero dizer, a vida, dá ainda mais reviravoltas, como se fosse algo comum. Eu diria que ainda há mais por vir. O 46 tem sido muito agradável comigo este inverno. Duas noites atrás os Nicolson jantaram aqui. Expostos à luz elétrica, os ovos mostram manchas escuras. Ou seja, nós os achamos, a ambos, incuravelmente estúpidos. Ele é um blefe, porém ah, tão óbvio; ela, Duncan achou, aproveitava-se das deixas dele & não tinha nada próprio a dizer. Lytton estava lá, maleável & sutil como uma velha luva de couro, enfatizando a rigidez dos dois. Foi uma noite íngreme, pedregosa.

Trouxemos as fotografias. Lytton disse, "Não gosto da personalidade da sua mãe. A boca dela parece se queixar", & um feixe de luz branca atravessou meu passado vermelho-escuro & profundo. E depois? No que toca a alma, fui esnobada por Squire. Mandei-lhe meu texto memorialista, com condições: ele aceitou, & ofereceu £13; £15 eu disse, ou meu manuscrito de volta; & então o recebi de volta. E agora aceito as £13 – que talvez nem consiga, no fim das contas. Mas não me importo muito; só acho que a pobreza & as mudanças que ela impõe a uma pessoa não são atrativas, como já disse. O pobre Tom outro dia mal conseguia falar ao telefone por causa das lágrimas (agradecendo-nos). Está falido, no entanto precisa se preparar & decidir: assumirá o *Nation*? Poderá derrotar Maynard? Estou farta de escrever a palavra garantia – que é o que ele exige. Para ver o estado em que se encontra, Richmond chegou a me telefonar às 10 da noite pedindo que eu interviesse junto a Maynard. Ele parecia "angustiado", disse. Se gente "angustiada" seria capaz de editar o sup. lit. do *Nation* eu duvido. E é mais ou menos minha culpa. E não me sinto importante. E afinal somos felizes. E Ralph se foi, casualmente, sem despedir-se. Vi Osbert Sitwell, Sebastian Sprot & Mr. Mortimer.[30] Como diz Nessa, estamos na moda. Sprot & eu almoçamos na Mary; depois, tonta com os ecos dos cérebros, fui tomar o chá no Hill's na [Kensington] High Street. Infinitamente velha, eu me senti, & rica; ele é paupérrimo. Sua mãe costumava ir às liquidações de roupas de cama da Barker's, de modo que ele conhecia a High Street. Não sei por que a experiência dele me pareceu tão escassa. O pai é advogado em Crowborough. Queria conhecer Ottoline. Tem uma fome de lobo, ia triturando as guloseimas de maneira alarmante.

Ah, se eu tivesse conhecido Ottoline na idade dele! – mas enfim, não sou tão mais velha. Andei refletindo sobre a alta sociedade novamente, & creio que um dos seus méritos é que ela exige coragem. Entrar nos salões propriamente vestido é alarmante. Ninguém se importa com ninguém; isso humilha a vaidade; estamos em condições idênticas às de nossos pares. Os privilégios da lareira não servem de nada. Mas Ethel [Sands] estará fora até outubro; & não sei onde irei pousar. Sim, isso foi escrevinhado antes de uma pausa. – Durou apenas um mês, mas enfim, fisicamente, talvez espiritualmente, a jornada é longa. Como os grandes escritores escrevem à noite, eu não sei. Faz um século que fiz essa tentativa, & só encontro minha cabeça cheia de enchimento de almofada: quente; rudimentar. E amanhã preciso continuar "Como impressionar um contemporâneo".[31] Ai de mim, pela interrupção no meu plano de trabalho – mas precisamos ganhar dinheiro, justamente quando não quero; de modo que os romances acabam engavetados, & o *Leitura*, que eu tinha recém-retomado, precisa ser adiado, & eu preciso aceitar as resenhas de Desmond, & de Maynard também, caso as ofereça; mas na verdade não tenho do que reclamar.

Sexta,
23 de março

Não, nada do que reclamar. L. acabou de chegar com uma oferta de Maynard para que assuma a editoria literária do *Nation*. Ora, isso sim é inesperado! Aqui estive eu, esforçando-me durante essas 3 semanas para que Eliot aceitasse o cargo; por fim ele se acanhou; & o resultado é esse. Sem dúvida há desvantagens, mas no momento significa segurança, até luxo. E para mim abre perspectivas interessantes – mas agora estou com os germes do tifo & não sou capaz de escrever.

Sexta,
11 de maio

Esse longo intervalo merece uma linha, uma vez que praticamente não poderei comemorá-lo de outra forma. Então não terminei de escrever "To Spain", com trabalho infinito, para o primeiro número do *Nation*?[32] Então não estou sentada esperando L. "voltar do escritório" como as outras mulheres casadas? Irrita-me ser como as outras mulheres casadas. Ah, aqui está ele! Não: que droga; é só Nelly saindo. Como eu dizia, não consigo embarcar na jornada, os Temple, Brenan, a Espanha, Paris et cetera.[33] Fiquei em Paris para encarar a vida de frente. Sim, esporeio os meus flancos & me vejo saltando os obstáculos com elegância. "Saltei" Jane [Harrison] & Hope [Mirrlees]; mas não muito mais, a não ser a língua francesa, em que fracassei de modo infame, e agora tenho de aprender a falar francês se no futuro quiser me dar ao respeito. Quis usar esse diário para me animar depois de quinze dias corrompendo-me com jornalismo, questões do *Nation* & coisas do tipo. Preciso traçar um plano de trabalho. Mas por um instante flanarei pelas descrições. Margery [Joad] está se saindo bem, & um sinal disso é que agora quase não notamos seu sotaque. Se ela estivesse se saindo mal, isso haveria de nos irritar de modo insuportável. Estamos bem avançados com nossos livros. Morgan jantou aqui noite dessas. Tentamos convencê-lo a escrever oferecendo a isca de £10 por 1.000 palavras. "Mas não quero £200 por ano", ele disse. "Suponho que seria capaz de gastá-las caso as ganhasse, mas não as quero." Então a que vício poderíamos apelar? A vaidade não foi muito afetada. E depois ele dá uma importância ascética aos seus princípios. As pessoas que ele respeita acham que M[assingha]m. foi maltratado. Seja qual for o caso, Morgan não quer escrever p. nós, nem para Desmond, que paga £4 em vez de £10. Ele é tão desapegado quanto um santo. E não conseguimos pressioná-lo. Até agora, não sentimos o *Nation* como sangue do nosso sangue. Talvez isso venha a acontecer. Estamos nos esforçando bastante para isso. Tem suas tentações & atrativos. Como eles balanceiam as desvantagens ainda não sei. Gosto de poder escolher os livros novos. Minha própria autoridade sobre a equipe de resenhistas não me traz muita empolgação. Sou um pouco maldosa, talvez. As pessoas se aglomeram & se acotovelam & fazem pressão por trabalho. É ligeiramente divertido dizer, olhe, não se preocupe, pois não lhe darei nenhum. Estive na posição delas tantas vezes. Mas essas alegrias não são muito profundas. Receio que pelo visto o *Leitura* terá de ser engavetado mais uma vez. Não posso me dar ao luxo de meter os pés pelas mãos agora. Um artigo por mês rendia £15 ou algo assim. E ocupa exatamente o tempo que eu tinha para escrever meu romance. Contudo, retomando o balanço do meu trabalho, acho que preciso encontrar um tempinho de vez em quando para o *Leitura*. Estou no capítulo grego (em leitura). Devo ler um pouco dos gregos? Tenho a impressão de que sou capaz apenas de esboçar esse capítulo, & que precisarei enriquecê-lo eternamente de tempos em tempos. Ou devo mergulhar nos elisabetanos, sobre quem sou terrivelmente ignorante? O que aconteceu entre Chaucer & Shakespeare? Creio que isso me atrai enquanto base. Fazer anotações, então; & assim que surgir a oportunidade, correr com os Paston & Chaucer. Poderia ler *Tróilo & Créssida*, mas não me sinto tentada.

Sábado,
12 de maio

É curioso que eu consiga escrever neste diário quando estou distraída demais para ler. Por ser domingo, estou me livrando de cartas velhas que não são tão pessoais; & batem as sete; & não se dá para fazer muito com 15 minutos. Posso tentar um retrato. Karin esteve aqui ontem com Ann. Adrian está completamente desmantelado pela psicanálise.[34] (longa interrupção, questão de imprimir *Leitura*) Sua alma foi despedaçada com o objetivo de ser reconstruída. O médico disse que ele é uma tragédia: & que essa tragédia consiste no fato de ele ser incapaz de desfrutar da vida com entusiasmo. Provavelmente sou eu a responsável. Eu deveria ter me associado a ele, em vez de andar com os mais velhos. De modo que ele murchou, pálido, sob o peso de irmãos & irmãs cheios de vida. Karin diz que veremos uma grande mudança daqui a 3 meses. Mas Noel [Olivier] teria feito o que nenhum desses médicos é capaz de fazer. A verdade é que Karin, sendo surda, & como ela mesma diz com sinceridade, "Sua cunhada é desumana, como talvez você já tenha notado", a verdade é que ela não fertiliza os lugares deprimidos de Adrian. Eu também não o fiz. Se mamãe estivesse viva, ou se papai tivesse sido afastado – bem, é exagero qualificar isso de tragédia. Ann se parece com ele, pálida, magra, sensível, com os longos dedos frios que conheço tão bem. De minha parte, duvido que a vida em família tenha todo esse poder maligno que lhe é atribuído, ou que a psicanálise adiante de algo. Gostei de Karin; tive pena dela também; & depois senti que uma espécie de depressão me tomava, sobre a qual não vale a pena adentrar aqui. Morgan me disse que quando ele & Mortimer conversaram sobre os romancistas no outro dia os dois concordaram que Lawrence & eu éramos os únicos dois cujo futuro os interessava. Esperam com empolgação pelo meu próximo livro, que penso em chamar de *As horas*. Isso me encoraja. Por estranho que pareça, recebo elogios de meus contemporâneos, ou dos jovens; nunca da velha-guarda, que têm fama de descer tão generosamente de suas plataformas com palavras de estímulo.

Segunda,
4 de junho

Nat.	1...
N.S.	...3
Times	5
Junho	Nat. 10
Julho	Nat. 10
Set.	Nat. 10
-----	2,18*

Mas não consigo descrever Garsington. Trinta e sete convidados para o chá; um bando de rapazes pouco maiores que aspargos; caminhando de um lado para o outro, dando voltas; elogios, atenções, & depois essa lama escorregadia – que é o que me interessa no momento. Uma aversão pelos seres humanos toma conta de mim – de sua insinceridade, sua vaidade – Uma conversa cansativa & um tanto infamatória com Ott. na noite passada está na raiz dessa queixa – & depois uma mistura, em nosso próprio espírito, de suavidade & doçura com amargura & ódio. O egoísmo dela é imenso. "Sou muito mais sensível do que a maioria das pessoas", ela disse para Julian: as primeiras palavras que disse com sinceridade. Ela volta a esse assunto sem parar – quero dizer, consigo mesma. E suas mentiras eliminaram todos os contornos. Porém no sábado à noite gostei dela. Tudo isso estava claro para mim alguns minutos atrás, mas agora não consigo pôr no papel. Lytton & eu conversamos todo o caminho até o trem. Ele tinha visto um templo grego em Segestum. E é isso o que adoro nele – seu entusiasmo pela beleza. Ele disse que parecia Sófocles. Via-se o mar por entre as colunas. Depois conversamos sobre Sh[akespear]e: ele disse que queria escrever sobre Shre [Shakespeare] como dramaturgo; não como filósofo ou poeta. Queria discutir seus contrastes. A cena com Emilia em *Otelo*, por exemplo. E talvez escrevesse a respeito de *Lear* desse ponto de vista. E Sir Thomas Browne, & as cartas de Phalaris, creio que ele escreveu algo do seu próprio agrado. Está absolutamente contente. Está apaixonado por Ralph. Ele tem uma simplicidade extraordinária, disse ele com ternura, trêmulo, falando de Ralph & de Otelo. Mas por que não se deixar satisfazer pela lembrança de Lytton – tão verdadeiro, gentil, infinitamente sagaz & humano?

---

* Onde Nat. = *Nation*, N.S. = New Statesman. Deve-se lembrar que uma libra valia 20 xelins. Assim, o resultado dessa soma – 1 libra e 38 xelins – é igual a 2 libras e 18 xelins. [N. T.]

Raramente permaneço muito tempo num estado de completa concordância com ninguém. Mas aqui acredito que os sentimentos de alguém sejam inadequados. Lord David é um rapaz bonito. Puffin Asquith, um rapaz feio – murcho, sem graça, esperto, como um garoto de rua. [Edward] Sackville-West me lembrou uma atendente de loja rabugenta. Todos eles têm a mesma cortesia & fala entrecortada rápida, & absoluta insignificância. Entretanto convidamos Ld David & Puff para escreverem para o *Nation*, além de um gordo sem graça chamado Hartley.[35] O que me deixa incomodada é eu escrever isso aqui & ter falado outra coisa bem diferente com Ott. Sou extremamente rabugenta na intimidade, em parte para me impor. Subitamente me vejo muitíssimo interessada no meu livro. Quero mostrar o quanto são desprezíveis pessoas como Ott: quero mostrar o viscoso da alma. Com frequência tenho sido tolerante demais. A verdade é que as pessoas quase não se importam umas com as outras. Têm um instinto insano de sobrevivência, mas nunca se prendem a nada que esteja fora de si mesmas. Puff disse que amava sua família, & que não desejava destruir absolutamente nada. A imoralidade fria o desagradava, assim como a Lord David. Deve ser uma frase feita no meio em que convivem. Puff disse – já não sei mais o quê. Caminhei pela horta com ele, passei por Lytton flertando com Byam Shaw num banco verde; & dei a volta no campo com Sackville-West, que disse que estava melhor & que estava escrevendo um romance melhor, & dei a volta no lago com Menasseh (?), um judeu egípcio, que disse que gostava de sua família, que eram loucos & falavam como os livros; & disse que eles citavam o que escrevo (a juventude de Oxford) & que queriam que eu fosse palestrar para eles; & depois teve Mrs. Asquith.

Fiquei impressionada. Ela é branca como pedra: com os olhos castanhos velados de um falcão envelhecido; onde havia mais profundidade & escrutínio que eu esperava; uma figura distinta, com sua simpatia, & despreocupação, & decisão. Ah, se pudéssemos ter tido os poemas de Shelley, em vez do homem Shelley! disse ela. Shelley era intolerável, declarou; é uma puritana rígida & frígida; apesar de gastar milhares em vestidos. Cavalga a vida, digamos assim, & arrebatou uma ou duas coisas que eu gostaria de saquear & jamais conseguirei. Saiu com Lytton pelo braço, & apressou-se, & achava que "as pessoas" a perseguiam; no entanto era muito afável com "as pessoas" quando precisava ser; sentou-se no peitoril da janela conversando com uma bordadeira negra esfarrapada, a quem Ott. vem sendo bondosa. É um dos horrores dela – está sempre sendo bondosa a fim de dizer a si mesma à noite, ah mas Ottoline convida a bordadeira pobre à sua festa, & assim melhorar a imagem que tem de si mesma. Sorrir desdenhosamente dessa maneira traz certo desconforto físico. Ela me disse que eu estava com uma aparência maravilhosa, o q. me desagradou. Por quê? eu me pergunto. Porque eu estava com dor de cabeça, talvez, em parte. Mas estar bem & usar a força para obter mais da vida é, com certeza, a maior diversão do mundo. O que me desagrada é sentir que estou sempre cuidando ou sendo cuidada. Não importa – trabalhar, trabalhar. Lytton disse que ainda temos 20 anos pela frente. Mrs. Asquith disse que adorava Scott. Se eu tivesse tempo descreveria a visita surpresa que recebi de Sydney, & minhas revelações sobre a hipocrisia de Murry.[36] É um imenso choque, disse Sydney. Sydney disse que Murry tem dentro de si um anjo & um demônio. É melodramático, disse Sydney, mas eu acredito piamente.

Dunning também. Não consigo evitar gostar de Sydney – ele é fundamentalmente honesto; fundamentalmente fraco; crédulo; & agora está disposto a "descansar", o que é encantador. Além disso é vegetariano. É uma simplificação & tanto, disse ele. Mas se eu te visse todos os dias por uma semana eu seria capaz de lhe dizer o que anda acontecendo comigo. O vegetarianismo é parte de toda uma revolução – Então eu não sei disso, sem que precisem me dizer! E a *Adelphi* me informaria, caso eu fosse ignorante.[37] Agora, para *Urn Burial* para o *Times*.[38]

Quarta,
13 de junho

Nessa voltou & a temporada londrina, é claro, está a todo vapor.[39] Foi o que me pareceu ontem no Aeolian Hall, enquanto ouvia, aturdida, Edith Sitwell vociferando pelo megafone.[40] Lá estava Lady Colefax com seu chapéu de fitas verdes. Cheguei a falar que almocei com ela na semana passada? Era Derby Day[41] & chovia, & toda a luz era fria & parda, & ela falava sem parar, com frases consecutivas como aparas que caem das tábuas de madeira, artificiais, mas inteiriças. Não foi um evento de êxito para Clive, Lytton & eu. Pois Clive está de volta; jantou aqui com Leo Myers noite dessas; depois fui ao Golden Green & me sentei com Mary Sheepshanks no jardim dela & enfrentei as águas da conversação, como faço com tanta coragem, para que a vida não se desperdice. A brisa fresca roçava todas as sebes espessas que dividem os jardins.[42] De alguma forma, fui possuída por extraordinárias emoções. Esqueço agora quais. Com frequência agora preciso controlar minha empolgação – como se eu fizesse força para atravessar um biombo; ou como se algo estivesse batendo violentamente ao meu lado. O que isso pode pressagiar, não sei. Uma sensação geral da poesia da existência toma conta de mim. Com frequência vem relacionada ao mar & a St. Ives. Ir ao 46 continua a empolgar. A velha & querida Nessa voltou esfarrapada, solta, à vontade; & com 44 anos, segundo disse. A visão de 2 caixões no bagageiro do metrô eu diria que reprime [?] todos os meus sentimentos. Tenho a sensação do voo do tempo; & isso dá apoio às minhas emoções. N. & eu ficamos sentadas conversando, as duas agora mulheres famosas, no fim das contas. No jantar discutimos para qual escola Quentin deve ir. "Ele quer ser pintor", disse Nessa. "Sim", disse Quentin, como se dissesse, "sim, estou apaixonado". Eu pelo menos achei aquilo estranho.

Nada mais de grande importância aconteceu. Eu devia estar descrevendo os poemas de Edith Sitwell, mas ficava dizendo a mim mesma, "não entendo muito bem... não os admiro, na verdade". O único ponto de vista, digo, ponto de vista apresentável que consegui cunhar, foi que ela era monótona. E que seus versos têm a mesma cadência do *hornpipe*.[43] Não parece exato; mas estou desgastada de tanto escrever críticas, & preciso retomar meu livro de novo. Leo Myers, embotado pela desilusão & pela meia-idade, do mesmo modo como as línguas ficam, disse que meu método de ficar dando voltas & mais voltas é errado. Os médicos dizem o mesmo. Ele se lança a esse tipo de exame frio das coisas. Não tem impulsos, nada o que fazer. Sai toda noite para todo canto. Clive & ele disputaram para ver quem contava as melhores histórias do baixo mundo. No dia seguinte Clive me telefonou para dizer que estava envergonhado. Imagino que Clive esteja tentando rizar[44] uma ou duas velas do colete branco do seu desperdício. E como de costume eu quero – eu quero – Mas o que eu quero? Não importa o que eu tenha, sempre direi eu quero, eu quero. Entretanto penso que sentar no gramado para ver a prova de equitação com L. amanhã será bastante satisfatório. Por outro lado também quero ir à ópera. Leo Myers disse que todos nós nos sentimos excluídos. Mas ele ganha 8.000 por ano, livres de impostos, tem 2 casas, 2 filhos, 1 automóvel. Tentamos impressionar uns aos outros, disse ele; & me contou de uma viagem a Cherbourg com esse propósito. Verdade, fiquei profundamente impressionada. Disse a mim mesma: ele viajou no *Aquitania*:[45] portanto era bastante livre para ir aonde quisesse. Sua vida era cheia de encantos. E quem ficou cheia de encantos fui eu pensando nisso, não o pobre do Leo, que é embotado como uma língua. De resto, eu deveria estar escrevendo a Mr. Eliot. & o farei, agora, nesse instante, imediatamente. Não mencionei a exposição de Duncan: nem Mollie Hamilton nem [Hubert] Henderson, que jantou aqui ontem, nem Bob.

Terça,
19 de junho

Apanhei este livro [o diário] com uma vaga ideia de poder dizer algo a respeito da minha escrita – que me veio ao dar uma olhada no que K.M. disse sobre a escrita *dela* no *Dove's Nest*. Mas só dei uma olhada. Ela falou muito sobre sentir profundamente as coisas: & também sobre ser puro, o que não vou criticar, embora logicamente eu pudesse muito bem fazê-lo.[46] Mas então o que eu sinto sobre *a minha* escrita? – este livro, quero dizer, *As horas*; se é que vai ser esse o nome? É preciso escrever a partir de um sentimento profundo, disse Dostoiévski. E eu, faço isso? Ou crio com as palavras, amando-as como as amo? Não, eu acho que não. Neste livro tenho quase que ideias em demasia. Quero mostrar a vida & a morte, a sanidade & a insanidade; quero criticar o sistema social & mostrá-lo em funcionamento, em toda a sua intensidade – Mas agora posso estar fazendo pose. Ouvi de Ka esta manhã que ela não gostou de "In the Orchard".[47] Imediatamente me senti revigorada. Torno-me anônima, alguém que escreve por amor à escrita. Ela retira os motivos para elogios, & me faz sentir que mesmo sem eles eu ficarei feliz em seguir em frente. Foi isso que Duncan disse sobre suas pinturas na outra noite. Sinto como se tivesse despido todos os meus vestidos de baile & estivesse nua – que, segundo me recordo, era algo muito agradável de se fazer. Mas continuando. Estarei escrevendo *As horas* a partir de uma emoção profunda? Claro que a parte da loucura me põe à prova em excesso, espreme tanto a minha mente que mal consigo enfrentar a ideia de ter de passar as próximas semanas em cima dela. Porém é uma questão dessas personagens. As pessoas, como Arnold Bennett, dizem que sou incapaz de criar personagens que sobrevivam, ou que não o fiz no *Q. de J.* Minha resposta é – mas eu a deixarei para o *Nation*:[48] esse é tão somente o velho argumento de que a personagem atualmente acaba sendo dissipada em fragmentos: o argumento pós-Dostoiévski. Eu diria que é fato, entretanto, que não tenho esse dom "da realidade". Eu desencarno, até certo ponto deliberadamente, pois desconfio da realidade – da sua vulgaridade. Mas para ir mais longe. Terei o poder de transmitir a verdadeira realidade? Ou só escrevo ensaios a respeito de mim mesma? Posso responder essas questões como for, no sentido menos elogioso possível, que ainda assim permaneceria esse arrebatamento. Indo no fundo da questão, agora que estou escrevendo ficção novamente, sinto minha força fluir de mim com intensidade máxima. Depois de uma dose de crítica literária sinto que estou escrevendo pelas beiradas, valendo-me de um único ângulo da minha mente. Isso é uma desculpa; pois felicidade significa usar livremente nossas faculdades. Sou uma melhor companhia, mais parecida com um ser humano. Entretanto, creio que o mais importante nesse livro é ir direto às coisas centrais, mesmo que elas não se submetam, como no entanto deveriam, à beleza da linguagem. Não, não cravo meu brasão diante dos Murry, que cavoucam a minha carne como um bicho-de-pé. É irritante, até degradante, sofrer com essas amarguras. Mesmo assim, pensemos no século XVIII. Só que naquela época eles eram abertos, & não secretos, como hoje. Prevejo, voltando a *As horas*, que será um esforço dos demônios. A estrutura é tão estranha & tão magistral. Tenho constantemente de retorcer minha essência para fazê-la caber. A estrutura com certeza é original, & me interessa imensamente. Gostaria de escrever sem parar, com muita rapidez & intensidade. Mas desnecessário dizer que não há como. Em três semanas estarei seca.

Depois de fazer essa confissão bastante inadequada sobre a alma, agora posso tratar do corpo – ou seja, do dinheiro & da América & de Mr. Crowninshield.[49] Fui convidada a escrever para a *Vanity Fair* & serei paga, segundo Clive, £25 por cada 1.500 palavras: & recebo £15 do *Nation*; & dois meses atrás estava apregoando artigos de 5.000 palavras por £13 a Jack Squire! Você gosta de estar se tornando famosa? Marjorie [Joad] me perguntou ontem. A verdade é que estou sendo empurrada para o topo, mas muita gente anda dizendo que não irei durar, & talvez não dure mesmo. De modo que volto a sentir que minha velha sensação de nudez é a espinha dorsal da minha existência, & de fato é.

De resto, comentaram na Cornualha & em regiões mais remotas de Weybridge[50] que estamos atravessando uma tempestade de maledicência & que provavelmente estamos inteiramente envolvidos com os assuntos do *Nation*. Na Hogarth House não é o que acontece: já não me sinto tão empolgada com o conteúdo da pasta de L. Mas de uma coisa eu tenho absoluta certeza & por enquanto confidencio ao meu diário – teremos de nos mudar de Richmond & nos instalar em Londres. Conheço tão bem os argumentos que nem me dou ao trabalho de anotá-los. Mas quando as coisas me vêm assim de supetão em geral eu as consigo, porque são aquelas que têm importância para mim. Leonard ainda precisa ser convertido, & meu Deus, a mudança – o horror – as criadas. Mas é a vida – nunca devemos nos assentar por mais tempo do que temos vontade.

Quinta,
28 de junho

Pode até ser a vida; mas duvido que um dia chegarei a converter L. & aqui estou eu frustrada & deprimida com a perspectiva de encarar uma vida desperdiçada & mitigada nos subúrbios, justamente quando pensava que finalmente poderia disparar a toda velocidade. Pois as minhas capacidades jamais tornarão a se acumular novamente depois dos 40. E eu me incomodo mais do que ele por desperdiçar a vida, porque a vida não significa para ele o mesmo que significa para mim. Ah, poder entrar & sair das coisas deslizando com facilidade, estar dentro delas, não à margem delas – eu lamento esse esforço & desperdício. Agora minha noite está perdida porque vou jantar com os Myer. Mas qual será meu curso de ação agora? Realmente, acho que é descobrir exatamente onde quero chegar com isso. Mas metade desse horror é que L., em vez de, como eu imaginava, se solidarizar, apresenta o velho & rígido obstáculo – minha saúde. Não posso sacrificar sua paz de espírito, mas esse obstáculo agora com certeza já está morto & enterrado, & não deveria mais dominar os breves anos de vida que nos restam – ah, deixar que definhem aqui, com todas essas lacunas & limitações! Sempre pegando trens, sempre perdendo tempo, sentada aqui esperando L. chegar, passando horas de pé diante da caixa de tipos com Margery, sem saber de que vale tudo isso – quando, ao invés, eu poderia ir ouvir música, ou ver um quadro, ou descobrir alguma coisa no British Museum, ou me aventurar no meio dos seres humanos! Às vezes simplesmente caminharia pelo Cheapside. Porém agora estou amarrada, presa, inibida. A única coisa que posso fazer é fingir que estou escrevendo alguma coisa importantíssima ou lendo com o objetivo de escrever um livro que nunca escreverei. (Deixo a pena se lançar ao papel como um leopardo sedento de sangue – mas preciso me lavar & me vestir – portanto, nos anos por vir, não olhe com tanta severidade para esse primeiro desabafo, expressão de tantos que ainda não foram ouvidos.) Este é o auge da minha queixa. Ser para sempre suburbana. Eu acho que L. não se importa com isso tanto quanto eu. Mas meu Deus! (não Deus no sentido sério de K.M.),[51] quanto devo a ele! Quanto ele me dá! Apesar disso eu digo, com certeza poderíamos obter mais da vida – então ele não é um puritano, um disciplinador, não aceita ele, por nascimento & educação, uma disciplina drástica de modo cordato demais, ou melhor, com um autocontrole demasiado espartano? Existe, suponho, um elemento muito diferente em nós; o meu lado social, o lado intelectual dele. Esse lado social é muito genuíno em mim. Nem acho que seja repreensível. É uma joia que herdei da minha mãe – um prazer no riso, algo que é estimulado, de forma nada egoísta nem presunçosa, pelo contato com os meus amigos. Então as ideias saltam sobre mim. Ademais, para o meu trabalho, agora quero trocas mais livres, trocas mais amplas – & agora, aos 41, com uma pequena obra já feita, é em parte por convites que eu recebo meu salário. Eu poderia conhecer pessoas. Em Richmond isso é impossível. Ou temos festas exaustivas & muito espaçadas, ou dou minhas saídas frenéticas até Londres, partindo, cheia de culpa, assim que o relógio bate as 11.

Mas hei de pensar que L. está muito sobrecarregado de trabalho: esse estado de coisas deverá durar até o Natal; estar constantemente preocupado é fatal & cruel & só torna mais difícil resolver a questão amigavelmente. De todo modo, eu admito que estou deprimida & frustrada.

Domingo, 8 de julho

Então fomos jantar com os Myer; & hoje é o dia mais quente do ano. & não quero resmungar; depois de ter visto tanta gente – Enfim, se nos mudarmos, só será depois do outono, ou no ano que vem. Enfim, estou satisfeita no momento, ou moderadamente. Estou viva; com bastante energia; fui convidada para colaborar com 2 periódicos americanos, &tc &tc. Não cheguei a dizer que a *Vanity Fair* me convidou & o *Dial* & a nova *Broom* também além do *Nation* & do *Times*, de modo que não tenho como não me achar tão bem-sucedida jornalisticamente falando quanto qualquer mulher da minha época. Mas isso não diz muito. Gostaria de escrever *As horas* com a mesma liberdade & vigor com que escrevinho Freshwater, *uma Comédia*.[52] É estranho como acho árduos os meus romances; no entanto *Freshwater* é pura diversão espirituosa; & *As horas* tem méritos sérios.

Gostaria, entretanto, de colocar agilidade & vida nele. Eu me senti tentada, uma semana atrás, a escrever uma comédia, & ando escrevinhando todos os dias, & acredito que amanhã estará terminada. Porém sinto certa relutância em me forçar a escrever *As horas* de novo. Não importa. Se me entediar, atiro-o na lareira!

A mera ideia de uma lareira é incômoda. Não falo nada sobre o tempo há séculos. De como maio & junho se derreteram numa fina & fria nuvem. Foram meses arrancados do ano. A propósito, ao reler este livro decidi escrever com mais cuidado, & registrar as conversas *ipsis litteris*. É difícil escrever com cuidado, pois estou sempre usando este livro para matar o tempo, preencher o tempo ou acalmar os nervos. Quanto a registrar conversas, não há nada mais difícil. Vou tentar.

Desmond
Janet [Case]   Cena: hora do chá.
Leonard   Sexta, dia 6.
Virginia

Desmond Não posso ficar para o jantar. Não, preciso voltar para minha mãe. Ela agora se tornou uma velha de verdade. Foi atirada 10 metros longe por um táxi &, embora não tenha quebrado nada, perdeu a memória. Fica contando a mesma história sem parar. Só fala do acidente. Vou levá-la para a Ilha de Wight.

Entra Janet Eu estava decidida a vir...
Virginia E a floresta, está linda?
Desmond Os carvalhos estão sendo todos devorados pelas lagartas. Sério, dá para ouvir um bate-bate por baixo das árvores. São as lagartas mastigando. Se comem uma árvore por 3 anos, ela morre.

Janet Ah, que horror! Tomara que isso não tenha acontecido com os nossos carvalhos.

Leonard Bem, Desmond, já resolvemos nossa briga ou não?

V. (*explicando para Janet*)

Eles são rivais, entende. Desmond edita o *New Statesman*. Eles roubam resenhistas um do outro.

Leonard Desmond rouba os meus resenhistas.

Desmond Ah, a briga está completamente resolvida – me diga, quem você tem essa semana?

L. Bertie [Bertrand Russell] & [Robert] Graves.

Desmond Ah, tudo bem. O meu Bertie chega na outra semana.

Depois umas fofocas sobre o *Nation*.

Desmond Leram o segundo número da *Adelphi*? Leram Murry, "Tenho sido um pecador miserável (*imitando, batendo no peito*). Menti, trapaceei. Ri do que eu amo; mas *agora* estou falando a verdade". Parece um pregador missionário. Vi Sullivan no fim de semana. Ele diz que não concorda com Murry. Ele não pertence à corja. Diz que não dá para saber se ele é sincero a julgar só por essa prova. Mas diz que ele é sincero.

L. É a mesma história do John Bull de novo. "Se cada leitor trouxer outro leitor" – & isso logo depois das revelações que ele fez sobre a morte de Katherine![53]

V. Não sou contra a que se abra o coração, mas sou contra quando se descobre que ele é vazio. Murry não tem absolutamente nada para revelar. Mesmo assim, vendeu sua discrição.

Janet Que horror, que horror, que horror! Ele fica falando da morte da mulher? Que horror.

Desmond Mortimer escreveu sobre Katherine esta semana.[54] Mas não foi ao fundo dela. Nem eu.

V. Ouça, Desmond, seja pelo motivo que for, o Falcão fica a cada dia melhor. Nunca foi tão bom. As pessoas falam sobre o Falcão: que leem o jornal por causa do Falcão.[55]

Des Ah, me poupe, Virginia, não era tão ruim assim antes!

mais fofocas entre Desmond & Leonard.

Janet (para mim)

Esqueci agora, terça dia 17 de julho, o que Janet disse. Era um dia quente, eu lembro. Vou tentar outra conversa. Mas foram tantas ultimamente. Tentamos a do velho Birrell na outra noite?

Pessoas: Aug. Birrell. Francis B. Tony B. L. & V.

Cena Elm Park Road, 70: primeiro a sala de jantar com painéis escuros de madeira; depois a biblioteca, um cômodo logo abaixo do gramado de um grande jardim. Livros por toda a volta; regular, livros lado a lado organizados em séries & edições. Autógrafos emoldurados nas paredes. Um era de Lamb. "Mary precisa me deixar – Ela cairá doente. Conte a Forster."[56]

A. Birrell Ah, isso é terrível.

Ele é um homem grandalhão, velho & desmazelado, de camisa azul, cabelo grisalho, sem gravata. Muito vigoroso & viril ao estilo vitoriano.

Fui ouvir Dickens ler em Liverpool (ele distribuía prêmios). Teve de mencionar uma garota chamada Weller – Miss Weller, ele disse: & garanto que lá havia bispos, prefeitos, juízes – todo tipo de gente – & todos explodiram em gargalhadas. Nenhum outro ser humano poderia ter feito isso só de mencionar um dos seus próprios personagens. Quem o visse acharia que era um ator – ou um lobo do mar. Usava um casaco azul; & uma grande gravata de laço – um homem de aparência maravilhosa.

V. (*obedientemente, filialmente*) E Thackeray, o senhor conheceu?

A.B. Não, eu nunca o vi.

V. (. " ") O senhor deveria escrever suas memórias.

A.B. Pelo amor de Deus, não.

F.B. Leio todo tipo de biografia – todas as infâncias, pelo menos.

A.B. (*que de algum modo tinha começado a falar dos Harmsworth*) Eu conheci Alfred, o pai – um advogado do Old Bailey[57] – um camarada simpático, que *talvez* tivesse bebido além da conta – talvez. Bem, ele era vice-presidente de um clube q. se reunia em St. Johns Wood, o Eyre Arms, eu acho, como o chamavam mesmo? O Sylvan, porque eles se encontravam numa floresta – & eu ia algumas vezes & debatíamos – todos jovens rapazes. Uma noite caminhando pelo aterro encontrei Alfred, que estava um pó, se estava! Vou morrer, disse, & não fiz nada. Vou deixar minha mulher & seis filhos (acho que foi o que ele disse) & não fiz nada. Bem, eu tive um momento de inspiração. Meu caro camarada, falei, você fez a única coisa que podia fazer, & não se preocupe, lhe dou minha palavra que um dos seus rapazes se sairá bem. Vão cuidar da mãe deles, falei; & depois nos despedimos. Ele morreu em quinze dias. E dito & feito, o grande Alfred ganhou a vida & sem demora fez fortuna, & cada centavo ia para a velha senhora. Uma noite uma caleche me salpicou de lama dos pés à cabeça em Piccadilly, & lá estava a velha senhora, sentada com peles sobre o joelho, dois cavalos, seguindo para Berkeley Street. A mãe dele sempre vinha em primeiro lugar. Quando os conheci, a casa inteira cheirava à carne de carneiro fria & botas. Mas pude perceber que mulher formidável ela era. Controlava tudo. E ainda está viva até hoje, & Lady Nth. se casou com meu velho amigo Hudson.⁵⁸

(De alguma maneira começamos a falar dos romances de Hardy; agora ele faz uma mulher confessar na sua noite de núpcias que tem um filho bastardo; ao q. o marido faz as malas & parte para os Mares do Sul.)⁵⁹

A.B. *veementemente* – Vocês são todos umas crianças. Não sabem do que estão falando. Eu faria o mesmo. Faria as malas, pelo menos. Mulher tola! Ela deveria ter contado a ele no milharal – foi algo nojento & tolo de se fazer. Não é uma questão de moralidade. A moralidade não muda. O que muda é a natureza humana.

F.B. Meu caro velho *Pater,* você está falando tolices.

(Eles eram muito afetuosos: Francis o ajudou a endereçar o telegrama para Lady Wimborne corretamente, coisa que acredito que ele não teria sido capaz de fazer sozinho.)

V. Tennyson é um grande poeta.

A.B. Um poeta certamente, mas não um grande poeta. Hallam foi um jumento. Nunca esquecerei seu telegrama para Eleanor: Faleceu em paz às 3h45. Gostava do livro de Austin. Hallam carregava a mãe nas costas. Achavam isso tão lindo. De modo que nunca teve profissão & nem queria ter. Era um preguiçoso. Tennyson era uma criatura bastante direta – não gostava de segundos casamentos. Nem de Lionel ter morrido no mar – não havia nenhum pedaço de terra para visitar – umas visões muito antiquadas, convencionais.⁶⁰

(Contou a história de Ellen Terry correndo pelo quarto nua, & Watts indo a Harcourt & dizendo "Aquilo me assustou". "Pois eu não teria me assustado", disse Harcourt, em tom muito alto & franco.)[61]

Tony Birrell, com uma voz aguda de entonação descendente, pisca muito, é pálido, usa óculos & desaparece subitamente para vagar pelo jardim a sós:

Recebi uma carta de Hester outro dia. Ela vinha para cá, mas o automóvel quebrou! (como se isso fosse uma notícia surpreendente.)

F.B. Tony, você que cuida das bebidas, não é?

Tony vai até o aparador & remexe por ali.

No fim A.B. me deu o *Corsica* de Boswell & escreveu "para Victoria Woolf...", Mais tarde me escreveu para desculpar-se.[62] Uma noite interessante, extremamente vitoriana, bem provida de bebidas & charutos & tapetes & cadeiras de couro. O velho B. é um verdadeiro contador de histórias & já teve seu auge: foi uma figura importante na alta sociedade, mas continua sendo não conformista;[63] não é, na minha opinião, um escritor muito sério, mas um bom vitoriano, um homem de letras humano em todos os sentidos, banhado pelo sol de diferentes tipos de vida, de uma maneira como não somos hoje – advogado, político, ensaísta. Está ansioso para escrever para L.

Pessoas: *Vivien Eliot, Tom; chá da tarde de domingo.*

Tom Ponha conhaque no seu chá, Vivien.

Não, não, Tom.

Sim. Você precisa. Ponha uma colherada de conhaque no seu chá.

Vivien Ah, está bem – não quero.

V. Uma pessoa não gosta de tomar remédios na frente dos seus amigos.

L. E quanto àquela grande questão – a *Adelphi*? O que há para se dizer?

Vvn. Verdade, o quê? (ela está muito nervosa, muito pintada, muito empoada, é a primeira vez que anda de carro, exageradamente vestida, talvez.)

Tom Fiz uma nota na *Criterion*. Não entendo essa questão de Wells & da vida – essa confusão de que a literatura não é vida.[64]

V. Você irá escrever?

Tom Ah não. Murry agora está pela primeira vez à vontade. Está na companhia que o agrada.

Vivien Estou morando entre ele e Mr. Joyce. Mr. Joyce é muito simpático.

Tom A mulher dele também é muito simpática – & os filhos. Giorgio está no estrangeiro, no Banque Generale (ele pronuncia as palavras em francês com enorme cuidado & orgulho).

V. Estou compondo seu poema. É um bom poema.

Vivien Bom como o diabo, foi o que a senhora disse?

V. Bem, a senhora enfeitou o que eu disse. Mas é mesmo um poema bom como o d---o.[65]

Cetera desunt.

Minha impressão é que eles estavam nervosos, comparavam-se conosco, & gostaram de nós & do nosso ambiente. E no carro de volta para casa, arrisco que Vivien disse, "Por que não podemos nos sair bem como os Woolf?". Creio que queriam que sentíssemos que estamos em harmonia com eles. Certamente estavam mais alegres, mais carinhosos.

Domingo, 22 de julho

Muitas conversas para registrar: jantei com Mortimer & Schofield Tayer na outra noite & fui com eles até a Mary.[66]

Mortimer é de Oxford, & portanto não lhe é tão fácil colocar-se em bons termos com um Sebastian [Sprott], por exemplo. Ele é todo arestas & lustro. Usa um colete branco com cauda; almeja o brilho & não a intimidade, é meio dândi.

M. É muito melhor escrever resenhas do que romances de segunda categoria.

L. Não concordo.

V. Eu preferiria a boa crítica literária.

S.T. Com certeza seria muito melhor se Rebecca West escrevesse crítica.[67]

Era um americano cabeça-dura & cheio de dedos, editor da *Dial*. Como Mortimer, compra pintura moderna; tinha conhecido Roger em frente à Nat. Gal. [National Gallery] & disse, "Sem dúvida é o senhor, Mr. Fry? Tenho uma vantagem sobre o senhor, Mr. Fry: eu o conheço por suas caricaturas" &tc.

Mas a conversa era demasiado formal & convencional para transcrever aqui; ou eu não sou capaz de fazê-lo; deixe-me ver, como foi mesmo?

A *Adelphi* foi criticada.

A escrita de Murry foi criticada. Tentamos explicar por que não gostávamos dos contos de K.

M. Antes eu tinha um camareiro que servia a mesa, agora tenho apenas uma velha senhora.

V. Mas isto está uma delícia (frango com molho). E que maravilhosas – essas frutas chinesas trazidas de Veneza.

Um bom relato de T[hayer] sobre seu voo.

S. T. O piloto disse que n. íamos partir. A empresa tinha vendido três assentos em vez de dois. Mas eu tinha retirado minha passagem 10 dias antes. Fui inflexível. Deixaram parte da bagagem para trás. Um homem levou seu cachorro-salsicha. Mas notamos que havia sobrecarga. Então sobrevoamos uma tempestade. Ao se inclinar, dava para ver os raios riscando nossos rostos. Foi terrível. Olhei para meus pés. Um homem não parava de ir a um canto & vomitar. Outro não parava de dizer, Isso não é bom, Isso não é bom. E todos sabíamos que havia sobrecarga. De repente as turbinas pararam. O avião começou a cabecear para baixo & para cima. A qualquer momento esperávamos que aquele negócio caísse. O cachorro estava calmíssimo. Então depois de 10 minutos as turbinas começaram a funcionar novamente. As cidades mais pareciam a alça desse saleiro. Não, nunca mais. E o piloto disse que estivera pilotando com uma mão enquanto tentava resolver as coisas com a outra & que de repente tocou a alavanca certa por acaso, & a turbina funcionou. Mas poderíamos ter nos estatelado no chão.

Sábado,
28 de julho

Esses dias antes de partir, como faremos na quarta, são tão dispersos que não se lê escreve vive nem pensa seriamente. Variáveis como um barômetro às mudanças fíquicas,⁶⁸ meus sentidos esvoaçam & se encrespam & não consigo fazê-los trabalhar porque de alguma maneira eles captaram o boato de uma mudança para Sussex. Sim, tenho perambulado (para parodiar o Tenho vagado, que ouvimos em *Tancred*, a peça de teatro insuportavelmente enfadonha de Mrs. Lyttelton na outra noite),⁶⁹ perambulado demais para a saúde dos meus cinco sentidos. Logo eles começam a zumbir. E mais logo ainda eu me vejo sem assunto, uma espectadora desiludida, de Clive, Mary & Mortimer, da grande festa de Mary, do velho Roger & da velha Margery [Fry], de Tidmarsh com o filhotinho de gato Rylands, que beira o albino.⁷⁰ Entretanto também gostei dessa primeira metade do ano, que em toda a sua agitação me manteve em movimento constante. Gosto disso; por mais agitado que seja. Saltei meus obstáculos, como eu costumo dizer, & fui recompensada pelos meus esforços com uns bons galopes. Também tenho de me relembrar que riscos implicam em quedas. Existem acontecimentos que me inquietam. Ando rabugenta, exigente, animada & mal-humorada. Nesses termos gerais eu me refiro a um certo grau de vida social: algo que nos impulsiona a levar uma vida mais tempestuosa do que a do ano passado, eu acho. Nunca se acomodar, esse é o meu princípio na vida: & tento colocá-lo em prática, mas arriscaria dizer que permanece mais na teoria do que na ação. Minha teoria é que aos 40 ou aceleramos o ritmo ou o diminuímos. Nem preciso dizer qual deles eu desejo. Mas, para ser justa, minha atividade também é mental. Estou trabalhando em coisas variadas & com intenção. Consegui escrever o capítulo sobre Chaucer; & avancei em *As horas*, & preencho o espaço livre com leituras "sérias" para meu livro, lendo com uma caneta & um caderno. Isso me estimula a sentir que toda essa leitura tem um objetivo em vista. Daqui a cinco anos, terei arrancado um bom livro delas, espero; uma estátua grosseira, mas vigorosa, que será a prova, antes de eu morrer, do imenso prazer & diversão que o hábito da leitura me deu. E vou trabalhar duro, duro, duro, em todos os sentidos, em Rodmell. Vou enfrentar esses meus antigos ensaios, & ver se com algum tratamento drástico & espirituoso podem valer uma reimpressão. Preciso de coragem & determinação, eu acho – para dizer o que penso, sem medir palavras. No momento eu me sinto razoavelmente livre de influências externas: Eliot, ou quem quer que seja: & isso eu devo prezar, pois se eu não for eu mesma, não sou ninguém. Quanto à editora, terminamos *Tom*, para nosso grande alívio. Sairá em agosto pelas mãos de Marjorie; & juntas trabalhamos a todo vapor desde maio. & estou convencida de que essa é a raiz & a fonte & a origem de toda a saúde & felicidade, desde é claro que uma pessoa conduza o trabalho como um homem conduz um grande cavalo, com mão enérgica & independente; não como um escravo, mas como um homem com esporas nos calcanhares. De modo que não me forço mais a ler contra a minha vontade. Tornei-me epicurista na meia-idade. Entretanto é preciso certa compulsão para o capítulo grego, que preciso investigar em Rodmell. Também farei explorações – tomarei um ônibus para passear pelos *downs* um dia – & ver Steyning, & Arundel, & assim por diante. Lamento muito não ter visto Windsor esta primavera. Mas pelo menos encomendei minha gramática do francês. Quanto aos planos, preciso escrever imediatamente um diálogo sobre Conrad: de modo que preciso ler para isso também.[71] Fama? Então Clive não está escrevendo um ensaio sobre mim? E Bunny não me elogiou no *Dial*? E a Madame Logé não propôs traduzir *A viagem*? – Mas a fama "chega devagar aqui".[72] Nunca sou elogiada, a não ser por meus contemporâneos ou pelos jovens. Quando Wells escolhe novos escritores, me ignora. Todavia há muitos outros assuntos importantes a discutir em Rodmell: o *Nation*; o trabalho de L.; a Hogarth House. Nessa, ontem à noite, sentada na praça, recomendou Haverstock Hill.

[Rodmell]
Segunda,
6 de agosto

Arruinei o trabalho da manhã assando pão & bolinhos de passas, que exigem constantes idas à cozinha. O demônio então sugere que eu leia *As horas*. Escasso, fraco é o que me parece (lido nessas circunstâncias). Meu consolo é que posso atacá-lo como eu quiser; & se ainda assim sair ruim, à lareira com ele. Porém tampouco acho que seja completamente ruim. Sempre que ocorre uma brecha na minha satisfação, todas as críticas depreciativas se enfiam aí; as boas ficam de fora, maldosamente.

Fomos a Charleston ontem. Apesar de nos termos em alta conta, não fomos bem recebidos pelos pintores. Ficaram ali sentados como crianças assíduas fazendo uma tarefa num quarto – Roger, Nessa & Duncan; Roger numa cadeira em primeiro plano; Nessa no sofá; Duncan na cama. Diante deles estava um vaso de flores, & uma cena de natureza-morta. Roger realçava sua flor azul com tons muito vivos. Por algum motivo, a conversa não era muito amistosa. Desconfio que fui insolente &tc. Clive estava sentado junto à janela da sala de estar lendo Dryden.

Uma edição muito boa – quero fazer umas perguntas a seu marido – Será que ele aceitaria escrever um artigo... V. Ah, eu achei seu artigo sobre Lytton muito bom... Van. O chá está servido – V. O que faço com meu cigarro? Malvas-rosas, decapitadas, nadavam numa tigela; havia um pão para o chá & uma longa fatia de bolo. Não posso deixar de achar que Roger se tornou meio briguento com a idade. Suas mágoas o atormentam; ele fala demais delas. Depois do chá, Angelica fez um chá de bonecas na janela, & bateu em Clive, & quando ele chorou, saiu correndo por iniciativa própria para lhe apanhar uma flor – um gesto feminino & sensível. Ela é sensível – não gosta que riam dela (como eu faço). Disse que queria uma "tiara" no cabelo. "Não ria de mim" falou, petulante, para Roger. Eu deveria dizer que o tempo está perfeito, suave como uma almofada, azul até o âmago. Um grupo de gospel acaba de montar sua tenda aqui perto, & na outra noite 10 jovens cantaram hinos religiosos a plenos pulmões... Mas estou deixando minha cabeça vagar até *As horas*. Ora, é estranho que não tendo dom para escrever romances isso me absorva tanto – não sou capaz de diagnosticar meu próprio caso – o que me faz lembrar que comecei a revisar meus velhos ensaios, & me sinto muito caridosa com esse lado das minhas faculdades. Leonard está, no momento, começando mais uma vez seu livro,[73] em que não toca desde o Natal, eu arriscaria dizer.

Sexta,
17 de agosto

A questão que quero debater aqui é a questão dos meus ensaios, & como transformá-los em livro. Veio-me a brilhante ideia agorinha de inseri-los numa conversação tipo Otway. A principal vantagem seria que então eu poderia comentar & acrescentar o que fui obrigada a deixar de fora ou não consegui inserir, p. ex. aquela sobre George Eliot com certeza necessita de epílogo.[74] Além disso, ter um cenário para cada um "formaria um livro"; & reunir ensaios é do meu ponto de vista um método pouco artístico. Mas por outro lado isso talvez seja artístico em excesso: pode aniquilar-me; tomará tempo. Todavia eu gostaria muitíssimo disso. Pastaria mais perto da minha própria individualidade. Mitigaria o aspecto pomposo, & de uma varredura acrescentaria toda sorte de trivialidades. Creio que me sentiria mais à vontade. De maneira que acho que é preciso fazer a tentativa. A primeira coisa a ser feita é preparar um certo número de ensaios; – poderia haver um capítulo introdutório. Uma família lendo os jornais. O negócio seria envolver cada ensaio em sua própria atmosfera. Atirá-los em uma correnteza de vida, & assim dar forma ao livro; destacar alguma frase principal – mas que frase seria, só poderia descobrir lendo-os novamente. Sem dúvida o principal tema é a ficção. De todo modo, o livro deve terminar com lit. moderna:

6 Jane Austen
5 Addison
14 Conrad
15 Como impressionar
um contemporâneo
11 Os russos
4 Evelyn 1620
7 George Eliot
13 Ensaios modernos
10 Henry James
Reler romances
8 Charlotte Brontë
2 Defoe 1661
12 Romances modernos
Gregos
9 Thoreau
Emerson
3 Sheridan?
2 Sterne?

Em ordem cronológica
Montaigne.
Evelyn.

Defoe
Sheridan
Sterne
Addison
Jane Austen
Ch. B.
George Eliot
Os russos
Os americanos
Thoreau
Emerson
Henry James
Ficção moderna
Sobre reler romances
Como imp. um contemp.

1a Velhas memórias
Essas são as orientações de modo geral.
Suponhamos que se comece com as velhas memórias.
Tenho material sobre a "House of Lyme", Fanshawe
e as cartas de Boswell.[75]

    1 Velhas memórias

Sábado,
29 de agosto

Tenho guerreado eternamente & por tanto tempo com *As horas*, que está se provando ser um dos meus livros mais sedutores & insubmissos. Partes são tão ruins, partes tão boas; estou muitíssimo interessada; não consigo deixar de criá-lo ainda – ainda. O que acontece com ele? Mas quero me dar um refresco, não me paralisar, de modo que não direi mais nada. Só preciso observar esse estranho sintoma; uma convicção de que devo prosseguir, ir até o fim, porque escrevê-lo me interessa.

Clive & Mary chegaram. Além de Nick [Bagenal]; & Mrs. Jones; & também fomos a Seaford. Um estranho instinto me dizia que não existia um Mr. Jones. Quem então poderia ser Hugh? É filho de Philip Morrell.[76] De modo que esse quebra-cabeça montou-se da maneira mais estranha possível. Mrs. J. é envergonhada demais para ser uma viúva. Não tem um passado a deplorar – tem um futuro inquieto, do meu ponto de vista. O menininho tem estranhos olhos azuis – mas não se parece em nada com o velho carneiro. O carinho de Nick por Barbara é muito evidente. Graças aos incríveis méritos dela, as pessoas importantes, nas quais ele ainda acredita, o admitem em seus círculos. Ele trouxe várias peras & um melão. Esse melão, Molly Hamilton comeu. Ela estava despenteada pelo vento & afogueada. É uma puta, mas nada amargurada. É corajosa; tem controle de si. Enfrenta mais coisas toda noite do que eu em um ano inteiro. Obviamente seu toque não é sensível; é bastante vigoroso até, & como costumo dizer, ela retira a graça de qualquer coisa que lhe caia nas mãos. Noto isso nas descrições que faz. Nunca parece desfrutar completamente da companhia das pessoas. Mas me admira. Fui "gentil" com ela, é verdade; muito simples, sem afetação, sem fazer nenhuma tentativa de me impor. Mas enfim, talvez ser brilhante seja mais divertido. Não se pode condenar isso totalmente: tem mais alcance.

Clive agora tem um ovo – um ovo de peru – no lugar da cabeça – está bastante careca, desavergonhadamente careca; jamais um fio de cabelo voltará a crescer ali. Mary estava encolhida; infantil, nada brilhante, não escutou quando li minha peça de teatro, mas estava muito ansiosa para dizer a coisa certa. Idolatra seu canário. Pressionou-me a escrever sobre ele. Que ponto de vista eu assumiria – sobre essa última fase por exemplo, a byroniana? Trouxe chocolates; usava um vestido de alpaca cinza justo, com grandes botões, & empoava-se sem parar na sala de estar. Não consigo escrever nenhuma conversa *ipsis litteris*; mas vou tentar de novo. Conversamos sobre a deterioração:

Quinta,
30 de agosto

Fui chamada, creio que para cortar a lenha; precisamos cortar as toras para o fogão, pois nos sentamos no chalé todas as noites, & minha nossa, que vento! Noite passada olhamos para as árvores do campo, que eram atiradas de um lado a outro, & tamanho era o peso de folhas que cada investida parecia ser o fim. Porém esta manhã só havia umas poucas folhas no chão, caídas do limoeiro, aqui & ali.

Li um capítulo muito branco-leve-pudinzinho-de-arroz do livro de Mrs. Gaskell à meia-noite na ventania, *Wives and Daughters* – mesmo assim creio que deve ser melhor do que *Old Wives Tale* [livro de Arnold Bennett]. Veja, é que estou pensando furiosamente sobre leitura e escrita. Não tenho tempo para descrever meus planos. Eu devia falar sem parar sobre *As horas,* e minha descoberta; como escavei lindas cavernas atrás dos meus personagens; acho que isso me dá exatamente o que eu preciso; humanidade, humor, profundidade. A ideia é de que as cavernas se conectem, e cada uma venha à luz no momento presente – Jantar!

Quarta,
5 de setembro

Chegou a costumeira meia hora para preencher antes do jantar, & com uma tal massa de coisas que seria capaz de estourar um dia inteiro. K.M. costumava escrever o dia todo, segundo me disse; pobre

Katherine, estou sempre inclinada a dizer coisas desagradáveis a seu respeito, por um motivo ou outro: é a *Adelphi*, suponho. Nosso fim de semana teve Francis Birrell & Raymond Mortimer. Leonard diz que F. já tem três quartos da altura de um adulto; Tony ½. F. despeja o conteúdo de sua cabeça como um garotinho bonzinho; não para nunca de falar – E qual era o assunto?

Os Tennyson & a mãe dele; a minha mãe (Os B.[irrell] não gostavam muito dela: cultuavam Minny), o pai dele; as tias & assim por diante.[77] "Como eu gostaria de ter tias distintas", disse Mortimer.

Está mais do que claro que ele não tem. É um mestiço curioso. Um jovem de Oxford, inclinado à inteligência, à elegância & à cultura. Sua alma se inquieta com as pessoas de Cambridge. Envergonha-se um tanto visivelmente. Não se pode ter certeza do quanto se gosta dele. Ele lisonjeia. Não é muito simples, cândido nem conversador, como o tagarela do F., que é claro como a luz do dia.

Meu pai é advogado – mora em Exmouth, & na verdade continua solteiro desde a morte de minha mãe. Ela morreu quando eu era muito pequeno. Não, eu não me incomodo nem um pouco de ser filho único. Sou muito feliz. Nunca olho para a frente. Se eu ganhasse dois mil por ano, não escreveria nada. Compraria quadros & viajaria.

Conversamos sobre escrever romances no monte de Asheham. Ele tinha lido V.O. [*A viagem*] assim que saiu; & o achou extraordinariamente bom. Já *N.[oite] & D.[ia]* ele de início não conseguiu engatar, mas agora terminou. O *Q.[uarto] de J.[acob]* é o romance contemporâneo mais do seu agrado. Mas ele mesmo é incapaz de escrever romances. Não vê por que deveria; não tem nenhuma originalidade.

Gosta mais de pintura, talvez, pois na pintura existe Picasso & na literatura ninguém à altura dele.

"Os homens do paleolítico devem ter vivido aqui. Levavam uma vida extraordinária", concordamos no vale de Asheham. "De vez em quando os inteligentes se davam conta de que eram humanos." Ao mesmo tempo conversávamos sobre Clive Bell, que tinha vindo para o almoço & falara sem parar. Tenho idolatria por Bloomsbury, disse Raymond (já tínhamos deixado de lado os pronomes de tratamento). "Ele me parece um homem perfeitamente feliz & progressista. É inteligente, mas não deixa de desfrutar da vida." Eu disse, "Apesar disso ele renunciou a bastante coisa – a seu grande livro, por exemplo. E sua felicidade em parte não passa de pose". Mesmo assim, admiti que era um bom camarada – saiu-se muito bem. Depois, Vanessa. "Tem uma voz tão linda, & também é linda de se ver. Sua personalidade também é bastante impressionante", disse ele. Em resumo, "Não pode imaginar o que foi para mim ter conhecido Bloomsbury. São seres humanos diferentes de quaisquer outros que eu poderia ter imaginado". Hoje recebi o que considero uma bela, acho, carta dele. "Pareceria exagerado se lhe dissesse o quanto desfrutei da minha visita... Sinto-me extraordinariamente lisonjeado, & mais do que lisonjeado pela sua amizade, & só espero que quando vir mais além do meu engenho & se sinta absolutamente enfastiada com ele, não se enfastie comigo também. De todo modo, Floreat Bloomsburga!" Tudo isso acerta na mosca; as minhas reservas & dúvidas, a timidez & a lisonja dele? – chamemos isso de "entusiasmo".

Passou-se boa parte do tempo discutindo assuntos do *Nation* – a briga com Desmond; & a posição deles como resenhistas. L. está tentando fazer Bertie

& Clive se juntarem a ele & deixarem suas posições claras. Sem dúvida o *Nation* gera muitos mosquitos ao nosso redor. Esta semana foi Molly, que se recusou a assinar seu artigo.[78] E estou ligeiramente decepcionada com a recepção da minha conversa com Conrad, que foi basicamente negativa – ninguém a mencionou. Acho que nem M.[ortimer] nem B.[irrell] gostaram. Não importa; a decepção é sempre o tratamento mais revigorante para mim. Deveria-se tomar uma ducha fria (& em geral se toma mesmo) antes de começar um livro. Isso revigora; faz com que se diga "Ah, tudo bem. Escrevo para agradar a mim mesma", & depois seguir em frente. Também tem como efeito tornar meu estilo mais definido & sincero, o que imagino ser positivo. Enfim, comecei pela 5ª & última vez, juro, o que agora será chamado de *O leitor comum*, & esta manhã escrevi a primeira página razoavelmente bem. Depois de tanta aflição, é estranho como, assim que começo, um novo aspecto, em que não pensei nesses 2 ou 3 anos, torna-se imediatamente claro; & empresta uma nova proporção a todo o conjunto. Para resumir, irei investigar a literatura com o intuito de responder a certas questões sobre nós mesmos – As personagens devem ser meros pontos de vista: deve-se evitar a personalidade a todo custo. Tenho certeza de que minha aventura com Conrad me ensinou isto. Basta especificar cabelo, idade &c, que algo frívolo, ou irrelevante, entra no livro – Jantar!

Terça,
11 de setembro

Aqui estamos nós, de volta de The Knoll, Studland.[79] Calculamos que teríamos chegado na França em menos tempo; calculamos isso em Charleston na semana passada (numa tarde quente de setembro, em que as crianças colocaram o filhotinho de gato numa árvore morta que Duncan carregava de um lado a outro como se fosse uma árvore de Natal; & depois li minha peça de teatro, & depois fiquei empolgada, & depois voltamos de bicicleta para casa – todas essas coisas eu gostaria de lembrar). Quis observar Lydia como um modelo para Rezia; & consegui observar um ou dois fatos.[80] Fazia muito calor em Lulworth, & nos sentamos numa varanda com o sol batendo nos olhos na hora do chá. De repente ela se irritou, franziu a testa, reclamou do calor & pareceu prestes a cair no choro, exatamente como uma criança de seis anos. Ficou preocupada em saber o que Leonard quis dizer quando a colocou comigo no grupo dos "bobinhos". Significa que vocês duas podem ser derrotadas, disse Maynard. Maynard agora está bastante gordo & corpulento, principalmente quando fica de pé na frente da lareira & enrola seu robe de estampa de onça bem apertado ao redor dos joelhos. Eu o olhava com o olhar bastante crítico do bom M. Murry (o 4º número da *Adelphi* foi dedicado a criticar Mortimer & Bunny). Agora ele tem a estranha aparência de uma enguia inchada, nada agradável. Mas os olhos são notáveis, & como eu disse com sinceridade quando me deu algumas páginas de seu novo livro para ler, o raciocínio ali revelado está tão acima do meu quanto o de Shakespeare.[81] Está bem, não respeito esse livro tanto assim. Mas continuando. O poeta Rylands estava lá, além de Mortimer. O cabelo de Dady (ele se tornou Dady às 10 da manhã de segunda na estação de Poole) é exatamente da cor & consistência da casca da palha – aquele filme fino & reluzente que rasgamos do caule da palha. Acrescente a isso um terno de tweed azul cor de centáurea, o rosto corado como uma maçã & olhos azuis & temos – bem, para mim uma mera centáurea, mas para Raymond o rapaz mais inebriantemente belo que se possa imaginar. Infelizmente (para R.), Dady não compartilhava a mesma opinião. Sendo um Cambridge típico, considera R. nada mais que um "oxfordiano bastante inteligente". L. tende a concordar; chega até a chamar R. de "nojento". Ele deu palmadinhas em Dady, abraçou-o quando ele se sentou no chão, elogiou sua beleza na sua frente; & é preciso concordar, eu acho, que todas as exibições do sentimento de s----- têm qualquer coisa de bobo, de piegas, embora eu não saiba exatamente o quê.[82] Enfim, R. estava com o nariz congestionado, & seu nariz é o pior traço de seu rosto, com a ponta quadrada, como algo que precisa ficar de pé numa mesa. As feições dele não são bonitas; o cabelo é escuro; & seu comportamento é ora estudado ora adulador demais. Apesar disso, gostei mais dele nesse fim de semana do que no anterior. Esses eram os integrantes do nosso grupo. Eu estava interessada em observar, sem me importar muito, como na verdade vem acontecendo com mais frequência que o contrário hoje em dia, em chamar a atenção. Primeiro, porque estamos tão velhos agora; & os jovens têm um respeito tão explícito. Fomos de carro até Lulworth no domingo, ou melhor até Warbarrow, que subimos a pé, & passeamos pelos *downs* por 5 milhas. Meus sapatos interferiram bastante no meu prazer. Mas pensei no ano de 1830, & em como a maior parte da Inglaterra tinha a aparência daquela costa, baías com terras desocupadas em torno, nada além da guarda costeira & casas cinzentas, & barcos a remo seguindo em direção a pequenos navios – E então tive uma ou duas visões que sem dúvida guardarei comigo por alguns anos & depois hei de usar: as urzes vermelhas & a água; o aspecto mediterrâneo – mas falando nisso, preciso me lembrar de como minha sensação transitória de fim de semana curiosamente condicionou tudo isso: como se eu estivesse observando algo isolado, a partir de um trem. A água transparente emocionou-me muito, mostrando as pedras pálidas como águas-vivas por baixo. Lulworth, é claro, era só *skittles*[83] & homens jogando num jardim; & pessoas desfilando em frente a um muro que, tal como um muro italiano, cerca o promontório. Uma estranha névoa desceu, de modo que não conseguíamos ver nada distintamente: apenas contornos. Então paramos, Maynard feliz de ser o mestre de cerimônias eu acho, na abadia de Bindon, logo depois de termos visto o velho solar onde Tess dormiu, ou viveu.[84] Em Bindon, Lydia se deitou com seu casaco rosa com peles brancas no túmulo de um bispo – uma espécie de tanque enterrado na areia no caminho até o calvário, & levantou-se com folhas grudadas na sua capa. Ficou deitada imóvel, fingindo-se de morta, as pernas musculosas de bailarina cobertas de meias-calças brancas estendidas com as solas dos pés tocando-se, & Maynard & eu de pé ao lado dela. No que pensaria? Em Maynard, & na morte dela, & no que aconteceria depois? Deus sabe. Bindon é pura grama & árvores & longas extensões de água, como as de Hampton Court. Sentamos no monte do calvário, onde já não havia cruz, & Maynard falou sobre o homem paleolítico & uma teoria interessante sobre a idade do homem – como o início da história, lá pelo ano 5.000 a.C., é apenas o início de outra volta da mesma corrida; outras, muitas outras, foram corridas antes & apagadas pelas eras do gelo. Enquanto isso, Raymond passeava com seu Dady pelas trilhas perto dos lagos de peixe. É um lugar romântico & úmido; que talvez eu jamais volte a ver novamente, como eu disse a L. Tive a estranha sensação de como é esquisito descobrir lugares desconhecidos como aquele no interior, longe do litoral. Não consigo expressar essa sensação agora. Talvez eu me sinta encorajada por Proust a sair em busca & identificar os meus sentimentos, mas sempre senti esse tipo de coisa em grande profusão, a diferença é que nunca tentei capturá-las, ou talvez me faltasse habilidade & confiança. Voltando: – Dady tem uma maneira insinuante de agradar senhoras com idade para serem sua mãe. Insinuou que poderia trabalhar na editora. A mania de editar tomou conta dele & de Sebastian.[85] & pelo visto poderíamos agora abrir uma filial em Cambridge; – ele perguntou, discretamente, pois não é categórico & sente-se muito feliz, eu acho, com todos os seus interesses & êxitos, & nenhuma inibição & boa saúde, & dinheiro em perspectiva, & um editor que publique seus poemas, & mais um ano em Cambridge, & uma possível carreira como professor & tudo o mais – ele perguntou discretamente se poderia se hospedar conosco nas férias & pagar a estadia trabalhando na editora. Então veja como o futuro se ramifica & se amplia: quero dizer, existem trilhas na floresta; estradas que levam à esquerda & à direita & que até então permaneciam ocultas.

Estava quente & prosaico em Londres. Comprei porcelana na Heal's & almoçamos com Hubert H.[enderson] – um homenzinho irritável, nada valente, vagamente à procura de ofensa, desconfiado, eu acho, da nossa vitalidade superior, & ansioso por elogios, que eu, sendo sincera na ocasião, não pude lhe dar. Deveria ter ficado em Cambridge, coisa que eu desconfio que agora ele comece a pensar. Não é a personagem que eu imaginava. Depois que passa a empolgação da aventura, ele sente dificuldade de se manter animado. Maynard é seu apoio. Bloomsbury sua praga. Quer artigos fáceis & encantadores, como a série de Molly sobre a infância.

Qualquer bom artigo, disse L., está sujeito a ser amado ou odiado com intensidade.

H. H. não concordou muito com isso. Achava que podiam ser apreciados por todos. Ficou frustrado com Lytton, que cobra £40 por 15 mil palavras, & parece que também comigo. Se deixassem, logo transformaria o *Nation* em uma *Westminster Gazette*. Mas não vou fingir que me importo profundamente com isso. Infelizmente, Desmond apelou para a rispidez, & L. está com F.B.[irrell], a quem precisa garantir £150 p. a. [por ano]. Mortimer, creio, aterrissou em segurança, mas de maneira um pouco inglória, no lado da *New Statesman*. E Bertie [Russell] disse que vai pedir demissão.

Terça,
18 de setembro

Dia que Leonard passa em Londres, & tendo 30 minutos antes de ir encontrá-lo posso muito bem escrever aqui. Tivemos visitas – Lytton & os Partridge, de surpresa; depois Nessa & Duncan; depois Morgan no fim de semana. Há momentos em que não quero ver ninguém; outros em que me delicio até com a mais comum das lesmas animadas. Agora estou cansada de tanta conversa & portanto não consegui aceitar bem a companhia dos amigos, como deveria. Apesar disso, que bons, amáveis, ternos & inteligentes somos nós todos! Eu me lembro sobretudo de estar sentada contra a parede do pub com Duncan conversando sobre sua pintura. Ele disse que estava tentando simplificar; deseja, eu acho, expressar algo bastante abstrato de modo simples. Sua própria beleza agora lhe parece algo insignificante. "Nessa é uma artista feliz", ele disse no ônibus (eu continuei até Lewes).

Sou uma artista idiota, ela disse. Ela não passa por nenhuma dessas mudanças. Não reflete sobre as coisas. Às vezes me sinto disposta a não pintar por um longo tempo. Suponho que ele seja um intelectual, como suponho que eu também seja; enquanto ela é mais instintiva. Porém ela também muda. Eles reparam em velhas & bebês o tempo inteiro. Ficamos na High Street & vimos um homem sair do White Hart, com o cabelo tão raspado quanto um condenado, usando um chapéu-coco cinza & conduzindo um cavalo malhado que marchava. Duncan não foi capaz de imaginar a vida que ele levava. Então voltei a pé para casa. Nenhuma conversa muito interessante com Lytton. Ele saltou sobre nossos livros. Oh, livros, livros! exclamou, & levou embora o *Oxford Circus* de Mortimer.[86] A fama lhe trouxe autoconfiança, roubou-lhe, acho, parte do seu charme, & o transformou em uma espécie de força. Agora sempre sinto que suas opiniões sobre sua própria escrita estão apoiadas numa espécie de solidez. Os franceses no monastério tinham se mostrado muito entusiasmados com Racine. Aquilo o reanimou, & assim tornou desnecessário elogiarmos os artigos dele no *Nation*, que não são bons, na nossa opinião.[87]

Muito que bem. Todos envelhecemos; ficamos corpulentos; perdemos nossa flexibilidade & impressionabilidade. Até mesmo Morgan me parece alicerçado em alguma rocha oculta. Ao falarmos de Proust & Lawrence, ele disse que preferia ser Lawrence; mas que preferia muito mais ser ele mesmo. Conversamos sobre os seus romances. Acho que não sou um romancista, disse. De repente eu disse: "Não, acho que não é mesmo", Ah! ele exclamou, ansioso, interessado, sem se magoar. Mas L. negou aquilo. "Não estou de modo nenhum frustrado com minha carreira literária", ele disse. Creio que se convenceu de que tem diversos outros recursos. É distante, sereno, um esnobe, segundo diz, que só lê obras-primas. Fofocamos longamente sobre as criadas. Ele encontrou vespas no molho de hortelã. Isso fez Agnes deixar cair a travessa & sair, deixando a porta da sala de jantar aberta. Mrs. Forster foi fria com ela durante alguns dias. "Ela começará a gritar que vai morrer de apendicite", disse ele. Depois passamos a Miss Grant Duff & a briga dele em Alexandria.[88] Mas está ficando escuro & frio; preciso sair para encontrar L.

Hogarth.

Segunda, 15 de outubro

Esse último registro parece ter sido há tanto tempo. E eu queria registrar, para fins psicológicos, a estranha noite quando fui encontrar Leonard & não o encontrei. Que intensidade de sentimentos se concentrou naquelas horas! Era uma noite chuvosa & de vento; & enquanto eu voltava, atravessando o campo, eu disse, Agora vou encontrá-lo; agora o velho demônio mais uma vez mostrou seu lombo por entre as ondas. (Mas não consigo realmente captar isso.) E tal era a força do meu sentimento que me enrijeci fisicamente. A realidade, assim pensei, tinha se revelado. E havia qualquer coisa de nobre naquela sensação; de trágico; nem um pouco trivial. Então frias luzes brancas atravessaram os campos; & se apagaram; & fiquei parada sob as grandes árvores em Itford esperando as luzes do ônibus. E isso passou; & me senti sozinha. Um homem com um carrinho de mão que caminhava para Lewes olhou para mim. Mas eu estava sendo capaz de lidar com aquilo, ou pelo menos controlá-lo, até que de repente, depois que chegou aquele que era provavelmente o último trem, senti que era intolerável continuar sentada esperando, que eu precisava tomar a atitude derradeira, ir para Londres. Saí caminhando, correndo contra o tempo, contra uma tal ventania; & mais uma vez senti uma satisfação de estar em condição de igualdade com coisas poderosas, como o vento & a escuridão. Lutei; tinha de caminhar; segui adiante; avancei; deixei cair a lanterna; apanhei-a, & continuei de novo sem qualquer luz. Vi homens & mulheres caminhando juntos; pensei, vocês estão a salvo & felizes, eu estou à margem;[89] apanhei meu bilhete; tinha ainda 3 minutos, & então, ao virar as escadarias da estação, vi Leonard aproximando-se, muito inclinado, como uma pessoa que caminha com grande rapidez, em sua gabardine. Estava com muito frio & irritado (o que era natural, talvez). E então, para não demonstrar meus sentimentos, saí da estação & remexi qualquer coisa na minha bicicleta. Também voltei à bilheteria & disse ao homem humano que estava ali, "Está tudo bem. Meu marido apanhou o último trem. Devolva meu dinheiro" & ele o fez. E recuperei meu dinheiro mais para me acertar com Leonard do que porque o desejasse mesmo. Durante todo o caminho de volta conversamos sobre uma briga (por causa dos resenhistas) no escritório; & todo o tempo eu sentia, Meu Deus, acabou. Ficou para trás. Passou. Foi verdadeiramente uma sensação física, de leveza & alívio & segurança: & no entanto havia por trás também qualquer coisa de terrível – a existência dessa dor, suponho, que continuou por vários dias – acho que eu tornaria a senti-la caso voltasse àquela estrada à noite; & ela tornou-se relacionada às mortes dos mineiros, & à morte de Aubrey Herbert no dia seguinte.[90] Mas não consegui entender tudo ainda, de modo nenhum.

Temos lidado com brigas domésticas; uma solução triunfal para nós; pois o médico de Lottie declarou que ela está apta para trabalhar, mas o [nosso] esforço mental seria grande demais para valer a pena. Jantamos em bandejas. Marjorie [Joad] não gosta muito, mas aceita. Marjorie teve uma aventura romântica com Ralph que se transformou num ataque de gripe, como achei que aconteceria. É uma mulher gélida & honesta; preparada para o pior. Gosto do seu bom senso literal, ainda que seu espírito não salte & baile como gostaríamos. O pior nela é a fala arrastada. E o que mais? Minha principal atividade tem sido ver casas. Até agora vi as fachadas de duas. E o problema é difícil. A vontade de morar em Londres é minha, de mais ninguém. Até que ponto essa vontade justifica o peso da mudança, as despesas, os arredores menos agradáveis & tudo o mais? Mas vou seguir adiante sem me abater, buscando &, espero, trabalhando. Aqui estamos amarrados aos processos de imprimir & editar. As pessoas vêm (Madge & Janet ontem por 4 horas, fazendo meu cérebro se parecer com um pano de prato torcido). E temos Dadie em vista.[91]

Esse jovem rapaz com cabelo como a palha do milho disse que quer dedicar a vida à Hogarth Press & está escrevendo uma carta a esse respeito para Leonard. Começará em junho. Será um sócio & assumirá o trabalho; nós supervisionaremos, & aos poucos a editora se tornará cada vez mais importante, & nos tornaremos os benfeitores de nossa época; & teremos uma livraria, & desfrutaremos da companhia dos jovens, & remexeremos & agitaremos a grande massa de ideias, de modo que nunca, nunca pararemos de trabalhar com o cérebro ou os dedos das mãos ou dos pés, até que nossos membros saiam voando em pedaços & o coração se dilua na poeira. Esse é o quadro elaborado que imagino – Mas preciso escrever uma carta cuidadosa a Frances Cornford & portanto não tenho tempo.[92]

Agora estou no meio da cena da loucura no Regent's Park. Noto que a escrevo atendo-me o máximo possível aos fatos, & escrevo quem sabe umas 50 palavras a cada manhã. Depois preciso reescrevê-la, um dia. Creio que a estrutura é mais notável do que qualquer outro de meus livros. Eu diria até que não serei capaz de levá-la adiante. Estou lotada de ideias. Sinto que posso usar tudo o que já pensei na vida. Com certeza me sinto menos coagida do que nunca. O ponto duvidoso eu acho é a personagem de Mrs. Dalloway. Talvez seja por demais rígida, por demais brilhante & cheia de lantejoulas – Mas enfim, posso trazer inúmeras outras personagens em seu apoio. Escrevi a centésima página hoje. Claro, por enquanto só sondei o caminho – até agosto passado, pelo menos. Levei um ano inteiro tateando até descobrir o que chamo de minha escavação de cavernas, processo com que revelo o passado em prestações, à medida que me vem a necessidade. Esta é a minha principal descoberta até agora; e o fato de haver demorado tanto a fazê-la prova, acho, o quanto é falsa a doutrina de Percy Lubbock[93] – de que é possível fazer esse tipo de coisa conscientemente. A pessoa fica num estado lastimável – certa noite decidi até abandonar o livro –, e então de repente topa com a fonte escondida. Mas minha nossa! Ainda não reli minha grande descoberta, & pode ser que não se revele nada de importante. Não importa. Admito que tenho esperanças com esse livro. Vou continuar escrevendo-o agora até que, sinceramente, não consiga mais escrever nenhuma outra linha – o jornalismo, tudo, deve lhe dar passagem.

Sábado,
3 de novembro

E agora encontrei uma casa no n. 35 da Woburn Square.[94] Sim, será que escreverei esse endereço com frequência? Com certeza assim espero. Para mim vale pagar £500 libras com gosto. Pense na música que eu poderia escutar, nas pessoas que poderia ver, com facilidade, sem programar. Depois me vem a perspectiva de caminhar pelas ruas da cidade; de começar cedo, num dia em que L. estiver no escritório, & seguir até, digamos, Wapping; & depois ir tomar o chá no escritório. Por que isso obceca minha mente eu não sei. Fazia um lindo dia claro de novembro ontem, quando fui a Londres & passei pela nossa casa (com portas verdes em frente aos estábulos), &

pelas praças com suas casas regulares & suas árvores desfolhadas, & as silhuetas bem destacadas das pessoas me encheram de alegria. Sim, estava tão lindo na Waterloo Road que me ocorreu a ideia de que estávamos escrevendo Shakespeare; com isso quero dizer que quando gente viva, de aspecto feliz, produz um efeito de beleza & este não é oferecido como uma obra de arte, mas como um dom natural delas, então – o que eu queria mesmo dizer? – de alguma maneira aquilo me afetou como me afeta ler Shakespeare. Não: é a vida; acontecendo nesses espaços belíssimos. Quanto à questão da casa, vou resolvê-la esta noite da seguinte maneira. Vamos ficar com ela, morar nos nossos próprios cômodos no andar de cima – um lugarzinho que é o que há de mais adorável & encantador; continuar com Nelly como cozinheira; & alugar o piso seguinte a Saxon, Lottie poderá atendê-lo. Então Dady (acho, mas não tenho certeza) poderá se alojar no piso térreo, completamente isolado, com sua própria criada no porão & o controle da prensa, que também ficará instalada ali. Isso me parece uma solução perfeitamente viável para inúmeras dificuldades. Claro que Marjorie fica. Demos a ela a notícia de Dadie dois dias atrás. Leonard o fez com diversas explicações.

M. Mas creio que isso não me agradará.

V. Você não gostou dele?

M. Não vou gostar de responder a ele. Ele me obrigaria a datilografar o dia inteiro. E suponho que eu deveria fazer o que ele mandasse, não?

L. Ele ocuparia o mesmo cargo que nós temos em relação a você.

M. Nunca me incomodou de trabalhar às suas ordens, mas é a primeira vez que isso acontece. Nunca fui capaz de trabalhar com outras pessoas. Briguei com a diretora do centro onde eu trabalhava antes de vir para cá.

(aí está um exemplo da honestidade decidida & transparente com que ela se comporta. Mas em outros aspectos ela não se mostrou sob uma luz atraente – apesar de que não se pode culpar de nada essa gente sem imaginação. Ela teme perder prestígio. Está ciumenta, um pouco mesquinha, quer que as coisas aconteçam à sua maneira; mas claro que sabe disso. Essa é a vantagem atual). Mas perdi meu tempo desenhando uma planta do número 35 na página ao lado. Nada é maior desperdício de tempo do que sonhar com casas. Preciso ler Sófocles. Depois de 20 anos, consigo grego depressa (com um dicionário na mão) & com prazer. Isso aplico ao livro de sempre. Mas minha mente salta para os aluguéis – quanto podemos pedir por esta casa? Não tenho piedade pela pobre Hogarth, onde por 9 anos vivemos seguros. Minha cabeça de repente salta de Ka, & Altounyan, exceto que Ka parecia como nunca um saco das verduras mais comuns da horta. Ela tem uma espécie de verme que a corrói por dentro, um desejo persistente de nos impressionar, com sua vida romântica, com a natureza romântica de Will. Ora, não há nada que os seres humanos enxerguem mais depressa do que esse tipo de coisa, & nada de que se ressintam mais. Primeiro, porque implica uma certa divergência de interesses. Ela não está pensando em você, mas em como impressionar você. Mais grave ainda, porém, é que o interesse dela mesma se dilui, uma vez que ela não coloca todo o peso sobre isso, mas somente metade, pensando, como deve pensar, que assim impressionará. Sua condescendência é bastante curiosa. Ela é, ou parece ser, alguém do condado; gosta disso. Mas está ciente de que ser do condado não é valorizado em Londres, ou mesmo em Richmond. Seja como for, ela conta histórias demais sobre as estranhas figuras que sobem até o alto do Ninho da Águia. Gordon Bottomley, a maharani de Sarawak.[95] Alonga-se demais sobre a luta apaixonada do bom Will contra o alistamento dos nativos pelos franceses. Protestar – é o que está no fundo disso tudo. Mas de certa maneira ela foi bastante patética em relação a Rupert [Brooke], contando como Mrs. Brooke subitamente tinha sorrido para Mark[96] de uma maneira como Ka jamais a vira sorrir, igualzinho a Rupert. Mas se eu não a tivesse conduzido arbitrariamente para o passado, não sei o que teria sido daquela noite. Fiquei feliz ao ouvir Leonard & Altounyan descendo as escadas. Mas preciso ir até o porão & ver como anda a capa de Clive, em que Leonard anda trabalhando 8 horas por dia.[97]

Sexta,
16 de novembro

Não, não ficamos com o número 35 da Woburn Square, & toda a cor disso se desbotou & não quero escrever a respeito no momento. Voltei do almoço com Lady Colefax, encontrei Anrep na Tate,[98] chá com Marjorie, conversa sobre Ralph; Leonard voltou de Rodmell: & eu estou cansada, cansada demais para ler Eurípedes. Estive conversando com Hugh Walpole – um homem nada impressionante – um homem que se queixa demais; um homem inquieto, próspero & vaidoso, que alimenta certo ressentimento contra os intelectuais inteligentes mas ao mesmo tempo os respeita, gostaria de ser um deles. Tem a aparência de um advogado ou banqueiro gentil; faces coradas; olhinhos minúsculos brilhantes; maneiras amáveis, mas não profundas nem gentis. Falamos sobre a fama contemporânea. Ele discorreu longamente sobre os diferentes grupos & críticos, & como nenhum livro era unanimemente bom. De alguma maneira tudo se referia a ele. Uma mente desinteressante, que não foi capaz de lançar uma sombra nem sequer sobre mim. Não me senti impressionada, nem inflamada, nem nada de muito intenso, exceto por ele ter ficado ligeiramente intimidado comigo.[99] Lá estava também Lady Horner, com seus grandes olhos cinzentos muito separados num rosto enrugado & com sulcos, parecido com uma luva velha desbotada – um rosto sutil & interessante; uma mente desgastada pela vida na alta sociedade, transformada naquele tipo de desenvoltura simples capaz de melhorar até a mais mole das conversas. Quero dizer, o que ela disse foi dito de modo tão livre & desenvolto que tinha um estilo próprio. Os jardins, o espaço & o dinheiro colaboraram para tanto. Pobre velha infeliz – serei sentimental por pensar com tanta frequência na infelicidade alheia ou será isso indiretamente um tributo a mim mesma? Lytton é impecável nesse meio; senta-se à sombra & de vez em quando empunha sua espada com eficiência. Desmond, é claro, faz seus truques alegres & encantadores – sem parar de comer nem beber – imitando uma atriz que limpa os braços como uma mosca em Nassau. Quanto a Lady Colefax, fica ali sentada maquiada & enérgica na cabeceira da mesa, com maçãs do rosto largas, meio áspera, com o olhar vítreo gentil, quase carinhosa comigo, competente, aparentemente desinteressada – quero dizer, se ela gosta de escutar uma conversa inteligente & de pagá-la com um almoço de quatro pratos & bom vinho, não vejo nenhum mal nisso. Trata-se de um prazer, não de um vício. Saímos às 3h. Diverte-me ouvir Ly. Horner pedir às criadas que encontrem o número de telefone de Lady Lovat. Esse comportamento livre & desenvolto me faz lembrar Ly. Bath, os

Herbert – pequenos acidentes que me impressionaram anos atrás. Contudo tudo se resume ao fato de que Ly. Horner segue de carro por Londres & exala ao seu redor uma espécie de leveza, não de rigidez. Dali para a Tate com Lytton. Lytton & eu não precisamos de muitas preliminares.

Aqui está o meu livro – Q.V. [*Queen Victoria*] em francês.

Eu diria que a leitura é melhor em francês.

Quase comprou uma casa perto de Hungerford, nos *downs*, mas as últimas £500 o fizeram hesitar. Não há ralos nem água. Ainda assim aconselhei que desse o salto, pois sempre aconselho saltos. E depois teve Anrep, & seu piso colorido, todo coberto de raios verdes & castanhos, como as ondas de um mar; não é uma boa metáfora, pois na verdade é bastante compacto, forte & contido. Bandos de escolares não paravam de correr sobre o piso. Ele o explicou para mim, cheirando um pouco demais a uísque. Depois me levou a Waterloo. Agora perco interesse nos fatos, da mesma maneira como acontece quando estou escrevendo meus romances, & assim preciso encontrar uma maneira de contá-los. Hugh Walpole n. se enfadaria, eu imagino; portanto ele convence. Agora estou escrevendo meu capítulo grego em rompantes de frio & calor que se alternam. Parece superficial demais, como se não valesse a pena empurrá-lo para um mundo que já possui tanto conhecimento. Contudo eu realmente preciso escrever um livro que trate de fatos de uma vez por todas. E não posso seguir me massacrando na ficção, coisa que entretanto tornou-se mais fácil que antes, nessa última rodada. Aqui entretanto chego indevidamente, confortavelmente & suavemente a um ponto final. Devo acrescentar que "Rompi com Ralph. Não tínhamos onde nos encontrar. E é verdade – ele devia estar num parque; não em restaurantes. E vivi duas cenas pavorosas com Cyril [Joad]. Ele não quer permitir que ele venha para nossa casa, nem que eu vá ficar com ele em outro lugar. Não quero mentir a esse respeito. De maneira que rompemos". Para crédito dela, eu acredito, & certamente para nosso alívio.

Segunda,
3 de dezembro

De volta de Rodmell; incapaz de me aquietar; portanto escrevo o diário. Quantas vezes já disse isso! Um estranho fato psicológico – que eu seja capaz de escrever quando estou agitada demais para ler. Ademais, quero deixar o mínimo possível de páginas brancas; & o final do ano é daqui a apenas umas três semanas.

Queria escrever sobre a mudança que descobri em maio (mais ou menos), da reclusão & obscuridade para certo grau de prosperidade & vida social. Minha previsão era que estávamos prestes a viver algo semelhante. E vejo agora que conseguirei meu Saxon & minha casa. Ah sim, tem a catástrofe de Adrian para registrar – já faz 2 semanas. Nessa me telefonou no meio do jantar com Tom. "Adrian & Karin vão se separar." Fiquei de boca aberta, & Clive também, foi o que ele disse. Aquele casal dedicado & inseparável! E me pareceu (na hora – agora não mais) trágico; & fiquei abalada, ao saber que estavam infelizes há anos; & então fui & contei a Tom & Leonard; & então 2 dias depois encontrei Adrian no banheiro do 46; beijei sua mão, & ele caiu no choro. É uma agonia! gritou ele. Então subimos as escadas de mãos dadas, (eu para me preparar para minha fala para a Escola de Economia & ele para apanhar o ônibus), & me disse como nunca tinha sido bom – tinha sido quase, mas nunca bom. Eles não tinham brigado. Estou trêmula demais para escrever. Mas então ele ficou aqui & senti que o meu antigo desespero tomava conta de mim; a sensação servil & humilhante, que é a mais baixa & a pior das minhas sensações; o desejo de elogios, que ele nunca recebe; & me invadiram as velhas & fúteis comparações entre o respeito que ele sente por Nessa & o desrespeito por mim, que tanto me amarguravam em Fitzroy Square. Achei engraçado descobrir que Nessa, que tinha sido cordial & confiante em relação a ele, mudara de opinião graças a uma visita que ele lhe fez, & agora só prevê, cheia de desespero, várias longas horas de silêncio. Ela diz, & Clive também, que a culpa foi de Karin; Karin ressentiu-se mais que ele. Sentiu tudo o que eu costumava sentir: a frieza; o freio; a crítica; os ressentimentos; a letargia. Coitado de Adrian! – agora está afundado em um apartamento em Mecklenburgh Sqre.; & vaga eternamente como um fantasma. Sem dúvida Haynes tinha razão: o DNB [*Dictionary of National Biography*] acabou com a vida dele antes mesmo de ele nascer.[100] Ainda por cima, virou a minha cabeça. Eu não seria tão inteligente, mas seria mais estável, se não fosse essa contribuição para a história da Inglaterra. Agora vamos a um banho quente.

Quarta,
19 de dezembro

Não sei se é minha última chance de escrever, ou se levo o livro preto para Rodmell & preencho suas páginas por lá. Estou tão sufocada com todos os tipos de trabalho, todos os tipos de compromisso social, todos os tipos de planos, que não consigo verter um filete de água limpa da minha torneira. Daqui a uma hora Sprott & Mary chegam. Contar apenas quem me fez companhia tomaria meu tempo & o desperdiçaria. Quão elíptico se tornou este livro! Não respeito mais os acontecimentos. Gostaria de registrar a bebedeira do coitado do Tom, mesmo assim. Fomos a um apartamento numa arcada & perguntamos pelo capitão Eliot.[101] Notei que seus olhos estavam vidrados. Ele cortou o bolo meticulosamente. Serviu-nos café – ou teria sido chá? Depois as bebidas. Repetia, L. notou, "Mrs. Ricardo", quando L. contou sua história; entendia as coisas um pouco mal. Um jovem comprido, vesgo & pálido de Oxford estava deitado no chão. Conversamos sobre o elemento pessoal na literatura. Tom então saiu da sala silenciosamente. L. ouviu sons de alguém vomitando. Depois de um longo tempo, ele voltou, afundou num canto, & eu o vi, pálido como um fantasma, os olhos fechados, aparentemente num estupor. Quando saímos, ele mal conseguia se manter de pé. Ouvimos alguém arrastando os pés ao sairmos, & Clive voltou. No dia seguinte, passei 10 minutos ao telefone ouvindo desculpas – que incômodo, o que iríamos pensar? Será que o poderíamos perdoar – era a primeira vez que – voltaríamos um dia? não havia jantado, nem almoçado – então de repente um colapso – que terrível – que fim pavoroso para a noite – peça desculpas, por favor, a Leonard, à sua irmã – & assim por diante. Uma dessas comédias que a vida às vezes encena com perfeição.

Preciso falar brevemente de Dadie; problema da casa não resolvido; Maynard ameaça diminuir as resenhas; Leonard no momento ameaça pedir demissão; Mary & Sprott; Clive & Braithwait; editando, escrevendo; fazendo o Hardy, & Montaigne, & os gregos & os elisabetanos[102] & *As horas*; reconhecida na América, negligenciada pelos prêmios, felicíssima, sem parar um só instante – tal é o meu estado neste momento em que escrevo, 6h14 da tarde da já mencionada quarta-feira.

Notas

Apresentação

1   Há indícios de que Virginia Woolf realmente enxergava o marido como responsável pelo seu espólio. Antes de se suicidar, deixou duas notas para Leonard. Naquela que o editor das suas cartas, Nigel Nicolson, relata ter sido escrita por último, ela conclui: "Queira destruir todos os meus papéis". A outra nota (que se popularizou graças ao livro *As horas*, de Michael Cunningham, e termina com: "Não acho que duas pessoas possam ter sido mais felizes do que nós fomos.") é anterior e teria sido escrita em 18 de março de 1941. De modo que a evidência de que Woolf estava planejando dar fim à própria vida ao menos dez dias antes de levar o plano adiante é discutível. Se fosse verdade, teria tido tempo de destruir todos os seus escritos. O fato de não o ter feito e de pedir ao marido que o fizesse sugere ou uma mudança repentina de ideia, ou que talvez aquela intenção não fosse de fato sincera.

2   Boa parte do diário que Woolf manteve quando passava temporadas em sua primeira casa de campo, Asheham, entre 1917 e 1918, foi suprimida na edição. Além disso, existe o salto de uma passagem em agosto de 1940.

3   Os diários de juventude, escritos durante parte de sua adolescência e juventude, só foram publicados em 1990, organizados por Mitchell Leaska sob o título *A Passionate Apprentice*.

1919

1   Termo criado por VW para designar as artistas da Slade School of Arts que, como Dora Carrington, cortavam o cabelo muito curto. Conhecidas como Slade Cropheads, criaram uma tendência. [N. T.]

2   Trata-se do livro *Poems*, de T.S. Eliot, contendo sete poemas e publicado em março de 1919. Em 1918, Leonard Woolf lhe escrevera: "Minha esposa e eu abrimos uma pequena editora e publicamos obras breves que, de outra maneira, não seriam editadas facilmente. Roger Fry nos informou que você dispõe de alguns poemas inéditos e estaria em busca de uma editora. Como ambos gostamos muito de seu livro *Prufrock*, gostaria de saber se estaria interessado em publicá-los conosco." [N. T.]

3   Lytton Strachey conhecera o editor William Heinemann (1883-1920) em setembro de 1918 e este provavelmente o apresentou a Emma Calvé (1858-1942), uma celebrada cantora de ópera.

4   Alix Sargant-Florence e James Strachey.

5   *George Frederic Watts, The Annals of an Artist's Life*, biografia em dois volumes escrita por sua mulher, Mary F. Watts, em 1912. A descrição da partida dos Cameron, que inspirou a peça *Freshwater*, de VW, (publicada em 1923, reescrita e montada em 1935), se dá no v. 1, pp. 300-1. Charles Hay Cameron (1795-1880),

jurista, serviu na Indian Law Commission. Sua esposa era a tia-avó de vw, a grande e pioneira fotógrafa Julia Margaret Cameron (1815–1879): o autor Sir Henry Taylor (1800–1886) era um de seus modelos preferidos. Uma das fotos mais conhecidas de Julia é *Madonna with Children* – seu trabalho se inseria no movimento pré-rafaelita inglês.

6   Os condutores do metrô de Londres entraram em greve em 3 de fevereiro em apoio aos grevistas em Clyde e Belfast. A District Railway, usada habitualmente pelos Woolf, fechou no dia 4 de fevereiro. As greves foram resolvidas no dia 7, mas os serviços só foram completamente restabelecidos três dias depois.

7   Mrs. Abbey era dona de uma agência de empregos domésticos por meio da qual vw contratou Phoebe Crane como criada temporária para Vanessa, cuja situação doméstica estava um caos. Vanessa de início repudiou e depois aceitou os arranjos feitos pela irmã; Phoebe Crane adoeceu, mas por fim acabou indo a Charleston cerca de uma semana depois. Budge era irmã de Nelly Boxall. As expectativas (que foram renovadas em outubro daquele ano) era de que se tornasse cozinheira de Vanessa. Isso não se concretizou devido ao "infortúnio" de Budge (um bebê ilegítimo).

8   O "colega distinto" era Auberon Thomas Herbert, um barão e aviador que morreu em batalha com os alemães. A soma de fato era mil libras.

9   Christopher Richard Wynne Nevinson (1889–1946), pintor e um dos fundadores do London Group, fora apontado em 1917 como artista oficial da guerra e suas pinturas semicubistas tinham atraído bastante atenção.

10 *The Athenaeum* (fundada em 1828) fora comprada após a guerra por Arnold Rowntree, que no início de 1919 a transformou em uma revista semanal de literatura e artes e convidou J. Middleton Murry para ser o editor. Murry já pedira a Lytton Strachey e provavelmente a outros amigos de vw que contribuíssem com textos, mas até esse momento nenhum pedido fora feito a ela nesse sentido.

11 O filho de Faith nasceria em 1º de abril de 1919; o bebê que vw foi conhecer era a sobrinha de Faith, filha de Barbara.

12 A casa de Mrs. Samuel Bruce na Cromwell Road, em frente ao Museu de História Natural, sediava um concerto de música aos domingos semelhante àqueles da Shelley House, também organizados por Bruce Richmond.

13 Fundada em 1868, a Autotype Company tornou-se o endereço mais procurado em Londres no final do século XIX e início do XX para se adquirir diversos tipos de gravuras e encadernações de luxo para a decoração de interiores.

14 Em 22 de fevereiro os Woolf foram a uma conferência sobre o anteprojeto do tratado da Liga das Nações presidida por Lord Eustace Percy (1887–1958). Esta seria uma versão inicial do Tratado de Versalhes. William

N. Ewer era correspondente diplomático do *Daily Herald*, e Cecil D. Burns (1879–1942), um filósofo social que agora atuava no Ministério da Reconstrução.

15 *Despised and Rejected*, romance de Rosa Allatini publicado em 1918 sob o pseudônimo A.T. Fitzroy, fora condenado pelo Defence of the Realm Act sob as acusações de que "provavelmente prejudicaria o recrutamento, o treinamento e a disciplina de indivíduos nas Forças de Sua Majestade".

16 "Bath buns": pãozinho doce salpicado de açúcar. Alguns têm frutas cristalizadas ou passas nos ingredientes. Existem referências a esses pães desde 1763, e Jane Austen menciona os "Bath buns" em uma carta em 1801. A receita original usava massa de brioche e era coberta por diversas camadas grossas de açúcar, e a versão mais leve ainda é bastante consumida hoje em dia. [N. T.]

17 Augustine Birrell (1850–1933), político e velho amigo de Ottoline. Lydia Lopokova (1892–1981), celebrada bailarina, que se casaria com John Maynard Keynes em 1925.

18 O n. 46 da Gordon Square, onde os quatro irmãos Stephen foram morar após a morte do pai em 1904 e que depois se tornara casa de Vanessa e Clive Bell, tinha sido alugado por Maynard Keynes em 1916. Clive, no entanto, conservava acomodações na casa. vw tivera uma escrivaninha onde podia escrever de pé, emulando Vanessa, que normalmente pintava assim.

19 Provavelmente para escrever seu ensaio "Modern Novels" (publicado em abril de 1919 no *TLS*).

20 Anne Ritchie (n. Thackeray, 1837–1919) foi uma das duas filhas do escritor W.M. Thackeray e era uma autora prolífica. Sua irmã mais nova, Minnie, foi a primeira esposa de Leslie Stephen. vw escrevera seu obituário, que seria publicado no dia seguinte, 6 de março, no *TLS*. Ela a usou como modelo para compor Katharine Hilbery em *Noite e dia*, seu segundo romance, que seria publicado em outubro daquele ano.

21 Dan Pitcher, de Lewes, estava empregado como jardineiro em Charleston. Esperavam que sua mãe fosse trabalhar como criada ali e que os dois ficassem como caseiros quando a família de Vanessa voltasse para Londres.

22 A filha de Vanessa, Angelica, que nasceu no dia de Natal, não ia bem devido aos cuidados de um médico incompetente e uma babá tímida. A dra. Marie Moralt, amiga de Noel Oliver, assumiu o caso e salvou a criança. A vida em Charleston tornou-se ainda mais difícil com a chegada de Emily Paton, uma mãe solteira contratada por vw como criada de Vanessa em julho de 1918. Ao que parece, estava roubando roupas e comida, e portanto foi dispensada.

23 vw idolatrava as canetas bico de pena e repudiava as canetas-tinteiro. Apesar de haver tentado se render à caneta-tinteiro em algumas ocasiões posteriores em sua vida, sempre retornava às bico de pena, que associava também à sua mãe. [N. T.]

24 Cf. ensaio de Woolf, "Sobre estar doente", publicado pela primeira vez em janeiro de 1926 na *New Criterion* e depois em edição da Hogarth Press em 1930, revisada pelos Woolf. Esta versão foi editada no Brasil pela primeira vez pela editora Nós em 2021: "quando nos arrancam um dente e voltamos à tona na cadeira do dentista e confundimos seu 'Lave a boca – Lave a boca' com a saudação da Divindade que desce do chão do Paraíso para nos receber...". Trad. Ana Carolina Mesquita e Maria Rita Drumond Viana. [N. T.]

25 *Empire and Commerce in Africa*, de LW, foi publicado em 1920 pela R. & R. Clark de Edimburgo.

26 VW está se referindo ao Coal Industry Commission Act de 1919, lei que criou uma comissão para analisar a nacionalização das minas carvoeiras e as condições trabalhistas dos mineiros.

27 A data correta dessa entrada, segundo pesquisado por Anne Olivier Bell, é 12 de março.

28 O incidente que envolveu a "mulher de caráter duvidoso" foi lembrado em *O quarto de Jacob* (1922).

29 *The Shadow Line* (1918), de Joseph Conrad.

30 A Women's Co-operative Guild, organização que lutava pelos direitos trabalhistas das mulheres – como licença-maternidade, melhores condições de trabalho e igualdade salarial. Virginia e Leonard Woolf colaboraram ativamente com esse movimento. Em 1931, publicaram pela Hogarth Press uma espécie de biografia coletânea de mulheres operárias intitulada *Life as We Know It*, cujo prefácio foi escrito por Virginia. O casal, mas especialmente ela, era amigo de Margaret Llewellyn Davies, secretária da guilda. [N. T.]

31 LW iria a um jantar da Liga das Nações. Eleftherios Venizelos (1864–1936), primeiro-ministro da Grécia, representava seu país na Conferência de Paz. David Davies (1880–1944) era do Partido Liberal e membro do Parlamento.

32 Nelly já havia sido "emprestada" a Charleston durante cinco dias em fevereiro para ajudar na crise doméstica. LW, mais preocupado com a saúde da esposa do que com as dificuldades da cunhada, relutara na época em deixar que Nelly fosse, mas esta segunda exigência de Charleston sem dúvida agravou os atritos entre ele e VW nesse assunto. Ver também II *VW Letters*, n. 1023.

33 VW grafou incorretamente, "Indian Bill": projeto de lei que em 1783 buscava transferir o controle da Índia britânica a uma comissão e foi derrotado. No ano seguinte foi aprovado o Pitt's Act, instituindo um controle duplo da Companhia das Índias Orientais na Índia – entre o governo britânico e uma comissão. [N. T.]

34 O *Times* foi fundado por um John Walter em 1785. Lord Northcliffe o adquiriu em 1908, mas a presidência do conselho de diretores continuou nas mãos de algum membro da família Walter durante décadas. Em 1923, após a morte de Northcliffe, o jornal foi comprado não por um Walter, mas por John Jacob Astor.

35 Miss Matthaei era a editora-assistente e Miss Minna Green a secretária da *International Review*, onde LW era editor-chefe. Ao assumir o cargo, ele estipulara que não iria ao escritório mais do que uma ou duas vezes por semana.

36 Mrs. W.K. Clifford (1846–1929) e seu marido matemático foram amigos dos pais de VW. Leslie Stephen a considerava "imersa demais no estilo jornalístico" para seu gosto, mas a respeitava por sustentar com a pena suas duas filhas – uma vez que o marido morrera em 1879, somente quatro anos após os dois se casarem. Foi uma autora prolífica de romances, contos, peças e muitos artigos jornalísticos.

37 Murry estivera ligado ao Departamento de Inteligência Política do Ministério da Guerra de 1916 até o fim da guerra.

38 O dia da marcha dos guardas, um ato triunfal, foi aparentemente uma coincidência. O primeiro-ministro evitou a ameaça de greve dos mineiros prometendo emitir o relatório final da Sankey Commission sobre as condições da indústria do carvão, que recomendava a nacionalização e a melhoria de salários e condições de trabalho.

39 Em 1916 Katherine e Murry haviam se hospedado em Tregerthen, perto de St. Ives, na Cornualha, em uma das casas que D.H. Lawrence alugou durante a guerra. Havia duas construções, mas a menor estava dividida em duas moradias. Lawrence escreveu de Berkshire a LW naquela época dizendo que Koteliansky lhe contara do interesse dos Woolf nas suas casas e lhes ofereceu sublocação, imaginando que ficariam por pouco tempo; porém naquele ínterim VW já tinha escrito diretamente ao proprietário, capitão Short.

40 A escritora Dorothy Miller Richardson (1873–1957), cujo livro *Pointed Roofs*, o primeiro de um ciclo de doze, foi publicado por Duckworth seis meses depois de *A viagem*. VW recentemente resenhara o quarto, *The Tunnel*, para o TLS em 13 de fevereiro de 1919. Escreveu: "Ao leitor não é oferecida uma história; ele é convidado a mergulhar na consciência de Miriam Henderson". Dorothy Richardson foi uma pioneira do que se costuma chamar de "fluxo de consciência".

41 "Submundo" é um termo usado pelos Woolf para se referir, grosso modo, a jornalistas, literatos e escritores de uma classe inferior. Há uma sugestão de desprezo implícita, talvez por considerá-los amadores. [N. T.]

42 Katherine Mansfield começara em janeiro um novo tratamento, à base de injeções, para sua tuberculose. A natureza da doença e a seriedade desse tratamento, mais do que o relacionamento com Murry, talvez estivessem por trás da mensagem cifrada na conversa com VW.

43 O estúdio de Roger Fry ficava no n. 21 da Fitzory Street.

44 "The Eccentrics", texto de VW, foi publicado na *Athenaeum* em 25 de abril de 1919. Porém, o ensaio que ela fala que poderia ser uma boa oferta, "Miss Ormerod", baseado no livro *Eleanor Ormerod, LLD. Economic Entomologist, Au-*

tobiography and Correspondence, ed. Robert Wallace (1904), só chegou a ser publicado em dezembro de 1924 – e no periódico *Dial*, de Nova York. (vw usou parte desse ensaio para escrever "A vida dos obscuros", publicado em *O leitor comum*, em 1925.) [N. T. baseada na nota de Anne Olivier Bell.]

45 Lil, sobrinha de Nelly Boxall, fora trabalhar com os Woolf enquanto Nelly estava temporariamente em Charleston. Àquela altura, Vanessa já tinha alguns arranjos domésticos em vista.

46 No dia 4 de abril, vw escreveu para Vanessa: "Aliás, ontem Mary me telefonou bastante agitada em relação a Eliot, implorando que eu não dissesse nada, negando a história toda, e insistindo que ele só falou mal de Bloomsbury em geral, & não de mim, e que Clive tinha entendido completamente errado!". (Ver o vol. II de *vw Letters*, n. 1032). Mas as suspeitas de vw, depois de levantadas, não foram facilmente deixadas de lado, conforme seus comentários subsequentes sobre o poeta e sua mulher deixam transparecer.

47 No início de 1919 E.M. Forster voltou à Inglaterra da Alexandria, para onde fora em 1915 trabalhar na Cruz Vermelha, interrogando pacientes nos hospitais militares para obter detalhes de companheiros "desaparecidos". "Dutch Bessy" era Mrs. Robert Trevelyan.

48 Artigos "Modern Novels" (10 de abril de 1919) e "The Novels of Defoe" (24 de abril de 1919).

49 Vivienne Eliot (1888–1947) casou-se com T.S. Eliot em 1915, quando era uma mulher atraente e vivaz. Vinha sofrendo cada vez mais de uma doença psiquiátrica e isso começara a se notar em sua aparência.

50 Ver o último parágrafo de "Defoe", em *O leitor comum*.

51 Lytton Strachey publicou um artigo sobre a exploradora Lady Hester Stanhope no primeiro número da *Athenaeum* editado sob a batuta de Murry, em 4 de abril de 1919. vw já havia escrito sobre ela quase dez anos antes, no *TLS* em 20 de janeiro de 1910.

52 "Whistling of Birds", de D.H. Lawrence, fora publicado na *Athenaeum* sob o pseudônimo "Grantorto" no dia 11 de abril de 1919.

53 Vernon Lee é o pseudônimo da escritora inglesa Violet Page (1856–1935), que Woolf provavelmente conheceu em 1909.

54 Julia Stephen morreu em 1895.

55 Em março de 1919 Vanessa alugou o apartamento no número 36 da Regent Square que James Strachey deixara vago para ir morar no 41 da Gordon Square. Ela tencionava mobiliá-lo e alugá-lo no verão, depois mudar-se com os filhos no outono, quando Julian iria estudar na Owen's School, em Islington.

56 O Lifeboat Day é um dia em que as associações de caridade coletam doações para compra de botes salva-vidas. Naquele ano, a League of Arts organizou para esse fim um evento na Trafalgar Square que consistiu de dança Morris e um coro de quinhentas vozes interpretando canções folclóricas. "Tom Bowling" é uma

canção náutica de Charles Dibdin datada do fim do século XVIII.

57 *The Critic in Judgment*, de J. Middleton Murry; *Poems*, de T.S. Eliot; e *Kew Gardens*, de vw, foram publicados pela Hogarth Press no dia 12 de maio de 1919, sendo que os dois últimos foram totalmente impressos e encadernados pelos próprios Woolf.

58 A população armênia fora dizimada pelos massacres turcos de 1915, e a saída da Rússia da guerra a expusera mais uma vez aos ataques. Na época a fome resultante dos ataques tanto do Egito quanto da Turquia vinha causando a morte de 150 pessoas somente em uma das regiões da Armênia.

59 Irene Vanbrugh (1872-1949) era uma atriz influente que estava relacionada por casamento aos Strachey. Provavelmente a "comédia" de Lytton era *The Sun of Heaven*, sua peça "chinesa", que ele tanto se esforçou para ver encenada. Em 1925 ele o conseguiu.

60 Oswald E. Dickinson (c. 1868-1954), era secretário da Junta de Controle (Saúde Mental e Insanidade), departamento que em 1919 foi transferido ao Ministério da Saúde. Vivia com a irmã.

61 Margery Fry (1874-1958), a irmã caçula de Roger Fry. Em 1919, foi morar com ele e seus dois filhos, Julian e Pamela, até se tornar diretora do Somerville College, em Oxford, em 1921.

62 Trata-se de *The Essays of Elia*, de Charles Lamb. Em 1919, Logan Persall Smith publicou *A Treasury of English Prose*, com versos de Jeremy Taylor, Carlyle, e pelo menos 21 de Charles Lamb.

63 A princesa Sophia, quinta filha de George III, supostamente teria tido um filho ilegítimo com seu irmão, o duque de Cumberland.

64 Sydney Schiff (c. 1869-1944) era um patrono abastado de artistas e das artes que com sua esposa Violet buscou ajudar Katherine com recursos e hospitalidade. Patrocinava a revista *Art & Letters* e posteriormente traduziria *Em busca do tempo perdido*, de Marcel Proust.

65 Desses, *Paris*, de Hope Mirrlees, e *Stories from the Old Testament* recontadas por Logan Pearsall Smith foram publicados pela Hogarth Press em 1920. A avó de Ray era Hannah Whitall Smith, uma famosa evangelista quacre americana que se instalara com a família em Surrey. Nada mais se soube da peça de Dorothy Bussy ou do romance de Altounyan; a tradução de Lucrécio de Robert C. Trevelyan acabou saindo pela Allen & Unwin, em 1920.

66 Ascot era a prova de corrida de cavalos mais disputada e naquele ano ocorreria entre os dias 17 e 20 de junho.

67 O pintor Geoffrey Nelson (c. 1896-1941), por quem Lytton Strachey nutrira uma paixão infrutífera alguns anos antes.

68 A esposa de Picasso na época era a bailarina Olga Koklova. Lydia Lopokova estava casada com Randolfo Barocchi, que a acompanhara até Londres para a temporada de 1919 do Diaghilev Ballet. De acordo com Richard Buckle (em *Essays on John Maynard Keynes*), foi no dia 10 de julho de 1919 que ela fugiu com um

oficial russo. A companhia de balé oficialmente divulgou que sua ausência se devia a uma "indisposição causada pelo excesso de trabalho". Ela não retornou mais ao restante da temporada, que se encerrou em 30 de julho.

69 No artigo "Standards", publicado no *New Republic* (Nova York), Clive Bell chama vw de "a melhor dentre nossos jovens romancistas" e ridiculariza os críticos por não notarem nem ela, nem Eliot ou Murry.

70 No original, *vagulous*. Segundo Rowena Fowler, em "Virginia Woolf: Lexicographer", dez palavras ou acepções incluídas pela primeira vez no *Oxford English Dictionary* após 1957 foram citadas pela primeira vez nos textos de vw. Dessas, a única permanentemente adotada no idioma foi "masculinista". Dentre as mais célebres estão "vagulous" (s.) e "vagulate" (v.), com ocorrência em suas cartas, diários e em *Mrs. Dalloway*. Ambos derivam do latim *vagulus* – inquieto, vago, divagante. [N. T.]

71 Em 19 de julho de 1919 comemorações de paz tomaram conta da Grã-Bretanha, com desfiles, coros, fogos de artifício e eventos do gênero.

72 vw tinha de resenhar os dois volumes do Supplement to the Letters of Horace Walpole, ed. Paget Toynbee, 1918.

73 O Star and Gerter Home abrigava soldados e marinheiros fisicamente incapacitados.

74 vw escreveu as entradas de 7 de setembro a 1 de outubro em outro caderno. Aqui reproduzimos o que estava escrito na página de título. [N. T.]

75 (Philip) Hope (Edward) Bagenal, irmão mais velho de Nick, era arquiteto de renome.

76 Mungo Park (1771–1806), um explorador escocês, ficou famoso pelo livro *Travels in the Interior of Africa*; Ebenezer Howard (1850–1928) não escreveu sermões; lorde Morley de fato escreveu suas memórias; *White Wings* (1880) é um romance; os outros títulos provavelmente são inventados.

77 Rat Farm era o nome dado pelos Woolf para algumas casas de fazenda abandonadas nas charnecas de Telscombe.

78 Término do caderno. Início do D14, segundo a tabulação da Berg Collection. [N. T.]

79 Do poema de Andrew Marvell, "To His Coy Mistress". Em tradução livre: "A carruagem alada do tempo que se aproxima depressa".

80 Apelido de Bloomsbury para a esposa de Sydney, Margery Waterlow.

81 vw enviou cópias de *Noite & dia* para Vanessa e Clive Bell, Lytton Strachey, Morgan Forster e Violet Dickinson.

82 Sociedade de artistas formada em 1913 pela junção entre os Camdem Town Groups e outros. A exposição anual incluiu pinturas de Roger Fry, Duncan Grant e Mark Gertler, todos membros.

83 Magnífica mansão em estilo Tudor, localizada em Wiltshire, que o irmão de Lady Cromer, o 5º marquês de Bath, herdara.

84 Provavelmente *Uma passagem para a Índia*, que Forster come-

çara a escrever em 1913 depois de sua primeira visita à Índia. Ele retomou o trabalho nesse romance depois da segunda visita, em 1921. Entre 1919 e 1920, seu período mais prolífico como resenhista, escreveu nada menos que 68 artigos.

85 Esta é uma das muitas ocasiões do estranho uso que vw faz da terceira pessoa para referir-se a si mesma. Em vez de falar de si usando o "I", ela se vale do neutro "one". *"He would have laid too many ties on one, & repined a little if one had broken free."* Nesse trecho, vw alude ao pedido de casamento impetuoso que Lytton Strachey lhe fez em 9 de fevereiro de 1909. Lytton, porém, logo em seguida retirou o pedido. Dez dias depois, em 19 de fevereiro, escreveu uma carta para Leonard, incitando-o a desposar vw. "Anteontem pedi Virginia em casamento. Ao fazê-lo, percebi que seria a morte caso ela me aceitasse, e consegui, é claro, escapar do enrosco antes que a conversa chegasse ao fim. O pior foi que à medida que falávamos, ia se tornando cada vez mais óbvio como tudo aquilo era impossível. A falta de entendimento era terrível! E como uma virgem poderia compreender? (...) Creio não haver a menor sombra de dúvida de que você deveria casar-se com ela. Você seria grande o bastante, e teria ainda a imensa vantagem do desejo físico. Fiquei aterrorizado ante a simples ideia de ela me beijar. Se você voltasse e a pedisse em casamento, ela aceitaria. Aceitaria de verdade, de verdade. Do modo como estão as coisas, quase que certamente está apaixonada por mim, embora ela acredite que não. Criei uma confusão terrível, como você bem pode ver..." [N. T.]

86 Lilian Harris estava na época internada em uma casa de repouso.

87 Nos oito dias que antecederam esse pedido de Nelly Boxall, os Woolf deram três jantares e dois chás, e Angelica Bell, com onze meses de idade, veio passar uma temporada ali com a sua babá.

88 O salário anual de LW como editor da *International Review* era £250, que ele conservou mesmo depois que a revista foi englobada por outra de Arnold Rowntree, a *Contemporary Review*.

89 As negociações entre Duckworth e a Macmillan pela publicação de *A viagem* e *Noite e dia* foram solapadas pela proposta mais atraente da George H. Doran de Nova York, que se tornou a primeira editora americana de vw.

90 Nesta resenha famosa, publicada na *Athenaeum* em 26 de novembro de 1919, Mansfield diz: "Achávamos que esse mundo desaparecera para sempre, que seria impossível encontrar no grande oceano da literatura um navio inconsciente do que havia acontecido. Contudo, temos *Noite e dia* (...), um romance que retoma a tradição do romance inglês. Em meio à nossa admiração, sentimo-nos estranhos e gelamos. Achávamos que nunca mais teríamos de encarar nada do tipo novamente!". [N. T.]

91 Em seu "Wayfarer's Diary" (*Nation* de 29 de novembro),

H.W. Massingham, valendo-se de uma comparação sugerida entre a autora de *Noite e dia* e Jane Austen, caçoa da preocupação de vw com o chá e os táxis, e chama seus personagens principais de "Quatro Lesmas Apaixonadas". Na edição seguinte, Olive Heseltine sustenta a comparação e acusa Wayfarer de ser obtuso e superficial.

92 *Empire and Commerce in Africa*, publicado em janeiro de 1920.

93 Talvez uma possível alusão ao livro de LW, *The Wise Virgins*, buscando fazer referência à sua carreira literária. [N. T.]

1920

1 A entrada de 7 de janeiro de 1920 foi escrita no final do caderno que vw usou para escrever o diário de 1919. As quatro páginas que a compõem foram posteriormente arrancadas e coladas no início de seu novo caderno para 1920.

2 Uma das diversas casas contíguas no jardim de Monk's House fora convertida em estúdio para Virginia Woolf; mais tarde seu "refúgio" seria construído no pomar, junto à parede do cemitério da igreja. Mrs. Dedman era mulher do sacristão de Rodmell, que também trabalhava na horta de Monk's House; vw a descreveu em uma de suas cartas como "uma senhora de idade que teve onze filhos & acumula em seu interior toda a astúcia do mundo desde o Dilúvio" (*II vw Letters*, n. 1109). Elsie, uma moça local, ia limpar a casa todos os dias.

3 Cf. *As ondas*: "no fundo do vale o trem desenha pelos campos orelhas caídas de fumaça."

4 Cf. o poema "Love in the Valley", de George Meredith: "Lovely are the curves of the white owl sweeping/Wavy in the dusk lit by one large star".

5 Katherine (Kitty) Maxse (1867–1922), uma das amigas mais antigas e de maior estatuto social de vw, na qual ela se basearia mais tarde para criar Mrs. Dalloway.

6 Forma como vw às vezes apelidava Clive, na intimidade. [N. T.]

7 Recentemente fora introduzido um experimento para reduzir o tempo dos trens na plataforma da Victoria Station: um controlador ou "hustler", instalado em uma plataforma de observação, conduzia as operações e fazia soar uma sirene após qualquer parada de trinta segundos.

8 Lady Ottoline Morrell era meia-irmã do 6º duque de Portland. A descoberta, em 1917, das infidelidades do marido precipitara nela uma grave crise de saúde, cujo verdadeiro motivo não era conhecido por todos naquela época.

9 A história de M.[argaret] S.[trachey] e J.[os] W.[edgewood] foi contada no *Diário I*, em 17 de janeiro de 1915; o romance que ela escreveu a respeito, *The Counterfeits*, foi publicado somente em 1927 e dedicado a "Meu médico conselheiro".

10 Desmond MacCarthy sucederia J.C. Squire, a "Águia", na condição de editor de literatura do *New Statesman* e assumiria o pseudônimo de "Falcão Afável" ("Affable Hawk").

11 Provavelmente se refere a um artigo de Clive Bell, "Order and Authority", publicado na *Athenaeum* (7 e 14 nov. 1919) e mais tarde em *The New Republic* (Nova York, 3 e 10 dez. 1919).

12 Provavelmente Charles S. Evans (1883-1944), diretor-geral da editora W. Heinemann.

13 Esta passagem apresenta exemplos interessantes de como VW estava nesse momento experimentando a ideia de um interlocutor para os seus diários, como o mostram trechos como "veja você" e "garanto a você". Há também exemplos de seu uso de segunda pessoa para se referir a si mesma, que causam certo estranhamento – é o caso de "não escreva mais para editoras". A propósito, a oferta da James Nisbet & Co. não torna a ser mencionada nos diários. [N. T.]

14 Três dos mais famosos contos de VW: "Kew Gardens", "A marca na parede" e "Um romance não escrito".

15 Condessa de Cromer (Katie; 1865-1933), antiga amiga da juventude de VW.

16 Antiga superstição. Revirando as moedas no bolso sob a lua nova, seria possível garantir dinheiro para o mês seguinte. [N. T.]

17 John Collins Squire (1884-1958), editor do *London Mercury* entre 1919-34. Casado com Eileen H. Anstruther, n. Wilkinson, irmã do amigo e ex-colega de Cambridge de Squire, Clennel A. Wilkinson (1883-1936). Edgar Sidney Woolf (1883-1981) era o terceiro irmão de LW.

18 Lady Dilke (1876-1959) era a filha mais velha de Mrs. Clifford, Ethel. Stephen McKenna (1888-1967) era um romancista prolífico e popular.

19 A coceira de Lottie parece ter se imiscuído em "Um romance não escrito", na forma da mulher infeliz que se remexia como se "algum lugar entre os ombros ardesse ou coçasse".

20 Madame Gravé, modista recomendada provavelmente por Mary Hutchinson.

21 Elinor Mary ("Eily", m. 1954), artista, era casada com Bernard Darwin (1876-1961), correspondente de golfe do *Times* por quase 40 anos e autor de diversas obras.

22 W. J. Turner (1889-1946), poeta e jornalista, era na época crítico de música da *New Statesman* e crítico de teatro do *London Mercury*, e em breve se tornaria editor de literatura do *Daily Herald*.

23 Felix W. Cross realizava naquela época pesquisas para os Webb, que foram depois incorporadas a English Prisons under Local Government 1689-1894, livro de ambos publicado em 1922.

24 G. F. Watts deu um dos dois retratos que pintou de H. Thoby Prinsep para a devotada sobrinha deste, Julia, mãe de VW, antes de ela se casar com Leslie Stephen. Agora o retrato era vendido a um dos membros da família Prinsep.

25 Cf. *O quarto de Jacob*.

26 T. S. Eliot e Sydney Waterlow jantaram com os Woolf em 20 de fevereiro. O comentário de VW provavelmente se deve ao fato de que Waterlow propusera comprar a casa vizinha à

Suffield House (que os Woolf haviam acabado de adquirir e iriam vender em maio de 1921), mas o casal rejeitara a ideia de uma tal proximidade.

27 Exemplo de uma das estranhas ocorrências em que vw imagina um interlocutor para o que escreve, dirigindo-se a ele ou ela com o pronome de tratamento "you" [você]: "I assure you". [N. T.]

28 Molly, mulher de Desmond, e a mãe deste. Molly era deficiente auditiva.

29 O Clube de Memórias (Memoir Club), tal como seu antecessor, o Clube de Romance (Novel Club), foi criado por Molly MacCarthy na esperança de estimular Desmond MacCarthy a escrever outra coisa que não jornalismo. Os integrantes – cerca de uma dúzia de velhos amigos – deveriam todos os meses, após jantarem juntos, congregar-se na casa de um deles. Então, cada qual leria um capítulo do que se tornaria uma autobiografia completa. O projeto provou-se ambicioso demais, e as contribuições e frequências dos encontros diminuíram.

30 Vanessa Bell havia se mudado com os filhos para o andar de cima do n. 50 da Gordon Square, como inquilina do seu irmão Adrian Stephen. Lady Strachey e as filhas haviam se mudado para o n. 51 em 1919 e James Strachey morava no n. 41.

31 Provavelmente "O quarteto de cordas", publicado em *Segunda ou terça* em 1921.

32 No passado, a crina de cavalo era usada para forrar colchões e estofados. [N. T.]

33 Florence Darwin (1863–1920), a mais velha das primas Fisher de vw, casara-se com F.W. Maitland, historiador e biógrafo de Leslie Stephen. Depois da morte de Fred, casou-se novamente, com Francis Darwin – que se viu viúvo pela segunda vez com a morte de Florence. Fredegond era a filha mais nova dos Maitland.

34 Como os integrantes do clube não faziam registro, é possível apenas adivinhar o que cada um leu e quando. O primeiro texto preservado dos que vw apresentou ao clube é "22 Hyde Park Gate", que abre com: "Como disse antes" — sugerindo que houve um anterior. Provavelmente é ele o "lixo sentimental" que a mortifica aqui. [N. T.]

35 Na verdade Mrs. Ward teve uma tremenda despedida, com direito a condolências da realeza e das pessoas eminentes, uma manchete de capa no *Times*, um obituário de duas colunas e um funeral em Adbury. O deão da Catedral de St. Paul aventurou-se a dizer que ela tinha sido "talvez a mais importante mulher inglesa de nossa era".

36 A resenha de *The Letters of Henry James*, ed. Percy Lubbock, foi o principal artigo do *TLS* em 8 de abril de 1920. Obviamente não era assinada. No dia 14 de abril, em sua coluna no *Times*, o crítico Arthur Bingham Walkley dedicou espaço considerável a ela. "The most immaculate of women", escreveu, "will sentimentalize their men friend" ("Mesmo a mais imaculada das mulheres sentimentaliza seus

amigos homens"). Walkley também criticou Lubbock.

37 VW usa a expressão "the nigger's show"; o termo nigger tem expressão extremamente pejorativa na língua inglesa. A exposição em questão, sediada no Chelsea Book Club em abril de 1920, foi pioneira e despertou imenso interesse e a revisão de conceitos estabelecidos na arte. Exibia cerca de trinta esculturas, principalmente da Costa do Marfim e do Congo. Alexander Howard Hannay (1889–1955), amigo e antigo sócio de J.C. Squire, agora atuava como crítico de arte no *London Mercury* deste, além de trabalhar no Chelsea Book Club.

38 VW utiliza o termo "high tea". Embora se use os termos "high tea" e "afternoon tea" indiferentemente, na origem o primeiro termo diferenciava o chá que a classe trabalhadora costumava tomar após o trabalho do "afternoon tea", aquele consumido pelas classes mais altas. Enquanto as classes faziam uma refeição basicamente de bolos, biscoitos, pães e chá, o "high tea" continha alimentos mais substanciais. Essa diferenciação feita por VW aqui parece servir para acentuar seu incômodo nessa passagem em relação às classes mais baixas. [N. T.]

39 Julian Thoby Prinsep Stephen (1880–1906), irmão mais velho de VW, falecera de febre tifoide contraída em uma viagem que fizera com VW e Vanessa à Grécia. Ele estudara com Walter Lamb no Trinity College em Cambridge.

40 Mary Russell Mitford (1787–1855) foi uma escritora britânica. Em 5 de julho de 1811, assim escreve a seu pai, que passava por problemas financeiros: "Eu não trocaria meu pai por nenhum homem da face da Terra, ainda que ele despejasse todo o ouro do Peru no meu colo." VW havia revisado o livro *Mary Russell Mitford and her Surroundings*, no qual essa passagem foi erroneamente citada por Constance Hill, para diversas publicações em maio de 1920.

41 Ela acabou sendo eleita para o Parlamento, entre 1929 e 1931.

42 Miss Milan foi transformada em uma modista no conto "The New Dress" ("O vestido novo"), de VW.

43 Vanessa Bell estava na Itália com Duncan Grant e Maynard Keynes desde o final de março. Seus três filhos foram deixados aos cuidados da velha cozinheira da família Stephen, Sophie Farrell, no n. 50 da Gordon Square – a casa de Adrian e Karin Stephen, cujas filhas eram Ann e Judith. O nome de solteira de Karin é Costelloe. O desenho que G.F. Watts fez de Julia Jackson criança pertencia a VW.

44 Margaret (Madge) Vaughan, n. Symonds (1869–1925), esposa do primo de VW, W.W. Vaughan. Quando jovem, VW a reverenciara, mas recentemente Madge desistira de renovar o acordo de alugar Charleston durante a viagem de Vanessa ao exterior, pois seu marido desaprovava o relacionamento entre Vanessa e Duncan Grant. O livro dela, *A Child of the Alps*, foi publicado pela Thomas Fisher Unwin em 1920.

45 No original: "Gordon Square begins again & like a snake renews its skin outworn." A citação é de Shelley: Hellas, I, 1060. "The world's great age begins anew,/ The golden years return,/The earth doth like a snake renew/ Her winter weeds outworn."

46 Annie Chart foi a cozinheira dos Woolf em Asheham em 1914 e em Hogarth House durante a doença de vw em 1915; mais tarde, tornou-se a cozinheira de Maynard Keynes no n. 46 da Gordon Square.

47 Stella Duckworth (1869-97), meia-irmã de vw e única filha da mãe de vw com o primeiro marido, que era bastante abastado. Stella casou-se com J.W. Hills em 1897 e morreu poucos meses depois.

48 Ver entrada do dia 30 de outubro de 1918, *Diários, vol. I*.

49 As reações a *Paris, a Poem*, de Hope Mirrlees iam, na época, das críticas – no *TLS* – a um tom mais apreciativo, na *Athenaeum*.

50 De junho de 1920 a janeiro de 1921 o *Times* publicou um *Women's Supplement* bimestral, mas não há registro de artigos de vw.

51 Ao retornar da Itália em 14 de maio, Vanessa Bell descobriu que Mary, sua criada, havia sido hospitalizada por não suportar as mortes recentes, ocorridas no decorrer de uma quinzena, de sua mãe, seu pai e seu amante, e a quase-morte de seu irmão, todas de pneumonia. Ela se recuperou e voltou ao trabalho em 18 de maio.

52 Maynard Keynes começara a se aventurar em especulação financeira e investira também o dinheiro de Vanessa Bell e Duncan Grant, para ajudá-los. No final, conseguiu recuperar o prejuízo.

53 Charlotte Mannheimer, prima de LW, era casada com um membro do parlamento sueco. Ela e sua filha Gertrude estavam visitando a Inglaterra e almoçaram com os Woolf no domingo.

54 Assim escreveu Katherine Mansfield: "Querida Virginia, é muito gentil de sua parte ter me enviado um cartão. Sim, estou de volta à Inglaterra até agosto. Ficaria muito feliz se pudesse vir me ver uma dessas tardes, mas tornei-me muito embotada". O conto em questão era "The Man without a Temperament", publicado na *Arts & Letters*, primavera de 1920 (e reimpresso na coletânea *Bliss and Other Stories*, em 1920).

55 O reverendo Walter W. Thomas era pároco de Southease e ali morava com suas duas irmãs. Frank Gunn pedira Asheham House aos Woolf em 1919 para que ali pudesse morar; ele era meirinho das propriedades adjacentes.

56 Aldous Huxley havia publicado em maio de 1920 *Leda and Other Poems*. Huxley foi um dos assistentes de Murry no editorial da *Athenaeum* de abril de 1919 a outubro de 1920.

57 O livro *Prelúdio* (*Prelude*), de Katherine Mansfield, fora publicado pela Hogarth Press em julho de 1918. Ver *Diários I*.

58 Katherine Mansfield resenhara *Noite & dia* na *Athenaeum* em 26 de novembro de 1919 (ver entrada de 28 nov. 1919). A respeito do livro, escreveu a Murry: "Não me agrada. Minha opinião pessoal é que se trata de uma mentira na alma".

("I don't like it. My private opinion is that it is a lie in the soul.")

59 Katherine Mansfield passara quatro meses à beira da morte no inverno anterior em Ospedaletti, na Riviera Italiana, a poucos quilômetros da fronteira francesa, com Ida Baker (ou "LM"), sua amiga fiel. Depois da visita de Murry no Natal, sofreu uma crise de desespero, quando reconheceu que o apoio dele era insuficiente tanto do ponto de vista emocional quanto do físico. Ver Katherine Mansfield: *The Memories of LM*, 1971, e Katherine Mansfield, *Letters and Journals*, ed. C.K. Stead, 1977. Sydney Waterlow era primo de KM, e estava hospedado com Murry em The Elephant.

60 *Bliss and Other Stories* seria publicado em dezembro de 1920 pela Constable & Co.

61 Ver dia 20 de maio de 1920. Os males de Mary se revelaram ser pura invenção.

62 Ver *O quarto de Jacob*.

63 Mrs. Emily Mirrlees, mãe de Hope; Sneezer, seu irmão.

64 George Moore (1873–1958), filósofo, membro do conselho do Trinity College e professor de Ciências Morais em Cambridge. Seu livro *Principia Ethica* (1903) exercera uma influência poderosa em seus irmãos da Sociedade (os Apóstolos). Casara-se em 1916 e seu filho mais velho, Nicholas, nasceu em novembro de 1918.

65 "A Disillusioned Romantic", crítica de vw a *The Rescue*, de Joseph Conrad, foi publicada no TLS em 1 de julho de 1920. Ela conclui que o livro não é um sucesso porque "Mr. Conrad arriscou-se em um tema romântico mas no meio do caminho perdeu a sua crença no romantismo".

66 Alys, ex-esposa de Bertrand Russell, era também a "tia Lou" de Karin Stephen. O baile foi oferecido em 26 de junho no n. 50 de Gordon Square, onde também morava Vanessa Bell.

67 vw deve estar se referindo a seu conto "Um romance não escrito", publicado em julho na *London Mercury*. Sydney Schiff (c. 1869–1944) e sua esposa, Violet, eram abastados patronos das artes; ele financiava a revista *Arts & Letters*. Os Schiff haviam travado amizade com Katherine Mansfield no início daquele ano quando ela esteve em Mentone; tanto a *Arts & Letters* quanto a *Athenaeum* publicaram seus contos em 1920.

68 A crítica de vw da montagem do Arts Theatre de *O jardim das cerejeiras* foi publicada na *New Statesman* em 24 de julho de 1920. Sua resenha de *Reminiscences of Leo Nicolayevitch Tolstoi*, de Maxim Gorki, saiu na *New Statesman* em 7 de agosto de 1920, porém não assinada. vw aceitou o pedido de Ray Strachey, editora da *Woman's Leader*, para escrever sobre a controversa Plumage Bill. A lei, que buscava restringir a importação de aves exóticas na Grã-Bretanha, finalmente recebeu aprovação real em julho de 1921.

69 Uma casa no alto dos *downs*, na Cornualha, em uma área que vw considerava quase como um território particular.

70 Lady Strachey, mãe de Lytton, pertencia por nascimento e

matrimônio a uma das famílias anglo-indianas que sempre integraram "os conselhos dos que governavam a Índia". Os avôs de vw eram Sir James Stephen, secretário do Colonial Office, e o dr. John Jackson, o médico inglês mais importante de Calcutá.

71 *Pot-Boilers*, em que Clive Bell chamou vw de "um de nossos três melhores romancistas vivos", foi publicado em 1918. Mr. Parker não pôde ser identificado.

72 *Le Livre de Goha le Simple* (1919), dos autores egípcios Albert Adès e Albert Josipovici, fora recomendado por Roger Fry.

73 Cf. *As ondas*.

74 Um longo barracão baixo de madeira, onde os ocupantes anteriores (militares) haviam pintado a inscrição "Les Misérables", fora reconstruído mais além do jardim murado para servir de ateliê para Duncan e Vanessa. Ver *II VW Letters*, n. 1122.

75 Nelly Cecil tinha sérios problemas auditivos. [N. T.]

76 O *Sunday Times* publicara alguns trechos do primeiro volume da autobiografia de Margot Asquith, que seria lançada em outubro daquele ano. Os trechos, que tratavam da sua vida como Margot Tennant, antes de seu casamento com o político liberal H.H. Asquith, foram criticados pela confusão, franqueza e imprecisão quanto às lembranças pessoais de Margot de pessoas célebres ou bem-relacionadas.

77 No original, *smock frocks*, batas de trabalho tradicionalmente usadas no século XVIII por camponeses, principalmente pastores, em certas regiões da Inglaterra. [N. T.]

78 Ver 15 de maio de 1920.

79 A Estrada Romana [Roman Road] provavelmente era o nome dado pelos Woolf a uma trilha no alto dos *downs*.

80 A festa de Mrs. Durrant toma forma no capítulo 7 de *O quarto de Jacob*, mais ou menos na metade do livro.

81 A canção de amor de J. Alfred Prufrock (1915), primeiro poema publicado de T.S. Eliot.

82 vw estava resenhando *The Early Life and Education of John Evelyn, 1620-1641*. Mais tarde, escreveria o ensaio "Rambling Round Evelyn" ("Voltas em torno de Evelyn"), que seria publicado em *O leitor comum* (1925).

83 A coleção de ensaios *Our Women*, do escritor Arnold Bennett, fora publicada no outono de 1920, sob a proposição de que as mulheres eram intelectualmente inferiores aos homens. Isso levou vw a refletir atentamente sobre o assunto, ainda mais depois que, em 2 outubro, "Affable Hawk" ("Falcão Amável", codinome de Desmond MacCarthy), atiçou o debate na *New Statesman*. vw escreveu então duas cartas ao periódico, nos dias 9 e 16 de outubro, que ao fim e ao cabo dariam origem a seu ensaio "The Intellectual Status of Women" ("A posição intelectual das mulheres") – um dos precursores de seu famoso *A Room of One's Own* (*Um quarto só seu*, de 1929). [N. T.]

84 "Objetos sólidos" – o conto acabaria sendo publicado na *Athenaeum* em 22 de outubro de 1920.

85 O major aposentado Bartle Grant era pai de Duncan e um homem de interesses variados, um dos quais era a culinária. Com o incentivo de Vanessa, organizou uma cozinha central para fornecer refeições às casas de Gordon Square. As refeições deveriam ser retiradas no n. 50. O esquema não durou muito.

86 *Monday or Tuesday*, único livro de contos que vw publicou em vida. Os demais livros mencionados foram *Stories of the East*, de LW; *The Notebooks of Anton Tchekhov, together with Reminiscences of Tchekhov*, de Maxim Górki, traduzido por Koteliansky e LW. Nada mais foi publicado de Eliot até 1923; e nada mais de Lytton Strachey. O livro de "rimas" de Mervyn Arnold Foster não foi impresso pela Hogarth Press.

87 *A ópera do mendigo*, ou *A ópera do vagabundo*, é uma ópera satírica escrita em 1728 por John Gay. Foi fonte de inspiração para Bertolt Brecht e sua *A ópera dos três vinténs* e desta para *A ópera do malandro*, de Chico Buarque. [N. T.]

88 O vereador Terence J. McSwiney morreu na madrugada do dia 25 de outubro na prisão de Brixton, onde ficou em greve de fome desde 16 de agosto. McSwiney havia sido condenado por um conselho de guerra a dois anos de prisão por ter presidido um tribunal do Sinn Feim na Câmara Municipal de Cork.

89 A resenha de vw foi o principal artigo do TLS em 28 de outubro de 1920. Na edição seguinte, de 4 de novembro, Maynard Smith escreveu para corrigir a resenhista em diversos pontos, acrescentando: "é sempre perda de tempo escrever sobre um assunto em que não se está interessado e sobre o qual se conhece muito pouco". vw respondeu como "Sua Resenhista" em 11 de novembro, confessou "três erros em quatro colunas" e desculpou-se por tais "erros cronológicos".

90 Helen M. Waterlow, esposa de Sydney. "Dawks" era seu apelido no grupo de Bloomsbury. Estava grávida de sua terceira criança, Judith, que nasceria em fevereiro de 1921. Os dois outros filhos eram Charlotte (n. 1915) e John (n. 1916).

91 LW, com Koteliansky, estava traduzindo *The Notebooks of Anton Tchekhov, together with Reminiscences of Tchekhov*, de Maxim Gorki. O livro seria publicado no verão de 1921. Ver nota 83.

92 Jane Harrison (1850–1928), distinta classicista e professora do Newnham College, Cambridge. Na sua velhice, Hope Mirrlees tornou-se sua "filha fantasma" e companheira.

93 *The Sacred Wood: Essays on Poetry and Criticism*, de T.S. Eliot, fora publicado em novembro de 1920. Diversos dos ensaios tratavam do drama poético.

94 Harry Norton, que fora um aluno brilhante de Bertrand Russell em Cambridge, amigo de Lytton Strachey (que lhe dedicou *Eminent Victorians*) e uma promessa da matemática, vinha sofrendo cada vez mais de sentimentos de inadequação e depressão. O dr. Maurice Craig era médico de Va-

95 Ralph Partridge havia assumido os cômodos de James e Alix Strachey no topo do n. 41 da Gordon Square depois que estes se casaram e foram a Viena estudar psicanálise e serem analisados por Freud.
96 *Queen Victoria*, obra de Strachey.
97 No dia 11 de novembro de 1920 o Cenotáfio em Whitehall foi inaugurado pelo rei George V, cerimônia seguida pelo sepultamento do Soldado Desconhecido na Abadia de Westminster.
98 Louise Creighton (1850–1936) era viúva de Mandell Creighton, bispo de Londres. As famílias Creighton e Stephen eram amigas na infância de VW em Kensington.

1921

1 A entrada foi escrita no mesmo caderno de 1920.
2 Mulher do reverendo James Boen Hawkesford, pároco de Rodmell entre 1896 e 1928. Tinham duas filhas, Olive e Boen.
3 O Forum era um clube residencial para senhoras em Grosvenor Place. Não se localizaram mais informações sobre a aula de dança mencionada.
4 Lord Monk Bretton de Conyboro, da outra extremidade de Lewes, era um aristocrata local; os outros dois, membros da "aristocracia rural" de Rodmell.
5 Até meados do século XX os clérigos anglicanos, católicos e presbiterianos costumavam alugar os bancos das igrejas a famílias ou indivíduos, como forma mais habitual de arrecadar dinheiro. [N. T.]
6 VW inicia um novo caderno. Essa inscrição encontra-se na folha de rosto.
7 A Cock Tavern era uma *steakhouse* com conexões literárias, favorita dos Woolf desde a época em que moraram na contígua Clifford's Inn, de 1912 a 13.
8 *Queen Victoria*, de Lytton Strachey (publicado em abril de 1921), trazia a dedicatória: "Para Virginia Woolf".
9 O caso de Juana Ganderillas (referida em outros momentos do diário com o apelido maldoso "a guano") com Clive Bell durou menos de um ano. "Era muito burra, mas incrivelmente bela" (*II VW Letters*, n. 1176).
10 "Claro que entendo quando alguém se sente sem centro, como você sente agora – costumava ser uma sensação bastante familiar para mim: as relações exteriores da pessoa passam a parecer febris & irreais." Carta de VW a Sidney Waterlow em 19 de janeiro (*II VW Letters*, n. 1164).
11 Lytton Strachey morava em Tidmarsh na Mill House, com sua dedicada Dora Carrington; Ralph Partridge, que ele amava e que estava apaixonado por Carrington, costumava passar lá os fins de semana. Philip S. Woolf, o irmão mais novo de LW, depois da guerra estava treinando para ser capataz na fazenda Greenmoor Hill, em Woodcote, a cerca de doze quilômetros de Tidmarsh.
12 Na sua mais recente visita à Índia, em 1877–79, Lady Strachey travou amizade com o novo

vice-rei, Edward Robert Bulwer, 1º conde de Lytton (1831-1891) – e em sua homenagem batizou seu filho Lytton. O vice-rei retornou à Inglaterra em 1880 e retomou sua amizade estreita com o juiz James Fitzjames Stephen (1829-1894), tio de vw.

13 Segundo o texto memorialístico de Clive Bell, ele se engraçou com Mrs. Raven-Hill, ou Mrs. Raven-Hill engraçou-se com ele, no verão de 1899, quando era ao mesmo tempo "a Aspásia e a Gaby Deslys de North Wilts." (Aspásia foi uma pensadora grega influente da Antiguidade e parceira de Péricles. Já Gaby Deslys foi uma das maiores cantoras e artistas de cabaré dos anos 1910, famosa pela beleza.) Nascida Annie Rogers, foi a mulher do cartunista Leonard Raven-Hill, da Punch, e morreu em 1930.

14 "Dr. Melchior", de Maynard Keynes, relata as complicadas negociações com a Alemanha em Paris, Trèves, Spa e Bruxelas na segunda renovação do Armistício e descreve a personalidade de muitos dos principais envolvidos. Ver *Two Memoirs* (1949).

15 Rosslyn ("Rosie") Erskine Wemyss (1864-1933), 1º Barão de Wester Wemyss e almirante da Marinha britânica, presidia a delegação aliada da Conferência de Bruxelas na qual a Alemanha consentiu em abrir mão de toda a sua frota naval como parte das negociações de paz.

16 "Lloyd George sempre o odiara e desprezara; e agora num piscar de olhos percebia que seria capaz de matá-lo. As mulheres e as crianças estavam morrendo de fome, ele gritou, mas lá estava M. Klotz tagarelando sem parar sobre seu 'ooro'". *Two Memoirs*, p. 61.

17 Doris Hussey casou-se em fevereiro com o economista Ralph Roscoe Enfield (1885-1973), do Ministério da Agricultura. Otto Ernst Niemayer (1883-1971) trabalhava no Ministério da Economia e provavelmente ficara com os aposentos de Hussey na Clifford's Inn.

18 Em novembro de 1920, Katherine Mansfield, muito doente e solitária em Mentone, teve notícia do caso de Murry com a princesa Elizabeth Bibesco (n. Asquith). Ele prometeu terminar o relacionamento, mas a publicação de um conto de Bibesco na *Athenaeum* em 14 de janeiro de 1921 precipitou um novo acesso de mágoa e desespero. Murry decidiu ir juntar-se a Katherine. Em fevereiro, a *Athenaeum*, que ele editou por dois anos, juntou-se ao *Nation*. O jantar no n. 46 da Gordon Square se deu no dia 11 de fevereiro.

19 Debenham & Freebody, grandes armazéns de tecidos e confecções em Wigmore Street; as grandes lojas como esta encarregavam-se de fornecer moradia e instrução à maioria de suas funcionárias.

20 Mrs. Gosse, mulher do proeminente homem das letras Edmund Gosse, que colaborava para o *Sunday Times* com um artigo semanal. Mrs. Webb é Beatrice Webb, que de fato escrevia um diário (do qual ela mesma publi-

cou diversos extratos em 1926 e 1948, e Margaret Cole publicou outros em 1952 e 1956).

21 [Emilie] Rose Macaulay (1881–1958), filha respeitosa, mas rebelde, de um professor de Cambridge, havia publicado diversos livros de poemas e romances, entre eles *Potterism* (ver entrada de 10 ago. 1920). Colaboradora do Westminster Gazette, converteu-se em protegida da editora literária Naomi G. Royde-Smith (m. 1964), em cuja casa em Kensington se alojava quando ia a Londres. Macaulay se convertera ao catolicismo antes da guerra.

22 *Deadlock*, de Dorothy Richardson, sexto volume da série Pilgrimage.

23 O fato de não ter sido eleito membro dos Apóstolos quando estavam em Cambridge era motivo de constante mortificação para Sydney Waterlow.

24 Louise Ernestine Matthaei foi assistente de LW na *International Review* e depois na *Contemporary Review*. Em 1921, por fim conseguiu ir a Genebra, onde juntou-se ao serviço de agricultura da ILO (International Labor Organization – Organização Internacional do Trabalho). Sua mãe era professora de música.

25 Cf. *Ao farol* (1927), em que Mrs. Ramsay deseja tricotar uma meia marrom para o filho do faroleiro. Ver o famoso ensaio de E. Auerbach, "A meia marrom" (in: *Mimesis*) a respeito de Virginia Woolf e desse romance. [N. T.]

26 Cf. *O quarto de Jacob*. [N. T.]

27 Dorothy Eugénie Brett (1883–1977), pintora, foi colega de Carrington na escola de arte Slade. Passara boa parte da guerra com os Morrell em Garsington, mas agora morava em sua própria casa, em Hampstead. Era surda.

28 Edward (Richard Burton) Shanks (1892–1953), professor de história no Trinity College, foi o primeiro ganhador do Hawthornden Prize for Imaginative Literature com seu terceiro livro de poemas, *Queen of China* [*Rainha da China*], em 1919. De 1919 a 1922 foi editor-assistente de Squire no *London Mercury*. Em 1921 ele e a mulher assumiram o Charnes Cottage, que se separava do jardim de Monk's House apenas pela trilha da igreja. Sylvia Lynd (n. Dryhurst; 1888–1952), mulher do jornalista e ensaísta Robert Lynd, era romancista e poeta. Henry Mayor Tomlinson (1873–1958), correspondente de guerra e escritor, foi editor literário do *The Nation* entre 1917 e 1923.

29 *Segunda ou terça*, de VW, foi impresso por McDermott, tipógrafo de Richmond (para mais sobre ele, ver *Diário, v. 1*). O livro de contos de LW, *Stories of the East* [*Contos do Oriente*], e o livro de poemas de Clive Bell, *Poems* [*Poemas*], foram publicados pela Hogarth Press.

30 No dia 4 de março de 1921, E.M. Forster partiu pela segunda vez para a Índia, desta vez como secretário pessoal do governador do Estado de Dewas Senior. Retornou no final daquele mesmo ano.

31 Elizabeth Meinertzhagen (1892–1948) era uma das cinco irmãs de Beatrice Mayor (Bobo). Sua mãe fora uma das nove irmãs Potter (outra foi Beatrice

Webb), e Betty Potter era o nome de palco que ela escolheu para si. Os Woolf a tinham visto no papel de Goneril na montagem de *King's Lear Wife*, realizada pelos Players no Kingsway Theatre, no dia 22 de fevereiro.

32 Dr. Craig, ver entrada de 23 novembro de 1920. [N. T.]

33 Tentativa mal-sucedida de escrever "Sanger" em caracteres cirílicos. [N. T.]

34 Katherine Mansfield colaborara com Koteliansky, seu grande amigo, na tradução de diversas cartas de Anton Tchékhov publicadas na *Athenaeum* em 1919.

35 As "maids of honor" [damas de honra] eram pequenos tarteletes que podiam ser consumidos na Billet's, em Richmond.

36 Trocadilho entre Moore (George Moore, filósofo amigo de Bertrand Russell, que influenciou a geração de Clive Bell) e moor (mouro), duas palavras que se pronunciam da mesma maneira.

37 No final do século XIX popularizou-se o uso pejorativo do termo East End, quando essa área da cidade de Londres se viu superlotada de desvalidos e imigrantes. Ao longo de um século, o termo se tornou sinônimo de miséria, superlotação, criminalidade, precariedade e enfermidades. [N. T.]

38 George Unwin, professor de História Econômica; Joseph J. Findlay, professor de Educação; Frederick E. Weiss, professor de Botânica, todos da Universidade de Manchester. O financista não pôde ser identificado. Mrs. Herford era a mulher alemã do professor de Literatura Inglesa, Charles H. Herford.

39 Monumentos em Piccadilly Gardens, Manchester (o Wellington Monument, onde o destaque é o duque de Wellington, e a enorme estátua de bronze da Rainha Victoria). O hotel onde os Woolf ficaram hospedados, The Queen's Hotel, localizava-se na esquina de Piccadilly com Victoria Square. [N. T.]

40 VW alude aqui a Talland House, casa em St. Ives, na Cornualha, onde passou os verões da sua infância até a morte de sua mãe, em 1895. Não há como exagerar a importância dessa casa para VW. Talland House foi usada, por exemplo, como base para compor Ao farol (1928), e a autora discorreu longamente sobre ela no ensaio autobiográfico *Um esboço do passado* (1941). [N. T.]

41 *Love for Love*, de Congreve, foi encenada pela Phoenix Society no Lyric Theatre, em Hammersmith. Seria VW que resenharia a peça para a *New Statesman*.

42 Edward Marsh (1872–1953), um Apóstolo, era secretário pessoal de Winston Churchill. Patrono de pintores e poetas, editou os cinco volumes de *Georgian Poetry* [*Poesia georgiana*].

43 *Cândido*, romance de Voltaire; *Adolphe*, romance de Benjamin Constant; e *Hudibrás*, de Samuel Butler. [N. T.]

44 Mrs. Martin era naquele momento a inquilina de Suffield. Para fazê-la desocupar a casa para o novo morador, Mr. Turner, LW ofereceu-lhe o aluguel temporário de Monk's House.

45 Ann era a filha de Adrian Stephen com Karin Costelloe, e sobrinha de vw e Vanessa Bell. A operação na verdade só aconteceria dali a alguns anos.

46 Esta entrada, segundo pesquisou Anne Olivier Bell, seria na verdade dia 30 de março. Foi escrita em duas folhas soltas coladas ao diário com fita adesiva. [N. T.]

47 O que a H. Doran Company recusou, a Harcourt, Brace & Co. aceitou: *Segunda ou terça* foi publicado nos Estados Unidos em 23 de novembro de 1921.

48 O eclipse solar de 8 de abril de 1921 foi visível das 8h35 até por volta das 11h05 da manhã em Londres.

49 Marie Lloyd (1870-1922), nome artístico de Matilda Wood, aproximava-se do fim da sua ilustre carreira de artista cockney no teatro de variedades. Tinha sido casada três vezes, e seus problemas conjugais eram célebres.

50 Na verdade, a greve do carvão tinha começado no dia 1 de abril, quando, segundo o *Times*, "a produção de carvão da Grã-Bretanha, para todos os efeitos, cessou...". vw provavelmente quis dizer que a greve continuava depois do fracasso das negociações no dia 7 de abril entre o governo e os mineiros, que se recusavam a iniciar as operações de extração para salvar as jazidas ameaçadas, uma condição preliminar para se reunirem com os patrões. Ver entrada do dia 12 de abril de 1921.

51 A página "Books in General" ["Livros em Geral"] de Desmond MacCarthy, chamava a atenção para a Hogarth Press e a obra de vw, mas dedicou-se especialmente a *Segunda ou terça* (9 abr. 1921). Simpkin, Marshall, Hamilton, Kent & Co. eram os principais distribuidores de livros.

52 Joan Pernel Strachey (1876-1951), a quarta das cinco irmãs de Lytton Strachey, era vice-diretora do Newnham College, faculdade destinada às mulheres, em Cambridge, e foi diretora de 1923 a 1941. Roger Fry fora contratado em 1912 para servir de consultor e, mais tarde, supervisor da limpeza e restauração de nove telas bastante avariadas de Mantegna, que representavam o Triunfo de César, na Royal Collection em Hampton Court. Agora o trabalho, que fora interrompido pela guerra, chegava ao fim, e ele achou conveniente passar algumas noites na Hogarth House.

53 A Hogarth Press publicaria em dezembro de 1921 *Twelve Original Woodcuts*, de Roger Fry.

54 Michael Llewelyn Davies (1900-1921), sobrinho de Margaret e filho adotivo de J.M. Barrie (autor de Peter Pan); Alan Squarey McIver, colega e amigo de Ralph Partridge no Exército e em Oxford. Os dois devem ter se unido a uma das "Unidades de Defesa" formadas pelo governo contra a ameaça de uma greve geral. A criação dessas unidades de emergência, a que os motoristas eram estimulados a se unir, foi anunciada no dia 8 de abril. Nesse dia, a Tripla Aliança Industrial advertiu o governo que, caso as negociações entre os mineiros e o patronato das minas de carvão não fossem

55 Frederick T. Dalton (1855–1927) era o principal assistente editorial do *Times Literary Supplement*. A "menção" ao livro de LW, *Stories of the East*, deu-se na seção "Lançamentos e Reimpressões" do dia 14 de abril de 1921. Dos três contos, "The Two Brahmans" foi considerado o melhor "porque é o que está narrado de modo mais simples".

retomadas, ela organizaria uma greve a partir da meia-noite do dia 12 de abril.

56 Este foi um dos períodos mais violentos dos embates entre o Exército Republicano Irlandês (Irish Republican Army, IRA) e as forças do governo britânico, o que, como consequência, desacreditou profundamente este último. H.A.L. Fisher, primo de VW, presidente da Junta do Comércio (Board of Trade) e apoiador da independência irlandesa e de um governo autônomo para a Irlanda, era um dos seis membros do Comitê da Coalizão Irlandesa (Coalition Cabinet's Irish Committee). Portanto participou, ainda que relutantemente, da decisão de enviar à Irlanda os Black and Tans (forças de reserva britânicas mandadas para ajudar a Royal Irish Constabulary, a força policial oficial do governo, a lutar contra os independentistas) em março de 1920 e de formar a Divisão Auxiliar da Royal Irish Constabulary cerca de seis meses mais tarde – "uma dessas necessidades odiosas que em momentos excepcionais precisam ser consideradas o menos pior dentre dois males sérios" (*An Unfinished Autobiography*, 1940). A paz com o Sinn Fein só foi assinada em dezembro de 1921. [N. T. baseada na nota de AOB.]

57 A mãe de H. Fisher, a tia Mary de VW, fora retratada por George Watts como Una no quadro *Una and the Red Cross Knight* – o livro I de *The Faerie Queene*, de Edmund Spenser. O artista a presenteou com um esboço do quadro, bem como o próprio quadro.

58 Alfred James Munnings (1878–1959), filho de um moleiro de Suffolk, tornaria-se presidente da Royal Academy em 1944. Serviu como artista oficial de guerra vinculado à Brigada de Cavalaria Canadense, e, no período entreguerras, alcançou imensa notoriedade como pintor de cavalos e cenas campestres.

59 Edward Gibbon (1737–1794), historiador inglês. Sua obra mais importante, *Ascensão e queda do Império Romano*, publicada em seis volumes, tornou-se célebre pela ironia, crítica à religião institucionalizada e uso de fontes primárias. [N. T.]

60 O *Daily News* publicou uma crítica de *Segunda ou terça* em 2 de maio de 1921, intitulada "Limbo" e assinada por R. Ellis Roberts. O resenhista, destacando "A casa assombrada" como "a melhor coisa de longe deste livro", conclui: "... todo esse mundo desolado de sensações inconsequentes não passa de morada dessas almas solitárias e desalinhadas, que são empurradas para um lado e para o outro pela ventania que sopra pelo Limbo."

61 Romer Wilson (pseudônimo de Florence Roma Muir Wilson,

1891-1930) ganhou o prêmio Hawthornden de 1921 pelo romance *The Death of Society*.

62 O número de abril de 1921 da coletânea de variedades *The Chapbook*, publicada pela Poetry Bookshop, trazia o ensaio "Prose and Verse" de T.S. Eliot.

63 A edição de maio da *Dial*, de Nova York, publicou o artigo "The Modern English Novel Plus", uma resenha de *Noite e dia* e de *A viagem*, escrito por Kenneth Burke. No geral, os "elogios condescendentes" são reservados para *A viagem* e o "sarcasmo" para *Noite e dia*. Os Woolf planejavam publicar um longo trecho das passagens mais criticadas de *Noite e dia* na contracapa da primeira edição de *O quarto de Jacob*. Ver também dia 8 de abril de 1921.

64 A Mansard Gallery sediou a 14ª exposição do London Group, de 9 de maio a 4 de junho de 1921.

65 Michael Llewelyn Davies afogou-se no rio Tâmisa, perto de Oxford, em 19 de maio. Tinha 21 anos e mal sabia nadar, segundo testemunhas. Seu colega de universidade Rupert Buxton morreu tentando salvá-lo.

66 É a primeira vez no diário que vw menciona o que viria a ser *O leitor comum*.

67 No original, "d----d" – "damned", "maldita". [N. T.]

68 Esse jantar de 18 de maio, organizado para registrar a qualidade inimitável da conversa de Desmond MacCarthy, talvez tenha sido inspirado pela leitura de vw da obra *Eleanor Ormerod, LLD, Economic Entomologist* (1904), em que o organizador da edição conta como tinham planejado esconder um estenógrafo atrás do biombo da sala de jantar de Miss Ormerod para anotar suas reminiscências. (Este livro inspiraria um dos módulos do ensaio "A vida dos obscuros", de *O leitor comum*.) No caso do jantar, a responsável pelas anotações foi Miss Green, secretária de LW na *Contemporary Review*.

69 Maynard Keynes está se referindo ao romance *Noite e dia*, de vw. [N. T.]

70 "22 Hyde Park Gate", incluído em *Moments of Being*. Provavelmente vw o leu no dia 17 de novembro de 1920 (ver 5 dez. 1920).

71 Mais um exemplo do uso peculiar do uso impessoal (*one*) para se referir a ela mesma. [N. T.]

72 Desde a infância Hervey Fisher (1873-1921), sétimo dos primos Fisher de vw, sofria de tuberculose espinhal paralisante e consequente transtorno mental, mas com coragem, ele, e também sua família, superou suas incapacidades ao ponto de ser capaz de exercer uma vida intelectual bastante ativa. Seu único livro publicado foi *Romantic Man and Other Tales* (1920). Depois da morte da sua mãe em 1916, passou a ser cuidado pela irmã, Adeline Vaughan Williams.

73 Margaret H. Thomas, viscondessa Rhondda (1883-1958), era militante da Women's Social and Political Union, e em 1920 fundou o semanário *Time and Tide* (que passou a editar a partir de 1926).

74 Murry escreveu em sua longa resenha de *The Notebooks of*

Tchekhov, de Gorki (4 jun. 1921), traduzido por LW e Koteliansky, que acreditava ser "quase um crime tornar públicos fragmentos dos manuscritos de um autor que ele obviamente não desejava mostrar ao mundo", e temia que aquela edição "fortalecesse uma tendência que já anda prevalente demais entre os que lidam com as letras – a tendência de abordar um autor pela escada dos fundos".

75 J. M. Allison tinha participação financeira no semanário para cavalheiros *The Field*, centrado em torno da caça, da pesca e do tiro. A Field Press lançara o *London Mercury*, portanto o rico e hospitaleiro Allison tornou-se um ímã para Squire e os "poetas georgianos", por quem VW se sentia ameaçada.

76 Mrs. Lindsay, de Coachford, no condado de Cork, descrita pelo *Morning Post* como uma "unionista do sul", foi raptada em sua casa pelo IRA no dia 17 de fevereiro de 1921 e executada sob a acusação de espionagem. Nada se sabia do seu paradeiro até sua irmã, Mrs. Ethel Benson, receber uma carta de Cathal Bruga, ministro da Defesa do Dail Eireann (parlamento irlandês), com data de 29 de julho, informando que Lindsay fora executada "há alguns meses".

77 Os tumultos ocorreram na manhã de 8 de agosto de 1921 no estaleiro da J. Gliksten & Co., no East End londrino. Devido a um possível processo trabalhista, a empresa tinha soltado um anúncio no fim de semana pedindo "ajudantes". Cerca de 400 homens de todos os lados do país responderam ao anúncio, mas nesse ínterim a empresa resolveu suas dificuldades e agora já não estava mais oferecendo as vagas. Nas palavras do *Daily Herald*, os homens "se enfureceram". A polícia montada e a pé foi chamada para expulsá-los das instalações da empresa, e o fogo irrompeu no estaleiro, causando prejuízos estimados em um milhão de libras.

78 *Books on the Table* (1921), de Edmund Gosse, era uma seleção de seus artigos do *Sunday Times*.

79 Jogo típico de Sussex, com um bastão e uma bola.

80 "Um corpo veio dar na praia, perto da cidade de Via Reggio. Pela sua roupa e estatura, supusemos ser do nosso amigo. O último volume de Keats (Lamia etc.) foi encontrado aberto no bolso de seu paletó. Ele provavelmente o estava lendo quando foi surpreendido pela tempestade. Era meu exemplar. Eu lhe havia dito que o guardasse até que o pudesse me devolver em mãos, de modo que não quis que mais ninguém o devolvesse para mim. Foi queimado junto com seus restos mortais." "A caleche seguia rapidamente pelo bosque de Pisa. Nós [Hunt e Byron] cantamos, rimos, gritamos. Eu sentia que aquela alegria era estranhíssima, porque era real e um consolo..."

81 Lady Carlisle era a condessa de Carlisle, Rosalind Frances Howard (1845–1921), uma mulher que exerceu papel dominante nas reivindicações pelos direitos

das mulheres e no movimento da temperança. Entre os anos de 1915 a 1926, a Europa assistiu a uma epidemia da doença do sono, ou encefalite letárgica (EL), em que o paciente é acometido por uma absoluta letargia motora e psíquica. Não se sabe ao certo as causas, porém há indícios de uma possível relação com infecções bacterianas e virais, como por exemplo a influenza, e a EL. Em meados do século XX, a doença ficou famosa ao ser retratada no filme *Tempo de despertar*, que narra a história real vivida pelo médico Oliver Sacks com pacientes sobreviventes de EL. [N. T.]

82 Jacob Verrall era o antigo proprietário de Monk's House.

83 Henry Ernest Dudeney (1857–1930), matemático autodidata, tornou-se famoso pela criação de jogos matemáticos e enigmas. Autor de *Amusements in Mathematics* (1917), *The Canterbury Puzzles* (1907) e *The World's Best Word Puzzles*. Sua esposa Alice Dudeney (m. 1945) era uma escritora prolífica de romances e contos populares.

84 A casa em questão teria obstruído a visão dos Woolf e seu acesso às "planícies" do vale do Ouse. A casa terminou não sendo construída e LW mais tarde conseguiu comprar o terreno, que pertencia a Allison, e duplicou seu jardim.

85 Suzanne Lenglen (m. 1938) era campeã de tênis tanto da França quanto da Inglaterra há cinco anos, desde 1919. Em sua estreia americana em Nova York, em 1921, literalmente se desmoronou diante da campeã americana, Molla Mallory, tal como descreve VW, no início do segundo set.

86 W. W. Armstrong (1879–1947), famoso jogador de críquete australiano.

87 Este ensaio se tornaria "A vida dos obscuros", ensaio em três partes publicado em 1925 em *O leitor comum*. No entanto a primeira parte, "Taylors e Edgeworths", foi publicada como "The Lives of the Obscure" ("A vida dos obscuros") no *London Mercury* (jan. 1924).

88 VW faz aqui referência às ilustrações da Rainha de *Alice do outro lado do espelho* (1871), de Lewis Carroll, realizadas por Sir John Tenniel. [N. T.]

89 Após se casarem, James e Alix Strachey foram morar em Viena e estavam estudando psicanálise com Sigmund Freud. Agora passavam férias na Inglaterra.

90 *Epilegomena to the Study of Greek Religion*, de Jane Harrison (Cambridge University Press, 1921). "Tendo psicólogos como Freud e Jung como autoridades, a autora trata das coisas que jazem implícitas em todas as formas de religião."

91 "Sodomia" e "bichas". No original: "sodomy" e "buggers". Termo pejorativo para homossexuais, daí a opção pelo termo "bichas". [N. T.]

92 J. Middleton Murry publicara em 10 de setembro de 1921 o artigo "The Art of the Russian Ballet" ("A arte do balé russo") no *Nation & Athenaeum*. "Provavelmente daqui a cinquenta anos o balé russo não passará de uma memória inevitável."

93 Coalbox = Lady Sibyl Colefax (m. 1950), infatigável anfitriã e colecionadora de pessoas "interessantes"; Lavatory = provavelmente Hazel (m. 1935), segunda mulher de Sir John Lavery, um retratista bastante célebre. Hazel, americana de origem irlandesa, tornou-se uma figura proeminente na alta sociedade londrina. Jacks = Jack Squire?

94 No lado mais afastado do terreno de Allison havia dois grandes olmos; os Woolf os chamavam de Leonard e Virginia.

95 Em maio, Roger Fry deu uma palestra no Institute of British Architects, que foi publicada pela Chatto & Windus com o título "Some Architectural Heresies of a Painter" ("Heresias arquitetônicas de um pintor"). Murry escreveu um artigo a respeito, "Mr. Fry among the Architects" ("Mr. Fry entre os arquitetos"; *Nation & Athenaeum*, 27 de agosto de 1921). A carta de Fry para VW – que ele considerou "minha obra-prima absoluta" – foi escrita no trajeto dele a St. Tropez. Ver *II RF Letters*, n. 506.

96 Personagem da comédia *Noite de Reis*, de Shakespeare. É uma espécie de puritano, que despreza toda espécie de brincadeiras e diversão.

97 As primas de VW, Dorothea J. Stephen (1871–1965), professora de religião na Índia, e Katherine Stephen (1856–1924), diretora do Newnham College, em Cambridge, de 1911 a 1920, eram respectivamente as filhas mais nova e mais velha de Sir James Fitzjames Stephen.

98 A resenha de *Studies in Early Indian Thought*, de Dorothea J. Stephen, no *Times Literary Supplement* (13 fev. 1919), concluía que o livro parecia inadequado por ser "parcial enquanto ponto de vista e insatisfatório como retrato da mentalidade da Índia".

99 Trata-se da impressora plana vertical acionada por pedal do tipo Minerva de segunda mão que LW comprou por setenta libras. Em 1930 VW a presenteou para Vita Sackville-West, e a prensa ainda está no castelo de Sissinghurst.

100 Talvez isso se refira à recusa de publicar a tradução de uma seleção das cartas de Tchekhov feita por Koteliansky. Esta acabou sendo publicada em 1925 pela Cassell & Co.

101 O artigo de VW chamava-se "Henry James Ghost Stories" (*TLS*, 22 dez. 1921). Sir George Newnes (1851–1910) fez fortuna com o jornal popular *Tit Bits*, e depois fundou a *Strand Magazine*, a *Westminster Gazette*, a *Country Life* e muitos outros periódicos. Financiou a expedição ao Polo Sul em 1898. Sua mãe faz uma breve aparição no ensaio "A vida dos obscuros", de VW, que integrou *O leitor comum*.

102 *The Paston Letters, 1422–1509*, reeditadas e publicadas por James Gairdner em 1904 em seis volumes (não quatro, como diz a nota de rodapé de VW a seu ensaio), era uma reunião de mais de mil cartas sobre todos os assuntos concernentes a uma família abastada de Norfolk – domésticos, feudais, políticos. O ensaio de VW a respeito, "Os Paston e Chau-

cer", foi publicado em *O leitor comum* – cujo título de trabalho nessa época era *Leitura*.

103 Esta previsão se cumpriria: VW publica *O leitor comum* em 1925, poucos meses antes de publicar seu romance *Mrs. Dalloway*. [N. T.]

104 Em 1921 Margaret Llewelyn Davies e Lilian Harris aposentaram-se da Women's Cooperative Guild, associação à qual tinham dedicado mais de trinta anos de trabalho voluntário.

105 Alice (n. Pollock) foi a primeira mulher de Sydney Waterlow.

106 No dia 15 de novembro foi anunciado, numa conferência sobre limitações a armamentos, que a Grã-Bretanha aceitara o princípio de igualdade de poderio naval com os Estados Unidos.

107 LW era editor da *Contemporary Review* e agora fora convidado a colaborar com um artigo mensal assinado sobre "relações exteriores" todos os meses, a partir do ano seguinte. Mrs. Green, embora realizasse trabalhos de datilografia para VW, encontrou trabalho com Brailsford no *New Leader*.

108 No original, "mad negress". Segundo Stuart N. Clarke, em "The 'Increasing' Black Population in Virginia Woolf's Fiction", no período entreguerras na Inglaterra os termos "negro" e "negress" eram razoavelmente aceitos.

109 "The Tragedy of the Lac de Gaube in the Pyrenees", em memória da morte de um casal em lua de mel, do 1º Barão de Houghton, Richard M. Milnes (1809–85). Saxon tinha passado sua dispensa na Finlândia, naquele verão.

110 VW fez bom uso das informações colhidas com Koteliansky na sua resenha de *Fyodor Dostoyevsky: A Study*, de Aimée Dostoevsky (*TLS*, 12 jan. 1921).

111 Última estrofe de "Crossing the Bar" ("Cruzar a margem"), de Alfred Tennyson (1809–1892). "For though from out our borne of Time and Place/ The flood may bear me far/ I hope to see my Pilot face to face/ When I have crossed the bar." ("Embora das nossas raias de Tempo e Lugar/ Para longe possa a maré levar-me/ Espero encontrar meu piloto cara a cara/ Quando eu a margem cruzar." Trad. Helena Barbas.)

112 Lesley Jowitt (n. McIntyre, m. 1970), foi mulher de William Jowitt, advogado que se tornaria conselheiro real, presidente da Câmara dos Lordes com o Trabalhista e conde. Ela era bastante envolvida com o mundo das artes.

113 Bertrand Russell (1872–1970), filósofo, matemático e pacifista. VW e Russell tinham ido a esse jantar sem seus cônjuges: LW estava visitando seus eleitores no norte do país, e Dora Black, a segunda mulher de Russell, com quem ele tinha passado o ano acadêmico anterior na China, havia dado à luz ao filho de ambos no dia 16 de novembro. Na época, Russell estava ganhando a vida com trabalhos de jornalismo, aulas e conferências.

114 Referência a *Samson Agonistes* (*Sansão Agonista*), drama trágico de John Milton.

115 Como pacifista coerente, Russell doou £3.000 em debêntures de uma empresa que fabricava armamentos para T.S. Eliot, que

ele descreve como "desesperadamente pobre". Anos mais tarde o poeta devolveria as debêntures.
116 *Heartbreak House*, peça de Bernard Shaw, estava em cartaz no Court Theatre.
117 Augustus John (1978-1961), tão famoso pela boemia quanto pela sua arte, e sua linda mulher Dorelia (1881-1969).
118 Hardy começou a dedicar-se ao ciclismo nos anos 1890, quando o esporte gozava de grande popularidade, e mesmo na idade avançada era um ciclista incansável.
119 Julien Benda (1867-1956), filósofo francês.
120 Roger Fry passara todo o outono na França e acabara de voltar para Londres em dezembro.
121 Cf. *II VW Letters*, carta n. 1210 para E.M. Forster: "O amor dele pela duquesa (isso é o que se fofoca em Gordon Square) o refreou e amoleceu" – referência a Gladys Deacon, recém-casada com o 9º Duque de Marlborough. Ver 23 de novembro de 1920.

1922

1 Bairro afluente a sudoeste do Palácio de Buckingham, em Londres. [N. T.]
2 Local onde se situava a antiga gráfica real. Por muitos anos foi a localização do jornal *The Times*. [N. T.]
3 Frank Laurence ("Peter") Lucas (1894-1967), especialista em língua e cultura clássica do Trinity College, em Cambridge. Era membro dos Apóstolos. Em fevereiro de 1921 casou-se com a romancista E.B.C. ("Topsy") Jones (1893-1966), que tinha amigos em comum com VW e que resenhou *Noite e dia* em 1919 para a *Cambridge Magazine*.
4 Ela o fez havia exatamente três anos, no dia 22 de janeiro de 1919.
5 Cf. entrada de 26 de maio de 1921. [N. T.]
6 As cartas que VW escreveu à *New Statesman* em 1920 sobre as mulheres foram reunidas no ensaio "A condição intelectual das mulheres".
7 Nessa época, os diários de VW eram todos encadernados e pautados por ela mesma, com linhas azuis traçadas a régua e uma margem vermelha. [N. T.]
8 O papa Benedito XV na verdade morrera às 6 da manhã daquele dia. Michael Collins, líder do Sinn Fein, e Sir James Craig, representante do Ulster, emitiram um comunicado oficial em 21 de janeiro informando que o IRA e a Irlanda do Norte haviam entrado em acordo no tocante às fronteiras, ao boicote de Belfast e a outros assuntos controversos.
9 Towers Place era uma pequena alameda paralela à Paradise Road, ao final do jardim dos fundos da Hogarth House.
10 Julian Bell começara a estudar como aluno interno na Leighton Park School naquele ano, e Quentin Bell entrou como aluno no semi-internato da escola preparatória de Peterborough Lodge.
11 *Karn*, de Ruth Manning Sanders, "outro longo poema de uma poetisa gorda & baixinha" (*II VW Letters*, n. 1213), seria publicado pela Hogarth Press em maio de 1922.
12 Apelido de Lytton. [N. T.]

13 O último artigo de Clive Bell, "The Creed of na Aesthete" – um ataque à peça *Back to Methusalah*, de Bernard Shaw – tinha sido publicado no *New Republic*, de Nova York, em 25 de janeiro de 1922. É provável, mas não há como ter certeza, de que ele o tenha enviado a vw.

14 *Moby Dick*, de Herman Melville (1851); *La Princesse de Clèves*, de Mme. De La Fayette (1678); os primeiros dois volumes de *Life of Robert, Marquis of Salisbury*, de sua filha, Lady Gwendolen Cecil (1922); *Old Mortality*, de Sir Walter Scott (1816); e *Small Talk at Wreyland*, de Cecil Torr (três volumes – 1918, 1921, 1933).

15 *The Garden Party and Other Stories*, de Katherine Mansfield.

16 vw tinha ações da Mitchell Bros. Ltd., empresa que fechara as portas em 1919. Esse benefício inesperado foi um reparte final dos ativos da empresa.

17 O Gunby Hall, em Lincolnshire, foi herdado por Stephen L. Massingberd (1869–1925), que se casou com a irmã de Kitty Maxse, Margaret Lushington (m. 1906).

18 Provavelmente George du Maurier (1834–1896), ilustrador, caricaturista e escritor inglês. Colaborava com a famosa revista Punch. [N. T.]

19 O Dr. Alfred Moxon Sydney-Turner, MRCS (membro do Royal College of Surgeons), LSA (Licence of the Society of Apothecaries) e JP, de Ventnor Villas, Hove, tinha sido o único proprietário de um estabelecimento particular para pacientes psiquiátricos.

20 A peça de John Masefield, *Esther*, adaptada e parcialmente traduzida da tragédia bíblica *Esther*, de Racine, tinha recebido uma extensa resenha no *TLS* em 9 de fev. O longo ensaio de Strachey sobre Racine estava prestes a ser republicado, na sua coletânea *Books and Characters*, de 1922.

21 vw discutiria *The Craft of Fiction* (1921) no artigo "On Re-Reading Novels", que saiu no *TLS* em 20 de julho de 1922. Ver entrada de 23 de junho de 1922.

22 George Meredith (1828–1909), poeta e romancista, era genro do romancista Thomas Love Peacock (1785–1866).

23 *Marmalade* é uma espécie de geleia, ou compota, feita com o suco e as cascas de frutas cítricas, especialmente laranja-amarga, cozidos. [N. T.] Ver cartas 1206 e 1216 de *II VW Letters*, em que vw lembra a Violet Dickinson que estava guardando *marmalade* caseira para ela.

24 John Aubrey faz um resumo parcial desta história em sua obra *Brief Lives*, no capítulo "Sir John Popham". Dizem que o pedaço da cortina serviu para identificar e levar à justiça Willian Darell, dono da propriedade de Littlecote, em Wiltshire, que mandara trazer vendada até sua casa uma parteira para que ajudasse a trazer ao mundo uma criança que ele atirou ao fogo logo após o nascimento. A propriedade foi transferida ao juiz Popham em 1587, que julgou o caso. O atual morador, Mr. Robert Lee Bevan, havia abandonado o país na semana anterior, depois de

liquidar dois de seus negócios. Foi detido em Viena, levado a julgamento e condenado a sete anos de pena.
25 Ilustre desconhecida que é mencionada em duas cartas de VW, n. 486 e 507, de 1909 (*I VW Letters*). Não poderia ser a famosa autora Olive Schreiner, pois esta não estava em Bangcoc e sim morta.
26 A amizade íntima de VW e Violet Dickinson datava de 1902, quando, como antiga amiga de Stella Duckworth, meia-irmã de VW, ela passou alguns dias com os Stephen na Fitham House em New Forest, que a família havia alugado para o verão.
27 *Lord Byron's Correspondence*, editadas por John Murray IV em fevereiro de 1922.
28 George Borrow (1803–81), romancista; John Donne (1572–1631), um dos maiores poetas de língua inglesa; Edward Fitzgerald (1809–1883), poeta e tradutor de Calderón de la Barca e do poeta persa Omar Khayyam. *Alone*, de Norman Douglas, tinha sido publicado em 1921.
29 *The Might Atom* (1896), obra da então bastante popular escritora Marie Corelli (1855–1924).
30 A publicação de *A viagem* completaria 7 anos em abril de 1922. A resenha de *Segunda ou terça* publicada na *Dial* (ver 17 fev. 1922, acima) dizia: "no presente volume de esboços, Mrs. Woolf torna-se bem mais artística que em seus romances, embora nunca ultrapasse a soberba qualidade técnica de *A viagem*."
31 Romance de Madame de La Fayette, de 1678. [N. T.]
32 Antigamente, as páginas dos cadernos dos fólios não passavam pelo último refile. Esse processo deveria ser feito pelo próprio leitor com instrumentos especiais para isso, semelhantes a facas de abrir cartas [N. T.]
33 Os Woolf tinham planejado ir à Itália na primavera.
34 Nesse texto (conservado no arquivo da Universidade de Sussex), que soma cerca de quarenta páginas datilografadas e extremamente revisadas, primeiro intitulado "Prefácio" e depois "Introdução. Byron & Mr. Briggs", VW escreve que o resenhista "não possui um método, mas somente uma personalidade – em suma, ele se encontra muito mais próximo do leitor vulgar, do qual existem multidões, do que do tipo de crítico que, com imensa sorte, surge um em cada século".
35 O desejo de T.S. Eliot de editar sua própria revista literária se concretizaria com o lançamento do periódico trimestral *The Criterion* em outubro de 1922, financiado por Lady Rothermere. VW de fato tornou-se uma das colaboradoras, mas LW não.
36 Trata-se de *The Waste Land* (*Terra desolada*), que a Hogarth Press lançaria em setembro de 1923.
37 E. M. Forster tinha retornado da Índia recentemente e ido morar com a mãe em um casarão suburbano em Waybridge. Por seis meses fora secretário particular de Sir Tokoji Rao III, governante de Devas Senior, um pequeno estado central indiano que ele já visitara anteriormente, entre 1912–13. O projeto de seu romance

tinha degringolado. A eventual conclusão de *Uma passagem para a Índia* deveu-se em boa parte ao encorajamento de LW.

38 No original, b-----s – referindo-se a "buggers", termo pejorativo para homossexual. Aqui a referência se tornou "bichas".

39 Rosalie Alford era irmã da mãe de E.M. Forster e sua tia favorita. O prato era provavelmente de Bidar (cidade indiana), que ele visitara com seu amigo Masood. Forster possuía diversas obras do lugar.

40 Viola Tree (1875-1951), filha do famoso ator e diretor Herbert Beerbohm Tree. A Hogarth Press publicaria dois de seus livros. Christabel, mulher de Henry McLaren, que após a morte do sogro em 1934 tornou-se Lady Aberconway. Montague Shearman (1885-1940), advogado, funcionário público e colecionador de arte. Todos eles participavam (como Mary Huthinson e Clive Bell) de uma alta sociedade do pós-guerra, formada por gente mais rica e sofisticada que os Woolf.

41 Lottie tinha sofrido uma queda em setembro de 1921, segundo uma carta de VW a Janet Case. James Johnston era o médico de Nelly e Lottie, além de cirurgião de Richmond. Emma Gilman era sobrinha de Nelly.

42 VW se refere a suas primas solteiras, Margaret e Emma Vaughan, que ainda moravam em Kensington, e com quem ela agora tinha muito pouco contato.

43 Ensaio das três peças que seriam encenadas pelo Playwrights Theatre em 2 de abril de 1922. Duas delas eram de Beatrice Mayor ("Bobo"). Betty Potter era sua irmã. Bobo pedira a VW para ajudá-la, pois ameaçava suicidar-se. Edith Craig era a produtora teatral dos espetáculos.

44 A bailarina russa Lydia Lopokova tinha retornado a Londres em 1921 com a companhia de Diaghilev e desfrutara de grande sucesso nas temporadas de verão e inverno. Maynard Keynes, que estava apaixonado por ela, convenceu-a a morar em Gordon Square com os amigos dele, e talvez tenha sido lá que VW a encontrou.

45 A descrição da recepção de Lord Salisbury em Glasgow em setembro de 1884 está presente no terceiro volume da biografia (só publicado em 1931) que Lady Gwendolen escreveu do seu pai, Robert Cecil, 3º Marquês de Salisbury. VW estava lendo os dois primeiros volumes. James e Hugh eram respectivamente os irmãos mais velho e mais novo de Lady Gwendolen.

46 VW ficara mais uma vez doente e acamada, no início de maio; e no dia 26 de maio extraiu três dentes. No dia 31 de maio os Woolf foram a Monk's House para o Pentecostes e retornaram para Richmond em junho.

47 Ralph Partridge, que tinha traído Carrington com Valentine Dobrée, descobriu que Carrington o tinha traído com Gerald Brenan. Valentine era uma pintora e tinha sido grande amiga de Carrington.

48 Em junho de 1922 Roger Fry deu três palestras abertas ao público – sobre Rubens, Rembrandt e Poussin – no Mortimer Hall. Os

Woolf assistiram àquela sobre Rembrandt, no dia 21 de junho.

49 Além de *Karn*, de Ruth Manning-Sanders, a Hogarth Press tinha publicado em junho as traduções de Koteliansky e LW de *The autobiography of Countess Sophie Tolstoi* e de *The Gentleman from San Francisco and Other Stories*, de I.A. Bunin, além dos poemas de Fredegond Shove, *Daybreak*.

50 Tanto "Mrs. Dalloway em Bond Street" quanto "Miss Ormerod" seriam publicados na *Dial* respectivamente em julho de 1923 e dezembro de 1924. O ensaio "On Re-Reading Novels" sairia no *TLS* em 20 de julho de 1922.

51 Henry Holt escreveu a LW sobre o argumento de Fyfe exposto no *Daily Mail* (ver entrada de 3 de maio de 1921), de que "Pearls before Swine" era um dos melhores contos que ele já tinha lido. Holt sugeriu que, se LW o reescrevesse com um "toque americano", ele conseguiria vendê-lo muito bem nos EUA. Nada saiu dessa proposta.

52 VW tinha ido, sem LW, para Garsington no sábado, e voltado para Londres na segunda de manhã. Julian era a única filha de Philip e Lady Ottoline Morrell e tinha na época 16 anos.

53 Sir Arthur Colefax e Sybil Colefax moravam na Argyle House, em frente à casa dos irmãos Sitwell, Osbert (1892–1969) e Sacheverell (1897–1988), que, tal como sua irmã Edith, eram escritores e agitadores literários.

54 O romance *Crome Yellow*, de Aldous Huxley, um retrato dissimulado de Garsington e sua dona, fora publicado em novembro do ano anterior. Sua resposta insincera aos protestos de Lady Ottoline foi reimpressa em *Ottoline in Garsington*, 1915–18, de 1974.

55 Aparentemente Catherine Margesson, tataraneta do 7º conde de Buckinghamshire, e seus pais tomaram VW por outra pessoa. (ver *II VW Letters*, carta n. 1262). VW tinha tomado o chá com Logan P. Smith no Chelsea; no dia 12 de julho jantou com Mary Hutchinson e depois foi com LW até uma festa nos Squire.

56 Elisabeth Lewis, cuja casa em Portland Place fora um lugar de reunião das personalidades mais destacadas da literatura, das artes e da música em meados do século XIX. Os pais de VW se casaram em 1878.

57 A princesa de Polignac, n. Winnareta E. Singer (1865–1943), viúva de Edmond de Polignac, amigo de Marcel Proust. Era filha mais velha do fundador da empresa de máquinas de costura Singer e dedicou sua imensa fortuna ao estímulo das artes, das ciências e, em especial, da música. Kent House era lar da senhora Saxton Noble, também ela uma destacada patrona das artes.

58 *The Story of Louise Cole*, de D.E. Enfield (o nome de casada de Doris Hussey).

59 H. N. Brailsford tornou-se editor do *The New Leader*, órgão do Partido Trabalhista Independente, e tinha sido editorialista e especialista em assuntos estrangeiros do *The Nation*.

60 Philip Woolf tinha retornado da Índia, para onde fora em março.

Agora assumia um novo cargo, que ocuparia por trinta anos: o de capataz da Waddesdon Mason, em Buckinghamshire, propriedade de James de Rotschild, que era casado com uma prima dos Woolf. Philip se casou com Marjorie ("Babs") Lowndes.

61 Vanessa Bell alugava desde 1920 os andares superiores, de Adrian Stephen, do n. 50 da Gordon Square; agora iria cedê-los a Clive, que os reformou. Vanessa se mudaria com a família para o n. 46 da Gordon Square.

62 Desde 1917 T.S. Eliot dependia essencialmente do seu emprego no Departamento Colonial e de Relações Exteriores do Lloyd's Bank para sobreviver. Esta é a primeira referência que vw faz ao plano em que terminaria participando – ver as entradas do dia 27 de setembro de 1922 e as cartas a partir de 1 de agosto em *II VW Letters*. A ideia era fornecer uma fonte de renda que deixasse Eliot livre para se concentrar na sua escrita literária.

63 "The Love Song of J. Alfred Prufrock" (1915), de T.S. Eliot, seu primeiro longo poema publicado.

64 A crítica elogiosa da coletânea de ensaios *Friday Nights*, de Edward Garnett, foi publicada no *Nation & Athenaeum* em 22 de julho de 1922.

65 *Os contos da Cantuária* (*The Canterbury Tales*), de Geoffrey Chaucer (1342?–1400). De "O conto do padre da freira" ("The Nun's Priest Tale"): "A col-fox, full of sly iniquitee/ That in the grove hadde woned yeres three".

66 Victoria (Vita) Nicolson, n. Sackville-West (1892–1962), filha única do 3º barão de Sackville de Knole e de Victoria, a filha ilegítima de seu tio, Lionel Sackville-West, 2º barão, com a bailarina espanhola "Pepita". Escritora compulsiva desde a infância, Vita Sackville-West já tinha publicado dois romances, um livro de contos, e uma quantidade de poemas. Em 1913 casou-se com Harold Nicolson, um diplomata; ele agora trabalhava no Ministério de Relações Exteriores em Londres. Sua opinião sobre vw sem dúvida foi trazida até ela por Clive Bell, que conhecia os Nicolson.

67 O "poeta georgiano" é Edward Shanks, que ganhou o prêmio Hawthornden em 1919 com a coletânea de poemas *Queen of China*. Era vizinho dos Woolf em Rodmell. Entre os poetas "georgianos", a geração de poetas que se opuseram aos vitorianos, estavam também Walter de la Mare e Robert Graves. [N. T.]

68 Isto é, a casa de férias de Mary Hutchinson no canal de Chichester, próximo a West Wittering.

69 André Derain (1880–1954) costumava passar o verão pintando em Midi, perto de Toulon, mas não se sabe se os dois se encontraram nessa ocasião. A filha de Roger, Pamela, que tinha passado o ano estudando pintura em Paris, tinha se apaixonado por Micu Diamand, um pintor romeno. Iam se casar em fevereiro de 1923.

70 No original, "Woolves", como vw e lw se referiam a si mesmos. Trata-se de um trocadilho com "woolf" e "wolf", lobo em inglês.

O símbolo da Hogarth Press, uma cabeça de lobo, alude a esse trocadilho. [N. T.]

71 VW faz menção aos dois ensaios iniciais de *O leitor comum* (título final do seu *Leitura*): "Os Paston e Chaucer" e "Sobre não saber grego".

72 Na verdade, a família Stephen alugou Hindhead House em 1896. Em 1940, em *Um esboço do passado*, VW narraria com mais pormenores esse dia, que tanto a marcou.

73 "Há ego demais em seu cosmos" é uma frase de "Bertram and Bimi", um dos contos de Rudyard Kipling de que LW mais gostava.

74 Henry David Thoreau (1817–1862), poeta americano, filósofo e naturalista. Seu pai era dono de uma fábrica de lápis em Concord, Massachussetts, da qual Henry era sócio. VW havia escrito a seu respeito no centenário de seu nascimento em 1917.

75 Famoso conto de Katherine Mansfield, de 1918. Já foi traduzido para o português como "Felicidade" e "Êxtase", Ana Cristina César, poeta brasileira, o traduziu e comentou amplamente, destacando a dificuldade de traduzir o título. [N. T.]

76 Quer dizer, uma carta de agradecimento após uma visita, assim chamada por causa do Sr. Collins de *Orgulho e preconceito*, de Jane Austen.

77 Katherine Mansfield retornou a Londres em agosto por seis semanas em busca de uma nova abordagem para seus problemas físicos e espirituais. Compareceu a reuniões encabeçadas por Ouspensky que por fim a levaram a participar do Instituto Gurdjieff em Fontainebleau, onde acabaria morrendo. Ficou hospedada sozinha na casa de Brett e viu pouquíssimos amigos nessa época.

78 "Melanismo", o contrário de "albinismo". VW retoma essa "pequeneza absurda" numa carta a Clive: *II VW Letters*, n. 1281, s.d.

79 Em sua resenha de Georgian Stories, na Nation & *Athenaeum* em 26 de ago. 1922, Murry escreveu: "Um ano atrás [o *London Mercury*] publicou um conto de Mrs. Virginia Woolf que também era superior à maioria destes".

80 VW se refere a Blackie como "him" – ele. [N. T.]

81 VW costumava escrever em uma casinha de madeira construída junto à parede da igreja, no jardim de Monk's House. LW usava o desvão da casa para armazenar maçãs.

82 Pouco depois da morte de seu pai, Leslie, em fevereiro de 1904, Vanessa, Virginia, Thoby e Adrian passaram cerca de quatro semanas em Manorbier, na costa sul de Pembrokeshire. VW tinha na realidade 22 anos.

83 VW tinha mencionado que *O quarto de Jacob* cruzaria o Atlântico, mas é a primeira vez que ela menciona a editora que se tornaria a editora de todos os seus livros nos EUA, e que já tinha publicado *Segunda ou terça*, em novembro de 1921. Em geral as negociações das obras de VW com a Harcourt Brace eram realizadas por LW.

84 Tipo de caneta-tinteiro com ponta larga e curta. [N. T.]

85 Esse sonho não deu em nada.

86 Lydia Lopokova havia se formado na Escola Imperial de Balé, em São Petersburgo. Iria dançar na *Serenata em Sol Maior* de Mozart no Coliseum, em julho de 1923.

87 Virginia Woolf considerava Tolstói "o maior de todos" (ver seu ensaio "O ponto de vista russo", em *O leitor comum*. Aqui ela faz referência ao fato de T.S. Eliot haver comparado *Ulysses* em sua monumentalidade a *Guerra e paz*. [N. T.]

88 Resenha escrita por Gilbert Seldes, publicada no *Nation* em 30 de agosto de 1922.

89 *Anecdotes of the late Samuel Johnson, LL. D during the last twenty years of his life*, de Hester Lynch Piozzi (1786), e talvez *Autobiography Letters and Literary Remains of Mrs. Piozzi (Thrale)*, ed. A. Hayward (1861).

90 Os Woolf tinham vendido Suffield House – a outra metade da Hogarth House. (Eles haviam comprado as duas casas em 1920.) A ideia de retornar para a casa onde moraram com Adrian, Maynard e Duncan Grant antes de se casarem em 1912 já lhes ocorrera mais de uma vez.

91 Walter Pater (1839–1894), escritor e crítico. John Henry Newman (1801–1890), poeta, teólogo e estudioso inglês. [N. T.]

92 VW recontou essa fofoca sobre Hardy em uma carta para Janet Case escrita enquanto Forster ainda estava hospedado em sua casa (ver carta no. 1288, *II VW Letters*). A *Spectator* era editada pelo primo de Lytton, John St. Loe Strachey, que era também seu proprietário. Ele tinha empregado Lytton e James mas desaprovou o pacifismo de ambos durante a I Guerra Mundial. Além disso, atacara severamente o livro *Eminent Victorians*, de Lytton Strachey.

93 Depois de publicar os dois primeiros romances de VW, Gerald Duckworth concordara em abrir mão de sua opção sobre o terceiro, *O quarto de Jacob*, para que os Woolf o publicassem pela Hogarth Press. Foi o livro mais extenso que a editora deles já tinha publicado, com 290 páginas. O livro foi impresso para a Hogarth pela R. & R. Clark, de Edimburgo.

94 A resenha de VW sobre *Modern English Essays* (ed. Ernest Rhys), foi publicada no *Times Literary Supplement* em 30 de novembro de 1922.

95 Kitty Maxse morreu aos 55 anos, em 4 de outubro de 1922, depois de uma queda misteriosa em sua casa em Londres, e foi enterrada em 7 de outubro. Leopold James Maxse, com quem ela tinha se casado em 1890, era dono e editor da revista mensal de política *National Review*. O velho Davies era o pai de Margaret Llewleyn Davies. (AOB) Kitty foi amiga de infância de VW e noivara com Leopold em Talland House, a casa de veraneio na Cornualha da família Stephen. Ela é tida como modelo de Clarissa Dalloway, no romance *Mrs. Dalloway* (que VW anuncia em 14 de outubro de 1922 ter começado a escrever), e seu noivado é visto como inspirador para o de Paul e Minta em *Ao farol*. [N. T.]

96 Essa lembrança aparece mais uma vez em "22 Hyde Park Gate",

texto de vw para o Clube de Memórias, de 1921, e em *Um esboço do passado*, de 1940.

97 O funeral de Kitty Maxse se deu no dia 11 de outubro, em Holy Trinity. Compareceram muitas pessoas ilustres, do embaixador francês a George Duckworth.

98 A edição de 11 de novembro de 1922 da *John O'London's Weekly* reproduziu um desenho de vw feito por F.H. Warren, e a mesma edição publicou uma resenha de *O quarto de Jacob*.

99 E. M. Forster escreveu parabenizando vw por conseguir manter o interesse do leitor em Jacob, em seu "caráter de personagem… o que considero uma façanha tremenda".

100 Paul Valéry (1871–1945), poeta e crítico francês, tinha recém-publicado um novo livro de poemas, *Charmes* (1922). Em seu texto para o Memoir Club, "Am I a Snob", de 1936, vw afirma que recusou o convite de Lady Colefax de conhecê-lo; no entanto ela compareceu ao evento. Ethel Sands (1873–1962), a pintora americana, discípula e amiga de Sickert.

101 Percy Lubbock (1879–1965), biógrafo e homem de letras. Lytton Strachey pediu vw em casamento no dia 17 de fevereiro de 1909, mas em seguida retirou o pedido.

102 A Constable & Co. era a editora de Logan Pearsall Smith.

103 No início de novembro Roger Fry tinha buscado uma cura para seus males crônicos na clínica do dr. Emile Coué, em Nancy. O dr. Coué acreditava que o paciente seria capaz de curar suas próprias doenças por meio da autossugestão.

104 No original, vw se equivoca e escreve "dar-nos". [N. T.]

105 Irmão mais novo de Carrington e ex-colega de Partridge em Oxford. Ele trabalhava desde 1919 para a Oxford University Press.

106 *Letters*, de Stephen Reynolds (1881–1919), com edição de Harold Wright, foi publicado pela Hogarth Press em maio de 1923. Reynolds, que cursara a universidade, trabalhara como pescador e marinheiro. Publicara diversas obras tratando de temas políticos e relacionados à vida marinha. Emily Hobhouse (1860–1926) era autora de diários que formariam a base para um livro de memórias publicado em 1926, mas estes acabaram sendo publicados pela Allen & Unwin, em 1923.

107 Ária de *A ópera do mendigo*, de John Gay: "(…) Às mulheres e ao vinho há que se dedicar a vida: que outra coisa desejável existe nesta terra?" [N. T.]

108 Em francês no original. "Narrador", "contador de histórias". [N. T.]

109 vw trataria dessas lembranças a fundo logo no início de *Um esboço do passado* (1940), quando explica que acredita que toda a sua identidade se baseia nessas primeiras lembranças de sua vida – de escutar o mar deitada no quarto das crianças em Talland House [N. T.]

110 Mencionado anteriormente, como parte da barganha: isso se justifica porque os livros de Lytton Strachey eram todos grandes best-sellers, que poderiam trazer bastante dinheiro à Hogarth Press. [N. T.]

1923

1. Virginia Woolf se equivoca e escreve 3 de janeiro. [N. T.]
2. VW tinha ido à casa da irmã Vanessa no dia anterior, na Gordon Square, pois ela e os filhos haviam passado o Natal com a família de Clive Bell em Wiltshire. As "flores ao acaso" são os trechos de conversa que vai colhendo pelo caminho. [N. T.]
3. Em agosto de 1909, seis meses depois do pedido de casamento de Lytton Strachey (retirado logo em seguida), VW viajou com seu irmão Adrian e Saxon Sydney-Turner para o Festival de Wagner, em Bayreuth.
4. Augusta Charlotte Fresfield (cujo nome de solteira era Ritchie), era tia de Molly MacCarthy. Ela morrera em 1901.
5. Após essa entrada, vem uma anotação: "Quarta, 18 de maio de 1921. Richmond. Courage in Politics. Coventry Patmore." Depois vem a resenha desse livro, e em seguida uma página de *O quarto de Jacob*, com a data: Sexta, 7 de outubro de 1921. [N. T.]
6. Bunny Garnett tinha se casado com Rachel Marshall em 1921. Seu filho mais velho, Richard Duncan Carey Garnett, nascera em 8 de janeiro, dois dias depois dessa festa. A criança não foi efetivamente batizada, que se tenha registro.
7. Walter R. Sickert tinha sido ator na juventude. Aluno de Whistler, mais tarde foi discípulo de Degas. Vivia e trabalhava em Dieppe e Veneza, e ao voltar para Londres em 1905, tornou-se um dos líderes da vanguarda nas artes. Sua mulher, Christine Drummond Angus, morrera de câncer em 1920.
8. Lytton Strachey tinha sido agraciado pela Royal Society of Literature com a medalha Benson de prata por seu livro *Queen Victoria*.
9. Edith Jessie Thompson foi executada às 9 da manhã no dia 9 de janeiro de 1923 pelo assassinato de seu marido, que fora esfaqueado até a morte em outubro de 1922. Seu amante e cúmplice, Edward Francis Bywaters, também foi executado.
10. "Laetitia Pilkington", ensaio baseado nas memórias da escritora irlandesa, que foram editadas em 1748, foi publicado no *Nation & Athenaeum* em 30 de junho de 1923.
11. Katherine Mansfield morreu no dia 9 de janeiro de 1923 após uma hemorragia, no Instituto Gurdjieff, em Fontainebleau, onde ela morava desde outubro do ano anterior. A última frase de uma de suas cartas para Virginia, de 1917, omitida na edição das cartas de Mansfield preparada por Murry em 1928, diz: "Que realmente nos encontremos num futuro próximo, querida Virginia, e não se esqueça."
12. Ver entrada do dia 25 de agosto de 1920.
13. Provavelmente a carta que VW lhe escreveu em 13 de fevereiro de 1921.
14. Mais um exemplo, dentre muitíssimos, do uso do impessoal "one". Observo apenas como aqui é ainda mais curioso, pois ela está falando de algo caro a si mesma, mas tentando ao máximo não

se colocar pessoalmente. "One was too uncertain. And so one let it all go." Há outro num trecho anterior dessa mesma passagem, também num ponto de alta inflexão emocional: "E então sente-se pena dela. E tem-se a impressão de que ela relutou em usar aquela guirlanda, uma guirlanda fria como gelo." [N. T.]

15 O diretor do *Nation*, H.W. Massingham, havia dado uma linha trabalhista ao jornal em 1923, o que desagradou os liberais que haviam fundado o periódico, os Rowntree. O jornal foi vendido e um grupo de liberais assumiu o controle, entre eles Maynard Keynes. Keynes tornou-se o presidente do conselho, Hubert Henderson o editor e, após certa incerteza, LW foi apontado editor literário. (N. T. sobre N. A.)

16 Dorothy Brett, a pintora, era amiga bastante próxima de KM.

17 Roger Fry estava dando desde 6 de dezembro uma série de quatro palestras sobre arte nas noites de quarta-feira.

18 Antes da guerra, Edward Marsh, secretário particular de Winston Churchill e patrono de poetas e pintores, recebera sob suas asas o poeta Rubert Brooke, que na época vinha sofrendo de uma aversão neurótica a seus antigos amigos, e o apresentou a uma sociedade londrina mais sofisticada, que incluía os Asquith e a atriz Cathleen Nesbitt.

19 Rattee & Kett, construtora que se situava nos fundos da Station Road.

20 A peça *Édipo Rei*, de Sófocles, fora montada numa versão inglesa de J.T. Sheppard. Irene Vanbrugh era atriz. Q era Arthur T. Quiller-Couch, catedrático de Cambridge. Faith M.J. Henderson, irmã de Nick Bagenal, era mulher de Hubert Henderson, que estava dando aulas de Economia em Cambridge e logo assumiria o posto de editor do *Nation* (ver 28 de janeiro de 1923).

21 No original, *scrolloping*: uma palavra criada aqui, em 1923, por VW para descrever algo ornamentado em excesso. Ver o *Oxford English Dictionary*. Ela a usaria em outras obras também. [N. T.]

22 VW provavelmente se referia aos financiadores por trás de Maynard. Wee Frees é um epiteto derivado de Wee Free Kirk, partido minoritário da Igreja Livre da Escócia.

23 *Pharos and Pharillon*, de E.M. Forster, foi publicado em maio de 1923.

24 Katherine Stephen (1856–1924), prima de VW e diretora aposentada do Newnham College.

25 Ao longo de janeiro e fevereiro, VW sofreu resfriados e febres persistentes. Em 15 de fevereiro foi feita uma tentativa de cura com a injeção de germes de pneumonia.

26 Naomi Royde-Smith (1875–1964), autora que publicou uma grande quantidade de romances, biografias e peças. Foi a primeira mulher a editar a *Westminster Gazette* e nesse cargo publicou textos de escritores como Graham Greene, D.H. Lawrence, Walter de la Mare, Rupert Brooke, Elizabeth Bowen e Rose Macaulay. [N. T.]

27 Margery K. Snowden, que fora colega de Vanessa na Royal Academy Schools e continuava sua amiga fiel. Morava em Chetelham com uma irmã.

28 Katherine Mansfield tinha se hospedado na casa de Dorothy Brett em sua última visita à Inglaterra, em agosto. Dunning, amigo e vizinho de Murry, era praticante de yoga.

29 *Tolstoi's Love Letters* e *Talks with Tolstoi*, de A.B. Goldenveizer, ambos traduzidos por Koteliansky e, nominalmente, por VW, foram publicados em maio e junho de 1923. *Epicoene, or the Silent Woman*, comédia de Ben Jonson.

30 Raymond Mortimer, autor de *The Oxford Circus* (1921), iniciava sua carreira como crítico e jornalista literário, área em que se destacou.

31 Publicado no *Times Literary Supplement* em 5 de abril de 1923, depois integrou o primeiro volume de *O leitor comum* (1925).

32 O texto "To Spain" foi publicado no primeiro número do *Nation & Athenaeum* sob sua nova configuração, em 5 de maio de 1923.

33 VW e LW tinham viajado para Paris e pela Espanha entre 27 de março e 27 de abril. Gerald Brenan os acompanhou em parte da viagem, e os amigos dele, o ex-governador da Nigéria Charles Temple e sua mulher, os acolheram por duas noites em Granada.

34 Adrian Stephen começou a fazer análise com o dr. James Glover, e após a morte deste em 1926, seguiu com Ella Sharpe.

35 Lord David Gascoyne-Cecil, filho caçula do 4º marquês de Salisbury e sobrinho dos amigos de VW, Lord Robert e Lady Eleanor Cecil. Anthony ("Puffin") Asquith, único filho do ex-primeiro-ministro do Partido Liberal, H.H. Asquith e sua mulher Margot. Edward Sackville-West, único filho e herdeiro do 4º barão de Sackville e primo de Vita. Leslie P. Hartley havia retornado a Baliol depois de lutar na guerra. Asquith se tornaria um diretor de cinema reputado; os outros, escritores de ligeira notoriedade.

36 Isso talvez se refira a um mal-entendido da parte de VW, que interpretou que J.M. Murry tinha se oferecido para ser editor literário do *Nation* até que o cargo fosse definitivamente ocupado. VW com certeza contou algo do gênero a Sydney Waterlow, pois escreve-lhe para corrigir seu erro no fim do mês (ver carta n. 1402, *III VW Letters*). Ao que parece, também contou o mesmo a Ottoline Morrell (carta n. 1400, idem). Murry aparentemente só tinha se oferecido para escrever para o periódico e ajudar de forma geral no período de transição, depois que a editoria tivesse sido transferida de H.W. Massingham para Hubert Henderson.

37 Desde a morte de Katherine, Murry vinha experimentando uma sensação mística de renascimento. Com o apoio de Tomlinson e Sulivan, e tendo Koteliansky como gerente comercial, ele acabara de lançar uma nova revista mensal, *The Adelphi*, cujo conteúdo era selecionado de

acordo com o critério da "significância para a vida". O editorial de apresentação era pessoal e intenso, e o primeiro número se esgotou.

38   O artigo "Sir Thomas Browne" de VW para o *Times Literary Supplement* (28 de junho de 1923) tratava não apenas do *Urn Burial*, de Browne, mas também de *The Garden of Cyrus* e *Religio Medici*.

39   Vanessa Bell e Duncan Grant tinham ido à Espanha. Roger Fry os acompanhou por algum tempo.

40   Tratava-se da primeira apresentação pública de *Façade*, obra conjunta dos irmãos Sitwell e do compositor Wiliiam Walton, em que letra e voz (ambas de Edith Sitwell) foram pensadas para desempenhar um papel interdependente com a música instrumental e de igual importância. Os poemas eram recitados através de um "Sengerphone", que se projetava da boca de uma cabeça grotesca no meio de uma cortina de teatro pintada por Frank Dobson. A performance rendeu críticas quase unânimes da imprensa.

41   O Dia de Derby, ou Derby Day, era a data da mais importante corrida de cavalos da Inglaterra, e foi realizada pela primeira vez em 1780.

42   Mary Sheepshanks (c. 1870–1958), defensora do sufrágio feminino. De 1899 a 1913 foi diretora do Morley College, onde VW havia dado aulas a homens e mulheres da classe trabalhadora em 1905. Morava no "Garden Suburb", de Golders Green.

43   Uma dança tradicional da Inglaterra, da Escócia e da Irlanda, que data do século XVI pelo menos. O ritmo é quatro por quatro, e algumas vezes imita dança de marinheiros. O nome também se refere ao instrumento de sopro, uma espécie de flauta de chifre, que é tocado nessa dança.

44   VW usa um termo técnico da náutica, *take a reef in* – rizar, que significa reduzir a vela nos ventos fortes, para criticar a vida boêmia de Clive. [N. T.]

45   O transatlântico Aquitania, inaugurado em 1914 e reformado após ser usado na guerra, era conhecido como "o aristocrata do Atlântico".

46   A nota introdutória de J.M. Murry a *The Dove's Nest and Other Stories* (1923), de Katherine Mansfield, traz diversos trechos do diário da escritora, em que ela fala da necessidade de sua escrita ser "profundamente sentida" e de não se sentir "pura de coração, humilde, boa". Ver também mais adiante, dia 28 de junho de 1923, nota 22.

47   O conto de VW "In the Orchard" foi publicado na revista *Criterion* em abril de 1923. Ka Arnold-Foster escreveu da Cornualha em 17 de junho de 1923: "Não, creio que não gostei muito de "In the Orchard" – mas sou uma crítica invejosa – & te amo muito."

48   Arnold Bennett escreveu um artigo, "Is the Novel Decaying?", publicado no *Cassell's Weekly* em 28 de março de 1923. "Poucas vezes li um livro tão inteligente quanto *O quarto de Jacob*, de Virginia Woolf (...) Mas as personagens não sobrevivem com vigor na mente porque a autora

ficou obcecada por detalhes relativos à originalidade e inteligência." A resposta de VW – o ensaio seminal "Mr. Bennett and Mrs. Brown" – foi publicada no *Nation & Athenaeum* em 1 de dezembro de 1923.

49 Francis (Frank) W. Crowninshield, editor da revista *Vanity Fair*, de Nova York, de 1914–35.

50 Mais uma referência à carta de Ka, já mencionada. E.M. Forster morava com a mãe em Weybridge.

51 "Senhor, faz-me clara como cristal para que a Tua luz possa brilhar através de mim." Citação do diário de Katherine Mansfield feita por Murry na nota introdutória de *The Dove's Nest and Other Stories*, 1923.

52 Quatro anos antes, VW havia observado "as possibilidades incríveis de *Freshwater*, para uma comédia". (Ver 30 de janeiro de 1919, *Diário: volume I*.) A peça só chegaria a ser terminada e encenada em janeiro de 1935; foi publicada em 1976, com um prefácio de Lucio P. Ruotolo.

53 Referência aos métodos promocionais do financista trapaceiro Horatio Bottomley, fundador do popular semanário *John Bull* em 1906. Por mais de dois anos, Murry publicou suas seleções do espólio literário de Katherine Mansfield em cada edição da Adelphi.

54 Raymond Mortimer dedicou a maior parte de sua página a analisar o talento de Katherine Mansfield em seu texto "New Novels", publicado no *New Statesman* em 7 de julho de 1923. O mote foi a edição póstuma *The Dove's Nest and Other Stories*, com contos da autora.

55 O pseudônimo de Desmond MacCarthy na coluna "Books in General", da *New Statesman*, era Falcão Afável ("Affable Hawk").

56 Isso deve ter sido a carta escrita por Charles Lamb a Edward Moxon em abril de 1833. "Mary cairá doente mais uma vez... Favor transmitir isso a Forster assim que puder. Ele viria no domingo. C. Lamb. Por favor avise a Forster." (John Forster se tornaria o biógrafo de Charles Dickens.)

57 O Tribunal Central Criminal (Central Criminal Court) da Inglaterra e do País de Gales, comumente chamado de Old Bailey devido à rua onde se localiza, em Londres. Trata-se dos edifícios que compõem a Corte da Coroa. [N. T.]

58 Alfred Harmsworth, advogado de Dublin que trocou os tribunais irlandeses pelos ingleses em 1867, tinha dez filhos, dos quais o mais velho, Alfred, tornou-se um grande figurão da imprensa e, em 1905, primeiro visconde de Northcliffe. Era famosa sua dedicação à sua mãe, Geraldine. Sua viúva, a viscondessa, Mary Elisabeth, casou-se com Robert Arundell Hudson em 1923.

59 O livro em questão é *Tess de D'Ubervilles*. A personagem, Angel Clare, parte para o Brasil.

60 O filho mais velho de Tennyson, Hallam, segundo Lord Tennyson, morava com os pais. O segundo filho do poeta, Lionel, morreu de malária a bordo de um navio no Mar Vermelho, quando retornava

da Índia. Em 1888, sua viúva, Eleanor, casou-se com Augustine Birrell, também viúvo, com quem teve dois filhos (Francis e Anthony), e morreu em 1915. O livro de Austin provavelmente é *Autobiography*, do poeta laureado sucessor, Alfred Austin.

61 Em 1864 o pintor F.G. Watts (1817-1904) casou-se com Ellen Terry (1847-1928), que mais tarde se tornaria uma atriz muito célebre. Sir William Harcourt era um estadista liberal, de quem Watts fez um retrato.

62 *An Account of Corsica. The Journal of a Tour to That Island; and Memoirs of Pascal Paoli*, de James Boswell Esq. Uma nova edição a partir da original de 1768, encabeçada por S.C. Roberts, acabava de sair pela Cambridge University Press.

63 Dissidente da Igreja Anglicana. [N. T.]

64 Eliot sustentou nessa nota, de julho de 1923, que os que afirmam existir "uma antinomia entre a vida e a literatura" não só estão "lisonjeando a complacência dos semieducados", como também "declarando um princípio de desordem". Ele não menciona H.G. Wells.

65 *Terra desolada*, que a Hogarth Press publicou em setembro daquele ano.

66 Schofield Tayer, americano que fora amigo de T.S. Eliot em Harvard e em Oxford, em 1919 se tornara editor de *Dial*, de Nova York. Eliot contribuía com a revista com uma seção intitulada "London Letter".

67 Rebecca West (1892-1983), romancista, crítica literária e escritora política. Havia publicado *Henry James* (1916) e dois romances, *O retorno do soldado* (1918) e *The Judge* (1922).

68 vw escreveu no original "phychical", como se fosse uma mistura de físico e psíquico. [N. T.]

69 vw parodiava uma canção da peça de Edith Millbank, pseudônimo de Mrs. Lyttelton.

70 George H.W. ("Dadie") Rylands (1902-1999). Envolvido com teatro, e mais tarde diretor teatral, era um membro inteligente e atraente dos Apóstolos e com isso despertou o interesse de Maynard Keynes e Lytton Strachey.

71 "Mr. Conrad: A Conversation" foi publicado no *Nation* em 1 de setembro de 1923.

72 A citação é de *Christabel*, de Samuel Taylor Coleridge (1772-1834): "And the Spring comes slowly up this way" ("E a primavera chega devagar aqui"). *A viagem* só foi traduzido para o francês em 1948.

73 *After the Deluge*, cujo primeiro volume foi publicado em 1931.

74 O ensaio de vw "Mr. Conrad: A conversation", recém-publicado, tinha a forma de uma conversa entre a amante de livros Penelope Otway e um velho amigo. O ensaio sobre George Eliot fora publicado em 1919 no *Times Literary Supplement*.

75 Todas antigas colaborações ao *Times Literary Supplement*: "The House of Lyme" (1917); "Lady Fanshawe's Memoirs" (1907); e "The Genius of Boswell" (1909).

76 Alice L. Jones tinha sido secretária de Philip Morrell durante

a guerra. Seu filho Philip Hugh Jones nasceu em 1917. Na época ela trabalhava para o *The Nation*.

77 A mãe de Frankie Birrell era viúva de Lord Tennyson. Os Tennyson eram amigos dos Thackeray. Minny Thackeray foi a primeira mulher de Leslie Stephen, pai de vw.

78 O primeiro artigo de uma série de oito intitulada "A Nineteenth--Century Childhood" e publicada no *Nation & Athenaeum* a intervalos entre 1 de setembro de 1923 e 14 de junho de 1924 foi assinado apenas com M.M. Os demais, como Mary MacCarthy. (Os ensaios foram reunidos em um livro em 1924.)

79 Maynard Keynes havia alugado essa casa em Dorset e convidado os Woolf a passar o fim de semana de 7 a 10 de setembro. Estavam ali também Lydia Lopokova, Raymond Mortimer e George "Dadie" Rylands.

80 Rezia: Lucrezia Warren Smith, a mulher de Septimus Smith em *Mrs. Dalloway*.

81 *Tract on Monetary Reform*, de J.M. Keynes, seria publicado em novembro de 1923.

82 A palavra cifrada provavelmente é "sodomia". [N. T.]

83 Jogo parecido com boliche. [N. T.]

84 As ruínas da abadia de Bindon ficam perto da aldeia de Wood, em Dorset, próximas do rio Frome. O solar de Woolbridge é o solar de Wellbridge do romance *Tess de D'Ubervilles*, de Thomas Hardy.

85 Walter J. Herbert ("Sebastian") Sprott, amigo de Maynard Keynes e Lytton Strachey e um Apóstolo. [N. T.]

86 *The Oxford Circus. A Novel of Oxford and Youth*, do falecido Alfred Budd. Editado com uma nota biográfica, mas sem retrato, por Hamish Miles e Raymond Mortimer.

87 No verão de 1923, Lytton Strachey participou de uma conferência anual de escritores e professores universitários, a "Entretiens d'été", na Abadia Cisterciense de Pontigny. Seu livro *Books and Characters* (1922) incluía uma análise de Racine. Os artigos de Strachey para o *Nation* desde maio de 1923 tinham versado sobre Sarah Bernhardt, Charles Greville e John Aubrey.

88 Agnes Dowland era a ama da mãe de E.M. Forster. Miss Victoria Grant Duff, filha de um governador de Madras, era chefe de Forster na Cruz Vermelha em Alexandria e ficou irritada com ele em 1917 quando achou que as autoridades estavam preterindo-a em favor dele. A Cruz Vermelha o apoiou e ela acabou pedindo demissão.

89 No original, "outcast". Trata-se de uma palavra com diversas traduções possíveis, sempre significando à margem: marginal, pária, degradado. Nesse contexto, vw não enxerga essa exclusão de modo positivo, porém ela o fará anos mais tarde no seu emblemático ensaio "Três guinéus". [N. T.]

90 Em 25 de setembro de 1923, 41 mineiros morreram na Escócia numa inundação em uma mina. O tenente-coronel Aubrey Herbert morreu em 26 de setembro

91 Janet Vaughan, filha de um primo de vw, William W.

Vaughan, e de sua mulher Madge. Ela estava começando a carreira de médica.

92 Frances Crofts Cornford, de solteira Darwin. Poeta e prima de Gwen Raverat. Era uma figura central do grupo de amigos, mais jovens que VW, a que ela se referia como neopagãos.

93 Virginia Woolf havia discutido *The Craft of Fiction*, de Lubbock, no artigo "On Re-Reading Novels" (*TLS*, 20 jul. 1922).

94 Na página ao lado, VW desenha uma planta dos cômodos dessa casa.

95 Gordon Bottomley (1874-1948), poeta e dramaturgo, e vencedor do prêmio Femina Vie Heureuse em 1923. A irmã caçula de Dorothy Brett, Sylvia Leonora, casara-se com Charles V. Brooke, rajá de Sarawak. Desde a guerra, Arnold Forster vinha se envolvendo cada vez mais com questões relativas à Liga das Nações.

96 Mark Arnold-Forster, único filho de Ka e Will Arnold-Forster. [N. T.]

97 O poema narrativo de Clive Bell "The Legend of Monte Sibila", foi publicado pela Hogarth Press com ilustrações de Vanessa Bell e Duncan Grant em dezembro de 1923.

98 Boris von Anrep (1883-1969), mosaicista russo que participara da Segunda Mostra Pós-Impressionista organizada por Roger Fry em 1912. Em 1918 casou-se com Helen Maitland; os dois moravam em uma casa em Hampstead da qual J.M. Murry alugava dois quartos. Ethel Sands era uma das suas maiores entusiastas e mecenas, e contribuíra para criar um fundo que permitiu à Tate Gallery encomendar o piso de mosaico do Blake Room no qual Anrep agora estava trabalhando.

99 Hugh (Seymour) Walpole (1884-1941), romancista popular. Tornou-se admirador de VW, a quem fez sua confidente, inclusive de seus assuntos mais íntimos. Ela era menos cândida. VW o conheceu num almoço com Lady Colefax. Lady Horner (1854-1940) era velha amiga e vizinha de Violet Dickinson e tinha sido objeto de devoção de Burne-Jones. Tanto seu filho quanto seu genro foram mortos na guerra, e seu filho mais novo morrera em 1908.

100 Edmund S.P. Haynes (1877-1949), amigo de Leslie Stephen, um dos editores do DNB.

101 Em 10 de dezembro de 1923, T.S. Eliot convidou Lytton Strachey para uma pequena festa; talvez a mesma para a qual foram os Woolf.

102 VW se refere ao ensaio sobre Hardy que estava escrevendo, bem como aos ensaios que preparava para o primeiro volume de *O leitor comum* ("Montaigne", "Sobre não saber grego", "O quarto de despejo elisabetano", "Notas sobre uma peça elisabetana"). [N. T.]

© Editora NÓS, 2022

Direção editorial SIMONE PAULINO
Projeto gráfico BLOCO GRÁFICO
Assistente de design STEPHANIE Y. SHU
Composição JUSSARA FINO
Preparação ANA LIMA CECILIO
Revisão ALEX SENS, GABRIEL PAULINO

Imagem de capa: © National Portrait Gallery. Londres, 1923.

*Texto atualizado segundo o novo
Acordo Ortográfico da Língua Portuguesa.*

Dados Internacionais de Catalogação na Publicação (CIP)
de acordo com ISBD

W913d
Woolf, Virginia
   Os diários de Virginia Woolf: Diário II – 1919–1923
   Virginia Woolf
   Título original: *The diary of Virginia Woolf*
   Tradução: Ana Carolina Mesquita
   São Paulo: Editora Nós, 2022
   560 pp.

ISBN: 978-65-86135-60-2

1. Literatura inglesa. 2. Diários. 3. Virginia Woolf.
I. Mesquita, Ana Carolina. II. Título.

	CDD 823
2022-702	CDU 821

Elaborado por Vagner Rodolfo da Silva, CRB-8/9410

Índice para catálogo sistemático:
1. Literatura inglesa 823
2. Literatura inglesa 821

Todos os direitos desta edição reservados à Editora NÓS
Rua Purpurina, 198, cj 21
Vila Madalena, São Paulo, SP | CEP 05435-030
www.editoranos.com.br

Fontes NEXT, TIEMPOS
Papel PÓLEN SOFT 80 g/m²
Impressão MAISTYPE